CW01652869

LA MIA VITA

ALEX FERGUSON
LA MIA VITA

Traduzione di Stefano Chiapello

I GRANDI
TASCABILI BOMPIANI

Titolo originale
MY AUTOBIOGRAPHY

Traduzione di
STEFANO CHIAPELLO

ISBN 978-88-452-7843-3

First published in Great Britain in 2013 by Hodder & Stoughtonan Hachette UK Company

www.giunti.it
www.bompiani.it

Via Bolognese 165 50139 Firenze Italia
Piazza Virgilio 4 20123 Milano Italia

Prima edizione italiana a marchio Bompiani: gennaio 2014
Seconda edizione Giunti Editore S.p.a.: settembre 2019

A Bridget,
sorella di Cathy, donna forte
e grande amica

INTRODUZIONE

Parecchi anni fa ho cominciato a raccogliere le idee per questo libro, annotandole durante il tempo libero che il lavoro mi concedeva. È sempre stata mia intenzione raccontare una storia interessante per chi sta dentro il mondo del calcio e per chi ne è fuori; anche se il mio ritiro ha colto di sorpresa l'ambiente, questa autobiografia era nella mia mente da tempo, e fa seguito al già pubblicato *Managing My Life*. Dunque, pur soffermandosi brevemente sulla mia giovinezza a Glasgow e sulle vecchie amicizie di Aberdeen, si concentra sui magici anni di Manchester. Essendo io stesso un lettore accanito, mi entusiasmava l'idea di scrivere un libro che spiegasse alcuni misteri del mio lavoro.

Nel viaggio di una vita nel calcio si affrontano tonfi, cali, delusioni, sconfitte. Nei miei primi anni con l'Aberdeen e con il Manchester United decisi subito che, per guadagnarmi la fiducia e la lealtà dei giocatori, dovevo prima offrire loro la mia: questo legame è la base su cui si fondano le grandi istituzioni. Mi ha certamente aiutato la mia capacità di osservazione. Alcuni entrano in una stanza e non notano nulla, ma bisogna usare gli occhi, è tutto lì. Ho utilizzato questa mia abilità per valutare le abitudini di allenamento, il temperamento e i comportamenti dei giocatori.

Certo, mi mancano gli scherzi negli spogliatoi e tutti gli allenatori avversari, personaggi meravigliosi della vecchia scuola che erano dei grandi quando arrivai allo United nel 1986. Ron Atkinson lasciò la squadra senza rancori e non ebbe che belle parole per noi. Jim Smith è una persona fantastica e un buon amico, con cui potresti passare tutta la notte; quando tornavo da casa sua avevo la camicia macchiata di cenere di sigaro.

Big John Sillett, che allenava il Coventry City, era un altro grande amico, e non posso dimenticare John Lyall, che mi guidò nei primi anni, dedicandomi molto tempo. Incontrai Bobby Robson per la prima volta nel 1981, quando l'Aberdeen sconfisse l'Ipswich in Coppa UEFA. Bobby venne negli spogliatoi e strinse la mano a ciascun giocatore: classe pura. Non dimenticherò mai la sua preziosa amicizia, è stata una grande perdita per tutti noi.

Ci sono altri superstiti della vecchia scuola, con un'etica del lavoro degna di ammirazione: John Rudge e Lennie Lawrence sono tra questi, insieme a un grande personaggio che portò l'Oldham a un livello di forza insuperato: Joe Royle. L'Oldham ci fece passare alcuni momenti da brivido. Tutto questo mi manca.

Harry Redknapp e Tony Pulis sono altre grandi figure della mia generazione e Sam Allardyce è diventato un grande amico.

Sono stato fortunato a poter contare su uno staff meraviglioso e leale, allo United. Alcuni di loro hanno lavorato per me per oltre vent'anni: la mia assistente Lyn Laffin, che si è ritirata insieme a me ed è ancora la mia assistente, Les Kershaw, Dave Bushell, Tony Whelan e Paul McGuinness. Kath Phipps della reception, che si occupava del mio *lounge* post-partita all'Old Trafford, ha lavorato allo United per più di quarant'anni. Jim Ryan, che ora è in pensione, mio fratello Martin, che ha fatto l'osservatore all'estero per diciassette anni (un lavoro molto difficile) e Brian McClair.

Norman Davies: che uomo. Un amico leale che se n'è andato qualche anno fa. Il suo sostituto nel ruolo di magazziniere, Albert Morgan, è anch'egli un gran personaggio, la cui lealtà non è mai venuta meno. Il nostro medico, Steve McNally, il capo fisioterapista Rob Swire e il suo staff, Tony Strudwick e la sua dinamica squadra di scienziati dello sport, le ragazze della lavanderia, lo staff in cucina. Jim Lawlor e la truppa degli osservatori. Eric Steele, preparatore dei portieri. Simon Wells e Steve Brown della squadra delle analisi video. Lo staff di campo, capitanato da Joe Pemberton e Tony Sinclair. Gli addetti alla manutenzione Stuart, Graham e Tony: tutti grandi lavoratori. Magari ne dimentico qualcuno, ma sono sicuro che tutti sanno che li rispetto molto.

Alcuni assistenti e allenatori mi hanno aiutato molto in questi anni: Archie Knox, un grande alleato nei miei primi anni, Brian Kidd, Nobby Stiles, Eric Harrison, fantastico allenatore del settore giovanile. Steve McClaren, allenatore molto innovativo e pieno di energia. Carlos Queiroz, René Meulensteen – grandissimi allenatori – e il mio allenatore in seconda, Mick Phelan, vero uomo di calcio, acuto, attento.

Le fondamenta della mia lunga carriera affondano in

Bobby Charlton e Martin Edwards. Il loro regalo più grande è stato concedermi il tempo per costruire una società di calcio, più che una squadra. Al loro sostegno si affianca il grande rapporto che ho avuto con David Gill negli ultimi dieci anni.

La strada da seguire in questo libro è lunga; spero che vi divertirete a ripercorrerla con me.

PREFAZIONE

Quasi tre decenni fa, percorsi quel tunnel fino al terreno di gioco per la mia prima partita casalinga, nervoso e intimidito. Salutai lo Stretford End e, giunto al centro del campo, fui presentato come il nuovo allenatore del Manchester United. Ora mi trovo a camminare sullo stesso prato, del tutto a mio agio, stavolta per dire addio.

L'autorità che mi è stata riconosciuta al Manchester United è un privilegio di cui pochi allenatori hanno modo di godere. Per quanto, arrivando da Aberdeen nell'autunno del 1986, fossi sicuro delle mie capacità, non potevo immaginare che le cose sarebbero andate così bene.

Dopo l'addio, nel maggio 2013, mi sono tornati in mente i momenti più importanti: la vittoria nel terzo turno della FA Cup contro il Nottingham Forest, nel gennaio 1990, con un gol di Mark Robins che ci aprì la strada verso la finale proprio quando sembrava che dovessi perdere il posto, dopo un mese intero senza vittorie che aveva spazzato via tutte le mie sicurezze.

Se non fosse arrivata la vittoria della FA Cup sul Crystal Palace, quasi quattro anni dopo il mio arrivo, la mia idoneità all'incarico sarebbe stata messa seriamente in discussione. Non si saprà mai di preciso quanto fosse imminente il mio licenziamento, perché il direttivo dello United non discusse la questione; certo, senza quel trionfo a Wembley, i tifosi avrebbero iniziato a protestare e lo scontento avrebbe cominciato a serpeggiare nella società.

Bobby Charlton si sarebbe opposto al mio allontanamento: conosceva la qualità del lavoro che stavo facendo, sapeva come ci stavamo muovendo per lo sviluppo del settore giovanile, le novità che stavo portando, le ore che passavo a rivedere le procedure. Anche il presidente Martin Edwards era al corrente di tutto; queste due persone ebbero il coraggio di starmi vicino nei periodi bui. Di sicuro Martin ricevette molte lettere di protesta che chiedevano il mio licenziamento.

Vincere la FA Cup nel 1990 ci diede un po' di respiro e rafforzò in me l'idea di far parte di una società fantastica con cui avrei potuto vincere molto. Con la vittoria di Wembley le cose iniziarono ad andare meglio, ma la mattina dopo il trionfo un giornale titolava: "Ok, hai dimostrato che puoi vincere la FA Cup. Ora tornatene in Scozia." Non me lo dimenticherò mai.

1.
RIFLESSIONI

Se dovessi riassumere in un risultato che cos'è il Manchester United sceglierei quello della mia ultima partita, la numero 1500: West Bromwich Albion-Manchester United 5-5. Pazzesca, fantastica, divertente, eccessiva.

Se stai andando a vedere il Manchester United sei pronto per i gol e per il dramma. È un test per il tuo cuore. Non sono riuscito a recriminare per aver buttato via in nove minuti il vantaggio per 5-2 contro il West Brom; ho anche cercato di apparire infastidito, ma i giocatori si sono accorti che fingevo. Ho detto loro: "Un gran bel saluto da parte vostra!"

David Moyes era già stato nominato mio successore, e mentre eravamo nello spogliatoio Ryan Giggs scherzava: "David Moyes ha appena dato le dimissioni."

Nonostante la nostra fragilità difensiva, quel giorno, ero fiero e sollevato di consegnare alle cure di David un grande gruppo di giocatori e un grande staff; il mio lavoro era finito. La mia famiglia era lì, nella Regis Suite dello stadio del West Brom, e una nuova vita si apriva davanti a me.

È stato un giorno da sogno: il West Brom ha gestito tutto con grande classe e si è occupato di me in maniera impeccabile. Mi hanno anche mandato i fogli delle formazioni firmati dai componenti di entrambe le squadre. Gran parte della mia famiglia era lì con me: tre figli, otto nipoti e un paio di amici. È stato bello averli lì e vivere tutti insieme, riuniti in famiglia, l'ultimo capitolo.

Scendendo dal bus della squadra, fuori dallo stadio del West Brom, ero determinato a godermi ogni istante. Non è stato difficile lasciare, sapevo che il momento era quello giusto. La sera prima della partita i giocatori mi fecero sapere che volevano farmi un regalo per celebrare il mio ritiro: fu davvero speciale, mi donarono un bellissimo Rolex del 1941, l'anno in cui sono nato, regolato sulle 15.03, l'ora della mia venuta al mondo, a Glasgow, il 31 dicembre. Mi diedero anche un album di fotografie che ripercorreva i miei anni allo United, con le foto della mia famiglia e dei nipoti nelle pagine centrali. Rio Ferdinand, grande appassionato di orologi, aveva avuto l'idea del regalo.

Alla consegna dei regali seguì un lungo applauso, che riempì la sala. Notai che alcuni giocatori avevano un'espressione particolare: non sapevano come affrontare la cosa, perché erano sempre stati con me, alcuni per vent'anni. Osservavo il loro sguardo assente: come sarebbe stato ora? Alcuni non avevano avuto altri allenatori oltre a me.

Ma c'era ancora una partita da giocare, e volevo che fosse fatto adeguatamente. Eravamo in vantaggio per 3-0 dopo mezz'ora, ma il West Brom non aveva intenzione di concedermi un ritiro tranquillo. John Sivebaek segnò il primo gol del mio periodo allo United, il 22 novembre 1986; l'ultimo fu di Javier Hernández, il 19 maggio 2013. Sul 5-2 per noi sarebbe potuta finire 20-2, sul 5-5 avremmo potuto perdere

20-5. In difesa era un caos: il West Brom segnò tre gol in cinque minuti, con tripletta di Romelu Lukaku.

Nonostante la valanga di gol che avevamo preso, l'atmosfera nello spogliatoio era leggera. Dopo il fischio finale restammo sul terreno di gioco per salutare i nostri tifosi. Giggsy mi spinse avanti e tutti i giocatori rimasero indietro: ero da solo di fronte a un mosaico di facce sorridenti. I nostri tifosi avevano gridato, cantato e saltato tutto il giorno. Mi sarebbe piaciuto vincere 5-2, ma in qualche modo il 5-5 era un addio più appropriato: il primo 5-5 nella storia della Premier League e nella mia carriera, un ultimo spicchio di storia nei miei ultimi 90 minuti.

Di ritorno a Manchester, un diluvio di lettere inondò il mio ufficio. Il Real Madrid mi mandò uno splendido regalo, una replica in argento massiccio della Plaza de Cibeles di Madrid, che ospita la fontana presso la quale i tifosi festeggiano i titoli conquistati, con una bella lettera di Florentino Pérez, presidente del Real. Un altro regalo arrivò dall'Ajax e un altro da Edwin van der Sar. Lyn, la mia assistente, ebbe il suo da fare con i cumuli di corrispondenza.

Il weekend precedente, per la gara casalinga contro lo Swansea City, la mia ultima all'Old Trafford, non sapevo cosa aspettarmi, oltre la guardia d'onore; ero reduce da una settimana intensa, in cui avevo comunicato a famiglia, amici, giocatori e staff che avevo scelto di andare oltre, verso una nuova fase della mia vita.

Le radici di questa decisione risalgono all'inverno del 2012. Intorno a Natale di quell'anno l'idea divenne più chiara, nella mia testa: "Voglio ritirarmi."

"Perché vuoi farlo?" chiese Cathy.

"La scorsa stagione abbiamo perso il titolo all'ultima giornata. Non potrei sopportarlo di nuovo," le dissi. "Spero solo di riuscire a vincere il campionato, questa volta, e di raggiungere la finale di Champions League o della FA Cup. Sarebbe un'ottima conclusione."

Cathy, che in ottobre aveva perso sua sorella Bridget e stava ancora soffrendo per il lutto, si convinse presto che fosse la cosa giusta da fare; se avessi voluto fare altre cose nella vita, pensava, sarei stato ancora abbastanza giovane per farle. Da contratto, se avessi voluto ritirarmi in estate ero tenuto a notificarlo alla società entro il 31 marzo.

Per coincidenza David Gill mi chiamò una domenica di febbraio, chiedendomi se poteva passare da casa mia per parlarmi. Di domenica pomeriggio? "Scommetto che vuole dimettersi da direttore esecutivo," dissi.

"Oppure stai per essere licenziato," disse Cathy.

David mi disse che si sarebbe dimesso alla fine della stagione. "Dannazione, David," dissi io, e gli confessai che ero giunto alla stessa decisione.

Nei giorni seguenti, David mi telefonò per dirmi che dovevo aspettarmi una telefonata dei Glazer; quando giunse, assicurai a Joel Glazer che la mia decisione non aveva nulla a che fare con il ritiro di David. Gli dissi che avevo già deciso a Natale e gli spiegai le ragioni: la morte della sorella di Cathy a ottobre aveva cambiato le nostre vite, Cathy si era sentita sola.

Joel capì. Ci mettemmo d'accordo per vederci a New York, dove provò a persuadermi a rimanere; gli dissi che apprezzavo il suo tentativo e lo ringraziai per il suo sostegno. Lui espresse la sua riconoscenza per il mio lavoro.

Stabilito che non avrei cambiato idea, la discussione si spostò su chi mi avrebbe sostituito, e l'accordo fu unanime: il designato era David Moyes.

David passò in sede per discutere la sua disponibilità; per i Glazer era importante non lasciare spazio alle speculazioni, una volta che il mio ritiro fosse stato ufficiale, e volevano il nuovo allenatore al suo posto entro pochi giorni.

Molti scozzesi sono ostinati, hanno una grande volontà. Se lasciano la Scozia tendono a farlo per una sola ragione: avere successo. Gli scozzesi non partono per sfuggire al passato, ma per migliorare sé stessi; lo puoi notare in tutto il mondo, ma specialmente negli Stati Uniti e in Canada. Lasciare il proprio paese conferisce una certa risolutezza, che non è una maschera, ma una vera e propria determinazione a fare qualcosa. La testardaggine scozzese di cui tanto si parla si ritrova anche in me, a volte.

Allo scozzese emigrato non manca mai l'ironia, e lo stesso David Moyes ha un certo spirito; nel loro lavoro, invece, gli scozzesi sono molto seri. Una qualità preziosa. La gente spesso mi dice: "Non ti ho mai visto sorridere durante una partita." Io rispondo: "Non sono là per sorridere, sono là per vincere."

David ha queste caratteristiche. Conosco la sua famiglia: suo padre, David Moyes senior, era allenatore al Drumchapel, dove avevo giocato quand'ero ragazzo. Erano una bella famiglia. Non dico che questa possa essere una buona ragione per assumere qualcuno, ma è bello sapere che una persona cui viene affidato un ruolo tanto importante abbia delle radici solide. Lasciai il Drumchapel nel 1957, quando David senior doveva essere un ragazzino, quindi non ci incrociammo direttamente, ma conosco la loro storia.

Ai Glazer David è piaciuto, ne sono stati subito ben impressionati: avranno notato, per prima cosa, che è uno che parla chiaro, e questa è di sicuro una virtù. E per spazzare via ogni preoccupazione, non ostacolerei mai David: dopo ventisette anni come allenatore, perché dovrei voler rimanere ancora nel mondo del calcio? Era il momento giusto per lasciarmi questa parte della mia vita alle spalle, e di sicuro David non avrà problemi a sposare la nostra tradizione. All'Everton è stato un grande scopritore di talenti e ha fatto vedere un gran bel calcio, non appena gli hanno consentito di prendere giocatori di categoria superiore.

Mi sono detto che non avrei avuto rimpianti riguardo al ritiro, ed è tuttora così. Quando entri nei settanta è facile ritrovarsi in declino fisico e mentale; ma sono sempre stato molto occupato, da quando ho lasciato, da progetti in America e altre cose. Non ho corso il pericolo di cadere nell'indolenza, ho cercato fin da subito nuove sfide.

È stato molto difficile, nei giorni dell'annuncio, comunicare la mia decisione allo staff del nostro campo di allenamento di Carrington; ricordo di aver parlato dei cambiamenti nella mia vita e della morte della sorella di Cathy, e di aver udito degli "Aaah" di solidarietà. Questo ha veramente spezzato le mie barriere, e mi ha davvero commosso.

Le voci avevano già cominciato a circolare il giorno prima dell'annuncio ufficiale. A quel punto non mi restava che dirlo a mio fratello Martin. Non era una cosa facile da gestire, specialmente per quanto riguardava il mercato azionario, e la parziale fuga di notizie in merito di sicuro compromise le mie relazioni con alcune persone su cui contavo.

La mattina di mercoledì 8 maggio riunii tutto lo staff nella sala delle analisi video, la dirigenza nella mensa e i giocatori nello spogliatoio. Contemporaneamente al mio ingresso nello spogliatoio, comunicammo la notizia tramite il sito Web; non era consentito l'uso dei cellulari, non volevo che nessuno lo sapesse finché non fossi stato io a comunicarlo a tutti i presenti al campo di allenamento. Anche se, a causa delle voci che giravano, avevano già capito che stava per succedere qualcosa di importante.

Dissi ai giocatori: "Spero di non deludere nessuno, perché magari vi siete uniti a noi sperando che sarei rimasto." Avevamo detto a Robin van Persie e a Shinji Kagawa, ad esempio, che non avevo alcuna intenzione di ritirarmi, ed effettivamente a quei tempi era così.

"Le cose cambiano," proseguii. "La morte della sorella di mia moglie è stata un cambiamento drammatico. Inoltre, voglio andarmene da vincitore. E me ne sto andando da vincitore."

Alcuni sembravano sotto shock: "Andate alle corse, oggi, e divertitevi," dissi. "Ci vediamo giovedì." Avevo già concesso ai giocatori il pomeriggio libero per andare a Chester, faceva parte del piano, l'avevo detto a tutti e l'avevo confermato già una settimana prima, perché non volevo che la gente pensasse che fosse un gesto insensibile da parte dei giocatori andare alle corse il giorno in cui io calavo il sipario.

Poi andai di sopra dallo staff e lo dissi anche a loro. Mi applaudirono tutti. "Lieti di esserci liberati di te," dissero in due o tre.

Dei due gruppi, sicuramente quello dei giocatori fu il più colpito; immediatamente, in queste circostanze, nelle loro menti affiorano domande del tipo: "Piacerò al nuovo allenatore? Sarò qui la prossima stagione?" Lo staff invece potrebbe pensare: "Magari per me è la fine." Arrivava per me il momento di chiudere con tutti quegli annunci e di raccogliere le idee.

Avevo già deciso di andare dritto a casa, perché sapevo che ci sarebbe stato un terremoto mediatico, e non volevo lasciare Carrington tra sciami di flash e giornalisti.

Mi chiusi in casa. Jason, il mio avvocato, e Lyn mi mandarono un messaggio contemporaneamente al momento dell'annuncio. Lyn avrebbe continuato a mandare messaggi uno dopo l'altro per un quarto d'ora. Apparentemente, trentotto giornali di tutto il mondo riportavano la notizia del mio ritiro in prima pagina, incluso il "New York Times". Sui giornali inglesi c'erano supplementi di dieci, dodici pagine.

La profonda e ampia copertura mediatica mi lusingò. Avevo avuto dei contrasti con la stampa, negli anni, ma non avevo mai serbato rancore; sapevo che i giornalisti della carta stampata sono sottoposti a grande pressione, devono competere con la televisione, con Internet, Facebook, Twitter e altro, e hanno anche un caporedattore alle costole per tutto il tempo. È un ambiente duro.

Era evidente che nemmeno i media avevano alcun risentimento nei miei confronti, nonostante tutti i nostri conflitti: riconobbero il valore della mia carriera e il mio contributo durante le conferenze stampa. Mi fecero anche un regalo molto gradito: una torta con un asciugacapelli sopra e un'ottima bottiglia di vino.

Prima della partita contro lo Swansea lo *speaker* dello stadio mise su *My Way* di Frank Sinatra e *Unforgettable* di Nat King Cole; vincemmo, come successe spesso negli 895 incontri che ci videro prevalere, con un gol nei minuti finali, all'87', di Rio Ferdinand.

Il discorso che pronunciai, sul terreno di gioco, fu del tutto informale. Non avevo preparato nulla, sapevo solo che non avrei lodato le individualità: qui non si trattava di dirigenti, tifosi o giocatori. Si trattava del Manchester United Football Club.

Invitai i tifosi a sostenere il nuovo tecnico, David Moyes: "Voglio ricordarvi che abbiamo avuto tempi difficili," dissi al microfono. "La società mi ha sostenuto, il mio staff mi ha sostenuto, i giocatori mi hanno sostenuto. Ora il vostro compito è quello di sostenere il nuovo allenatore. È importante."

Se non avessi fatto riferimento a David, la gente avrebbe potuto chiedersi: "Chissà se Ferguson voleva Moyes..." Era necessario mostrare che aveva il nostro appoggio incondizionato; la squadra doveva continuare a vincere, questo era il desiderio di tutti. Sono un dirigente del club e voglio, come chiunque altro, che i successi continuino. Ora posso godermi le partite come faceva Bobby Charlton dopo essersi ritirato: dopo una vittoria vedi che gli brillano gli occhi, che si sfrega le mani. È felicissimo. Voglio che sia così anche per me, voglio assistere alle partite in Europa e dire alla gente: sono fiero di questa squadra, questo è un grande club.

Durante il discorso mi rivolsi esplicitamente a Paul Scholes: sapevo che l'avrebbe odiato, ma non riuscii a trattenermi. Anche Paul si ritirava. Augurai anche a Darren

Fletcher di riprendersi al meglio dalla sua malattia al colon, di cui pochi erano a conoscenza.

In aeroporto, qualche giorno dopo, un tizio mi si avvicinò con una busta, dicendo: "Stavo proprio per spedirgliela." Era un articolo di un giornale irlandese che affermava che avevo lasciato il club esattamente nel modo in cui l'avevo gestito: alle mie condizioni. Tipico di Ferguson, scriveva l'autore. Mi piacque l'articolo; era proprio così che vedevo il mio periodo alla guida dello United, ed ero fiero del fatto che qualcuno lo descrivesse a quel modo.

Mentre uscivo di scena, David chiamò tre membri del suo staff – Steve Round, Chris Woods e Jimmy Lumsden – a cui aggiunse anche Ryan Giggs e Phil Neville; questo significava che René Meulensteen, Mick Phelan ed Eric Steele avrebbero perso il posto. La scelta spettava a David; gli avevo detto che se avesse confermato il mio staff ne sarei stato felice, ma non intendevo interferire, né impedirgli di portare con sé i suoi assistenti.

Jimmy Lumsden era con David da parecchio tempo. Io lo conoscevo da quando ero a Glasgow; era nato a un chilometro da me, nel quartiere subito dopo Govan. Un bravo ragazzo e un ottimo uomo di calcio. Mi dispiaceva soltanto che quei bravi professionisti perdessero il lavoro, ma nel calcio succede. Alla fine la cosa fu gestita bene; espressi il mio dispiacere a tutti e tre e Mick, che era con me da vent'anni, mi disse che non avevo nulla di cui scusarmi e mi ringraziò per tutti i bei momenti passati insieme.

Guardando indietro, penso anche alle sconfitte, non solo ai trionfi: ho perso tre finali di FA Cup contro Everton, Arsenal e Chelsea; ho perso finali di Coppa di Lega contro

Sheffield Wednesday, Aston Villa e Liverpool; e due finali di Champions League contro il Barcellona. Sapersi riprendere: anche questo fa parte della storia del Manchester United. Ho sempre tenuto a mente che non c'erano solo vittorie e trionfi. Quando perdemmo la finale di FA Cup contro l'Everton, nel 1995, dissi: "Devo fare dei cambiamenti." E così fu: facemmo entrare in squadra giocatori giovani, la cosiddetta "classe del 1992". Non potevamo tenerli ancora fuori, erano un gruppo speciale.

Le sconfitte al Manchester United ti segnano. Rimuginarci su per un po' e poi andare avanti come prima non è mai stata un'opzione, per me. Perdere una finale è duro, specialmente se fai ventitré tiri in porta e gli avversari ne fanno due, o se perdi ai rigori. Il mio primo pensiero è sempre stato: "Pensa rapidamente a cosa bisogna fare." La mia mente passa direttamente al processo di miglioramento e di recupero; è stata una grande risorsa, per me, saper ragionare lucidamente quando sarebbe stato più semplice abbandonarsi allo sconforto.

A volte le sconfitte sono il risultato migliore, e reagire alle circostanze avverse è una qualità: dimostri forza anche nei periodi bui. Avevamo questo motto: è solo un altro giorno nella storia del Manchester United. In altre parole, reagire faceva parte della nostra vita. Se ti limiti a subire le sconfitte, puoi star certo che continueranno ad arrivare. Spesso ci capitava di perdere due punti perché l'avversario pareggiava all'ultimo minuto e poi di infilare una serie di sei o sette vittorie consecutive; di certo non si trattava di una coincidenza.

Per i tifosi è un'abitudine andare a lavorare il lunedì con l'emozione della partita ancora viva. Nel gennaio 2010 un tizio mi scrisse: “Potrebbe risarcirmi le 41 sterline che ho speso per il biglietto di domenica? Mi aveva promesso divertimento, e non mi sono divertito; posso avere indietro i miei soldi?” Era un tifoso. Ebbi l’idea di rispondergli così: “Può per favore sottrarre le sue 41 sterline dai miei profitti degli ultimi ventiquattro anni?”

Uno vince tutte queste partite contro la Juventus e il Real Madrid e si sente chiedere indietro i soldi dopo una domenica leggermente sottotono. C’è una squadra al mondo che può darti più emozioni del Manchester United? Sui programmi delle partite avrei dovuto scrivere un avvertimento per i tifosi: se stiamo perdendo per 1-0 a venti minuti dalla fine, andate a casa, o potreste non uscire sulle vostre gambe. Potreste finire alla Manchester Royal Infirmary.

Spero che siano tutti d’accordo se dico che nessuno è mai stato fregato, e che non siamo mai stati noiosi.

2.
LE RADICI A GLASGOW

In Scozia, il motto del clan Ferguson è "Dulcius ex asperis", ovvero "Migliore dopo le difficoltà". Questo ottimismo mi è stato utile nei trentanove anni da allenatore di calcio; per tutto questo periodo, dai primi quattro mesi all'East Stirlingshire, nel 1974, al Manchester United nel 2013, ho saputo vedere il successo oltre le difficoltà. La capacità di gestire grandi cambiamenti anno dopo anno si fondava sulla convinzione che avremmo sconfitto ogni avversario.

Anni fa lessi un articolo su di me che diceva: "Alex Ferguson ha fatto grandi cose nella vita, nonostante provenga da Govan." La trovai una frase offensiva: è proprio perché sono partito dal quartiere dei cantieri navali che ho ottenuto i miei successi nel calcio. Le radici non dovrebbero mai essere un ostacolo per il successo, e un'origine modesta può essere un vantaggio piuttosto che una difficoltà. Se consideri le persone di successo, se cerchi il segreto della loro energia, della loro motivazione, fai caso a cosa hanno fatto nella vita i loro genitori. L'origine operaia di molti miei giocatori non è stata loro d'ostacolo; al contrario, spesso ha rappresentato uno dei motivi del loro successo.

Nei miei anni sul campo, sono passato dal gestire giocatori che guadagnavano 6 sterline a settimana a vendere Cristiano Ronaldo al Real Madrid per 80 milioni di sterline. La mia squadra del St Mirren guadagnava 15 sterline a settimana, ma durante l'estate dovevano cavarsela da soli, perché avevano un contratto stagionale. Ad Aberdeen, il giocatore più pagato della prima squadra, nei miei otto anni a Pittodrie, prendeva 200 sterline a settimana, il massimo consentito dal limite posto dal presidente, Dick Donald. La distanza finanziaria tra le migliaia di giocatori che ho allenato in questi quattro decenni va dunque da 6 sterline a settimana a 6 milioni di sterline l'anno.

Ho ricevuto una lettera da un tizio che scriveva che nel 1959-60 lavorava nei cantieri a Govan e andava regolarmente in un pub, e si ricordava di un giovane attivista che passava di lì con un barattolo per le monete a raccogliere fondi per il sindacato, pronunciando discorsi che invitavano alla protesta. Tutto ciò che ricordava era che questo ragazzo giocava nel St Johnstone. La sua lettera terminava con una domanda: "Eri tu?"

All'inizio non mi sembrava di ricordare un mio coinvolgimento in politica, ma andando a scavare nella memoria, alla fine, mi tornò in mente di quando andavo nei pub della nostra zona a raccogliere fondi per lo sciopero. Non avevo ambizioni politiche, e definire le mie urla "discorsi" significa attribuirmi abilità oratorie che quasi certamente non possiedo. Mi ricordo di aver farneticato come un idiota per rispondere a chi mi chiedeva ragione della mia richiesta di denaro. Dovevano essere tutti belli sbronzi e particolarmente di buon umore per starsene lì a sentire un giovane attivista che spiegava la causa per cui raccoglieva denaro.

Nei pub ho fatto gran parte delle mie prime esperienze. La mia prima idea di investimento fu quella di utilizzare le mie modeste risorse per entrare nel commercio degli alcolici, per garantirmi un po' di sicurezza per il futuro. Aprii il mio primo posto all'incrocio tra Govan Road e Paisley Road West; era frequentato da portuali. I pub mi hanno insegnato molto sugli uomini, sui loro sogni, le loro frustrazioni, e questo ha contribuito alla mia comprensione del mondo del calcio, anche se all'epoca non potevo saperlo.

In uno dei miei pub, ad esempio, avevamo un "Wembley Club", in cui i clienti pagavano per due anni per poter andare a vedere la partita tra Inghilterra e Scozia a Wembley. Io avrei raddoppiato la cifra raccolta e con quella loro sarebbero andati a Londra per quattro o cinque giorni; per lo meno questa era l'idea. Io li avrei raggiunti il giorno della partita. Il mio migliore amico, Billy, sarebbe partito per Wembley il giovedì e sarebbe tornato una settimana dopo; inevitabilmente, questo prolungamento fuori programma del viaggio avrebbe scatenato un putiferio a casa sua.

Un giovedì, dopo la partita del sabato a Wembley, ero a casa, quando il telefono squillò. Era Anna, la moglie di Billy. "Cathy, chiedi ad Alex dov'è Billy," disse Anna. Dissi che non ne avevo idea. Circa quaranta dei nostri clienti sarebbero andati a Wembley, ma non potevo proprio sapere perché Billy fosse assente ingiustificato. Per i lavoratori della mia generazione, assistere a una partita importante era un pellegrinaggio sacro, e amavano la compagnia quanto il calcio.

Il pub che avevamo su Main Street, a Bridgeton, era in

uno dei più grandi quartieri protestanti di Glasgow. Il sabato prima dell'Orange Walk, il postino, Big Tam, mi si avvicinò e mi disse: "Alex, i ragazzi chiedono se terrai aperto il prossimo sabato mattina, per l'Orange Walk. Noi andremo ad Ardrossan," che è sulla costa occidentale della Scozia. "Gli autobus partono alle dieci," aggiunse Tam. "Tutti i pub sono aperti. Devi aprire."

Ero sconcertato. "A che ora dovrei aprire?"

Tam disse: "Alle sette."

Così andai lì alle 6.15 con mio padre, mio fratello e un giovane barista italiano che avevamo assunto; eravamo ben forniti, dato che Tam mi aveva detto: "Fai scorte, avrai bisogno di molta roba da bere." Alle sette aprii, e presto il pub si riempì di orangisti che sbraitavano, con la polizia che passava lì davanti senza dir nulla.

Dalle sette alle nove e mezza tirai su 4000 sterline. Principalmente grazie alla Vodka doppia. Mio padre cadde a sedere, scuotendo la testa. Alle nove e mezza iniziammo a rimettere in ordine il locale per il resto della clientela. Ci toccò pulire tutto il locale. Ma c'erano 4000 sterline nel cassetto.

Gestire i pub era un lavoro duro. Nel 1978 ero pronto a lasciarmi alle spalle la pesante responsabilità di mandare avanti due locali: allenare l'Aberdeen non mi lasciava tempo per litigare con gli avventori o aggiornare la contabilità. Però quante belle storie mi ricordo, di quegli anni; avrei potuto scrivere un libro solo su quelle. I portuali arrivavano il sabato mattina con le mogli poiché venivano pagati il venerdì sera e depositavano il denaro, con me dietro il bancone, direttamente nella cassaforte. Il venerdì sera mi sentivo milionario, non sapevo nemmeno se il denaro nella cassaforte e nel cassetto fosse mio o loro. Le prime volte Cathy lo contava sul tappeto. Il sabato mattina i soldi defluivano, quando gli uomini tornavano a prenderli; questo tipo di transazioni veniva annotato nel cosiddetto "librone".

Una cliente di nome Nan era particolarmente attenta ai movimenti di denaro del marito. Aveva anche un linguaggio da portuale. "Pensi che siamo tutti scemi?" mi disse.

"Scusa?" dissi io per guadagnare tempo.

"Pensi che siamo tutti scemi? Il librone, voglio vederlo."

"Oh, non puoi," dissi, improvvisando. "È sacro. L'uomo delle tasse non te lo permetterebbe. Lo esamina ogni settimana. Non puoi vederlo."

Nan si girò verso il marito, più calma, e disse: "È vero?"

"Eh, non so," disse l'uomo.

La tempesta era passata. "Se viene fuori che c'è il nome di mio marito, in quel libro, non metterò più piede qui," disse Nan.

Questi sono ricordi indelebili di una giovinezza trascorsa accanto a persone di grande carattere e tempra. Persone dure, anche. Mi capitava di tornare a casa con un taglio in testa o un occhio nero; era la vita del pub. Quando ci si scaldava troppo o scoppiavano le risse, bisognava mettersi in mezzo per riportare la calma: tentavi di separare chi litigava, ma spesso ti prendevi un pugno sul mento. Eppure era una gran bella vita, se ci ripenso. Che personaggi, che storia.

Mi ricorderò sempre il giorno in cui un uomo di nome Jimmy Westwater entrò non riuscendo a respirare; era grigio. "Cristo, tutto a posto?" chiesi io. Jimmy si era avvolto nella seta Shantung per svignarsela dai docks senza essere visto. Un intero rotolo di seta Shantung, e si era avvolto così stretto che poteva a malapena prendere fiato.

Un altro Jimmy, un mio dipendente, che teneva il pub sempre pulito, una notte si presentò con il farfallino. Uno dei miei clienti era incredulo: "Un farfallino a Govan? Starai scherzando." Un venerdì sera arrivo e trovo uno che vende sacchetti di mangime per uccelli al bancone. In quella zona di Glasgow tutti allevavano piccioni.

"Che roba è?" chiedo.

"Mangime per uccelli." Come se fosse la risposta più ovvia del mondo.

Un irlandese di nome Martin Corrigan si vantava di poterti procurare qualsiasi cosa ti servisse in casa: stoviglie, un servizio di coltelli, un frigo. Qualsiasi cosa. Un altro tizio entrò e disse: "Volete un binocolo? Sono al verde." Tirò fuori un bellissimo binocolo, avvolto nella carta oleata. "Cinque sterline," disse.

"A una condizione," gli dissi. "Cinque sterline se bevi qui. Non andare da Baxter's." Era un brav'uomo con un difetto di pronuncia. Così comprai il binocolo e lui spese immediatamente 3 sterline al bancone.

Quando portavo i miei acquisti a casa, Cathy si arrabbiava. Mi ricordo che una volta arrivai con un vaso italiano che poi Cathy vide in un negozio a 10 sterline. Il problema era che io l'avevo comprato a 25, per metterlo sopra il bancone. Un giorno mi presentai con una giacca di pelle nuova che faceva veramente la sua figura.

"Quanto?" chiese Cathy.

"Sette sterline," dissi io, compiaciuto.

Così la misi via. Due settimane dopo dovevamo andare

a una festicciola dalla sorella di Cathy. Indossai la giacca e mi misi davanti allo specchio per ammirarne il taglio. Per sistemarmela alla perfezione diedi una tirata alle maniche, come si fa di solito, e queste mi rimasero letteralmente in mano. Me ne rimasi lì con la giacca senza maniche.

Cathy si rotolava dal ridere mentre io urlavo: "Lo ammazzo!" Quella giacca non aveva nemmeno una fodera interna.

A un muro della nostra sala da biliardo era appesa una foto di Bill, il mio migliore amico. Era un personaggio, Billy. Non sapeva nemmeno preparare il tè. Un giorno, a casa sua, dopo che eravamo stati a mangiare fuori, gli dissi: "Metti su il bollitore." Andò in cucina, e dopo un quarto d'ora non era ancora tornato. Dove diavolo era? Al telefono con Anna, sua moglie, e le chiedeva: "Com'è che fai con il tè?"

Anna aveva lasciato in forno un pasticcio di carne, una sera, mentre Billy guardava il film *L'inferno di cristallo*. Tornò due ore dopo e vide del fumo uscire dalla cucina. "Cristo, ma perché non l'hai spenta? Non hai visto il fumo?" sbuffò.

"Credevo che venisse dalla tele," gridò Billy. Pensava che fosse un effetto speciale della scena della torre che bruciava.

Tutti andavano a casa di Billy. Erano come le falene con la luce. Nessuno, però, lo conosceva come Billy: lo chiamavano tutti McKechnie. I suoi due figli, Stephen e Darren, erano l'orgoglio suo e di Anna, e sono ancora molto amici dei miei figli. Billy non è più tra noi, ma ricorderò sempre quanto ci siamo divertiti insieme.

Ho ancora alcuni vecchi amici di quei tempi: Duncan

Petersen, Tommy Hendry e Jim McMillan erano all'asilo con me, quando avevamo quattro anni. Duncan ha lavorato come idraulico all'ICI di Grangemouth ed è andato in pensione molto presto. Ora ha un posticino a Clearwater, in Florida, e gli piace viaggiare. Tommy, che ha avuto qualche problema di cuore, era un ingegnere, come Jim. Un quarto amico, Angus Shaw, si prende cura della moglie malata. John Grant, a cui pure sono molto affezionato, si trasferì in Sudafrica negli anni sessanta; sua moglie e sua figlia si occupano di vendite all'ingrosso.

Quando lasciai l'Harmony Row, da giovane, si creò una profonda divisione tra me e i ragazzi di Govan. Loro pensavano che sbagliassi ad andarmene al Drumchapel Amateurs. Mick McGowan, che dirigeva l'Harmony Row, non mi parlò più. Era un gran fanatico dell'Harmony Row, e quando me ne andai semplicemente mi cancellò. Ma con gli amici di Govan continuai a uscire fino ai diciannove o vent'anni; iniziammo ad avere delle ragazze, intorno a quel periodo.

Poi ci separammo, andammo via. Io sposai Cathy e ci trasferimmo a Simshill. Anche loro si sposarono tutti. L'amicizia sembrò spezzarsi, i contatti divennero intermittenti. John e Duncan giocarono con me al Queen's Park nel biennio 1958-60. Quando alleni ti rimane poco tempo per ciò che esula dagli impegni lavorativi. Al St Mirren di sicuro non ne avevo. Ma il nostro legame non si interruppe completamente: due settimane prima che lasciassi l'Aberdeen, nel 1986, Duncan mi chiamò e mi disse che in ottobre avrebbe festeggiato i venticinque anni di matrimonio. Ci saremmo stati anche io e Cathy? Gli dissi che ci avrebbe fatto piacere. Ero a un punto di svolta nella mia vita; i ragazzi erano tutti lì, e ci riunimmo. Avevamo tutti una famiglia, eravamo uomini maturi. Mi trasferii allo United il mese successivo, e da allora siamo rimasti sempre in contatto.

Quando si arriva intorno ai vent'anni, piano piano ci si separa; loro sono rimasti tutti insieme, solo io ho avuto una vita diversa. Non sono fuggito, semplicemente la mia vita è andata così: gestivo due pub e allenavo il St Mirren. Poi, nel 1978, arrivò la chiamata dell'Aberdeen.

Queste amicizie mi hanno sostenuto, al Manchester United. Vennero tutti a casa nostra nel Cheshire a mangiare e a cantare, e mettemmo su i vecchi dischi; erano tutti bravi cantanti. Quando fu il mio turno, il vino mi aveva dato eccessiva fiducia nelle mie capacità di *crooner*: sarebbe stato un testa a testa con Frank Sinatra, ed ero sicuro di poter offrire a chi mi ascoltava un'ottima versione di *Moon River*. Iniziai a cantare, e quando aprii gli occhi vidi che la stanza era vuota. "Venite a mangiare il mio cibo e poi andate a vedere la tele nell'altra stanza mentre canto," protestai.

"Non ascoltiamo questa roba, fa schifo," fu la risposta. Sono brave persone: molti di loro sono sposati da più di quarant'anni. Mi bacchettano, mi spronano, e possono farlo perché sono uguali a me, sono della stessa pasta, sono cresciuti con me. Ma mi sostengono, anche; quando vengono giù di solito vinciamo, ma se perdiamo loro dicono, empaticamente: "Era dura." Non "Avete fatto schifo," ma "Era dura".

I miei amici di Aberdeen li sento ancora. Una cosa che ho imparato sulla Scozia è che più vai a nord più la gente è tranquilla: ci impiega di più a fare amicizia, ma quando succede il legame che si crea è profondo. Gordon Campbell viene in vacanza con noi, con il mio avvocato Les Dalgarno, Alan McRae, George Ramsay e Gordon Hutcheon.

Man mano che mi immergevo nel lavoro allo United, la mia vita sociale diminuiva; smisi di uscire il sabato sera. Il calcio mi esauriva: partivo dallo stadio dopo la partita, iniziata alle tre del pomeriggio, e non arrivavo a casa prima delle nove meno un quarto. Era il prezzo del successo: 76.000 persone che tornano a casa nello stesso momento. L'esigenza di uscire venne meno, ma feci solide amicizie: Ahmet Kurcer, direttore dell'Alderley Edge Hotel, Sotirios, Mimmo, Marius, Tim, Ron Wood, Peter Done, Jack Hanson, Pat Murphy e Pete Morgan, Ged Mason, il grande Harold Riley e il mio staff, ovviamente, che era leale con me. James Mortimer e Willie Haughey erano due vecchi amici della mia città, c'erano Martin O'Connor e Charlie Stillitano a New York e Eckhard Krautzun in Germania, tutte brave persone. Quando ne avevamo la forza, passavamo delle belle serate in giro.

Nei miei primi anni a Manchester diventai amico di Mel Machin, allenatore del City, che fu licenziato non molto dopo che ci sconfissero 5-1. La ragione, se ben ricordo, fu che Mel non sorrideva abbastanza. Se allo United avessero applicato lo stesso metro, sarei stato licenziato molto tempo fa. John Lyall, allenatore del West Ham, fu una roccia, per me, in quei giorni. Non conoscevo tutti i giocatori d'Inghilterra e avevo qualche dubbio sulla squadra degli osservatori dello United; allora spesso telefonavo a John e lui mi mandava dei rapporti sui giocatori, con cui completavo i miei. Mi fidavo molto di lui. Per dirmi che lo United non stava giocando bene, mi diceva: "Non vedo Alex Ferguson in quella squadra."

Jock Wallace, il focoso ex allenatore dei Rangers, una sera in hotel mi disse anche lui: "Non vedo Alex Ferguson in quella squadra. Sarà meglio che tu lo faccia tornare." Queste persone mi davano il loro parere spontaneamente, sapendo che l'amicizia era alla base delle loro osservazioni. Per me questa è l'amicizia migliore. Bobby Robson allenava la nazionale inglese, quindi inizialmente il nostro fu un rapporto diverso, ma poi diventammo amici. Lennie Lawrence era un altro amico di quei tempi, e lo rimane anche oggi.

Bobby Robson e io ci riavvicinammo a una partita amichevole in onore di Eusébio, in Portogallo, dove Bobby aveva allenato lo Sporting Lisbona e il Porto. Eric Cantona fece il suo esordio in quella partita. Bobby venne al nostro albergo, me lo ricorderò per sempre, andò a cercare Steve Bruce e gli disse: "Steve, ho sbagliato con te. Avrei dovuto chiamarti in nazionale. Ti chiedo scusa." Di fronte a tutti i giocatori.

Molto di quel che so ora, alla fine della mia carriera, l'ho imparato in quei primi anni, a volte senza nemmeno accorgermene: ho cominciato a capire la natura umana molto prima della mia discesa a Manchester.

Le altre persone non vedono il gioco e il mondo come lo vedi tu, e qualche volta devi fartene una ragione. Davie Campbell era un mio giocatore al St Mirren; correva come una gazzella ma non ne azzeccava una. Stavo parlando con lui nell'intervallo quando la porta si aprì e apparve suo padre: "Davie, stai andando alla grande, bravissimo!" disse, e poi sparì.

Un giorno, con l'East Stirling, eravamo a Cowdenbeath e non avevamo controllato le previsioni del tempo: il campo era duro come il cemento, e così andammo a Cowdenbeath a comprare dodici paia di scarpe da baseball – non c'erano le suole di gomma, a quei tempi. Eravamo sotto 3-0 dopo il primo tempo, e iniziato il secondo mi sentii toccare la spalla da Billy Renton, un mio ex compagno di squadra. Mi disse: "Alex, volevo solo presentarti mio figlio." Io dissi: "Ma santo Dio, Billy, stiamo perdendo 3-0!"

In quella stessa partita, Frank Connor, uomo delizioso con un carattere tremendo, dopo una decisione arbitrale contro la sua squadra lanciò la panchina in campo. Dissi: "Santo cielo, Frank, stai vincendo 3-0!"

"È una vergogna!" ribatté Frank. Questa era la passione da cui ero circondato.

Mi torna in mente una storia su Jock Stein e la sua guerra con Jimmy Johnstone, grande giocatore e gozzovigliatore leggendario. Un pomeriggio, Jock sostituì Jimmy per punirlo di essersi rifiutato di giocare in una trasferta europea; Jimmy, uscendo, tirò un calcio alla panchina e disse: "Bastardo con una gamba sola." Si infilò nel tunnel, Jock gli corse dietro e lui si chiuse nello spogliatoio.

"Apri la porta!" urlò Jock.

"No, mi farai male," rispose Jimmy.

"Ti avverto. Apri questa porta," ripeté Jock.

Jimmy aprì la porta e saltò dritto nella vasca, che era piena d'acqua bollente.

Jock gridò: "Esci da lì!"

"No!" disse Jimmy. Fuori, la partita continuava.

Allenare significa affrontare una serie infinita di sfide; la maggior parte di esse ha a che vedere con la fragilità dell'essere umano. Una volta alcuni giocatori scozzesi, dopo una notte di bevute, saltarono su una barca a remi; finì che Jimmy Johnstone, il piccolo Jinky, cadde in acqua mentre cantava, colpito dai remi, e venne trascinato via dalla corrente. Quando la notizia giunse a Celtic Park, Jock Stein seppe che Jinky era stato recuperato dalla guardia costiera vicino al Firth of Clyde. Jock disse scherzando: "Ma non poteva annegare? Gli avremmo fatto una bella commemorazione, ci saremmo presi cura di Agnes e io non avrei perso i miei capelli."

Jock era spassoso. Dei nostri giorni insieme con la nazionale scozzese mi ricordo quando battemmo l'Inghilterra 1-0 a Wembley, nel maggio 1985, e poi, piuttosto compiaciuti, volammo a Reykjavik per giocare contro l'Islanda. La sera del nostro arrivo, tutto lo staff cenò con gamberi, salmone e caviale. Big Jock non beveva mai, ma lo convinsi a farsi un bicchiere di vino bianco per festeggiare la nostra vittoria sugli inglesi.

Nella partita con l'Islanda, strappammo una vittoria per 1-0; fu una prestazione disastrosa, e alla fine Big Jock mi guardò e disse: "Vedi? Colpa tua e del tuo vino bianco."

Nonostante avessi già tutta questa esperienza, trovai definitivamente la mia strada nei primi anni al Manchester United. Essere un po' irascibile mi aiutò sicuramente, perché quando perdo la pazienza la mia personalità viene fuori. Al contrario di Ryan Giggs, che ha un'indole tranquilla. Il mio temperamento si è rivelato utile: dà la misura di quel che sono, mi aiuta a imporre la mia autorità, fa capire allo staff e ai giocatori che non sono uno a cui creare problemi.

C'è sempre qualcuno che ti contrasta, che vuole batterti. Quando cominciai all'East Stirling, i primi giorni ebbi un confronto con l'attaccante centrale, che era il genero di Bob Shaw, uno dei dirigenti.

Uno dei miei giocatori, Jim Meakin, mi disse che tutta la sua famiglia sarebbe andata via per un intero weekend, a settembre. Era una tradizione.

"E quindi?" dissi io.

"Quindi non giocherò, sabato," disse Jim.

"Be', senti qua," dissi, "non giocare sabato e non disturbarti a tornare."

Lui giocò, e dopo la partita raggiunse la sua famiglia a Blackpool.

Un lunedì mi chiamò e mi disse: "Mister, mi si è fermata la macchina." Penso fosse a Carlisle. Doveva avermi preso per scemo. Immediatamente gli dissi: "Non ti sento molto bene, dammi il tuo numero che ti richiamo."

Silenzio.

"Non tornare," dissi io.

Bob Shaw, il dirigente, era molto infastidito dal mio comportamento, e la cosa si protrasse per settimane e settimane. Il presidente mi disse: "Alex, per favore, Bob Shaw mi sta addosso, richiama Jim." Io dissi: "No, Willie, con me ha chiuso. Secondo te posso lavorare con gente che decide per conto suo quando può andare in vacanza?"

"Capisco il problema, ma tre settimane non ti sembrano sufficienti?" disse lui.

La settimana dopo mi seguì nei bagni a Forfar, si piazzò di fianco a me e gemette: "Per favore, Alex, abbi un po' di pietà cristiana."

Tacqui per un momento e poi dissi: "Va bene."

Allora lui mi diede un bacio. "Che cosa stai facendo,

vecchio sporcaccione?" dissi. "Mi baci in un bagno pubblico?"

Nell'ottobre 1974 andai a lavorare al St Mirren, fase successiva della mia formazione. Il primo giorno, in una foto sul "Paisley Express", si vedeva il capitano che faceva un gestaccio alle mie spalle. Il lunedì successivo lo chiamai e gli dissi: "Se vuoi puoi andare via a costo zero. Qui non c'è posto per te, non giocherai."

"Perché?" chiese lui.

"Tanto per cominciare, fare le corna alle spalle dell'allenatore non è un comportamento da giocatore esperto, né da persona matura. Da un capitano esigo maturità, e quello è stato un gesto da ragazzino. Devi andartene."

Devi importi. Come mi disse Big Jock parlando dei giocatori, mai innamorarsi di loro, perché non ti saranno fedeli.

Ad Aberdeen ebbi a che fare con ogni sorta di trasgressione. Spesso li coglievo sul fatto, poi ridevo un sacco per le loro reazioni.

"Io?" dicevano, con un'espressione furbescamente offesa.

"Sì, tu."

"Oh, sono andato a trovare un amico."

"Ah sì? Per tre ore? E ti sei ritrovato sbronzo?"

Mark McGhee e Joe Harper mi misero veramente alla prova. E poi c'era Frank McGarvey, al St Mirren. Una domenica, nel 1977, riuscimmo a portare 15.000 tifosi al Fir Park, ma perdemmo 2-1. Il Motherwell ci sconfisse e io fui deferito per aver detto che l'arbitro non era stato abbastanza duro.

Quel sabato sera squillò il telefono e il mio amico John Donachie mi disse: "Non volevo dirtelo prima della partita perché sapevo che saresti andato fuori di testa, ma ho visto sbronzo McGarvey al pub, venerdì sera." Lo chiamai a casa, rispose sua madre: "C'è Frank?"

"No," disse, "è in città. Posso fare qualcosa per lei?"

"Può dirgli di chiamarmi quando arriva? Rimango sveglio, non vado a dormire finché non gli parlo." Alle 23.45 il telefono squillò; sentii un bip, capendo che era un telefono a gettoni.

"Eccomi a casa," disse Frank. "Ma ho sentito il bip," dissi io. "Sì, abbiamo un telefono a gettoni a casa," disse Frank. Probabilmente era vero, ma non credevo che telefonasse da lì.

"Dov'eri venerdì sera, Frank?"

"Non me lo ricordo," disse lui.

"Be', te lo dico io. Eri al Waterloo Bar, ecco dov'eri. Sei sospeso a vita. Non tornare. Sei fuori dalla Scozia Under-21, ti ritiro. Non darai mai più un calcio al pallone." E riattaccai.

Il giorno dopo mi chiamò la madre: "Il mio Frank non beve, ha sbagliato persona." Le dissi: "Non credo. So che ogni madre pensa che il proprio figlio non abbia difetti, ma torni di là e provi a chiederglielo di nuovo."

Era sospeso da tre settimane e tutti i giocatori ne parlavano.

Si avvicinava un incontro decisivo per il campionato contro il Clydebank e dissi al mio assistente, il grande Davie Provan: "Ho bisogno di lui per questa partita." Il club era al municipio di Paisley, la settimana prima del match con il

Clydebank; mentre entravo con Cathy, improvvisamente Frank venne fuori da dietro una colonna, implorando: "Mi dia un'ultima possibilità." Fu un dono del cielo, stavo giusto pensando a come farlo tornare senza perdere la faccia e lui spunta da dietro una colonna. Dissi a Cathy di andare dentro e mi rivolsi a Frank con il mio tono di voce più severo possibile: "Te l'ho detto, sei fuori a vita." Tony Fitzpatrick, che aveva assistito alla scena, si fece avanti: "Mister, gli dia un'altra possibilità. Le garantisco che si comporterà bene."

"Parliamone domattina," ringhiai. "Ora non è il momento." Ed entrai nella sala per raggiungere Cathy, trionfante.

Battemmo il Clydebank 3-1, e Frank fece due gol.

Ai ragazzi devi cercare di inculcare il senso di responsabilità. Se riescono ad aggiungere alla loro energia e ai loro talenti anche una maggiore consapevolezza, possono avere un'ottima carriera.

Una qualità che avevo, quando iniziai ad allenare, era che sapevo prendere una decisione; questo non mi ha mai spaventato, nemmeno quando da bambino dovevo scegliermi la squadra. Anche allora davo indicazioni: "Tu gioca qui, tu là," dicevo. Willie Cunningham, uno dei miei primi allenatori, diceva: "Sai, sei una dannata seccatura." Parlavo di tattica con lui e gli chiedevo: "È sicuro di sapere cosa sta facendo?"

"Una seccatura, ecco cosa sei," rispondeva.

Gli altri giocatori stavano seduti e ascoltavano i miei interventi, dando per scontato che sarei stato giustiziato per insubordinazione. Semplicemente, sapevo decidere sempre. Non so da dove mi viene, ma so che fin da bambino sono stato un organizzatore, un istruttore, uno che faceva le squadre. Mio padre era un normale lavoratore, molto intelligente, ma assolutamente non un leader, per cui non si può dire che abbia avuto un modello in famiglia.

D'altro canto una parte di me, lo so, è solitaria, isolata. A quindici anni, quando giocavo negli allievi del Glasgow, tornai a casa dopo aver segnato contro l'Edinburgh – il più bel giorno della mia vita – e mio padre mi disse che una grande squadra voleva parlare con me. La mia risposta ci sorprese entrambi: "Ma io voglio solo uscire, voglio andare al cinema."

"Ma che ti prende?" disse lui.

Volevo starmene per conto mio, non so perché, ancora oggi non so perché mi comportai così. Dovevo stare da solo. Mio padre era contentissimo e fiero e mia madre ballava e diceva: "È grandioso, figliolo." Mia nonna era impazzita. Segnare contro gli allievi dell'Edinburgh era stata una gran cosa, eppure io dovevo rifugiarmi nella mia bolla, capite?

Da allora a oggi sono successe tante cose. Quando iniziai al Manchester United, nel 1986, Willie McFaul allenava il Newcastle United, al Manchester City c'era Jimmy Frizzell e George Graham guidava l'Arsenal. Stimo George: brav'uomo e grande amico. Quando sorsero dei problemi con Martin Edwards riguardo al mio contratto, sir Roland Smith era amministratore delegato della società; le società per azioni come la nostra potevano essere problematiche, a volte, dovevi aspettare che si decidessero ad affrontare le questioni. Un giorno sir Roland propose a Martin, a Maurice Watkins, l'avvocato del club, e a me di andare sull'Isola di Man per discutere del mio nuovo contratto. George all'Arsenal guadagnava il doppio di me.

"Ti do la bozza del mio contratto, se vuoi," disse George.

"Sicuro che non sia un problema?" risposi.

Quindi partii per l'Isola di Man con il contratto di George. Martin è stato un buon presidente, per me, era una persona forte; l'unico problema era che pensava che ogni penny fosse suo. Ti pagava quanto voleva pagarti, e questo valeva per tutti, non solo per me.

Quando gli mostrai il contratto di George, non ci credette. "Chiama David Dein," suggerii io. Così fece, e David Dein, presidente dell'Arsenal, negò che George fosse pagato così tanto. Che farsa: George mi aveva dato il suo contratto, ed era firmato da David Dein. Se non fosse stato per Maurice e Roland Smith mi sarei dimesso quel giorno stesso, e in ogni caso fui molto vicino ad andarmene.

Devi lottare per avere ciò che vuoi; fu così in quel caso ed è stato così in tutti i miei trentanove anni di carriera. Non c'è altro da fare.

3.
MANCATO RITIRO

La sera di Natale del 2001 mi ero appisolato sul divano mentre guardavo la televisione. Nel frattempo, in cucina era in corso un ammutinamento. La stanza in cui ci riunivamo di solito era teatro di una discussione che avrebbe cambiato le vite di ognuno di noi. Il capo dei ribelli entrò e per svegliarmi mi diede un calcio su un piede. Incorniciate dalla porta potevo vedere le figure dei miei tre figli, allineati e solidali.

"Ci siamo appena riuniti," disse Cathy. "Abbiamo deciso che non ti ritirerai." Non ebbi nessuna reazione. "Uno, la tua salute è buona; due, non intendo averti tra i piedi in casa; tre, sei ancora troppo giovane." Cathy fu la prima a parlare, ma i nostri figli le fecero immediatamente seguito: "È una stupidaggine, papà," mi dissero. "Non farlo, hai ancora molto da dare. Al Manchester United puoi costruire una nuova squadra." Tutto questo mi insegnò a non appisolarmi nemmeno per cinque minuti: mi sarebbero costati altri undici anni di lavoro.

Una delle ragioni per cui avevo deciso di farmi da parte, all'inizio, era per rispondere a una dichiarazione che Martin Edwards aveva fatto dopo la finale di Champions League del 1999 a Barcellona. Alla domanda se ci sarebbe stato un ruolo per me in società, una volta che mi fossi ritirato da allenatore, aveva risposto: "Non vogliamo una situazione alla Matt Busby." La risposta non mi colpì più di tanto, dato che le circostanze storiche non erano comparabili. Nel mio caso, bisognava considerare le complicazioni causate da agenti, contratti, media; nessuna persona sensata avrebbe voluto essere coinvolta in quei meccanismi, terminata la carriera di allenatore. Non avevo nessuna voglia di occuparmi di questioni finanziarie o di mercato.

Che cos'altro mi spingeva al ritiro? Avevo come l'impressione, dopo quella magica notte di Barcellona, di aver raggiunto l'apice. Prima, le mie squadre avevano sempre fatto poca strada in Europa, e io ero costantemente alla ricerca della fine di quell'arcobaleno; una volta che concretizzi l'ambizione di una vita, ti chiedi se potrai sentirti ancora così. Quando Martin Edwards parlò di evitare la sindrome di Matt Busby, il mio primo pensiero fu: "Non ha senso." E il secondo fu: "Sessant'anni è un'età giusta per smettere." Quindi erano tre i tarli che mi rodevano: il fastidio per lo spettro di Matt Busby agitato da Martin, il non sapere se avrei vinto una seconda Champions League e quel numero, sessanta, che mi stava ossessionando. Ero allenatore da quando avevo 32 anni, e compierne sessanta può fare un certo effetto: ti sembra di entrare in una fase nuova. Ai cinquanta, sei in un momento cruciale, il mezzo secolo, ma non te ne accorgi. A sessanta dici: "Cristo, mi sento un sessantenne. Ho sessant'anni!" Poi superi la cosa, realizzi che è un cambiamento teorico, una variazione numerica; ora ho un atteggiamento diverso nei confronti dell'età, ma all'epoca quella dei sessanta era una soglia psicologica, un ostacolo che mi impediva di sentirmi giovane, che cambiava il mio modo di percepire la mia forma fisica, la mia salute. Sentii che vincendo la Champions League avevo realizzato i miei sogni, e che me ne potevo andare soddisfatto; questo era il mio pensiero principale. Ma quando Martin aveva agitato quello spettro fastidioso, parlando del futuro allenatore, avevo borbottato: "Bella battuta."

Era un sollievo, per me, ritornare sui miei passi, ma dovevo comunque discuterne gli aspetti pratici con Cathy e i ragazzi.

"Non so se posso ripensarci. Ormai l'ho comunicato al club."

Cathy disse: "Be', non pensi che dovrebbero mostrarti un po' di rispetto e permetterti di cambiare idea?"

"Potrebbero aver già chiamato qualcun altro," dissi.

"Considerato il lavoro che hai fatto, non pensi che dovrebbero darti la possibilità di riassumere l'incarico?" insistette.

Il giorno dopo chiamai Maurice Watkins, che si mise a ridere quando gli dissi che ci avevo ripensato. Gli incaricati del club avrebbero dovuto incontrare un candidato alla panchina la settimana successiva; credo che Sven-Göran Eriksson stesse per diventare il nuovo allenatore dello United. Era una mia idea, in ogni caso, Maurice non me lo confermò mai. "Perché Eriksson?" gli chiesi tempo dopo.

"Forse hai ragione, o forse no," disse Maurice.

Mi ricordo che un giorno chiesi a Paul Scholes: "Scholesy, com'è Eriksson?" Ma Scholes non fu di grande aiuto. La mossa successiva di Maurice fu quella di contattare Roland Smith, l'allora amministratore delegato, che quando ci parlammo mi disse: "Te l'avevo detto o no che ti stavi comportando da stupido? Dobbiamo sederci e parlarne."

Roland era un vecchio furbone. Ha avuto una vita piena, completa, ha fatto ogni genere di esperienze interessanti e raccontava un sacco di storie fantastiche: ci raccontò una storia su Margaret Tatcher che era a cena con la regina, che voleva risistemare l'aereo reale; a un certo punto Roland passò di lì e le vide che si davano la schiena a vicenda.

"Roland," gli disse la regina, "puoi dire a questa donna che il mio aereo ha bisogno di lavori?"

"Sissignora, lo faccio subito," disse Roland.

Avevo bisogno di sentire anch'io una cosa del genere riguardo il mio reintegro. Volevo che se ne occupasse subito. Il primo punto era che avevo bisogno di un nuovo contratto, dato che quello che avevo sarebbe scaduto quella stessa estate; dovevamo muoverci in fretta.

Nel momento stesso in cui annunciai la data precisa del mio ritiro, sentii che stavo facendo un errore, e anche gli altri la pensavano così; Bobby Robson mi diceva sempre: "Non ti azzardare a ritirarti." Bobby era un personaggio fantastico. Un pomeriggio eravamo a casa e squillò il telefono.

"Alex, sono Bobby. Ti disturbo?"

"Dove sei?"

"Sono a Wilmslow."

"Be', allora passa di qua," gli dissi.

"Sono davanti alla tua porta," disse lui.

Bobby era un uomo davvero pieno di energie. Anche

dopo i settanta, avrebbe ancora voluto riprendersi la panchina del Newcastle, dopo essere stato licenziato nella stagione 2004-2005. L'inattività non era nella natura di Bobby, e si rifiutava di accettare che l'incarico al Newcastle fosse diventato impossibile da gestire, per lui; fu una sconfitta che gli bruciò fino alla fine, a testimonianza di quanto amasse il calcio.

Appena decisi che mi sarei ritirato, smisi di fare programmi. Nel momento in cui cambiai idea, ripresi a pianificare il futuro. Mi dissi: "C'è bisogno di una squadra nuova." Le energie mi tornarono, cominciai a sentire di nuovo un impeto dentro di me. "Rimettiamoci al lavoro," dissi agli osservatori. Eravamo di nuovo al lavoro, e mi sentivo bene.

Non avevo problemi fisici che potessero impedirmi di continuare a lavorare. Quella dell'allenatore è una condizione precaria, a volte; stai sempre a chiederti se sei abbastanza apprezzato. Mi ricordo un documentario in tre parti girato dal mio amico Hugh McIlvanney per Arena TV su Stein, Shankly e Busby: la tesi di Hugh era che questi uomini fossero troppo grandi per i loro club, e per questo ognuno di loro fu ridimensionato. Mi ricordo che Big Jock mi disse, parlando dei proprietari e dei dirigenti di club: "Ricordati, Alex, che noi non siamo come loro. Loro amministrano il club, noi siamo i loro dipendenti." Big Jock la vedeva in questo modo: noi e loro, i padroni e i servi.

Ciò che il Celtic fece a Jock Stein fu ridicolo, oltre che di cattivo gusto. Gli offrirono di gestire le piscine. Venticinque trofei con il Celtic e gli offrirono di gestire le piscine. A Bill Shankly non fu mai chiesto di diventare un dirigente del Liverpool, e per questo lui si risentì parecchio; iniziò anche a venire alle partite del Manchester United, o ad andare a vedere il Tranmere Rovers. Si fece vedere al nostro vecchio campo di allenamento, The Cliff, e a quello dell'Everton.

Per quanto prestigioso possa essere il tuo curriculum, in alcuni momenti ti senti vulnerabile, esposto, anche se negli ultimi anni, con David Gill, ho potuto lavorare in un ambiente di prim'ordine, e il nostro rapporto è stato eccellente. Un allenatore ha una costante paura di fallire, e spesso è solo. In alcuni momenti faresti di tutto per non essere da solo con i tuoi pensieri. C'erano giorni in cui stavo nel mio ufficio, nel pomeriggio, e nessuno bussava alla porta perché pensavano che fossi occupato; a volte speravo che qualcuno lo facesse, che Mick Phelan o René Meulensteen venissero a dirmi: "Ti va una tazza di tè?" Dovevo andare a cercarmi qualcuno con cui parlare; dovevo essere io a entrare nel loro spazio. Essere un allenatore significa affrontare questa solitudine: tu hai bisogno di contatto umano, ma gli altri pensano che tu sia troppo occupato in faccende importanti e non vogliono starti tra i piedi.

Dall'una del pomeriggio un fiume di gente passava da me: quelli delle giovanili, Ken Ramsden, il segretario, e i giocatori della prima squadra – cosa che mi gratificava sempre, perché significava che si fidavano di me – spesso con problemi familiari. Ho sempre avuto un approccio positivo con i giocatori che si confidavano con me, anche quando mi chiedevano un giorno di riposo per affaticamento, o per risolvere un problema contrattuale.

Se un giocatore mi chiedeva un giorno di permesso doveva esserci un buon motivo; infatti chi avrebbe voluto saltare un allenamento allo United? Dicevo sempre di sì, mi fidavo di loro. Infatti se avessi detto: "No, perché dovrei dartelo?" e se loro avessero risposto "Perché è morta mia nonna," sarebbe stato un guaio. Se c'era un problema, volevo contribuire a trovare una soluzione.

Alcune persone sono state con me al cento per cento. Ad esempio Les Kershaw, Jim Ryan e Dave Bushell. Ho assunto Lester, uno dei miei migliori collaboratori in assoluto, nel 1987, su raccomandazione di Bobby Charlton. Non conoscevo la scena inglese e i consigli di Bobby erano molto preziosi. Les aveva lavorato nelle scuole calcio di Bobby ed era stato un osservatore del Crystal Palace; aveva collaborato anche con George Graham e Terry Venables. Secondo Bobby, Les sarebbe stato felice di lavorare per il Manchester United, per cui lo presi. Era effervescente, entusiasta, non smetteva mai di parlare; mi chiamava alle 18.30 ogni domenica per aggiornarmi sulle sue scoperte. Dopo un'ora arrivava Cathy e diceva: "Ma sei ancora al telefono?" Se cercavi di fermare Les, lui aumentava il ritmo. Gran lavoratore. Era professore di chimica all'Università di Manchester. Dave Bushell era un direttore che si era occupato delle scuole inglesi Under-15, e lo presi quando Joe Brown si ritirò. Jim Ryan arrivò nel 1991. Mick Phelan fu un mio giocatore e diventò un prezioso assistente, tranne nel periodo tra il 1995, quando ci separammo, e il 2000, quando tornò nello staff degli allenatori. Paul McGuinness fu con me fin da quando iniziai; era il figlio dell'ex giocatore e allenatore dello United Wilf McGuinness, ed era stato a sua volta un giocatore. Lo feci diventare allenatore del settore giovanile.

Normalmente un allenatore porta con sé un assistente, e quest'ultimo rimane con lui. Allo United andava diversamente, perché i miei assistenti acquisivano grande professionalità e attiravano l'attenzione di altri club; persi così Archie Knox, che andò ai Rangers due settimane prima della finale di Coppa delle Coppe, e al suo posto portai a Rotterdam per la partita Brian Whitehouse, coinvolgendo anche tutto il resto dello staff.

In seguito cominciai a cercarmi un secondo. Nobby Stiles mi disse: "Perché non promuovi Brian Kidd?" Brian conosceva il club e aveva rivoluzionato la rete degli osservatori locali, coinvolgendo molti suoi vecchi amici, insegnanti e sostenitori dello United che conoscevano bene i dintorni; quello fu il suo miglior lavoro, ed ebbe dei grandissimi risultati. Così diedi il posto a Brian, che lavorò bene, costruendo un rapporto amichevole con i giocatori e strutturando un buon programma di allenamento. Andò anche in Italia a osservare le squadre della Serie A, tornando con molte informazioni utili.

Quando lasciò per andare al Blackburn, nel 1998, gli dissi: "Spero che tu sappia cosa stai facendo." Quando uno dello staff degli allenatori se ne va, chiede sempre: "Che cosa ne pensi?" Nel caso di Archie non riuscii a indurre Martin Edwards a pareggiare l'offerta dei Rangers; nel caso di Brian, non credevo che fosse adatto a fare l'allenatore capo. Steve McClaren, al contrario, ne aveva la stoffa; quel che gli dissi fu di trovare il club giusto, il presidente giusto. Questo è essenziale, sempre. Lo volevano il West Ham e il Southampton, e poi, all'improvviso, Steve ricevette una chiamata da Steve Gibson, presidente del Middlesbrough, e il mio consiglio fu: "Nessun dubbio, accetta." Bryan Robson, anche se era stato licenziato, parlò sempre con ammirazione di Steve Gibson, giovane, brillante, disposto a investire nel club. Avevano un ottimo campo di allenamento. "È il lavoro che fa per te," dissi a Steve.

Organizzato, forte, sempre alla ricerca di idee nuove, Steve era fatto per allenare; effervescente, energico, con un ottimo carattere.

Carlos Queiroz, un altro dei miei vice, era fantastico. Semplicemente fantastico, incredibile. Un uomo intelligente, meticoloso. Me lo raccomandò Andy Roxburgh all'epoca in cui stavamo cominciando a cercare giocatori anche più a sud e in cui ci avrebbe fatto comodo un allenatore che non fosse nordeuropeo e che sapesse parlare un paio di lingue straniere. Andy parlò chiaro: Carlos era incredibile. Aveva allenato il Sudafrica, così un giorno chiamai Quinton Fortune per chiedergli un'opinione. "Fantastico," disse Quinton. "In che senso?" "In tutti i sensi." "Bene," pensai, "è quel che mi occorre."

Quando Carlos arrivò in Inghilterra, nel 2002, per parlare con noi, lo accolsi in tuta. Lui era vestito in maniera impeccabile, e aveva una grazia particolare; mi impressionò a tal punto che gli offrii il lavoro all'istante. Sebbene non lo fosse, fece tutto ciò che avrebbe fatto l'allenatore capo del Manchester United; si prese la responsabilità di molte questioni di cui per contratto non era tenuto a occuparsi.

"Devo parlarti," mi disse al telefono un giorno, nel 2003, mentre ero in vacanza nel Sud della Francia. Che cosa poteva essere? Chi l'aveva contattato? "Ho solo bisogno di parlarti," ripeté.

Così arrivò a Nizza in aereo, e io presi un taxi fino all'aeroporto, dove trovammo un angolino tranquillo per parlare.

"Mi hanno offerto la panchina del Real Madrid," mi disse.

"Ti dirò due cose: la prima è che non puoi rifiutare, la seconda è che lasci un grande club. Potresti non durare più di un anno al Real Madrid, ma potresti restare al Manchester United a vita."

"Lo so," disse Carlos. "È che mi sembra una sfida fantastica."

"Carlos, non posso dirti cosa fare, perché se lo faccio e poi il Real vince la Champions League, ti troveresti a dire: 'Potevo essere là.' Però ti avverto: sarà un incubo."

Tre mesi dopo voleva lasciare Madrid; gli dissi che non poteva, volai in Spagna per incontrarlo e mangiammo a casa sua. Il mio messaggio fu: non mollare, concludi la stagione e il prossimo anno torna a lavorare con me. Quell'anno non mi ero trovato un secondo, perché ero sicuro che Carlos sarebbe tornato la stagione successiva. Avevo preallertato Jim Ryan e Mick Phelan, due ottimi elementi, ma alla fine non avevo scelto nessuno, sapendo che Carlos sarebbe potuto tornare. Avevo fatto un colloquio con Martin Jol più o meno una settimana prima che Carlos chiamasse per dirmi che a Madrid non stava funzionando. Martin mi aveva ben impressionato e stavo per dargli il lavoro, ma poi arrivò la chiamata di Carlos e fui costretto a tornare da Martin e dirgli: "Guarda, ho deciso di lasciar perdere, per ora." Non potevo spiegargli perché.

Quella di assistente allenatore al Manchester United è una posizione di rilievo, è una postazione nel cuore del gioco. Quando Carlos se ne andò per la seconda volta, nel luglio 2008, fu una scelta di cuore, di amore per il proprio paese, e potevo capire che volesse tornare in Portogallo. Ma era pazzesco, Carlos. Aveva gran parte delle qualità necessarie a diventare il futuro allenatore del Manchester United; era emotivo, ma di tutti quelli che avevano lavorato al mio fianco era senza dubbio il migliore. Era assolutamente sincero, arrivava e ti diceva dritto in faccia: non sono soddisfatto di questo o di quello.

Era perfetto per me. Era un rottweiler. Piombava nel mio ufficio dicendo che dovevamo fare qualcosa, e riempiva la lavagna di disegni: "Sì Carlos, va bene, ok," dicevo io, "però sono occupato, ora." In ogni caso, quest'urgenza di portare a termine le cose era un'ottima qualità.

L'anno che decisi di ritirare le mie dimissioni avevamo una squadra forte, anche se avevamo perso Peter Schmeichel e Denis Irwin. Che giocatore, Denis Irwin: lo chiamavamo "Denis otto su dieci". Veloce, agile, intelligente; non deludeva mai, si comportava in maniera impeccabile. Mi ricordo una partita con l'Arsenal in cui Denis non riuscì a impedire che Dennis Bergkamp segnasse; la stampa mi disse: "Be', sarà arrabbiato con Denis." Io risposi: "Sì, insomma, è con me per anni e non ha mai fatto un errore. Penso che possiamo perdonargli quello di oggi."

La questione più importante era il ruolo del portiere. Dal momento in cui Schmeichel ci aveva lasciati per andare allo Sporting Lisbona, nel 1999 – e non essendo riuscito a prendere van der Sar – avevo continuato a lanciare palloni in aria, sperando che uno cadesse nelle mani giuste. Raimond van der Gouw era un gran portiere, solido, e si allenava in modo coscienzioso, ma non era la mia prima scelta; per come la vedevo io, Mark Bosnich era un pessimo professionista, avremmo dovuto saperlo. Massimo Taibi semplicemente non aveva funzionato, ed era tornato in Italia, dove aveva rivitalizzato la sua carriera. Fabien Barthez era il portiere dei campioni del mondo, ma probabilmente la nascita di suo figlio, in Francia, influiva sulla sua concentrazione, perché viaggiava spesso avanti e indietro. Era un bravo ragazzo, un ottimo portiere con un'ottima presa; ma se un portiere non è concentrato sono guai.

Credendo che sarei andato via, la squadra si era lasciata andare. Una delle mie tattiche era di mantenere i giocatori costantemente in tensione, di abituarli a pensare che era sempre una questione di vita o di morte; bisognava vincere per forza. Avevo alzato lo sguardo dal pallone, avevo guardato troppo avanti e mi ero chiesto chi sarebbe venuto dopo di me. È umano, in una situazione del genere, rilassarsi un po' e dire: "Tanto l'anno prossimo non sarò più qui."

Allo United erano così abituati alla mia presenza che nessuno sapeva quale sarebbe stato il capitolo successivo; e questo era un errore. Me ne ero reso conto nell'ottobre precedente, quello del 2000. A quel punto desideravo che la stagione finisse, non riuscivo a divertirmi. Mi arrabbiai con me stesso: "Sono stato stupido. Perché l'ho detto?" Il livello di gioco non era il solito. Cominciai ad avere dei dubbi sul mio futuro: dove sarei andato? Che cosa avrei fatto? Sapevo che il logorio del lavoro allo United mi sarebbe mancato.

La stagione 2001-2002 fu una stagione improduttiva: arrivammo terzi in campionato e raggiungemmo le semifinali di

Champions League, perdendo con il Bayer Leverkusen. Dopo una striscia di tre campionati vinti, nell'anno del mio mancato ritiro non vincemmo nulla.

Quell'estate spendemmo molto per comprare Ruud van Nistelrooy e Juan Sebastián Verón. Arrivò anche Laurent Blanc, dopo che cedetti Jaap Stam – fu un errore, l'ho ammesso più volte. La ragione dell'acquisto di Blanc, come dissi all'epoca, era che avevamo bisogno di un giocatore che parlasse ai più giovani, che li organizzasse. La prima parte di quella stagione è da ricordare soprattutto per la pallonata di Roy Keane (che fu espulso) ad Alan Shearer nella sconfitta per 4-3 contro il Newcastle, e per la nostra incredibile vittoria per 5-3 contro il Tottenham il 29 settembre 2001, in cui gli avversari segnarono con Dean Richards, Les Ferdinand e Christian Ziege, prima che iniziassimo una delle nostre più grandi rimonte.

È un ricordo molto nitido. Mentre si trascinavano negli spogliatoi, sotto di tre gol, i giocatori si preparavano a una strigliata. Invece mi sedetti e dissi: "Ok, ecco cosa faremo. Segneremo il primo gol nel secondo tempo e vedremo come va a finire. Li aggrediamo subito e facciamo il primo gol."

Teddy Sheringham era il capitano del Tottenham e, mentre le squadre uscivano dal tunnel, lo vidi fermarsi e dire: "Non facciamoli segnare subito." Me lo ricorderò sempre. Segnammo al primo minuto.

Gli Spurs si spensero mentre noi ci caricavamo; rimanevano 44 minuti del secondo tempo, nei quali segnammo altri quattro gol. Semplicemente incredibile. Il fatto di averla ottenuta contro il Tottenham e non contro, che so io, il Wimbledon, diede a una simile rimonta ancora più prestigio. Battere una grande squadra in quella maniera ha conseguenze storiche. L'atmosfera nello spogliatoio dopo la partita era unica: i giocatori scuotevano la testa, quasi increduli.

L'avvertimento che Teddy aveva dato al Tottenham, quel giorno, testimoniava alla perfezione come riuscivamo a intimorire gli avversari con gol segnati al momento giusto; c'era quest'idea (che noi incoraggiavamo) che segnare contro di noi fosse un atto di provocazione che avrebbe scatenato una reazione terribile. La maggior parte delle squadre non riusciva a rilassarsi, di fronte a noi. Erano sempre in attesa del contrattacco.

Durante le partite punto il dito all'orologio non per spronare la mia squadra, ma per innervosire l'avversario. Se dovessi riassumere che cosa significa essere l'allenatore del Manchester United, direi che bisogna guardare agli ultimi 15 minuti: a volte è abbastanza misterioso, sembra che la palla venga risucchiata nella rete. Spesso i giocatori sembravano sapere che sarebbe successo, che avrebbero segnato; non succedeva sempre, ma la squadra non smetteva mai di crederci. Era un'ottima qualità, questa.

Ho sempre accettato il rischio. Il mio piano era: non preoccuparti e non perdere la pazienza fino all'ultimo quarto d'ora, poi attacca a testa bassa.

Un anno, in Coppa contro il Wimbledon, Peter Schmeichel andò in area per cercare di segnare, e lasciammo Denis Irwin a metà campo a marcare una delle loro punte. Schmeichel lasciò la porta vuota per due minuti; il Wimbledon calciava la palla in avanti verso l'attaccante più alto e il piccolo Denis lo anticipava, rimandando la palla in area. Grande spettacolo. Schmeichel aveva coraggio; lui e Barthez amavano giocare fuori dai pali. Barthez specialmente era un buon giocatore, anche se tendeva a sopravvalutarsi. Durante una tournée in Thailandia continuava a chiedermi il permesso di salire, e nel secondo tempo glielo concessi: gli avversari continuavano a buttare la palla in calcio d'angolo e Barthez continuava a salire, con la lingua di fuori, per cercare di segnare. Era esausto.

Nessuna squadra è mai entrata all'Old Trafford pensando che lo United potesse arrendersi; non c'era da sperare che ci saremmo demoralizzati. Se era in vantaggio per 1-0 o 2-1, l'allenatore avversario sapeva che negli ultimi 15 minuti avremmo attaccato fino alla morte; quello spauracchio era sempre lì. Attaccando senza pietà, riversandoci nell'area avversaria, ponevamo una questione: potete resistere? I nostri assalti frenetici mettevano alla prova il carattere di chi difendeva, e gli avversari lo sapevano. Ogni spiraglio sarebbe diventato una voragine. Non succedeva sempre, ma quando capitava provavi la gioia che ti danno le vittorie all'ultimo. Ne valeva sempre la pena. Era raro che prendessimo un gol mentre attaccavamo così. Perdemmo una volta a Liverpool quando Luke Chadwick si fece espellere per fermare il contropiede; gli altri erano tutti in area. Contro di noi, gli avversari dovevano difendersi con così tanti uomini che diventava difficile per loro contrattaccare.

A metà partita, contro il Tottenham, sembravamo spacciati, ma come dissi alla fine di quella stagione: "In una situazione di crisi devi solo calmare le persone." Segnammo cinque gol e vincemmo, Verón e David Beckham fecero gli ultimi due. In quel periodo, però, avevamo problemi con il portiere. A ottobre Fabien Barthez aveva fatto un paio di errori, e avevamo anche perso 2-1 in casa con il Bolton e 3-1 a Liverpool, dove Fabien aveva sbagliato un'uscita. Contro l'Arsenal, il 25 novembre, il nostro portiere francese fu superato da Thierry Henry, che segnò, e poi uscì male, mancando la palla. Di nuovo Henry, per il 3-1.

Il dicembre 2001 non iniziò meglio: perdemmo 3-0 in casa con il Chelsea, la nostra quinta sconfitta in campionato in quattordici partite. Poi le cose migliorarono. Ole Gunnar Solskjaer trovò una buona intesa con van Nistelrooy (Andy Cole stava per trasferirsi al Blackburn, a gennaio), e nei primi giorni del 2002 eravamo in cima alla classifica. Nel 2-1 contro il Blackburn, van Nistelrooy segnò per la decima partita consecutiva, e alla fine di gennaio avevamo quattro punti sulla seconda.

Poi giunse il mio annuncio, nel febbraio 2002. Non me ne sarei andato, alla fine.

Una volta che la faccenda del ritiro fu chiarita, la nostra condizione migliorò incredibilmente, e vincemmo tredici partite su quindici. Volevo assolutamente arrivare alla finale di Champions League 2002, a Glasgow. Ero così sicuro che ce l'avremmo fatta che avevo già controllato le disponibilità degli hotel; cercavo di prenderla con calma, ma l'ansia di portare la squadra a Hampden Park mi ossessionava.

In semifinale contro il Bayer Leverkusen, loro respinsero tre nostre conclusioni sulla linea, e poiché il risultato combinato dell'andata e del ritorno era pari, 3-3, uscimmo per aver segnato solo un gol in trasferta. Michael Ballack e Oliver Neuville avevano segnato all'Old Trafford. Nel

Leverkusen giocava anche un giovane Dimitar Berbatov, che anni dopo sarebbe arrivato da noi, dopo aver lasciato il Tottenham.

Almeno avevo ancora il mio lavoro. A capodanno, per il mio compleanno, andammo tutti all'Alderley Edge Hotel. C'era la famiglia al completo, per la prima volta dopo parecchio tempo eravamo tutti insieme: Mark, che di solito stava a Londra, Darren, Jason e Cathy. Tutti i cospiratori intorno a un tavolo.

Quando i giocatori seppero che sarei rimasto, mi preparai per le battute che mi avrebbero fatto. Dopo un annuncio del genere, non me la sarei cavata senza subire il loro sarcasmo.

Ryan Giggs fu il più pungente: "Oh no, non ci posso credere," disse. "Ho appena firmato il nuovo contratto."

4.
UN NUOVO INIZIO

Nel 2002, all'inizio della nuova stagione, ero nuovamente pieno di energia; mi sembrava che fosse il primo giorno di un nuovo lavoro.

Tutti i dubbi scatenati dal pensiero del ritiro si erano dissolti, ed ero pronto a rinnovare la squadra dopo la prima stagione senza titoli dal 1998. Queste fasi di grande cambiamento mi entusiasmavano, e sapevo che c'erano basi solide su cui costruire una nuova squadra vincente.

C'era stato un periodo d'oro, dal 1995 al 2001, in cui avevamo vinto cinque campionati su sei e conquistato una delle mie due Champions League. All'inizio di quel periodo avevamo promosso in prima squadra alcuni ragazzi provenienti dal vivaio. David Beckham, Gary Neville e Paul Scholes erano diventati titolari, nonostante una sconfitta per 3-1 contro l'Aston Villa avesse indotto Alan Hansen a dire in televisione: "Non si può vincere nulla con i ragazzini."

Dopo quei tre campionati di fila sbagliammo a lasciar partire Jaap Stam. Pensavo che 16,5 milioni di sterline fossero un buon prezzo, e che il suo gioco fosse peggiorato un po' dopo l'operazione al tendine d'Achille, ma mi sbagliavo.

Ora ho l'opportunità di mettere a tacere definitivamente la voce che la sua controversa autobiografia avesse qualcosa a che fare con la mia decisione di venderlo, anche se lo chiamai per chiedergli del libro, in cui dichiarava che lo avevamo contattato direttamente per proporgli un contratto senza il permesso del PSV (Philips Sport Vereniging).

"Che cosa ti è preso?" gli chiesi. Ma questo non ebbe alcun peso sulla mia decisione. Non molto dopo quell'episodio, un agente mi disse che un emissario della Roma stava cercando di prendere contatti, e che avrebbe offerto 12 milioni per Jaap. "Non m'interessa," dissi. La settimana dopo ci fu l'interessamento della Lazio, ma se l'offerta non raggiungeva i 16,5 milioni non ero interessato. All'epoca Jaap aveva trent'anni ed eravamo preoccupati per il suo recupero dall'infortunio al tendine d'Achille. Tutta la faccenda fu brutta: dovergli comunicare la cessione in una stazione di servizio fu una vera agonia, perché sapevo che era una brava persona, che amava giocare nel club e che era adorato dai tifosi. Due giorni prima della scadenza dell'offerta, avevo provato a prenderlo da parte al campo di allenamento, ma quando riuscii a parlargli al telefono era già sulla via di casa. La stazione di servizio era un punto a metà percorso, fuori dall'autostrada, e fu lì che ci incontrammo.

Sapevo di poter prendere Laurent Blanc a parametro zero; l'avevo sempre ammirato, e avrei dovuto prenderlo diversi anni prima. Era così elegante, e così bravo a uscire dall'area palla al piede. Pensavo che la sua esperienza potesse aiutare John O'Shea e Wes Brown a crescere. Che grande errore commisi a lasciar andare Jaap.

I centrali di difesa erano sempre importanti nella mia organizzazione di gioco, e Rio Ferdinand fu il grande acquisto dell'estate del 2002, quella in cui avremmo dovuto raggiungere la finale di Champions League a Glasgow, la mia città. Sarebbe stato speciale, per me, giocare contro il Real Madrid nella mia città natale, dove avevo visto la mia prima finale europea, in cui il Real sconfisse l'Eintracht Francoforte per 7-3. Ero nel settore delle giovanili, quel giorno, perché giocavo nel Queen's Park, a cui potevo accedere entrando dalla porta principale. Lasciai lo stadio tre minuti prima della fine per prendere il bus che mi portava a casa, perché al mattino lavoravo, e ovviamente persi tutta la cerimonia finale, che a quei tempi era una rarità, nel calcio. Il Real aveva sfilato con la coppa e ballato tutt'intorno allo stadio. E io me l'ero perso. La mattina dopo, sui giornali, guardai le fotografie e pensai: "Dannazione, mi sono perso tutto questo."

Hampden Park era stracolmo, 128.000 persone. Per evitare i massicci esodi dopo le partite importanti correvamo per chilometri, dallo stadio al capolinea del bus; uno scatto da Hampden fino alla stazione, ma almeno riuscivamo a prendere il bus. Le code nei pressi dello stadio erano lunghe chilometri. Chilometri. I padri fermavano i loro camioncini e per sei penny a testa potevi saltare nel cassone; questa era un altro modo per andare e tornare.

Sarebbe stato indimenticabile essere a Hampden per quella finale del 2002, in cui il Real Madrid vinse per 2-1, per giocare con il Manchester United su quel prato sacro.

L'ingaggio di Carlos Queiroz come mio assistente fu un'altra grande mossa di quell'anno. L'Arsenal aveva vinto il Double, la stagione precedente, e Roy Keane era stato rispedito a casa dai mondiali del 2002, quindi avevo un sacco di cose a cui pensare mentre iniziava un nuovo viaggio. Quando Roy fu mandato via per aver litigato con Jason McAteer al Sunderland, autorizzai la sua operazione all'anca, che lo tenne fuori per quattro mesi. Dopo qualche tempo ci fu un calo di forma: perdemmo in casa con il Bolton e in trasferta con il Leeds. Avevamo vinto solo due partite nelle prime sei giornate, ed eravamo noni in classifica, quando feci un piccolo azzardo consentendo a diversi giocatori che ne avevano bisogno di operarsi, sperando che sarebbero tornati a darci manforte nella seconda parte della stagione.

Nel settembre 2002, comunque, avevo già i coltelli puntati alla gola; fa parte del lavoro, quando le cose sembrano andare male la gente ti attacca. Inoltre, non ero mai stato molto remissivo con la stampa, e non potevo contare sul suo sostegno. Non ho mai avuto confidenza con i giornalisti, non ho mai divulgato notizie o fatto rivelazioni, tranne, ogni tanto, a Bob Cass del "Mail on Sunday"; quindi non avevano motivo di sostenermi in quel periodo critico. Altri allenatori erano più attenti a coltivare un buon rapporto con la stampa, che probabilmente li ha aiutati a guadagnare tempo, anche se non più di tanto; sono i risultati che determinano se la ghigliottina resta su o scende.

Di solito tutto comincia con la pressione dei media. Ogni volta che attraversavo un brutto periodo vedevo titoli come: "Tempo scaduto, Fergie, è ora di andare." Il solito titolo che allude alla data di scadenza. Puoi riderci su, ma non devi andare in ansia, perché scatenare l'isteria è nella natura della stampa. Mi ero guadagnato molte prime pagine, nel corso degli anni, cosa inevitabile, considerati i nostri successi, ma devi accettare che se ti chiamano genio probabilmente non avranno problemi a darti del pazzo.

Matt Busby diceva sempre: "Perché leggere i giornali quando hai avuto un risultato negativo? Io non lo faccio mai." Lui viveva in un'epoca in cui la stampa non era così pervasiva come oggi. Matt cavalcava le ondate di lode e di condanna senza badarci molto.

Quello che non dimenticavamo mai, nel successo e nelle difficoltà, era che il campo di allenamento era sacrosanto: il lavoro, la concentrazione e gli standard che avevamo stabilito non calavano mai, e alla fine la qualità di quel lavoro si vedeva il sabato in campo. Per un giocatore dello United, un paio di risultati negativi sono una cosa odiosa, intollerabile, e anche i migliori rischiano di perdere fiducia; persino Cantona dubitava di sé. Ma se lo spirito, al campo di allenamento, rimaneva quello giusto, i giocatori sapevano di potersi fidare del gruppo e dell'esperienza dello staff.

L'unico giocatore che ho allenato che non si faceva assolutamente mettere in crisi dai propri errori era David Beckham; poteva fare la peggiore delle partite, ma non ammetteva mai di aver giocato male. Ti allontanava, ti diceva che ti sbagliavi, era incredibilmente protettivo con sé stesso. Non so se fosse una conseguenza dell'ambiente in cui era cresciuto, ma non riconosceva mai di aver giocato male, non riusciva ad accettare di aver fatto qualche errore.

Bisognava riconoscerlo: era una grande qualità, per certi versi. Non importava quanti errori facesse (secondo me, non secondo lui), voleva sempre il pallone, la sua sicurezza non veniva mai meno. Diversamente, crolli di questo genere sono naturali in tutti i giocatori, e in gran parte degli allenatori; il giudizio del pubblico ti colpisce, non importa che provenga dalla gente comune, dalla stampa o dai tifosi.

Toccammo il punto più basso a novembre, con l'ultimo derby a Maine Road: vittoria del City per 3-1, da ricordare per l'errore di Gary Neville, che, indugiando palla al piede, se la fece rubare da Shaun Goater, che segnò il secondo gol del City. A fine partita misi in discussione lo spirito dei miei giocatori, una strategia che utilizzavo raramente. Dopo un derby perso, lo spogliatoio è un posto orribile in cui stare. Prima della partita, Keith Pinner, un mio vecchio amico, tifoso sfegatato del City, mi aveva detto: "Dato che è l'ultimo derby a Maine Road, ci facciamo un drink, dopo?"

Divertito dall'insolenza della sua richiesta, dissi: "Se vinciamo, sì."

Così, dopo che perdemmo per 3-1, stavo salendo sul bus quando il telefono squillò. Era Pinner.

"Dove sei?" disse. "Non vieni?"

"Sparisci," dissi, o qualcosa del genere. "Non voglio vederti mai più in vita mia."

"Non sai perdere, eh?" rise Pinner. Andai a bere con lui.

Alla fine della stagione Gary Neville disse: "È stato un momento cruciale. Pensavo che i tifosi se la sarebbero presa con noi, quel giorno."

A volte un allenatore deve essere onesto con i tifosi, oltre che con i giocatori. Non sono stupidi. Va bene rimproverare la squadra in pubblico, finché non critichi i singoli giocatori. La colpa è di tutti: allenatore, staff, giocatori. Se fatte correttamente, le critiche possono costituire un'ammissione di responsabilità collettiva.

Sotto pressione per i cattivi risultati, cambiammo il nostro modo di giocare. Provammo a giocare più avanti e più in velocità, invece di concentrarci sul possesso di palla; con Roy Keane tenere la palla non era mai un problema. Lo dissi appena arrivò in squadra: "Non butta mai via la palla, questo." Lo comunicai allo staff e ai giocatori: il possesso palla è religione, al Manchester United, ma senza penetrazione è uno spreco di tempo. Stavamo cominciando a perdere la capacità di penetrazione, e un giocatore come van Nistelrooy là davanti andava servito velocemente, con passaggi immediati dalle fasce al centro, o in verticale tra i difensori. Questo dovevamo cambiare.

Provammo Diego Forlán in avanti, ma avevamo giocato molto con Verón, Scholes e Keane a centrocampo. Verón era libero e Scholesy poteva inserirsi in area. Beckham largo a destra, Giggs largo a sinistra. Avevamo dei giocatori fantastici, e i nostri cannonieri erano molto validi: van Nistelrooy non smetteva mai di segnare, Beckham arrivava sempre vicino a quota dieci, Scholes la superava.

Phil Neville era ottimo anche come centrale di centrocampo. Phil era un giocatore da sogno, lui e Nicky Butt erano i miei alleati perfetti: tutto ciò che volevano era giocare nello United, non se ne sarebbero mai andati. Il momento in cui devi lasciare andare giocatori del genere è quando capisci che li stai tenendo troppo in panchina e che rischi di far loro più male che bene.

Finisce che giocatori del genere restano prigionieri della loro grande lealtà e di una sorta di tristezza per non essere titolari: è una condizione dura. Phil era molto importante quando avevamo bisogno di stabilità. Aveva grande disciplina, era uno di quei giocatori a cui potevi dire: "Phil, voglio che tu vada di corsa su per quella collina, poi che torni indietro e che tagli quell'albero."

Lui ti avrebbe risposto: "Va bene, mister, dov'è la motosega?"

Ne ho avuti pochi così, Phil avrebbe fatto qualsiasi cosa per la squadra, pensava solo alla squadra. In sostanza, se poteva contribuire anche solo parzialmente al successo della squadra, riusciva comunque a essere soddisfatto. Alla fine, però, Gary venne a parlarmi per capire cosa pensassi del fatto che Phil trovava sempre meno spazio in squadra.

"Non so che cosa fare, lui è un ragazzo fantastico," dissi a Gary.

"È questo il problema," disse Gary. "Lui non vuole parlarne con lei." Era evidente che a Phil mancava la schiettezza di Gary.

Invitai Phil a casa mia, per parlare. Venne con sua moglie Julie. All'inizio non mi accorsi che c'era anche lei in macchina. "Cathy, vai a chiamarla e falla entrare," dissi. Ma quando Cathy uscì, Julie si mise a piangere. "Non vogliamo lasciare lo United, amiamo il club," diceva. Cathy le portò una tazza di tè, ma lei non volle entrare in casa; penso che fosse preoccupata di perdere il controllo e di mettere in imbarazzo il marito.

Dissi a Phil che gli stavo facendo più male che bene, utilizzandolo in quel modo. Fu d'accordo, e mi disse che doveva andarsene. Lo lasciai a pensare a come affrontare l'argomento con la moglie.

Quando andarono via, Cathy disse: "Non lo lascerai partire, vero? Non puoi lasciar andare gente così."

"Cathy," dissi io, "è per il suo bene, non capisci? Fa più male a me che a lui."

Lo lasciai partire a basso costo: 3,6 milioni di sterline. Valeva il doppio, poteva giocare in cinque posizioni diverse, laterale in difesa e in tutte le zone del centrocampo. All'Everton giocò anche come difensore centrale, mentre Phil Jagielka e Joseph Yobo erano fuori per infortunio.

Cedere Nicky Butt fu ugualmente traumatico, anche se lui non aveva problemi a parlarti direttamente: era un tipo insolente, uno di Gorton, un gran bravo ragazzo. Avrebbe combattuto contro la tua ombra, Nicky.

Arrivava e diceva: "Perché non gioco?"

Era fatto così. Mi piaceva. Rispondevo: "Nicky, non giochi perché penso che Scholes e Keane siano migliori di te." Qualche volta, fuori casa, lo facevo giocare al posto di Scholes. Nella semifinale di Champions League in casa della Juventus, ad esempio, feci giocare Butt al posto di Scholes. Scholes e Keane avevano già preso due ammonizioni e non potevo rischiare di perderli tutti e due per la finale, che poi entrambi saltarono per squalifica. Feci entrare Scholes al posto di Butt quando Nicky si fece male, e Paul fu ammonito. Alla fine cedetti Nicky al Newcastle di Bobby Robson per due milioni, e per loro fu un grande acquisto.

Le cose cominciarono ad andare meglio con la vittoria per 5-3 contro il Newcastle, alla fine del novembre 2002. Diego Forlán, a cui ci erano volute ventisette partite per segnare il primo gol con noi – un rigore contro il Maccabi Haifa – fu determinante nella vittoria per 2-1 a Liverpool, quando Jamie Carragher aveva passato la palla all'indietro a Jerzy Dudek e Forlán l'aveva spedita in rete. Poi battemmo l'Arsenal per 2-0 e il Chelsea per 2-1, con un gol decisivo ancora di Forlán. Durante gli allenamenti invernali lavorammo duro sul nostro assetto difensivo.

Nel febbraio 2003 perdemmo al quinto turno di FA Cup, 2-0 in casa contro l'Arsenal. Fu la partita in cui Ryan Giggs sbagliò un gol a porta vuota, tirando di destro sopra la traversa. "Be', Giggsy," gli dissi, "hai segnato il gol più bello della FA Cup, e ora hai fatto anche l'errore più grosso." Aveva tutto il tempo del mondo, avrebbe potuto entrare in porta con la palla.

La partita, che mi mandò su tutte le furie, ebbe l'effetto di complicare ulteriormente il mio rapporto con un altro membro della squadra che vinse la FA Youth Cup nel 1992. Una scarpa che avevo calciato per la rabbia era finita sull'arcata sopraccigliare di David Beckham: gli venne applicato un cerotto, ma non fu sufficiente a guarire la ferita.

Dopo aver perso la finale di Carling Cup con il Liverpool, ci scontrammo con un altro grande rivale di quei tempi. Nei miei ultimi giorni da allenatore, il Leeds United non era nella lista delle potenziali rivali, ma nel 2003 era una squadra pericolosa, anche se alla fine vincemmo noi per 2-1. Dovrei dire un paio di cose sulla nostra rivalità con il Leeds, che era molto accesa.

Quando arrivai a Manchester, ero a conoscenza dei derby con il City e di una rivalità con le squadre del Merseyside, l'Everton e il Liverpool, ma non sapevo nulla dell'animosità tra United e Leeds. Quando c'era ancora la vecchia prima divisione, io e Archie Knox andammo a vedere la vittoria del Crystal Palace contro il Leeds.

Alla fine del primo tempo erano sullo 0-0, ma il secondo tempo fu dominato dal Leeds. A venti minuti dalla fine, al Leeds fu negato un rigore, e i tifosi si infuriarono. Un tifoso del Leeds iniziò a urlarmi contro: "Tu, bastardo del Manchester!"

"Che significa, Archie?" chiesi.

"Non ne ho idea," rispose Archie.

Allora cercai uno steward. Lo spazio riservato agli allenatori ospiti nello stadio del Leeds è piccolo, e i tifosi sono tutt'intorno. Il Crystal Palace contrattaccò e segnò, e fu allora che il pubblico perse la testa. Archie voleva andare via, ma io insistetti perché rimanessimo. Il Palace segnò di nuovo e fu allora che il nostro nuovo amico tifoso mi tirò una tazza di Bovril contro la schiena. Quel gesto mi sbalordì. "Andiamocene," dissi ad Archie.

Il giorno dopo ne stavo parlando con il nostro magazziniere dell'epoca, Norman Davies. Mi disse: "Gliel'ho detto, con il Leeds è odio puro."

"E da dove viene?"

"Dagli anni sessanta."

Il Leeds aveva un incaricato di nome Jack che, quando arrivammo a Elland Road, salì sull'autobus e annunciò, come se fosse un banditore: "A nome dei dirigenti, dei giocatori e dei tifosi del Leeds United, benvenuti a Elland Road." Io mormorai: "Sarà meglio."

Alcuni tifosi portavano i loro figli in spalle, emanando un odio incredibile. Nella semifinale di Coppa di Lega del 1991, a Leeds, ci misero sotto per un po' nel secondo tempo, ma poi Lee Sharpe riuscì a liberarsi e, sullo 0-0, a due minuti dalla fine, segnò. Sembrava in fuorigioco di dieci metri. Io ero a bordo campo, Eric Harrison era in panchina. Molta gente pensa che Eric mi assomigli, e di sicuro un tifoso del Leeds lo pensò, perché gli diede uno schiaffone. Lo stese. Quel tipo pensava che fossi io. Poi i tifosi si scatenarono, un vero pandemonio. Eppure c'era qualcosa, nell'atmosfera ostile di Elland Road, che mi piaceva.

Negli anni di Peter Ridsdale, quando il Leeds stava "vivendo un sogno", come disse il presidente in seguito, a me sembrava che quel club fosse costruito sulla sabbia. Quando venni a sapere degli stipendi che pagavano, i miei campanelli d'allarme suonarono. Quando vendemmo loro Lee Sharpe, credo che gli raddoppiarono lo stipendio. E avevano uno stadio da soli 35.000 spettatori.

Però misero su una squadra decente, con Alan Smith, Harry Kewell e David Batty. Nel 1992 vinsero il campionato con una delle squadre meno valide che abbiano mai vinto il titolo, impegnandosi al massimo delle loro possibilità. Ed erano allenati splendidamente da Howard Wilkinson. Un decennio dopo venne fuori la storia di un ragazzo del Derby, Seth Johnson, che volevano ingaggiare e che aveva concordato con il suo agente di chiedere 25.000 sterline di stipendio a settimana. A quanto pare il Leeds gliene offrì 35.000, rialzando poi a 40-45.000.

Certi club non imparano mai. L'emozione del gioco ti frega.

Mi ricordo che un imprenditore di Manchester venne da me e mi disse: "Sto pensando di comprare il Birmingham City. Che ne pensi?"

"Se hai cento milioni di sterline da investire, fallo," risposi.

"No, no," disse lui, "hanno solo un debito da undici milioni."

"Ma hai visto lo stadio?" risposi. "Ti servirà un nuovo stadio da circa sessanta milioni, e poi te ne serviranno quaranta per portarli in Premier League."

La gente prova ad applicare al calcio i normali principi del business. Ma non è un tornio, non è una fresatrice: è un insieme di esseri umani, questa è la differenza.

Prima della fine della stagione ci furono giornate burrascose: una vittoria casalinga per 4-0 sul Liverpool – Sami Hyypiä fu espulso per un fallo su van Nistelrooy lanciato a rete – precedette la partita di Champions League contro il Real Madrid. Nel primo dei due incontri con il Real, van Nistelrooy fu il nostro unico marcatore, e Luis Figo e Raul (due gol) ci inflissero una sconfitta per 3-1 nel turno di andata, in casa, nel quale avevo lasciato Beckham in panchina. Fu una doppia sfida epica, seguita, a quanto pare, anche da Roman Abramovič, che, ispirato dalla nostra successiva vittoria per 4-3 e dalla tripletta dell'attaccante brasiliano Ronaldo, entrò nel teatro del calcio acquistando il Chelsea.

Nonostante a un certo punto fossimo stati a nove punti dalla prima in classifica, nel maggio 2003, dopo una vittoria per 4-1 sul Charlton in cui van Nistelrooy segnò una tripletta, salendo a 43 gol in stagione, eravamo primi con otto punti di distacco. Alla penultima giornata l'Arsenal doveva battere il Leeds a Highbury per avere una chance di riprenderci, ma Mark Viduka ci aiutò con un gol negli ultimi minuti che diede la vittoria ai nostri rivali dello Yorkshire. Nella nostra vittoria per 2-1 in casa dell'Everton, David Beckham segnò su punizione l'ultimo gol con noi. Eravamo campioni per l'ottava volta in undici stagioni. I giocatori ballavano e cantavano: "Ci siamo ripresi il nostro trofeo."

Vincemmo di nuovo il titolo, ma dicemmo addio a Beckham.

5.
BECKHAM

Dal primo momento in cui toccò un pallone, David Beckham mostrò un'esigenza inarrestabile di tirare fuori il meglio di sé e del suo talento. Io e lui abbiamo lasciato il palcoscenico nella stessa estate, lui ancora con un ruolo di primo piano nel calcio europeo e con tante opportunità ancora davanti a sé. È andato via dal Paris Saint-Germain esattamente come sono andato via io dallo United: alle sue condizioni.

A volte, per vedere quanto uno ami davvero qualcosa, devi portarglielo via. Quando Beckham si spostò negli Stati Uniti, al Los Angeles Galaxy, credo che iniziò a rendersi conto che stava rinunciando a una parte della sua carriera. Aveva lavorato veramente duro per tornare al livello dei suoi primi anni, e l'aveva fatto con ancora più entusiasmo di quello che aveva mostrato alla fine del suo periodo con noi.

David non ebbe molta scelta, all'epoca del suo trasferimento dal Real Madrid alla Major League Soccer, nel 2007. Immagino che guardasse anche a Hollywood e a quello che poteva significare per la fase successiva della sua carriera: il suo trasferimento in America non aveva ragioni calcistiche. Stava abbandonando il calcio di alto livello e le competizioni internazionali, anche se cercò di rientrare nel giro della nazionale inglese. Questo spiega la mia delusione per l'ultimo periodo della sua carriera. Dimostrò una grande capacità di recupero cercando di riconquistarsi un ruolo di primo piano nel calcio che conta.

Avendolo visto crescere, insieme a Giggs e Scholes, David era quasi un figlio, per me. Venne allo United che era solo un ragazzo di Londra, nel luglio 1991. In un anno faceva parte della cosiddetta classe del 1992, che vinse la FA Youth Cup, insieme a Nicky Butt, Gary Neville e Ryan Giggs. Collezionò 394 presenze in prima squadra e segnò 85 gol, di cui uno dalla linea di centrocampo, che lo fece conoscere al mondo.

Quando lasciai la panchina dello United, nel maggio 2012, Giggs e Scholes erano ancora con noi, ma erano già passati dieci anni da quando David era partito per la Spagna. Il 18 giugno 2003 comunicammo ufficialmente che si sarebbe trasferito al Real Madrid per 24,5 milioni di sterline. David aveva 28 anni. La notizia fece il giro del mondo, fu un momento di grande notorietà per il nostro club.

Non ho nessun rancore verso David, mi piace, credo che sia un ragazzo fantastico. Ma non dovresti mai rinunciare a fare quello in cui sei bravo.

Tra i giocatori che ho allenato, David è stato l'unico ad aver scelto di essere famoso, ad essersi impegnato per farsi conoscere al di fuori del gioco. Wayne Rooney era nel mirino di un'industria che avrebbe voluto cambiarlo; la sua immagine era stata progettata quando era ancora adolescente, e gli fecero offerte da capogiro. Fuori dal calcio guadagnava il doppio dei soldi che gli davamo noi. Le multinazionali avrebbero voluto mettere sotto contratto anche Giggsy, ma non era nel suo stile.

Nella sua ultima stagione con noi, ci accorgemmo che il rendimento di David stava calando, e cominciarono a girare voci di un contatto tra il Real Madrid e l'entourage di David. Il problema principale era che il suo impegno nel lavoro non era più al consueto, stratosferico livello.

Il confronto tra di noi, che fece parecchio scalpore, avvenne durante il quinto turno di FA Cup contro l'Arsenal, all'Old Trafford, nel febbraio 2003, in cui perdemmo 2-0.

La mancanza di David, in quella partita, fu che non si preoccupò di tornare in difesa in occasione del secondo gol dell'Arsenal, segnato da Sylvain Wiltord; si limitò a corricchiare, e l'avversario lo distanziò. A fine partita glielo dissi, e come al solito David non accettò le mie critiche; forse stava cominciando a pensare che non aveva più bisogno di tornare indietro e inseguire l'avversario, ma erano proprio quelle le qualità che lo avevano fatto diventare quel che era.

Era a quattro metri da me, e sul pavimento c'era una fila di scarpe. David imprecò, io andai verso di lui e mentre mi avvicinavo diedi un calcio a una scarpa, che lo colpì giusto sopra l'occhio; lui si scagliò contro di me, ma i giocatori lo bloccarono. "Siediti," gli dissi. "Puoi discutere quanto ti pare. Hai deluso la tua squadra."

Lo chiamai il giorno dopo per fargli vedere il video della partita, e non volle comunque ammettere il suo errore. Stava seduto ad ascoltarmi senza dire una parola. Niente.

"Capisci di cosa parlo, capisci perché te lo dico?"

Non mi rispose neanche.

Il giorno dopo la storia era sui giornali. La fascia per i

capelli con cui David apparve in pubblico metteva in evidenza la ferita provocata dalla scarpa. Fu in quei giorni che dissi al consiglio che David doveva andare via, e i membri che mi conoscevano sapevano qual era il mio messaggio: quando un giocatore del Manchester United si sentiva al di sopra del suo allenatore, doveva andarsene. Ho sempre detto: "Nel momento in cui l'allenatore perde la propria autorità, la squadra non esiste più; finiscono per gestirla i giocatori, e iniziano i guai."

David pensava di essere al di sopra di Alex Ferguson, ne sono sicuro; e non importa che fosse Alex Ferguson piuttosto che l'idraulico Pete, il nome dell'allenatore è irrilevante. È l'autorità che conta, non puoi permettere a un giocatore di prendere il controllo dello spogliatoio: ci hanno provato in molti, ma il fulcro dell'autorità al Manchester United rimane l'ufficio dell'allenatore. Questo segnò la fine per lui.

Poi, ovviamente, avendo vinto il nostro girone in Champions League, fummo sorteggiati contro il Real Madrid. In Spagna, nella partita di andata, David sembrò particolarmente ansioso di stringere la mano a Roberto Carlos, laterale sinistro del Real. Il sabato successivo, dopo che fummo sconfitti per 3-1 al Bernabéu, si tirò indietro per la partita contro il Newcastle, dicendo che non stava bene. Feci giocare Solskjaer, che fu spettacolare nella nostra vittoria per 6-2 e rimase in squadra.

Molto semplicemente, David non era abbastanza in forma per farlo rientrare al posto di Solskjaer nella partita dell'Old Trafford contro il Real. Durante la fase di riscaldamento prima della partita di ritorno, lo presi da parte e gli dissi: “Senti, farò giocare Ole dall’inizio.” Lui sbuffò e andò via.

Un boato assordante accompagnò l’ingresso in campo di Beckham, che sostituì Verón al 63’ e diede al pubblico dell’Old Trafford quello che sembrava un addio; segnò un gol su punizione e un altro, quello della vittoria, all’85’. Vincemmo per 4-3, ma la favolosa tripletta di Ronaldo e la sconfitta che avevamo subito in Spagna ci fecero uscire dalla competizione.

David cercava la simpatia del pubblico, ma era chiaro l’attacco diretto contro di me; il trasferimento al Real Madrid si stava concretizzando. Da ciò che riuscimmo a scoprire, c’era stato un colloquio tra l’agente di David e il Real; il primo contatto ufficiale fu probabilmente a metà maggio, quando la stagione era finita. Il nostro direttore esecutivo, Peter Kenyon, mi telefonò e disse: “Ha chiamato il Real Madrid.”

“Be’, ce l’aspettavamo,” dissi io. Volevamo ottenere 25 milioni di sterline. Andai in vacanza in Francia e Peter mi chiamò al cellulare, mentre ero al ristorante a cena con Jim Sheridan, il regista cinematografico, che aveva un appartamento proprio lì sopra. Mi serviva un telefono fisso.

“Vieni su, puoi usare il mio,” disse Jim. Così feci. “Non se ne va finché non ci danno 25 milioni,” dissi a Peter. Credo che alla fine ne prendemmo 18 circa, più bonus.

David non era sparito del tutto, comunque. Vincemmo il titolo battendo per 4-1 il Charlton all’Old Trafford, il 3 maggio 2003. Lui segnò, in quella partita, e segnò di nuovo l’11 maggio contro l’Everton, nella vittoria per 2-1 con cui terminammo la stagione: un calcio di punizione da venti metri; fu per lui un bel modo di salutare, in una giornata in cui la nostra difesa era stata messa in difficoltà da un giovane talento locale di nome Wayne Rooney. David aveva avuto il suo ruolo nella vittoria del campionato, per cui non avevo motivo di lasciarlo fuori, a Goodison Park.

Probabilmente, a quel tempo non era abbastanza maturo per gestire quello che gli stava capitando; oggi sembra che se la cavi meglio, è più sicuro nella vita, più controllato. Ma all'epoca avevamo raggiunto un punto in cui la sua vita da divo mi creava problemi.

Un esempio: arrivando al campo di allenamento alle 15, prima di una trasferta con il Leicester City, notai dei giornalisti allineati lungo la strada verso Carrington; dovevano esserci venti fotografi.

"Che cosa succede?" chiesi. "Sembra che domani Beckham svelerà il suo nuovo taglio di capelli," mi dissero.

David apparve con un cappello di lana in testa. A cena, quella sera, ce l'aveva ancora in testa. "David, togliti il cappello, sei al ristorante," dissi. Rifiutò. "Non essere stupido, toglitelo," dissi di nuovo. Ma non lo fece.

Allora mi arrabbiai. Non potevo multarlo per quello. Molti giocatori portavano cappelli da baseball durante gli spostamenti, o roba del genere, ma nessuno era stato tanto irrispettoso da tenerlo in testa durante un pasto con la squadra.

Il giorno dopo i giocatori stavano uscendo per il riscaldamento pre-partita, e David aveva il suo cappello in testa. "David," dissi, "non uscirai con quel cappello in testa. Non ti farò giocare. Ti tolgo dalla squadra immediatamente."

Si infuriò, e lo tolse. Senza capelli, completamente rasato. Dissi: “Quindi era questo? Nessuno doveva vedere la tua testa rasata?” Il piano era di tenere il cappello e toglierlo solo al calcio d’inizio. A quel tempo cominciavo a perdere le speranze; rischiavo di vederlo divorato dai media e dalle agenzie pubblicitarie.

David era in un grande club, stava facendo un’ottima carriera, mi garantiva dai dodici ai quindici gol a stagione, lavorava duro; tutto questo gli fu tolto. E inoltre perse la possibilità di diventare un giocatore di qualità assoluta. Per come la vedo io, dopo il cambio di club non raggiunse mai un livello tale che avresti potuto dire: è certamente uno dei migliori.

Il processo iniziò verso i 22-23 anni. Iniziò a prendere decisioni che gli resero più difficile migliorare e diventare davvero un grande giocatore; per me fu una delusione. Non c’era nessuna animosità tra di noi, solo delusione da parte mia, tristezza. Lo guardavo e pensavo: “Che cosa stai facendo, figliolo?”

Quando arrivò era soltanto un ragazzino con gli occhi luccicanti, matto per il calcio. A 16 anni non usciva mai dalla palestra e non smetteva mai di allenarsi; amava il calcio e stava vivendo il suo sogno. Poi gettò via tutto per una nuova carriera, per un nuovo stile di vita, per la celebrità.

Per certi versi potrebbe essere poco gentile, da parte mia, dire che ha preso le decisioni sbagliate: in fondo è un uomo molto ricco, è diventato un’icona, la gente segue i suoi cambiamenti di look, lo imita. Ma io sono un uomo di calcio, e penso che al calcio non si debba rinunciare per nulla al mondo. Puoi avere degli hobby: io ho i cavalli, Michael Owen aveva i cavalli, Scholes aveva i cavalli. Un paio di giocatori amavano l'arte – ho in ufficio un bel quadro dipinto da Kieran Richardson. Ciò a cui non puoi rinunciare sono i valori essenziali del calcio.

Un anno prima di andarsene, ovviamente, David partecipò ai mondiali del 2002 in Corea e Giappone, settimane dopo essersi rotto il metatarso in Champions League, all'Old Trafford, a maggio. Fu un vero dramma.

Nonostante David si fosse procurato lo stesso infortunio che capitò a Wayne Rooney quattro anni dopo, il processo di recupero fu differente. David riuscì a mantenersi in forma senza sforzo, mentre Wayne ebbe bisogno di più tempo per ritrovare la condizione ottimale. Quindi, secondo i miei calcoli, David poteva recuperare bene per i mondiali, e lo dissi apertamente.

Quando l'Inghilterra arrivò in Giappone per la competizione, probabilmente soffriva ancora per gli strascichi dell'infortunio. Con i giocatori non si può mai dire: nella loro ansia di giocare un mondiale ti dicono che stanno bene anche se magari non è così. Da quel che si vide durante il torneo, David non stava bene. La prova che si sentisse ancora fragile fisicamente si ebbe quando, nell'azione che portò al pareggio del Brasile nei quarti di finale a Shizuoka, saltò per evitare un contrasto sulla linea del fallo laterale.

Fui sorpreso di come sembrasse fisicamente fuori fase, perché era sempre in forma. No, non stava bene, fisicamente o mentalmente. Dato che sono scozzese, la gente mi accusò di desiderare che l'Inghilterra giocasse male. Se avesse giocato contro la Scozia sarebbe stato sicuramente così, ma avevo in squadra diversi calciatori della nazionale inglese, e volevo che giocassero sempre bene.

Quando hai in squadra un giocatore come Beckham (o, più tardi, come Rooney) ci sono diversi staff medici che vogliono sempre interferire. Lo staff medico della nazionale voleva venire al campo di allenamento, cosa che spesso percepivo come un insulto a noi. Mi chiedevo se il fatto che fossi scozzese potesse costituire una ragione per non fidarsi di me.

Prima dei mondiali del 2006, quando Rooney si unì in ritardo alla nazionale inglese in Germania, l'Inghilterra ci scriveva ogni giorno chiedendo come stesse, come se noi non ce ne prendessimo cura. Erano terrorizzati. Nel 2006 avevo ragione al cento per cento: Wayne Rooney non avrebbe dovuto giocare i mondiali, non era pronto.

Non sarebbe dovuto andare a Baden-Baden, dove si era sistemata l'Inghilterra. Non fu giusto per lui, per gli altri giocatori e per i tifosi. Wayne era la grande speranza di quella squadra, sicuramente, e questa pressione impedì di badare alla realtà dei fatti. Con David ero sicuro che si sarebbe presentato in buona forma, perché conoscevo i suoi parametri e avevo visto le sue statistiche. Era probabilmente il giocatore più in forma, all'Old Trafford. Nella preparazione precampionato, al *bleep test* era nettamente davanti a tutti. Così dicemmo all'Inghilterra che David avrebbe recuperato la condizione in tempo.

L'ossessione per il recupero di David era prevedibile. A Carrington arrivò una tenda a ossigeno: con quell'attrezzo avevamo ottenuto buoni risultati nel trattamento dell'infortunio al tendine di Roy Keane prima di una partita di coppa. Ma le ossa sono una cosa diversa, la cura è il riposo, è il tempo. La rottura del metatarso è un infortunio da sei, sette settimane.

Ai mondiali del 2002, l'Inghilterra non riuscì a impressionare. Contro il Brasile furono eliminati da dieci uomini. Nella prima partita del girone, contro la Svezia, si limitarono a fare lanci lunghi. Ma quella squadra conosceva bene il gioco inglese, e difficilmente si sarebbe fatta sorprendere da attacchi del genere.

È un'accusa alle nazionali giovanili inglesi, che in molti casi sono tornate a utilizzare queste tattiche datate. Troppe giocano con i lanci lunghi. Una volta decidemmo di monitorare Tom Cleverley con l'Under-21 contro la Grecia, e i nostri osservatori ci dissero che l'Inghilterra giocava con uno davanti e due larghi sulle fasce – Cleverley era uno di questi due – e che Tom non aveva toccato un pallone. Chris Smalling continuava a lanciare lungo in avanti. Probabilmente l'Inghilterra è sempre stata in difficoltà sotto questo aspetto: a causa delle scarse capacità tecniche e di allenamento, il periodo tra i 9 e i 16 anni viene completamente sprecato.

Come rimediano a tutto ciò? I ragazzi la mettono sul fisico. Hanno grande disciplina. Su le maniche. Ma così non si fa un giocatore, non vinceranno mai i mondiali con questo sistema, con questa mentalità. Il Brasile produce giocatori che possono giocare la palla in ogni posizione, a ogni angolazione, che sono fluidi nei movimenti. Sanno pensare il calcio, perché vengono abituati a farlo fin da quando hanno 5 o 6 anni.

David lavorò tantissimo sugli aspetti tecnici del suo gioco. Ma era anche un grande comunicatore. Anche quando fu escluso dalla squadra olimpica britannica, nell'estate del 2012, fu il suo entourage a darne notizia, non la

Federazione: i toni della comunicazione furono moderati, ma sono sicuro che lui fosse molto arrabbiato.

Mi ricordo che Mel Machin mi disse: "Giggs e Beckham sono giocatori di valore mondiale, e riesci a farli correre da un'area all'altra. Come fai?" Risposi che non solo avevano un talento naturale, ma anche l'energia per andare su e giù per il campo: erano giocatori speciali, quei due.

Poi le cose per David cambiarono, perché lui volle cambiarle.

Smise di pensare al calcio. Fu un peccato, perché avrebbe potuto essere ancora al Manchester United, quando me ne andai; sarebbe stato una delle più grandi leggende del club. L'unica cosa che lo ha reso leggendario, al LA Galaxy e nel mondo, è stato il suo essere un'icona. A un certo punto, nella sua vita, forse sentirà il bisogno di dire: ho sbagliato.

Ma voglio anche rendergli merito: la sua perseveranza è stupefacente, e ne ha dato prova andando al Paris Saint-Germain nel gennaio 2013. Allo United era sempre il più in forma di tutti, e questo l'ha aiutato a giocare fino a 37 anni. La resistenza su cui ha lavorato fin da piccolo gli è rimasta.

La Major League Soccer non è un campionato in stile Topolino, è un torneo piuttosto fisico. Ho seguito Beckham nella finale di MLS Cup e l'ho visto giocare bene, tornare in difesa, impegnarsi al massimo. Anche al Milan, durante il prestito, non ha assolutamente sfigurato. Al PSG ha giocato un'ora nei quarti di finale di Champions League; non era in gran serata, ma ha fatto il suo dovere, si è impegnato e ha fatto alcuni ottimi passaggi, a inizio gara.

Mi sono chiesto: "Come ci riesce?"

Resistenza, è stata la prima risposta. Ma David ha anche mostrato la volontà di sorprendere tutti: sa ancora crossare bene, cambiare gioco, sono capacità che non ha mai perso, che sono sempre state in lui come atleta. Giocare nella fase eliminatoria della Champions League a quasi 38 anni, dopo cinque anni negli Stati Uniti, è un traguardo importante: si è gettato di nuovo nella mischia, e lo si può solo stimare per questo.

Un paio di persone mi hanno chiesto se lo avrei ripreso a Manchester, dopo che lasciò Los Angeles. Aveva 37 anni, non avrebbe avuto senso farlo. Il PSG aveva ragioni commerciali quando gli propose un contratto di sei mesi. In ogni caso, David non badò a questi aspetti: per quel che lo riguardava, lui era ancora un grande giocatore. Con Giggs e Scholes ne parlammo, un giorno: come ho già detto, Beckham aveva questa capacità di non registrare le sue brutte prestazioni. Io lo rimproveravo e lui andava via sbuffando, probabilmente pensando: "Quello è fuori di testa, ho giocato bene oggi."

Quando andò a Los Angeles, forse pensava che il suo passo successivo sarebbe stato Hollywood; penso ci fosse un piano preciso in questa direzione. In ogni caso, bisogna ammirare la sua tenacia. Stupì me e chiunque altro al Manchester United: qualsiasi obiettivo avesse nella vita, non mollava mai.

6.
RIO

La squalifica di otto mesi inflitta a Rio Ferdinand fu uno shock che scosse il Manchester United dalle fondamenta, e che suscita ancora oggi la mia indignazione. Il problema non è la normativa antidoping, ma come andarono le cose il giorno in cui Rio doveva fornire un campione di routine al campo di allenamento.

Il 23 settembre 2003, una squadra antidoping dello UK Sport arrivò a Carrington per raccogliere campioni da quattro nostri giocatori, i cui nomi vennero estratti a sorte. Quello che cominciò come un normale giorno di allenamento ebbe in seguito conseguenze enormi per Rio, la sua famiglia, il Manchester United e la nazionale inglese. Rio, che era uno dei selezionati, lasciò Carrington senza fornire il campione richiesto, e quando riuscimmo a rintracciarlo i commissari antidoping erano già andati via. Fece il test il giorno seguente, il 24 settembre, ma gli fu detto che sarebbe stato denunciato in base alla regola della "responsabilità oggettiva" in materia di doping.

Il risultato fu che Rio venne squalificato dal 20 gennaio al 2 settembre 2004 e multato di 50.000 sterline. Ciò significava che, oltre a perdere tutte le partite con lo United, non poteva nemmeno essere convocato per gli europei del 2004 in Portogallo. La decisione della Federazione di escluderlo dalla nazionale inglese per la partita contro la Turchia nell'ottobre 2003 rischiò di provocare uno sciopero dei giocatori.

Quella fatidica mattina di settembre, i commissari stavano bevendo una tazza di tè e, per come la vedo io, non fecero il loro lavoro. Non andarono a cercare Rio. Io credo che i commissari dovrebbero presentarsi al campo e rimanerci finché i giocatori non finiscono l'allenamento; poi dovrebbero seguirli negli spogliatoi. Più o meno nello stesso periodo, altri commissari si presentarono al Wrexham Football Club e sorteggiarono per il test mio figlio Darren e altri due giocatori. Aspettarono in campo, li accompagnarono negli spogliatoi e prelevarono i campioni di urina necessari. Perché non accadde lo stesso con Rio a Carrington?

Sapevamo che i commissari sarebbero arrivati, perché Mike Stone, il nostro medico, ci aveva detto che quelli dell'antidoping erano in giro. Mike prese un tè con loro mentre la cosa veniva comunicata negli spogliatoi ai giocatori sorteggiati; Rio ricevette il messaggio, nessun dubbio su questo, ma se si pensa al tipo svagato che è non c'è da meravigliarsi che non sia riuscito a rintracciare i commissari, che non erano certo nelle vicinanze.

Non si drogava. Rio Ferdinand non assumeva droghe. Lo sapevamo, si capiva dallo sguardo. Non saltava mai un allenamento, e i drogati invece sono confusi, imprevedibili. Non poteva drogarsi, il suo senso di responsabilità come uomo di sport era troppo grande. Rio è un tipo intelligente ma sbadato; fece un errore, e sbagliarono anche i commissari antidoping: non agirono come dovevano per evitare quello che successe. Avrebbero dovuto stare sul campo, aspettarlo e fargli fare il test.

Ero consapevole del fatto che era stata commessa una violazione grave delle norme antidoping, ma faticavo a credere che a Rio fosse stata comminata una pena così pesante. Si tende a considerare i giocatori come dei figli, e a non considerarli mai colpevoli di quel che viene attribuito loro dall'esterno.

Maurice Watkins, il nostro avvocato, era abbastanza sicuro di vincere la causa, sulla base del fatto che i commissari non avevano prelevato fisicamente Rio per sottoporlo al test. Credo che spesso il Manchester United sia stato colpito per dare un esempio agli altri. Eric Cantona fu il primo caso eclatante: nel 1995 fu condannato a due settimane di prigione e squalificato per nove mesi per un calcio rifilato a uno spettatore (la prigione fu poi commutata in 120 ore di servizi sociali). Poi, nel 2008, Patrice Evra fu squalificato dalla Federazione dopo una discussione con un inserviente a Stamford Bridge. Patrice si prese quattro giornate di squalifica per un litigio sul campo avvenuto quando tutti erano già andati a casa. La gente pensa che il Manchester United sia sempre favorito. Spesso è vero il contrario.

Dopo molte traversie legali, Rio fu ascoltato per diciotto ore da una commissione disciplinare della Federazione al Reebok Stadium di Bolton, nel dicembre 2003, 86 giorni dopo il mancato test. Io fui tra quelli che testimoniarono in favore di Rio. Ma i tre membri della commissione dichiararono Rio colpevole di negligenza. Maurice Watkins definì la sentenza "barbara e senza precedenti", e David Gill disse che Rio era stato usato come "capro espiatorio". Gordon Taylor della Professional Footballers' Association parlò di verdetto "draconiano".

Parlai subito con la madre di Rio, perché la povera donna era a pezzi; noi eravamo devastati dalla perdita di un giocatore importante, ma era la madre che avrebbe dovuto sopportare il peso di una condanna simile. Janice piangeva al telefono, mentre io le assicuravo che la stima che avevamo di Rio non sarebbe stata intaccata dagli eventi degli ultimi quattro mesi. Sapevamo che era innocente, sapevamo che era stato sconsiderato e che era stato punito troppo severamente.

A quel punto stavamo pensando di ricorrere in appello, ma era ovvio che non avevamo alcuna possibilità di vincere. Non ho mai capito come un test non eseguito abbia potuto essere trattato alla stregua di un test fallito. Se ammetti di aver assunto droghe, sei riabilitato. Sentivamo che il giocatore diceva la verità, mentre il sistema dava per scontato che non fosse così. Inoltre l'informazione sembrò arrivare alla stampa proprio attraverso la Federazione, e questo non ci fece piacere: per quanto ci riguardava era stato violato il principio di riservatezza.

All'udienza di Bolton dissi che avrei fatto giocare Rio contro il Tottenham, quella settimana, a prescindere dal verdetto: fu in campo accanto a Mikaël Silvestre nella vittoria per 2-1 al White Hart Lane. Nella sua ultima partita prima degli otto mesi, Rio fu titolare nella sconfitta per 1-0 in trasferta contro il Wolverhampton, il 17 gennaio 2004, ma uscì dopo 50 minuti per infortunio; lo sostituì Wes Brown. Kenny Miller segnò l'unico gol dell'incontro.

Mi abbatté perderlo per così tanto tempo. In un certo senso, il nostro rapporto iniziò molto prima che lo facessi diventare il giocatore più costoso d'Inghilterra. Ero molto amico di Mel Machin, che mi chiamò da Bournemouth nel 1997 per dirmi che aveva un ragazzo in prestito dal West Ham. "Compralo," disse Mel.

"Come si chiama?"

"Rio Ferdinand."

L'avevo sentito nominare nel giro delle nazionali giovanili. Mel insistette. Mel, ovviamente, era amico di Harry Redknapp, allora allenatore del West Ham, dove Rio era cresciuto, ed ero sicuro che il suo giudizio avesse basi solide. Sottoposi all'attenzione di Martin Edwards il caso di questo ragazzo in prestito al Bournemouth: l'avevamo osservato e ne avevamo notato le qualità: era elegante, equilibrato, con un tocco da centravanti. Allora controllammo anche il suo passato. Martin chiamò il presidente del West Ham, Terry Brown, che disse: "Vogliamo un milione più David Beckham." In altre parole, non era in vendita.

A quel tempo, Jaap Stam e Ronny Johnsen erano saldi al centro della nostra difesa, e Wes Brown stava diventando un centrale difensivo di grandi prospettive. Alla fine, Rio fu ceduto al Leeds per 18 milioni di sterline. Nella prima partita con i nostri avversari dello Yorkshire, giocò in una difesa a tre contro il Leicester City e fu annichilito. Guardando la partita sentii un'ondata di sollievo, che oggi mi fa sorridere: grazie a Dio non l'avevamo preso, era completamente smarrito. Ma, non c'è bisogno di dirlo, migliorò alla grande.

I centrali difensivi erano le fondamenta del mio Manchester United. Sempre i centrali di difesa: cercavo solidità e concretezza. Pensate a Steve Bruce e Gary Pallister: prima di trovare quei due eravamo senza speranza. Paul McGrath era costantemente infortunato, Kevin Moran aveva sempre qualche taglio in testa: era una sorta di pugile suonato, quando diventai il suo allenatore. Mentre ero in Norvegia per una partita incontrai Ron Yeats, che era lì come capo osservatore del Liverpool.

"Ho visto un tuo vecchio giocatore, la scorsa settimana a Blackburn. Kevin Moran," mi disse mentre bevevamo qualcosa. Gli chiesi: "Come ha giocato?"

Rispose: "Ha giocato un quarto d'ora, poi è uscito per un taglio in testa."

"Niente di nuovo," dissi io.

Graeme Hogg, nel frattempo, non aveva raggiunto uno standard adeguato, così continuavo a dire al mio presidente: "Abbiamo bisogno di difensori centrali che possano giocare tutte le settimane. Sono loro che danno equilibrio, solidità e continuità." Questo portò a Bruce e Pallister, che giocavano sempre e non erano mai infortunati. Mi ricordo che un venerdì, prima di una partita contro il Liverpool, Bruce si aggirava zoppicando per il campo di allenamento, massaggiandosi il tendine dietro il ginocchio; mi disse: "Non faccia ancora la formazione." Si era infortunato il weekend precedente. Preferivo fare la formazione il venerdì, così potevamo provare le posizioni e cose del genere.

"Che cosa intendi?" chiesi.

"Ce la farò," rispose Steve.

"Non essere stupido," gli dissi.

Allora lui si mise a correre intorno al campo. Fece due giri. "Sto bene," disse. Doveva solo marcare Ian Rush e John Aldridge del Liverpool. Nel frattempo continuava a massaggiarsi il tendine. Bruce giocò tutta la partita. Lui e Pally erano fantastici. Stam ci garantì la stessa forza, la stessa affidabilità. Pensate anche alla coppia che formano Ferdinand e Vidić: intelligenti, solidi, non si arrendono mai. Se si considera il mio intero periodo al Manchester United, i centrali difensivi sono sempre stati un aspetto fondamentale.

L'acquisto di Ferdinand nel gennaio 2002, quindi, era conforme alla mia regola sacra della forza al centro. Ci costò molto, ma se si divide la cifra per dieci-dodici anni di prestazioni a quel livello, inizia a sembrare un affare. Rischi di sprecare un sacco di soldi prendendo gente che semplicemente non ha abbastanza talento, meglio spendere di più per un solo giocatore di classe indiscutibile.

Pagammo 3,75 milioni di sterline per Roy Keane, una cifra record, per l'epoca, ma giocò con noi per dodici anni. Nella mia carriera allo United ho venduto molti giocatori che la gente non ha mai sentito nominare, giovani riserve e altri; mentre ero in viaggio nella Scozia occidentale, alla fine della mia ultima stagione, calcolai che avevo speso mediamente meno di 5 milioni a stagione, nella mia carriera allo United.

Appena arrivò, dissi a Rio: "Sei un tipo distratto."

"Non posso farci nulla," disse lui.

"E invece devi, perché ti costerà dei gol, e io ti starò addosso."

Ed era davvero distratto. A volte corricchiava lentamente per il campo, poi a un certo punto partiva come una macchina da corsa. Non ho mai visto uno di un metro e novanta con un cambio di passo così impressionante. Con il tempo la sua capacità di concentrarsi migliorò, e cominciò a pretendere di più da sé stesso, prendendosi sempre più responsabilità all'interno della squadra e del club. Diventò un giocatore completo.

Quando acquisti un giocatore giovane, non ti arriva tutto il pacco il giorno dell'acquisto: devi lavorarci un po'.

Se Rio commetteva delle leggerezze, lo faceva nelle partite contro gli avversari più deboli, che non percepiva come particolarmente pericolosi; più la partita era importante, più gli piaceva.

Con Gary Neville che cominciava a infortunarsi spesso, e Vidić ed Evra che si stavano ambientando, Rio ed Edwin van der Sar diventarono il fulcro difensivo della squadra nella seconda metà di quel decennio. Una volta feci giocare Rio a centrocampo, nel 2006, contro il Blackburn Rovers, e si fece espellere: Robbie Savage fu vittima dell'intervento che fece finire Rio negli spogliatoi.

Per quanto possa sembrare sorprendente, Pallister era bravo con il pallone quanto Rio, e stranamente era anche più veloce; solo non gli piaceva correre. Pally era contrario alla fatica, e lo dico affettuosamente. Diceva sempre che meno faceva, meglio si sentiva. Era il peggiore da allenare, dovevo sempre riprenderlo. Nei primi quindici minuti, dopo ogni attacco avversario, si trascinava fuori dall'area di rigore ansimando. Dicevo a Brian Kidd: "Guarda Pally, sta morendo!" Devo confessare che lo tormentavo.

Una sera passai a prenderlo per una cena di squadra,

entrai a casa sua e vidi, su un tavolo vicino al caminetto, una bottiglia gigante di Coca-Cola e un sacco pieno di dolciumi come Crunchies, Rolos e barrette di Mars. Dissi a Mary, sua moglie: "E questa roba?"

"Non so quante volte gliel'ho detto, mister, ma non mi ascolta," disse Mary.

Poi sentii dei passi per le scale e Pally, arrivando, mi vide mentre contemplavo la sua scorta di dolciumi. "Perché hai comprato tutta questa roba, Mary?" disse alla moglie.

"Gran pigro e tu-sai-cosa. Dovrò multarti per questo!"

Gary non era un Adone, ma era davvero un buon giocatore, con un ottimo carattere. Un'ottima persona. Come Rio, sapeva giocare la palla e correre veloce quanto voleva. Nella sua ultima stagione con noi, si ferì al sopracciglio e iniziò a lamentarsi, dicendo che era la prima volta che si tagliava in vita sua. Non era da lui, eppure Pally pensava di essere Cary Grant.

Non ero necessariamente alla ricerca di un centrale difensivo che potesse salire palla al piede, o impostare l'azione alla Franz Beckenbauer; sono il passo e l'abilità di leggere il gioco a essere essenziali, oggi, nel calcio di alto livello. Rio possedeva entrambi, per questo lo ingaggiai; non solo sapeva difendere, ma sapeva portare la palla. Così, anche se per me le qualità difensive erano prioritarie, era incoraggiante sapere che il mio nuovo centrale poteva anche impostare il gioco da dietro – cosa che più tardi, con il Barcellona e altre squadre, divenne normale.

In alcune fasi della sua carriera, bisogna dirlo, le attività extracalcistiche di Rio erano più di quante ne potessimo tollerare; gli dissi che ero stufo di leggere che andava a pranzi e cene. “Sai qual è il bello del calcio? Che è rivelatore. Quel che accade sul campo dice tutto,” gli dissi. Una volta iniziata, la discesa è veloce; in un club piccolo te la puoi cavare lo stesso, ma al Manchester United ci sono 76.000 paia di occhi che ci guardano, e non puoi fare scherzi. Dissi a Rio che se qualcuna di quelle distrazioni avesse influito sul suo rendimento in campo, non sarebbe rimasto molto con noi perché non l’avrei fatto giocare.

Rispose bene a quegli avvertimenti; studiammo un sistema per cui il suo agente era tenuto a dirci tutto ciò che faceva, cosa che ci assicurava un maggiore controllo; c’erano una casa discografica, un film, una compagnia di produzioni televisive e un giornale che lo portò negli Stati Uniti per intervistare P. Diddy.

“Piantala, Rio,” dissi quando sentii che andava negli Stati Uniti a incontrare un rapper. “Ti farà diventare un difensore migliore?”

Rio non era il solo a esplorare altre strade. Questo desiderio aveva a che fare con la celebrità dei giocatori moderni: alcuni volevano farla crescere. Beckham era uno di questi, Rio era un altro. Il successo di David, sotto questo aspetto, è stato incredibile.

Fuori dal calcio Rio non pensava solo alla celebrità. Il lavoro che fece per l’UNICEF in Africa fu incredibile. Non si potrà mai negare l’importanza che può avere uno come Rio Ferdinand per un bambino africano. Noi volevamo semplicemente che lui mantenesse un equilibrio, nonostante la fama, e che non dimenticasse il motivo principale per cui aveva avuto successo. Alcuni non ce la fanno, non ci riescono.

Pensavamo anche che Rio stesse organizzando la vita che avrebbe fatto dopo il calcio, e la cosa non era sbagliata. Io feci più o meno la stessa cosa prendendo i patentini da allenatore: mi ci vollero quattro anni. Quindi mi preparai anch'io alla seconda parte della mia vita, dopo aver giocato, ma non lo feci incontrando P. Diddy. C'è un momento in cui un giocatore si chiede cosa farà, perché smettere lascia un grande vuoto; un minuto prima giochi finali europee, finali di FA Cup, vinci campionati, e improvvisamente tutto svanisce. Riuscire a gestire questo passaggio è una sfida per tutti i calciatori, e la fama non ti rende immune dai crolli emotivi. Quello che viene dopo non ha la stessa intensità, quindi come si può ricreare? Con cosa si può sostituire il brivido che ti dà essere negli spogliatoi dieci minuti prima dell'inizio di una partita decisiva per la vittoria del campionato?

Verso la fine della mia carriera, Rio iniziò ad avere problemi alla schiena. Prendiamo il gol che ci fece Craig Bellamy del City nel derby del 2009 come esempio della condizione fisica di Rio in quel periodo: due anni prima avrebbe tolto la palla a Bellamy e l'avrebbe spedita fuori. Un altro esempio fu il gol di Fernando Torres a Liverpool, quando Torres lo batté in velocità e vinse l'uno contro uno nell'area davanti alla Kop.[1]

Rivedemmo con lui il video: Rio era salito per mettere Torres in fuorigioco, ma un anno prima sarebbe riuscito a rimediare all'errore e a togliergli comunque la palla. Ma nel momento in cui lo stava recuperando, Torres l'aveva sbilanciato con una spallata e aveva sparato la palla in rete.

[1] Una delle curve dello stadio di Liverpool. (*N.d.T.*)

Nessuno l'aveva mai fatto, con Rio, e questo significava che il problema alla schiena non gli causava soltanto dolore, ma danneggiava anche il suo equilibrio.

Rio era sempre stato veloce, non aveva mai fatto fatica a correre. Dopo un lungo stop, che lo tenne lontano dai campi per gran parte dell'inverno, tornò ad allenarsi alla grande, e dopo tre mesi di assenza giocò benissimo contro il City nel ritorno della semifinale del 2010 all'Old Trafford.

Nell'autunno della sua carriera fui costretto a dirgli di cambiare il suo gioco, tenendo conto dell'età e dei suoi effetti sul fisico; gli anni si fanno sentire. Gli dicevo, in privato e davanti agli altri, che doveva arretrare di un paio di metri se voleva giocarsela con gli attaccanti; cinque anni prima per lui sarebbe stato facile, con il suo cambio di passo, togliere la palla a un attaccante proprio mentre quest'ultimo pensava di averlo superato. Non poteva più farlo, doveva essere sulla scena del crimine prima che questo fosse commesso.

Fu d'accordo con la mia analisi, non si offese; stavo semplicemente spiegando i cambiamenti del suo corpo. Fece una grande stagione, nel 2011-2012, rovinata solo dalla sua esclusione dalla nazionale per gli europei del 2012. Quando Roy Hodgson mi chiese se pensavo che Rio potesse stare accanto a John Terry, non seppi dargli una risposta: "Chiediglielo. Chiedi a Rio del loro rapporto," dissi.

Un'altra piccola discussione con lui la ebbi quando si rifiutò di indossare la maglietta di Kick It Out[2] nella stagio-

[2] Campagna contro il razzismo finanziata dalla Federazione inglese. (*N.d.T.*)

ne 2012-2013, dopo che tutti noi avevamo deciso di sostenere pubblicamente l'iniziativa. Ci fu una mancanza di comunicazione; quando decise di boicottare la campagna, avrebbe dovuto avvertirmi, perché sapeva che si era stabilito di indossare tutti la maglietta; sapevo che aveva avuto dei problemi con John Terry per la questione di suo fratello Anton, ma non avevo capito che la faccenda avrebbe avuto strascichi del genere. Terry, ovviamente, venne punito dalla Federazione per gli insulti razzisti rivolti ad Anton nella partita tra Queens Park Rangers e Chelsea a Loftus Road.

Ero nel mio ufficio quando Mark Halsey venne a dirmi che Rio non avrebbe indossato la maglietta di Kick It Out; andai da Albert, il nostro magazziniere, e gli chiesi di dire a Rio di mettersela.

Mi fu detto che Rio non l'avrebbe messa. Quando lo affrontai lui non mi disse nulla, ma dopo la partita venne a spiegarmi che pensava che l'Associazione calciatori non stesse facendo abbastanza contro il razzismo. Io gli dissi che, in ogni caso, non indossando la maglietta non stava sostenendo la causa dell'antirazzismo; se aveva un problema con l'Associazione calciatori doveva prendersela con loro. Pensavo che fosse controproducente non mettere quella maglietta.

Da parte mia, semplicemente non riesco a capire come qualcuno possa odiare un altro per il colore della pelle.

7.
TEMPI DURI

Il vento del cambiamento stava arrivando, ma non era ancora qui. Quello tra l'estate del 2003 e il maggio 2006 fu uno dei miei periodi più magri. Vincemmo la FA Cup nel 2004 e la Coppa di Lega due anni dopo, ma il campionato, in quegli anni, lo vinsero l'Arsenal e il Chelsea.

Prima che Cristiano Ronaldo e Wayne Rooney diventassero il nucleo centrale della squadra con cui vincemmo la Champions League del 2008, percorremmo una strada accidentata, decidemmo di inserire in squadra elementi di esperienza, che in molti casi non diedero il contributo che ci saremmo aspettati. David Beckham si era trasferito al Real Madrid e Verón stava per andare al Chelsea. In porta, Barthez era stato rimpiazzato da Tim Howard, e Kléberson, Eric Djemba-Djemba e David Bellion erano tra i nuovi arrivati. Poteva arrivare anche Ronaldinho, che disse prima sì e poi no alla nostra offerta.

Non si può negare la verità su quegli anni. Ci lanciammo nell'impresa di comprare giocatori di una certa esperienza perché pensavamo che potessero garantirci immediatamente prestazioni adeguate. Kléberson, ad esempio, era stato campione del mondo con il Brasile e aveva solo 24 anni, Verón era un giocatore di fama internazionale e Djemba-Djemba aveva giocato a buon livello in Francia. Furono trattative facili, dall'esito scontato, e questo mi preoccupò. Non mi piacciono gli affari semplici, preferisco dover lottare per avere un giocatore, perché se faticano a lasciarlo andare significa che ha un certo valore. Mi piace vedere il club che vende cercare di trattenere in ogni modo il suo giocatore. Ma i giocatori che prendemmo allora furono acquisti facili.

Sembrava che volessimo comprare tutti i portieri in circolazione. Mark Bosnich fu il primo esempio. Il suo acquisto fu una conseguenza dell'annuncio di Peter Schmeichel, che dichiarò che dopo quell'ultima stagione si sarebbe ritirato, prendendoci alla sprovvista. Decidemmo subito.

Incontrammo Bosnich a gennaio, nonostante le notizie che ci erano giunte sui suoi comportamenti fuori dal campo. Mandai poi qualcuno a vederlo in allenamento, ma non fece nulla per convincermi che fosse l'uomo giusto per il Manchester United. Così cambiai tattica e andai a vedere Edwin van der Sar, parlai con il suo agente e poi con Martin Edwards, che mi disse: "Mi dispiace, Alex, ho dato la mia parola a Bosnich."

Quello sì che era un guaio. Martin si era messo d'accordo con Bosnich e non poteva rimangiarsi la parola, questo lo capivo. Ma era un pessimo affare: Bosnich era un problema, i suoi livelli di forma e i suoi parametri di allenamento erano al di sotto di quel che ci serviva. Lo portammo a un livello superiore, e ci sembrò di aver lavorato bene con lui. Fu straordinario nella vittoria contro il Palmeiras in Coppa intercontinentale, e avrebbe dovuto essere nominato uomo partita al posto di Giggs. Non molto tempo dopo, a febbraio, giocammo a Wimbledon, e Bosnich si mise a mangiare di tutto: sandwich, zuppe, bistecche. Stava ordinando tutto il menu, mangiava come un cavallo.

Gli dissi: "Cristo santo, Mark, ti abbiamo fatto perdere peso, perché ora ti ingozzi così?"

"Sto morendo di fame, mister."

Rientrammo a Manchester, e Mark telefonò con il cellulare a un ristorante cinese per ordinare del cibo. "Ma sei senza fondo?" gli chiesi. "Pensa a cosa stai facendo." Semplicemente non riuscivo a farmi capire.

Non ci si riprende in fretta quando si perde uno come Peter Schmeichel. Era il miglior portiere del mondo, e la sua presenza e la sua personalità improvvisamente non c'erano più. Avremmo dovuto prendere van der Sar per sostituirlo.

Il suo agente mi disse: "Dovrai darti da fare, perché sta trattando con la Juventus." Ma perdemmo l'occasione; mi toccò tornare da lui e dirgli che avevamo già preso un altro e che dovevo ritirare la mia proposta.

Avrei dovuto prenderlo lo stesso, fare un acquisto in più. Presto avremmo avuto un'idea più precisa di Bosnich, e Edwin avrebbe potuto giocare dalla fine dell'era Schmeichel più o meno fino alla fine della mia carriera. Non avrei avuto bisogno di spendere soldi per gli acquisti di Massimo Taibi e Barthez, che era un buon portiere ma aveva problemi a casa sua, in Francia.

Tempo dopo avremmo visto che le qualità di van der Sar erano paragonabili a quelle di Schmeichel. Il talento era pressoché lo stesso. Schmeichel tirava fuori parate che nessuno si aspettava. Erano momenti meravigliosi, mi dicevo: "Gesù, ma come ha fatto?" Era reattivo, atletico. Di van der Sar apprezzavo la compostezza, la calma, l'abilità con il pallone, le capacità organizzative; aveva uno stile diverso ma ugualmente inestimabile. Influenzava positivamente chi gli stava intorno.

Schmeichel, al contrario, aveva un rapporto di amore-odio con Steve Bruce e Gary Pallister. Usciva gridando e sbraitando contro di loro, e Brucey diceva: "Torna in porta, brutta troia tedesca!" Schmeichel si arrabbiava.

"Non sono tedesco," sibilava. Però poi fuori dal campo erano ottimi amici. In queste cose, Schmeichel era più volubile.

Nello spogliatoio, van der Sar spronava i compagni. Aveva una voce potente, fiamminga.

"Poche storie!" urlava. Anche Schmeichel si faceva sentire. Sono stato fortunato ad allenare i due migliori portieri di quei decenni. Potrei nominare anche Peter Shilton e Gianluigi Buffon, ma per me Schmeichel e van der Sar sono stati i migliori tra il 1990 e il 2010.

È qualcosa di più del semplice stare in porta: è la personalità che esprimi sul lavoro. I portieri non devono solo saper parare, devono saper gestire i loro errori. Ci vuole un gran carattere per affrontare le conseguenze di un errore grave, se sei al Manchester United. Visionai Schmeichel sei volte. Alan Hodgkinson, il preparatore dei portieri, mi aveva detto: "È una sicurezza. Prendilo."

All'inizio ero combattuto sul fatto di portare un portiere straniero nel campionato inglese. Una delle prime partite di

Schmeichel fu contro il Wimbledon. La Crazy Gang[3] lo caricava, gli dava gomitate. Schmeichel era arrabbiatissimo e chiedeva aiuto al direttore di gara. "Arbitro, arbitro!" urlava.

Assistendo alla scena pensai: "Non ce la può fare." L'arbitro continuava ad andare avanti e indietro per separare la mischia. In un altro dei suoi primi incontri, Peter uscì su un cross sul secondo palo, e lo mancò di brutto. Lee Chapman la mise dentro. Mentre tentava di abituarsi al nostro gioco, fece degli errori, e la gente diceva: "Che succede qui?" Ma aveva un fisico incredibile, sapeva coprire la porta e aveva coraggio, era fantastico nel distribuire i palloni; tutte qualità che lo aiutarono in quei primi giorni di fuoco.

Van der Sar fu testimone di molti cambiamenti nella nostra difesa. Schmeichel aveva giocato quasi sempre dietro agli stessi quattro: Parker, Bruce, Pallister e Irwin. Avevano giocato praticamente tutte le partite. Van der Sar dovette abituarsi a centrali diversi, a nuovi laterali; era un flusso continuo. Fu un suo grande merito quello di saper organizzare così bene il reparto difensivo.

A quel tempo Peter Kenyon era il nostro direttore esecutivo, responsabile del mercato. Patrick Vieira dell'Arsenal ci piaceva molto, e chiesi a Peter di chiamare l'Arsenal per avere notizie su di lui. Mi disse di averlo fatto. Il giorno dopo accennai la cosa a David Dein, che mi guardò come se avessi le corna sulla testa; non sembrava avere idea di cosa stessi parlando. Uno dei due stava giocando a carte coperte e, quel giorno, non potevo sapere chi fosse.

[3] Negli anni ottanta e novanta la stampa chiamava così la squadra del Wimbledon. (*N.d.T.*)

Spesso c'erano agenti che mi telefonavano dicendo: "Il mio cliente sarebbe felice di giocare nel Manchester United." Non ne dubitavo, ma sapevo anche che sarebbero stati felici di giocare nell'Arsenal, nel Real Madrid, nel Bayern Monaco e in tutte le squadre di vertice. È ovvio, tutti i giocatori vogliono arrivare in un grande club, e anche gli agenti hanno da guadagnarci. Fu in una fase di mercato di questo tipo che mettemmo gli occhi su Verón.

La squadra stava cambiando. Il vecchio quartetto di difesa si sciolse in poco tempo. Per un allenatore non è facile intuire i cambiamenti, e quando questi arrivano improvvisamente puoi renderti conto che ti mancano i rinforzi giusti; in seguito adottai una strategia di pianificazione a lungo termine.

Verón era un calciatore eccellente, con una resistenza immensa. Confesso che trovavo piuttosto difficile lavorare con i giocatori argentini: avevano un grande spirito patriottico, avevano sempre una bandiera da qualche parte. La cosa non mi creava problemi, ma quelli che avevo allenato non si sforzavano più di tanto di parlare inglese. Con Verón era solo "Mister."

Ma che giocatore; la sua intelligenza e il suo fisico erano di livello assoluto. Il problema era che non riuscivamo a trovargli una posizione. Se lo facevamo giocare centrocampista centrale finiva a fare il trequartista, o si allargava a destra, o a sinistra; andava dov'era il pallone. Fu sempre più difficile farlo coesistere con Scholes e Keane a centrocampo.

Anche se giocò alcune grandi partite, non sembrava che la squadra stesse trovando un assetto definito, non c'era quell'ordine che normalmente cercavo di mantenere.

Beckham se n'era andato, Ryan stava invecchiando, come Roy e Paul, e avevamo bisogno di energia per evolverci. Nonostante le sue grandi prestazioni, Verón non poteva giocare con noi. Era un solista. Era il tipo di giocatore che, in una partita di allenamento rossi contro gialli, giocava in tutte e due le squadre; semplicemente, giocava dappertutto, andava dove voleva. Avrei potuto allenarlo cent'anni senza riuscire a capire dove farlo giocare: era il fattore sorpresa, era il jolly. Una volta qualcuno mi aveva detto: "Hai mai pensato di farlo giocare arretrato, davanti ai due difensori centrali?" Io avevo risposto: "Ma che dici? Non riesco a farlo stare in nessun'altra posizione, perché dovrebbe stare in quella?" Sembra che effettivamente nella Lazio giocasse in quel ruolo e che giocasse benissimo. Ma era un uccello libero, che volava dappertutto.

C'erano momenti in cui ti faceva vedere le stelle: in una partita di precampionato dribblò un paio di uomini sulla linea di fondo e la mise in mezzo per van Nistelrooy, che segnò. Fece un passaggio di esterno a Beckham, ma senza effetto, con la palla che curvò, passando tra i difensori; Beckham la ricevette e superò il portiere con un pallonetto. In certi momenti era sublime, e dal punto di vista del talento era indiscutibile: aveva due piedi buoni, correva, aveva un ottimo controllo di palla e grande visione di gioco. Semplicemente non era adatto alla squadra. Il calcio inglese non era un problema per lui, era coraggioso, aveva le palle.

Giravano voci che Verón stesse litigando con alcuni giocatori, ma non penso che fosse vero, anche perché non parlava mai con nessuno. Nello spogliatoio stava da solo, non parlava la lingua; non era un asociale, semplicemente non era un grande comunicatore.

Arrivavo al lavoro: "Buongiorno, Seba."

"Buongiorno, mister." Tutto lì. Non riuscivi a tirargli fuori nulla. Mi ricordo che ebbe un alterco con Roy Keane, dopo una partita europea; fu spiacevole. Però no, non era una figura negativa.

Stavamo cercando di modificare il nostro gioco in Europa. Due anni dopo la vittoria in Champions League del 1999 andammo a giocare in Belgio contro l'Anderlecht e a Eindhoven contro il PSV, e ci sconfissero, segnando solo in contropiede. Giocammo con il modulo tradizionale dello United, il 4-4-2, e perdemmo. Dissi ai giocatori e allo staff che, se non fossimo riusciti a mantenere un miglior possesso di palla e una maggiore solidità a centrocampo, avremmo sofferto parecchio, perché ormai gli avversari avevano capito il nostro gioco. Perciò iniziammo a giocare con il centrocampo a tre, e Verón fu parte di quel cambiamento.

Il fatto di dover gestire diversi cambiamenti, in quel decennio, mi portò ad avere a che fare con molti giocatori che stimavo. Ad esempio, avrei davvero voluto prendere Paolo Di Canio: l'affare sembrava chiuso, gli avevamo fatto un'offerta e lui aveva accettato. Poi però aveva ritrattato, dicendo che voleva di più, e noi non avevamo accettato le nuove richieste. Ma era un giocatore da Manchester United: poteva tenere il pubblico incollato ai sedili, e sapeva farlo balzare in piedi.

Un altro che non riuscimmo a prendere fu Ronaldinho; avevo acconsentito al suo arrivo all'Old Trafford, e Carlos avrebbe fatto da garante per questo. Il tentativo di prendere Ronaldinho rientrava nella logica per cui lo United schierava sempre dei giocatori simbolo; ero sempre a caccia di talenti del genere.

Il mio ragionamento era: "Abbiamo preso 25 milioni di sterline per Beckham, e stiamo per prendere Ronaldinho con 19 milioni. Dio santo, svegliati. È un affare."

Di ritorno dal nostro viaggio negli Stati Uniti, ci fermammo a Terranova per fare rifornimento, in un piccolo aeroporto. C'era soltanto una baracca, nei dintorni. Mentre eravamo fermi, l'equipaggio aprì il portellone per far entrare aria fresca, e scorgemmo un ragazzino appoggiato al recinto della baracca, da solo, con una bandiera dello United. Non ci era permesso sbarcare, potevamo stare sulla scala ma non scendere sulla pista; tutto ciò che fummo in grado di fare fu salutare con la mano quel piccolo tifoso, appoggiato alla recinzione, nel bel mezzo del niente.

Arrivati in Europa per una tappa in Portogallo, cedemmo Verón, che aveva detto a Quinton Fortune che sarebbe andato al Chelsea. Non l'avrei lasciato andare per meno di 15 milioni, e il Chelsea ne offriva 9. Dissi: "Non se ne parla, non lo cedo per 9 milioni." Ma in Portogallo Kenyon mi disse: "Ho chiuso l'affare, 15 milioni." Poi giocammo la partita contro lo Sporting Lisbona, quella del duello di Ronaldo contro John O'Shea. Posso ancora sentirmi mentre urlo a John: "Stagli vicino, Sheasy!"

"Non ci riesco," si lagnava lui.

Un mese più tardi David Gill mi chiamò e disse: "Senti questa, Kenyon si trasferisce al Chelsea." David prese il suo posto e fu fantastico, un gran miglioramento. Pensavo che Peter Kenyon si fosse assunto troppe responsabilità, e di conseguenza non fosse riuscito a portare a termine alcuni compiti; quello che ti serve, se sei un direttore esecutivo, è la capacità di portare a compimento le missioni.

Quando David Gill assunse l'incarico, credo che avesse dei dubbi sulle sue mansioni. David era un contabile. Gli consigliai: "Vista l'esperienza di Peter Kenyon, non prendere tutto sulle tue spalle. Delega." Fu senza dubbio il miglior amministratore e il miglior direttore esecutivo della mia carriera. Uno di prima categoria: diretto, affabile, era un tipo con i piedi per terra che conosceva e capiva il valore del gioco. Anche Martin Edwards sapeva il fatto suo, ma con David non ci furono mai problemi; anche se doveva dirti qualcosa di spiacevole, non si tirava mai indietro. È così che si fa.

Anche se Martin mi aveva garantito sostegno nei periodi più importanti, ero sempre stato pagato poco, prima dell'arrivo di David. Non c'è niente di meglio che essere stimati sul lavoro, avere un riconoscimento per ciò che si fa, però ci deve essere anche un corrispettivo economico adeguato.

Dover gestire i cambiamenti di proprietà è sempre molto difficile per i dirigenti di un club. Dopo un passaggio del genere tutto il quadro cambia: ti apprezzeranno? Vorranno cambiare allenatore, o direttore esecutivo? L'avvento dei Glazer segnò il periodo più duro per David: l'attenzione dei media era pressante, la questione del debito era sempre tra le notizie. Ma le sue capacità gestionali lo avvantaggiarono, in un frangente simile.

Vedevo il club come un luogo in cui i giovani talenti potevano crescere, e per dare concretezza a questa visione avevamo bisogno di salvaguardare le fondamenta della squadra: Giggs, Scholes, Neville e Roy Keane. In questo modo avremmo avuto la spina dorsale a cui affiancare giovani di prospettiva. Van der Sar era un altro giocatore fondamentale; fu uno degli acquisti migliori della mia carriera.

La ricerca di un nuovo Bryan Robson ci aveva portati a Keane. Eric Djemba-Djemba ci impressionò, era un altro centrocampista di grande potenziale. Andai a vederlo giocare in Francia e ne fui soddisfatto: capiva il gioco, era un grande interditore, e avremmo potuto prenderlo con 4 milioni di euro. Ero a quella partita per visionare anche il portiere del Rennes: Petr Čech, che aveva 18 o 19 anni. Mi dissi che era troppo giovane per noi.

A volte ti fai scappare un giocatore ma riesci a prenderne uno simile: Paul Gascoigne ci sfuggì, ad esempio, ma arrivò Paul Ince; non riuscimmo a convincere Alan Shearer a venire, ma ingaggiammo Eric Cantona.

Le cose sono sempre in movimento: hai una lista di obiettivi, e se te ne scappa qualcuno lo sostituisci con un altro. L'intento fondamentale, qualunque giocatore tu riesca a prendere, è quello di farlo crescere. Cantona era intorno ai 25 anni, ma il nostro target consueto erano atleti più giovani. Rooney e Ronaldo arrivarono che erano adolescenti. Dopo il 2006, o giù di lì, raddoppiammo gli sforzi per evitare di nuovo l'inconveniente di una squadra che invecchia tutta insieme. Ci concentrammo su quest'obiettivo. Andy Cole, Dwight Yorke e Teddy Sheringham, all'epoca, avevano avuto un calo di prestazioni, erano invecchiati. In situazioni del genere, le richieste allo staff degli osservatori aumentano, gli scopritori di talenti vengono messi sotto pressione. Gli chiedi in continuazione: "Allora? Che cosa avete visto in giro?" L'ingaggio di Kléberson fece seguito alle sue brillanti prestazioni con il Brasile ai mondiali del 2002; giocava ancora nel suo paese, quando firmò con noi. Ma fu un esempio dei rischi che si corrono quando si fa un acquisto affrettato. Cercavamo qualcuno che potesse essere l'erede di Keane, e per questo avevamo pensato a Vieira. Sarebbe stato l'ideale: era abituato al gioco inglese, era una figura autorevole, un leader. Un grande giocatore lo riconosci anche perché i tifosi avversari cantano cori contro di lui, e nel caso di Vieira lo facevano sempre. Segno che lo temevano. Un altro esempio era Alan Shearer, anche lui costantemente oggetto delle invettive dei tifosi degli altri club.

Kléberson era un giocatore di talento, ma il suo esempio conferma la mia idea che sia necessario esaminare il carattere e l'ambiente familiare di un giocatore. Lo acquistammo senza problemi, e questo mi insospettì. Quando arrivò, scoprimmo che aveva sposato una ragazza di 16 anni. Lui ne aveva 23. Lei si era portata dietro tutta la famiglia. Negli allenamenti precampionato a Vale do Lobo, in Portogallo, solo i giocatori dovevano presentarsi a colazione prima dell'allenamento. Lui venne con il suocero. Sembrava non poter decidere nulla. Era un bravo ragazzo, ma era troppo insicuro per imparare l'inglese.

In partita aveva grande resistenza e ottime abilità, ma non riusciva a imporre la propria personalità. Forse il modo in cui il Brasile lo faceva giocare non era lo stesso che avevamo in mente noi. Con la sua nazionale stava davanti alla difesa per aiutare Roberto Carlos e Cafu a salire sulle fasce.

Quando bisogna risolvere un problema in fretta, ecco

che si commettono errori. Davamo il nostro meglio quando lavoravamo per anni seguendo un piano, studiando i giocatori, raccogliendo informazioni dettagliate. Sapevamo tutto di Cristiano Ronaldo, prima di ingaggiarlo. Provammo a prendere Rooney quando aveva 14 anni, e ci riprovammo quando ne aveva 16. Alla fine la spuntammo che ne aveva 17. Ci eravamo preparati per Rooney, era un nostro obiettivo esplicito; era stata un'operazione di scouting perfetta. Verón e Kléberson furono acquisti impulsivi, non scriteriati ma affrettati.

Djemba-Djemba, altro giocatore impressionante, fu preso di mira dalla stampa perché non era un acquisto prestigioso. I giornalisti amano i nomi altisonanti e non fanno molto caso ai giocatori meno conosciuti. All'inizio adoravano Verón, e furono invece molto tiepidi con Kléberson e Djemba-Djemba. David Bellion era giovane, e pensavamo di poterlo far crescere bene: era veloce come un fulmine, era un bel ragazzo, generoso, molto timido. Aveva giocato nel Sunderland ed era entrato dalla panchina in una partita contro di noi. Ci aveva distrutti. Quando il suo contratto terminò ci muovemmo per prenderlo. Se avessimo indagato meglio su di lui, avremmo saputo che era un insicuro. Lo vendemmo al Nice per un milione di euro, e da lì andò a Bordeaux, cosa che ci fece guadagnare un bonus. L'ingaggio di Bellion non aveva lo scopo di gettare una delle fondamenta della squadra: era un'aggiunta disponibile a buon prezzo.

Il punto di svolta della situazione furono gli acquisti di Ronaldo e Rooney, che diventarono i giocatori prestigiosi di cui avevamo bisogno: erano dei talismani, ti facevano vincere le partite, erano in linea con la nostra tradizione. Patrice Evra e Nemanja Vidić, arrivati nel gennaio 2006, furono altri due colpi stellari. Di Vidić notammo immediatamente il coraggio, la determinazione: contrastava, respingeva la palla di testa, aveva tutto del tipico difensore centrale inglese. Vida non giocava dall'inizio della stagione a Mosca, quindi da novembre. Nella sua prima partita con noi, contro il Blackburn, stava scoppiando. Il punto era che avrebbe avuto bisogno di una preparazione precampionato.

Come terzino sinistro, nella posizione che era stata di Denis Irwin, per un breve periodo avevamo avuto Heinze, poi era arrivato Evra, che veniva impiegato come esterno al Monaco, con cui aveva giocato la finale di Champions League contro il Porto.

I laterali di difesa sono come uccelli rari. Quando visionammo Evra per la prima volta giocava come esterno, ma era abbastanza giovane e veloce per giocare come difensore di fascia nella nostra squadra. Sapevamo abbastanza sulle sue qualità in attacco: era veloce, aveva un'ottima tecnica e una personalità forte, molto forte. Heinze era un altro bel tipo: senza pietà, avrebbe preso a calci sua nonna. Ma era un vincente, e poteva giocare anche come difensore centrale. In entrambi i casi scegliemmo bene.

Come tutti i tifosi dello United ricorderanno, il debutto di Evra coincise con il derby di Manchester all'Eastlands, e fu un disastro totale. Sembrava che si chiedesse: "Che cosa ci faccio qui?" Alla fine si ambientò e migliorò. Heinze, al contrario, aveva un animo mercenario e avevo sempre l'impressione che scrutasse l'orizzonte in vista del contratto successivo. Dopo un anno voleva andare via. Dovevamo giocare contro il Villareal ed eravamo sistemati in uno splendido complesso fuori Valencia, quando il suo agente venne a cercarmi per dirmi che lui voleva andare via.

Da quel momento cambiò tutto. Il giorno dopo si infortunò al legamento crociato, e facemmo di tutto per facilitargli le cose: gli consentimmo di curarsi in Spagna, dove rimase per sei mesi, tornando solo per una partita. Facemmo del nostro meglio, ma alla fine di dicembre tornò a dire che voleva andarsene, che voleva ridiscutere le sue condizioni, che voleva un nuovo contratto. Recuperò completamente dall'infortunio, e lui e il suo agente andarono a parlare con David Gill; concordammo che fosse meglio cederlo, stabilendo di chiedere 9 milioni. Andarono immediatamente dal Liverpool, che disse che l'avrebbe preso.

Avevamo detto a Gabriel, senza mezzi termini, che storicamente il Manchester United non vendeva giocatori al Liverpool, e viceversa. Allora gli avvocati di Heinze ci fecero causa, così ci fu un incontro a Londra, durante il quale la Premier League si schierò dalla nostra parte.

Durante il processo, il presidente del Crystal Palace chiamò David Gill per dirgli che un rappresentante di Heinze gli aveva chiesto di comprare il giocatore e di rivenderlo in un secondo momento al Liverpool. Usammo questa testimonianza come prova a nostro favore. Il verdetto ci fu favorevole, e alla fine lo cedemmo al Real Madrid. Alcuni giocatori sono sempre in giro: Heinze era stato in due club spagnoli prima di trasferirsi al PSG, che l'aveva ceduto a noi.

Alan Smith fu un altro acquisto di quel periodo; arrivò nel maggio 2004 per 7 milioni di sterline. Il Leeds aveva guai finanziari, e a David Gill era giunta voce che Alan sarebbe stato ceduto per 5 milioni. Alan mi era sempre piaciuto, era uno di quelli che io chiamo "giocatori di carattere", con uno spirito giusto. Poteva giocare in diverse posizioni: largo sulla destra, centrale di centrocampo, punta. Era un giocatore alla Mark Hughes: non segnava molti gol ma era utile alla squadra. In seguito lo vendemmo al Newcastle per 6 milioni di sterline; con noi fece un buon lavoro, fornendo alcune ottime prestazioni. Il suo infortunio a Liverpool, in cui si ruppe la gamba, fu uno dei peggiori che io abbia mai visto. Mi ricorderò sempre che mi precipitai a vedere come stava e lo trovai sul lettino dell'infermeria – devo dire che i medici del Liverpool furono perfetti – mentre gli facevano un'iniezione per calmare il dolore del trauma.

Il suo piede era completamente girato. Bobby Charlton, che era con me, trasalì. Ed era sopravvissuto al disastro aereo di Monaco. Alan, al contrario, era imperturbabile: stava lì, completamente impassibile. Fu un bruttissimo infortunio. La reazione di Alan mi fece capire che alcuni hanno una soglia del dolore molto più alta del normale. Io sono terrorizzato dalle iniezioni, detesto gli aghi. Quando gestivo il mio pub a Glasgow, una domenica mattina dovevo cambiare un fusto, e stavo infilando una punta nella valvola per far uscire l'aria quando un topo mi saltò sulla spalla. Feci un salto all'indietro e la punta partì, piantandosi nella mia guancia. Si vede ancora la cicatrice. Guidai fino all'ospedale, non osando toccarla. L'infermiera la tirò fuori e appena mi si avvicinarono con l'ago io svenni. L'infermiera disse: "Ecco il grande attaccante del Rangers Football Club che sviene." Mi sentivo morire. Alan era lì con uno dei peggiori infortuni che avessi mai visto e non era minimamente scosso. Aveva un coraggio incredibile.

Era anche un ottimo professionista, onesto. Ma gli mancava quel qualcosa in più che serve per eccellere nei grandi club; quando il Newcastle ci fece un'offerta d'acquisto, ci toccò lasciarlo andare.

Alla fine lo facevamo giocare come centrocampista arretrato; aveva doti difensive ma non leggeva il gioco come un vero interditore. Era più un centrocampista bravo nei contrasti, in tutte le zone del campo. Quando giocava come punta, per i difensori avversari raramente erano giornate facili. Ma la necessità di sostituire Roy ci imponeva di cercare un giocatore che fosse in grado di piazzarsi nelle giuste zone del campo, cosa che per un certo periodo fece Owen Hargreaves. Alan non era quel tipo di giocatore, ma era un ottimo e onesto calciatore, che amava giocare con noi. Mi ci volle molto tempo per fargli capire che non potevo garantirgli un posto da titolare. La squadra doveva andare avanti.

Louis Saha fu un altro grande acquisto del gennaio 2004, dal Fulham, ma numerosi infortuni penalizzarono lui e noi. Lo avevamo visionato un paio di volte al Metz, ma le relazioni degli osservatori non l'avevano indicato come un giocatore da grande squadra. Finì al Fulham, e ogni volta che giocava contro di noi segnava. In un turno di FA Cup a Craven Cottage, aggirò Wes Brown, volò verso la nostra porta e fu gol per il Fulham. Da quella volta non lo perdemmo d'occhio, e a gennaio eravamo pronti per fare la nostra mossa.

Trattare con Mohammed Fayed, proprietario del

Fulham, non fu facile. Alla fine ci fu comunicata una cifra e ci fu detto: "È il nostro ultimo prezzo." Era una richiesta giusta: 12 milioni di sterline.

Di tutti gli attaccanti centrali che utilizzammo, in termini di talento Saha fu uno dei migliori (due piedi, elevazione, scatto, velocità, potenza). Era una minaccia costante. Poi arrivarono gli infortuni. Louis, che abitava a cinquanta metri da casa mia ed era un bravo ragazzo, doveva essere al centocinquanta per cento per giocare. Per noi era uno strazio. E non stava fuori qualche settimana, erano sempre mesi. La ragione per cui lo vendemmo era che, per quanto avesse talento, non potevo fare affidamento su di lui se volevo pensare: "Questa è la squadra che avrò nei prossimi due o tre anni." Saha sarebbe stato abbastanza giovane da poter pensare a lui come a un giocatore fondamentale, ma l'incertezza causata dalla sua costante indisponibilità rendeva impossibile immaginare una prospettiva del genere.

La situazione era così esasperante che pensò di ritirarsi.

"Sei giovane, non puoi ritirarti per un infortunio; devi solo lavorare per guarire. Non può durare per sempre," gli dissi.

Era tormentato dai sensi di colpa, pensava di averci deluso. Mi mandava messaggi di scuse. Cercai di fargli capire che era stato sfortunato, e che i giocatori sfortunati esistono, nella storia del calcio. Viv Anderson era uno di quelli. Quando valutammo le statistiche di Viv all'Arsenal, notammo che in quattro anni aveva saltato solo quattro partite, e tutte per squalifica. Ma quando Viv venne da noi non era mai in forma. Allora lo lasciammo andare gratis allo Sheffield Wednesday, e lì giocò per tre anni senza quasi saltare una partita. Glielo rinfacciavo spesso: "Penso che tu non volessi giocare per me." Era un grande tifoso dello United e voleva giocare bene con la nostra squadra, ma un guaio al ginocchio lo tenne spesso fermo.

Louis sapeva che gli infortuni pregiudicavano la sua condizione fisica, e il senso di colpa lo attanagliava. Carlos aveva studiato un programma di recupero per lui, per consentirgli di essere pronto nel giro di quindici giorni. Era un lavoro su misura, a cui si era dedicato personalmente. Lo spiegammo a Louis, che lo seguì tutto: provò tiri e cambi di direzione e si impegnò a fondo negli esercizi di preparazione. Andava alla grande. Il venerdì prima della partita si bloccò, dicendo che aveva sentito un dolore al tendine dietro il ginocchio. Non l'avremmo mai spuntata con una tale fragilità fisica, così nel 2008 lo cedemmo all'Everton.

L'Everton copiò la nostra strategia, tentando di portare Louis a un livello in cui si sentisse sicuro di poter giocare; probabilmente lo aiutò anche la lontananza dalle pressioni che c'erano allo United. In ogni caso era un attaccante fantastico, e credo che la Francia fu davvero contrariata dal fatto di non poterlo portare ai mondiali del 2010.

Un argomento di discussione costante, riguardo ai giocatori giovani, era il loro carattere: avrebbero saputo gestire le aspettative del pubblico dell'Old Trafford e la scarsa pazienza della stampa? Sarebbero cresciuti o peggiorati, vestendo la maglia dello United? Osservandoli in allenamento e nella squadra delle riserve, eravamo arrivati a conoscere il temperamento di tutti i giovani che erano arrivati in prima squadra.

Non puoi lasciare il tuo carattere nello spogliatoio: ti segue fuori dalla stanza, attraverso il tunnel, fin sul campo.

Nella stagione 2003-2004 arrivammo terzi dietro agli Invincibili dell'Arsenal, ma chiudemmo con la vittoria per 3-0 contro il Millwall, a Cardiff, nella finale di FA Cup. Ronaldo fu fantastico, e segnò di testa il primo gol, seguito da altri due di van Nistelrooy, di cui uno su rigore.

L'anno fu funestato dalla morte di Jimmy Davis in un incidente stradale. Jimmy aveva 21 anni, era un ragazzo solare, allegro; aveva delle possibilità, avrebbe fatto carriera nel calcio. L'avevamo prestato al Watford. Stavo andando a una partita delle giovanili, al nostro campo, un sabato mattina, e sentii che l'incontro del Watford previsto per il pomeriggio era stato rinviato. Non vennero date spiegazioni. Poi quando arrivai al campo mi dissero della morte di Jimmy.

Era un ragazzino tenace, molto ben voluto. Molti del club presenziarono al suo funerale. Due anni dopo, a un matrimonio, ebbi un *déjà vu* inquietante; al momento delle foto, il pastore venne da me e mi disse: "Vorrebbe venire a vedere la tomba di Jimmy?" Non feci subito il collegamento, ma il pensiero mi diede i brividi. Fu così triste. Il Manchester United non lo dimenticherà mai.

8. RONALDO

Cristiano Ronaldo è stato il giocatore di maggior talento che io abbia mai allenato. Superò tutti gli altri grandi che ho avuto allo United. Gli unici che gli si avvicinano sono due giocatori venuti su dal nostro vivaio, Paul Scholes e Ryan Giggs, che per vent'anni hanno dato un contributo prodigioso al Manchester United. La loro longevità, la loro costanza e il loro comportamento sono stati eccezionali.

Alla fine cedemmo Cristiano, il nostro mago, al Real Madrid, ma possiamo ripensare con orgoglio e gratitudine al suo periodo con noi: in sei stagioni, dal 2003 al 2009, segnò 118 gol in 292 partite, vincendo una Champions League, tre campionati, una FA Cup e due Coppe di Lega. Segnò nella finale di Champions League del 2008, a Mosca contro il Chelsea, e giocò per l'ultima volta con noi dodici mesi più tardi, nella finale di Roma contro il Barcellona.

In quel periodo assistemmo allo sbocciare, sui nostri campi di Carrington e nella prima squadra, di un talento particolare, che fu con noi negli anni duri a metà di quel decennio. Aiutammo Ronaldo a diventare il giocatore che era, e lui aiutò noi a recuperare quella personalità e quella capacità di divertire che caratterizzano il Manchester United.

Il Real pagò 80 milioni di sterline per lui. Perché? Fu il modo in cui Florentino Pérez, il suo presidente, volle dire: "Siamo il Real Madrid, siamo i più grandi di tutti." Fu una mossa astuta, e una dichiarazione esplicita del fatto che intendevano accaparrarsi i giocatori più famosi in circolazione.

Ramón Calderón, il predecessore di Pérez, aveva già detto che Cristiano sarebbe diventato un giocatore del Real Madrid. Sapevo perfettamente anche io che se loro avessero sborsato gli 80 milioni, avremmo dovuto lasciarlo andare. Non potevamo opporci al suo ardente desiderio di tornare nella penisola iberica e di indossare la famosa maglietta bianca che fu di Di Stefano e di Zidane. La verità era che, allenando gente come Cristiano Ronaldo e altri talenti che erano arrivati adolescenti al Manchester United, potevi gestirli bene nei primi anni perché non erano ancora celebrità globali, erano ancora in crescita. Appena diventavano delle star, come era successo a Ronaldo, cominciavi a farti la domanda che io e Carlos Queiroz ci ponevamo in continuazione: "Fino a quando saremo in grado di trattenere Cristiano Ronaldo?"

Carlos fu molto onesto. Mi disse: "Alex, se riesci a tenerlo per cinque anni, puoi considerarti fortunato. Non ci sono precedenti di un giocatore portoghese che arriva diciassettenne in un altro paese e si ferma lì per cinque anni." Il fatto che restò con noi per sei anni fu un bonus. In quel periodo con lui vincemmo una Champions League e tre campionati; mi sembra un buon bottino.

Quando la possibilità che ci lasciasse divenne una probabilità, raggiunsi una sorta di accordo con lui. Andai a casa di

Carlos, in Portogallo, e incontrai lì il ragazzo, che mi comunicò il suo desiderio di andare al Real Madrid. Gli dissi: "Non puoi andarci quest'anno, non dopo che Calderón ha posto la questione in quei termini. So che vuoi andare al Real Madrid, ma preferirei spararti piuttosto che venderti a quel tipo, ora. Se continui a giocare, se non crei problemi, e qualcuno arriva e ci offre una cifra record, allora ti lasceremo andare." Avevo già detto la stessa cosa al suo agente, Jorge Mendes.

Me l'ero cavata bene, ero riuscito a farlo ragionare. Gli avevo detto che non volevo cederlo per via di Calderón. Gli avevo detto: "Se ti lascio andare via, mi gioco la reputazione, perdo tutto. Non mi interessa se dovrò metterti in panchina; so che non arriveremo a tanto, ma voglio dirti che non andrai via, quest'anno."

Riferii questa conversazione a David Gill, che la riportò ai Glazer. Sono sicuro che arrivò anche alle orecchie del Real Madrid. A quel punto avevamo timore che i dettagli del nostro accordo trapelassero, e mettemmo in guardia Cristiano Ronaldo a questo proposito. Non credo che lui avesse detto alcunché al Real Madrid. Il suo agente, Jorge Mendes, è senza dubbio il miglior agente con cui abbia avuto a che fare: responsabile, molto premuroso con i suoi giocatori e molto corretto con i club. Avevo capito che era preoccupato per il passaggio di Cristiano in Spagna, perché temeva che il Real l'avrebbe fagocitato: agenti diversi, persone diverse. Penso che avesse paura di perderlo.

Quello che avevo sempre pensato di Ronaldo era che, anche in una partita disastrosa, fosse in grado di creare almeno tre occasioni. In ogni partita. Basta controllare:

nella montagna di documenti video disponibili non si può trovare nemmeno un incontro in cui non riesca a creare almeno tre occasioni. Possedeva un talento incredibile, aveva tutto: costanza in allenamento, forza, coraggio, abilità con entrambi i piedi e anche di testa.

Nei primi tempi, sicuramente, simulava un po', aveva un modo teatrale di stare in campo. I giudizi che vennero dati su di lui furono spesso ingiusti. Ma seppe cambiare. Uno degli aspetti che i suoi critici ignoravano costantemente era la sua velocità: è sufficiente toccare un giocatore che corre a quella velocità perché cada malamente. La conformazione fisica dell'uomo non è adatta ai cambi di direzione a grande velocità: anche un piccolo tocco della gamba o una gomitata al corpo possono compromettere l'equilibrio. Era assolutamente ingiusto non tenere conto di questo fattore.

All'inizio, lo ammetto, Cristiano cercava di mettersi in mostra, e io e Carlos lavorammo duro su questi suoi atteggiamenti. Carlos gli diceva: "Diventi un grande giocatore quando la gente fuori dal club comincia a riconoscerti come tale. Non è sufficiente essere un grande giocatore per noi dello United. Quando cominci a fare i passaggi giusti, a crossare al momento opportuno, diventerai imprevedibile. È così che nascono i grandi giocatori."

Gli avversari sapevano cosa aspettarsi da lui, sapevano che avrebbe tenuto la palla. Se si guarda il gol nella semifinale contro l'Arsenal, si può vedere il cambiamento. Colpimmo in contropiede, con Ronaldo che la passò di tacco a Park Ji-Sung; in nove secondi eravamo dall'altra parte del campo, impiegammo nove secondi a fare gol.

Questa fu la trasformazione di un giovane esibizionista

ansioso di mostrare a tutti quanto fosse bravo. Era proprio questo il punto: la necessità che molti giocatori di talento hanno di far vedere quanto sono dotati. Non importava quanti falli subisse, tutta la sua persona esprimeva un'aria di sfida: "Non riuscirai a farmi uscire. Io sono Ronaldo." Aveva un grande coraggio e fiducia nella sua abilità. Era riuscito ad arrivare a un livello tale, secondo me e anche secondo i compagni di squadra, che quelli che gli stavano intorno rimanevano ammaliati dal suo talento.

I compagni furono bravi con lui, in allenamento: lo aiutarono a crescere. I primi tempi, a Carrington, quando subiva un contrasto lo sentivi urlare "Aaggh!" Gli altri giocatori lo insultavano. Presto imparò a non fare più quei versi. Era un ragazzo molto intelligente e questo lo aiutò. Quando capì che i compagni non avrebbero sopportato le sue urla e le sue simulazioni in allenamento, smise. Nel tempo cancellò questi numeri dal suo repertorio; nell'ultima stagione esagerò un paio di volte per farsi fischiare un fallo a favore, ma niente che non facessero anche gli altri. Gli fischiarono un rigore a favore, in una partita contro il Bolton nel 2008, che non c'era assolutamente; ma non fece nulla per guadagnarselo, fu solo un brutto errore dell'arbitro. Il difensore entrò in scivolata per togliergli il pallone, ci riuscì e Ronaldo cadde. Fu imbarazzante. Non per Ronaldo, ma per Rob Styles, il direttore di gara.

Nonostante tutti dicessero che avrebbero potuto prenderlo (Real Madrid e Arsenal lo dichiararono), noi avevamo un'alleanza con lo Sporting Lisbona, la sua prima squadra in Portogallo. Noi mandavamo i nostri tecnici da loro e loro facevano la stessa cosa con noi. Quando Carlos arrivò nel

2002 mi disse: "Allo Sporting c'è un giovane che dobbiamo tenere d'occhio."

"Quale?" chiesi, perché ce n'erano due o tre.

"Ronaldo," disse. Sapevamo tutto di lui. All'epoca Cristiano giocava punta centrale. Carlos disse che dovevamo muoverci, perché il ragazzo era speciale, così mandammo Jim Ryan agli allenamenti dello Sporting, come previsto dal nostro accordo con loro. Jim tornò e disse: "Wow, ho visto un giocatore che penso sia un'ala, ma che gioca punta centrale nelle giovanili. Non aspetterei troppo a prenderlo, a 17 anni qualcuno lo farà."

Provammo a discuterne durante un incontro con lo Sporting: la risposta fu che intendevano tenerlo ancora per due anni. Io suggerii una soluzione che l'avrebbe fatto rimanere allo Sporting per il tempo richiesto, dopo di che l'avremmo portato in Inghilterra. Non avevamo ancora parlato del giocatore con l'agente, era solo una discussione tra club.

Quell'estate Carlos si trasferì al Real Madrid, e noi partimmo per una tournée negli Stati Uniti. Peter Kenyon se ne andò, Juan Sebastián Verón anche. Una parte dell'accordo con i portoghesi prevedeva che giocassimo contro lo Sporting Lisbona nel loro nuovo stadio, che era stato costruito per gli europei del 2004.

Così facemmo: John O'Shea giocò terzino destro. La gente continuava a dire che Gary Neville era in una posizione poco invidiabile, ma era John a esserlo. Il primo passaggio che Ronaldo ricevette mi strappò un urlo: "Cristo santo, John, stagli attaccato!"

John scosse le spalle con un'espressione sofferente e perplessa. I giocatori in panchina dicevano: "Dannazione, mister, gioca bene, quello."

Non avevo idea che mi avrebbero dedicato una tribuna dell'Old Trafford. Fu un complotto, che però mi riempì di orgoglio.

In alto: Bobby Robson aveva un grande carisma. Eccoci durante un'intervista dopo una partita di Coppa UEFA tra il mio Aberdeen e il suo Ipswich Town. *In basso a sinistra*: il primo successo in Europa: l'Aberdeen batte il Real Madrid nella Coppa delle Coppe 1983. *In basso a destra*: a Göteborg, Willie Miller alza la nostra Coppa europea, dopo che l'Aberdeen ha sconfitto una delle squadre più prestigiose d'Europa.

In alto: fui assistente di Jock Stein sulla panchina della nazionale scozzese. Lui era un genio, e io lo bombardavo di domande sul mestiere di allenatore. *In basso a sinistra*: la vittoria della FA Cup contro il Crystal Palace salvò la mia panchina allo United? Credo che sarei rimasto comunque. A sinistra Norman Davies, magazziniere e grande amico, che purtroppo non è più con noi. *In basso a destra*: Martin Edwards, presidente dello United, fu dalla mia parte nei giorni bui che attraversammo prima di vincere il primo titolo.

In alto a sinistra: Ryan Giggs era rispettato dagli altri giocatori dello United. Qui, ancora ragazzo, supera agevolmente Warren Barton del Wimbledon. *In alto a destra*: Paul Scholes era meglio di Paul Gascoigne. "Troppo piccolo," pensai quando lo vidi per la prima volta, da ragazzino. Mi sbagliavo. *In basso*: l'annata 1992: l'allenatore Eric Harrison con i campioni che diventarono il cuore di una grande squadra dello United: Giggs, Butt, Beckham, Gary Neville, Phil Neville, Scholes e Terry Cooke.

In alto a sinistra: Steve Bruce (a sinistra) e Gary Pallister si prendevano sempre in giro, ma furono una delle migliori coppie di centrali difensivi. *In alto a destra*: Eric Cantona poteva cambiare le partite con il suo carattere. Un suo gol, nei minuti finali della gara, ci fece vincere la finale di FA Cup, nel 1996. *In basso*: Peter Schemichel era un grande portiere. Nemmeno un trattamento duro da parte della Crazy Gang del Wimbledon riuscì a piegarlo.

In alto a sinistra: mai arrendersi. In svantaggio 3-0 contro gli Spurs, rimontammo e vincemmo 5-3. Qui Verón ha appena segnato il quarto gol. *In alto a destra*: la sicurezza di David Beckham non vacillava mai. Era un grande atleta, con un tiro fantastico. *In basso*: campioni d'Europa, di nuovo, nel maggio 2003. Fu l'ultima partita di Beckham con noi. David merita rispetto per come ha saputo rivitalizzare la sua carriera.

In alto: il pubblico si alzò in piedi ad applaudire il brasiliano Ronaldo, dopo la sua tripletta all'Old Trafford, con il Real Madrid, nel 2003. I tifosi dello United sanno riconoscere il talento. *In basso*: le partite in Europa mettevano il cuore alla prova. La tensione ci attanagliava in quella partita di Champions League contro il Real Madrid, nel 2003.

In alto a sinistra: Rio Ferdinand doveva presentarsi a un'udienza, dopo aver saltato un test antidoping. Roy Keane lo conforta mentre lasciano il terreno di gioco, all'Old Trafford. *In alto a destra*: una sentenza durissima. Rio viene squalificato per otto mesi. Il club non lo abbandonerà. *In basso*: Roy Keane portava sul campo un po' del mio temperamento. Nei suoi ultimi anni, gli infortuni resero più faticoso per lui correre da un'area all'altra.

In alto a sinistra: Cristiano Ronaldo lavorava su tutti gli aspetti del gioco, colpi di testa compresi. Qui stacca, durante la nostra vittoria in finale di FA Cup 2004. *In alto a destra*: saluto ai tifosi. Avevamo appena battuto 3-0 il Millwall nella finale di FA Cup 2004. Mikaël Silvestre è con me. *In basso*: lavorare duro e poi festeggiare. Lo spogliatoio dopo la vittoria contro il Millwall. Ronaldo è giovanissimo.

In alto a sinistra: rivali fino alla fine. Io e Arsène Wenger abbiamo avuto i nostri contrasti, ma quel che ci univa era più di quel che ci divideva. *In alto a destra*: Arsène si arrabbiò tantissimo quando, nell'ottobre 2004, interrompemmo l'imbattibilità dell'Arsenal che durava da 49 partite. *In basso*: Ruud van Nistelrooy aprì le marcature nella partita che negò all'Arsenal il cinquantesimo risultato utile consecutivo. Che giornata movimentata.

In alto a sinistra: Rafa Benítez prese sul personale la nostra rivalità. Potevo gestire la cosa. *In alto a destra*: quando José Mourinho arrivò al Chelsea, pensai: "È il nuovo arrivato, ed è sicuro di sé." Cominciava una nuova sfida. *In basso*: il mio eroe Denis Law e il mio grande amico Bobby Robson al pranzo per i miei vent'anni da allenatore dello United. Da giocatore volevo essere come Denis.

In alto a sinistra: Ronaldo era uno studente modello, e Carlos Queiroz ebbe un ruolo fondamentale nella sua crescita. *In alto a destra*: Ole Gunnar Solskjaer era un centravanti nato. Nei miei attaccanti rivedevo me stesso. *In basso*: Fergie Time. Indicavo con il dito il mio orologio per mettere paura agli avversari; sapevano che segnavamo spesso all'ultimo minuto.

In alto: Michael Carrick al tiro, nella nostra emozionante vittoria per 7-1 contro la Roma. Una prestazione quasi perfetta. *In basso*: i ragazzi prodigio, Ronaldo e Rooney, nella vittoria per 7-1 contro la Roma. Ronaldo fece due gol, Rooney uno.

In alto: Mosca. La città natale di Roman Abramovič fu il palcoscenico della nostra vittoria contro il Chelsea, nella Champions League 2008. Ryan Giggs segna il suo rigore nella fase a oltranza. *In basso*: le mie statistiche sugli scontri ai rigori non erano buone. Non riuscivo a credere di aver vinto, quando Edwin van der Sar parò il tiro di Nicolas Anelka.

Di ritorno da Mosca, felici. Giggs e Ferdinand con i trofei della Champions League 2008 e del campionato, sulla pista d'atterraggio di Manchester.

In alto: i laburisti potevano sempre contare sul mio sostegno, e Tony Blair e Gordon Brown divennero miei amici. *In basso*: i Glazer furono collaborativi fin dal primo giorno, e mi permisero di continuare con il mio lavoro. Qui Avram (a sinistra), Joel e Brian ci fanno visita a Vale do Lobo, in Portogallo.

"Tranquilli, me ne sono già occupato," dissi, come se avessi già chiuso l'affare da tempo. Dissi ad Albert, il nostro magazziniere: "Vai nella tribuna dei dirigenti e di' a Kenyon di scendere alla fine del primo tempo." Dissi a Peter: "Non ce ne andiamo finché quel ragazzo non ha firmato."

"È così bravo?" chiese Kenyon.

"Ha fatto venire il mal di testa a John O'Shea!" dissi. "Fallo firmare."

Kenyon parlò con quelli dello Sporting e chiese loro il permesso di parlare con Cristiano. Ci dissero che il Real Madrid aveva già offerto 8 milioni di sterline.

"Offrigliene nove, allora," dissi io.

Ronaldo era di sotto, in una stanzetta, con il suo agente; gli dicemmo che saremmo stati felici se avesse firmato con il Manchester United. Di fronte a Jorge Mendes dissi: "Ti avverto che non giocherai tutte le partite, ma diventerai un grande giocatore, non ho nessun dubbio su questo. Hai 17 anni, ti ci vorrà un po' di tempo per crescere. Ci prenderemo cura di te."

Affittammo un aereo privato per lui, sua sorella, sua madre, Jorge Mendes e il suo avvocato affinché ci raggiungessero il giorno seguente. Dovevamo chiudere l'accordo, ed era fondamentale agire velocemente. A Glasgow andavo anch'io a osservare i giovani, il sabato mattina, e agli uomini che ora se ne occupavano dicevo sempre: "Dev'essere fantastico scoprire qualcuno e sapere che prenderlo sarà un affare."

Una sera stavo guardando un film, *Zanna bianca*, tratto dal libro di Jack London che racconta dei cercatori d'oro nel Klondike: ecco come dev'essere stato per un osservatore imbattersi il sabato mattina, guardando una partita, in un George Best, in un Ryan Giggs o in un Bobby Charlton. Mi sentii così quel giorno a Lisbona: fu una rivelazione.

È stata la mia più grande intuizione, il momento più eccitante della mia vita da allenatore. Subito dopo, per ragioni diverse, viene quello in cui vidi Paul Gascoigne. Il Newcastle stava lottando per non retrocedere, e Gascoigne era stato fuori per infortunio. Eravamo al St James' Park ed era il lunedì di Pasquetta. Normalmente a centrocampo facevo giocare Norman Whiteside e Remi Moses: non proprio una coppia di chierichetti, ecco, gente con cui non scherzare. Be', Gascoigne passò Moses con un tunnel, proprio all'altezza della mia panchina, e gli diede un buffetto in testa. Saltai su dalla panchina urlando: "Fermate 'sto pezzo di..."

Whiteside e Moses cercarono di far capire a Gascoigne che aveva fatto un brutto errore di valutazione. Andava rieducato. Ma Gascoigne li saltò entrambi.

Cercammo in tutti i modi di comprarlo, quell'estate, ma il Newcastle lo vendette al Tottenham. Quando ti capita un'esperienza così, quando ti trovi davanti un talento del genere, sai che sono quelli i momenti che vai cercando in ogni istante della tua carriera d'allenatore. L'entusiasmo per quella scoperta fece sì che provassi a prendere Gascoigne quello stesso giorno.

Per Ronaldo, al contrario, fu Kenyon a occuparsi delle trattative. Ebbi l'impressione che lo Sporting fosse contento di non aver ceduto Cristiano a una squadra spagnola. L'accordo fu raggiunto velocemente, con aggiunte che portarono la cifra a 12 milioni di sterline, con la sola condizione che, se mai avessimo voluto rivenderlo, lo Sporting avrebbe avuto la possibilità di riaverlo indietro. Un paio di giorni prima di cederlo al Real Madrid, fummo costretti a dire allo Sporting che potevano riaverlo indietro, ma sarebbe costato loro 80 milioni di sterline. Ovviamente non arrivò nessun assegno.

Appena Cristiano si trasferì nel Cheshire, lo raggiunsero sua madre e sua sorella. Fu un'ottima cosa. Sua madre era molto protettiva, ovviamente, era buona e senza fronzoli, e sapeva parlare chiaro. Era molto materna. Spiegai a Ronaldo che Lyn e Barry Moorhouse li avrebbero seguiti nella gestione della casa, dei conti correnti e altre cose del genere. Avevamo alcune case, da qualche parte, vicino ad Alderley Edge, e si sistemarono lì rapidamente.

Mentre tornavamo a casa dopo la partita contro lo Sporting Lisbona, in un aereo che i Dallas Cowboys ci avevano noleggiato per l'estate, Ferdinand, Giggs, Scholes e Neville parlavano in termini entusiastici di Ronaldo: "Prendetelo, prendetelo."

Quindi Ronaldo arrivò al campo d'allenamento sapendo che i compagni sapevano tutto di lui e che avevano idea di quanto fosse bravo. Penso che questo gli fu d'aiuto.

Il suo esordio avvenne contro il Bolton, in casa, il 16 agosto 2003, partendo dalla panchina. I difensori del Bolton andarono in confusione. Il terzino destro entrò subito duro su di lui, a centrocampo, e gli tolse il pallone, ma Cristiano si rialzò immediatamente e ricominciò a chiamare la palla. Immediatamente. "Ha le palle, comunque," pensai.

Il minuto dopo fu messo giù e si procurò un rigore. Van Nistelrooy lo sbagliò. Poi, di propria iniziativa, Ronaldo si spostò sulla fascia destra e mise in mezzo due ottimi cross, uno dei quali fu raccolto da Scholes, che passò a van Nistelrooy; il tiro di quest'ultimo fu respinto dal portiere, ma Giggs ribatté in rete per il secondo gol. I tifosi, da quella parte del campo, reagirono come se il Messia si fosse materializzato davanti ai loro occhi. Il pubblico dell'Old Trafford elegge in fretta i propri eroi: se qualcuno riesce a farli saltare su dai seggiolini, si affezionano immediatamente. Ronaldo ebbe il più grande impatto sui tifosi del Manchester dai tempi di Eric Cantona; non avrebbe mai potuto essere idolatrato come Cantona perché non aveva il carisma ribelle di Eric, ma il suo talento fu subito evidente.

Il gol che Ronaldo segnò nella semifinale di Champions League del 2009, in casa dell'Arsenal, confermò la sua maestria nel contropiede: la palla passò da Park a Rooney a Ronaldo con una velocità devastante. Gli dicevo sempre: "Quando corri verso la porta, allunga la falcata." Allungando la falcata si guadagna in compostezza e in tempismo; durante lo scatto si ha meno coordinazione, ma se si riescono a rallentare i movimenti il cervello funziona meglio. Lui fece proprio così, lo si vede chiaramente.

Nella primavera precedente la finale di FA Cup a Cardiff, in cui battemmo il Millwall per 3-0, Walter Smith, che era diventato mio assistente a marzo, mi chiese di descrivergli il livello di talento di ciascun giocatore.

"E Ronaldo," disse, "è davvero così bravo?"

Gli risposi: "Oh sì, è incredibile. Anche nel gioco aereo. È bravissimo di testa."

Più tardi Walter mi disse, maliziosamente: "Continui a dirmi che Ronaldo è un gran colpitore di testa. Vedo però che lo fa in allenamento, mai in partita."

Quel sabato, contro il Birmingham, Ronaldo segnò uno splendido gol di testa. Mi girai verso Walter. "Lo so, lo so," disse lui.

Avevo visto la vittoria del Millwall sul Sunderland, in semifinale, e avevo detto al mio staff: "Quel Tim Cahill non è male." Buona elevazione, per un piccoletto. Non aveva un gran talento con la palla, ma era stato una seccatura costante, una vera peste. Si poteva prendere con un milione, e in una buona squadra avrebbe potuto segnare molto. Dennis Wise fu molto combattivo, in quel match; negli anni avevo visto molti giocatori come lui, piccoli e cattivi, di quelli che ti fanno pensare: "Se solo giocassi ancora..." Tanti avrebbero detto lo stesso, vedendo Dennis Wise. Non ce l'avrebbe fatta, ai vecchi tempi, ne sono sicuro.

Al giorno d'oggi, se sei abbastanza furbo, puoi giocare scorrettamente senza farti beccare. Wise era particolarmente bravo ad arrivare una frazione di secondo in ritardo sull'avversario senza togliere il piede; in quella partita si diede da fare. Nel calcio moderno non è facile trovare giocatori davvero cattivi, di quelli che giocano per fare male. Ma non importava, dato che quel giorno Ronaldo distrusse il Millwall.

L'unico problema con Ronaldo si verificò quando, ai mondiali del 2006, ammiccò alla panchina portoghese dopo che Rooney, entrato duro su Ricardo Carvalho, fu espulso.Ci fu il rischio che litigassero, e che di conseguenza non fossero più in grado di giocare insieme. Chi mise a posto le cose fu Rooney, che fu meraviglioso. Durante le vacanze mandai un messaggio a Rooney chiedendogli di chiamarmi; lui suggerì di convocare una conferenza stampa in cui lui e Ronaldo sarebbero apparsi insieme, per mostrare che non c'erano rancori.

Il giorno dopo esposi l'idea a Mick Phelan, il quale però ritenne che la cosa potesse apparire un po' artificiosa; fui d'accordo. Ma la generosità di Rooney impressionò Ronaldo, che pensava che ormai per lui fosse impossibile tornare a Manchester; pensava di essersi bruciato tutti i ponti e che la stampa lo avrebbe distrutto. Rooney lo chiamò un paio di volte e lo rassicurò. Non era la prima volta che due giocatori dello United litigavano durante una competizione internazionale. Pensiamo a Scozia-Inghilterra del 1965, prima partita di Nobby Stiles per il suo paese: Denis Law era nella formazione scozzese, e Nobby gli si avvicinò e gli disse: "In bocca al lupo, Denis." Nobby adorava Denis, che però gli rispose: "Fanculo, inglese pezzo di..." Nobby rimase lì, sbalordito.

È vero, Ronaldo andò dall'arbitro per protestare contro Rooney, cosa comune nel calcio di oggi. Ma Ronaldo pensava solo a vincere quella partita con la sua nazionale, non alla stagione che avrebbe dovuto giocare con lo United. Era una partita dei mondiali. Ed era dispiaciuto. Quando andammo a parlargli fu chiaro che aveva capito le implicazioni della faccenda. L'ammiccamento era stato frainteso: l'allenatore gli aveva detto di stare fuori dai guai, quindi il gesto verso la panchina non voleva essere di compiacimento per il suo ruolo nell'espulsione di Rooney. Gli credetti quando mi disse che con quel gesto non intendeva dire: "L'ho sistemato, l'ho fatto espellere."

Ci incontrammo in una villa in Portogallo e pranzammo insieme. C'era anche Jorge Mendes. Il fatto che Rooney lo avesse chiamato aveva contribuito a far cambiare idea a Ronaldo e a metterlo a suo agio. Dissi a Cristiano: "Sei uno dei giocatori più coraggiosi che siano mai arrivati al Manchester United, ma andare via non sarebbe un gesto di coraggio." Gli feci l'esempio di Beckham nel 1998: "Era esattamente nella tua situazione: appendevano le sue foto fuori dai pub, a Londra. Era considerato il diavolo in persona. Ma ebbe le palle per combattere."

La prima partita di Beckham dopo quell'incidente fu contro il West Ham – il peggior posto possibile in cui trovarsi, dopo un episodio simile con la nazionale – e fu terribile. "Devi superarla," dissi a Ronaldo. L'incontro successivo a Londra fu contro il Charlton, un mercoledì sera. Lo guardai dallo sky box, dove c'era un tizio che continuava a gridargli contro insulti terribili: "Bastardo di un portoghese" era uno dei più gentili. Cinque minuti prima dell'intervallo, Ronaldo prese palla, danzò tra quattro avversari e scosse la traversa con un tiro. Il tizio non si alzò più dalla sedia, si sgonfiò; probabilmente pensò che i suoi insulti avessero motivato Cristiano.

Ronaldo stava bene, aveva iniziato positivamente la stagione e stava andando d'accordo con Rooney. Avevano avuto un contrasto, è vero: Rooney sarebbe stato espulso comunque, ma l'intervento di Ronaldo non aveva aiutato. Ero davvero felice che l'incidente si fosse chiuso, permettendoci di tenere Ronaldo nella squadra di quell'anno, che avrebbe vinto la finale della Champions League 2008 a Mosca.

Nell'estate del 2012 partecipai a un programma di Dan Walker sulla BBC con Peter Schmeichel e Sam Allardyce.

Erano previste domande del pubblico, e un tizio mi chiese: "Chi è il migliore? Ronaldo o Messi?"

Risposi: "Be', Ronaldo è migliore fisicamente, è più bravo in acrobazia, ha entrambi i piedi ed è più veloce. Messi ha qualcosa di magico nel controllo di palla, è come se questa cadesse in un letto di piume, come se lui si potesse sottrarre alla forza di gravità."

Schmeichel disse che Ronaldo avrebbe potuto giocare anche in una squadra scarsa, mentre Messi no; l'opinione di Peter era che il gioco di Messi dipendesse dai passaggi di Xavi e Iniesta. Ma per Ronaldo è più o meno lo stesso, nel senso che bisogna dargli costantemente il pallone. Tutte le volte che me l'hanno chiesto non ho mai saputo dire chi fosse il giocatore migliore, perché relegare l'altro al secondo posto mi sembrava sbagliato.

Quasi importante quanto le sue stagioni con noi fu il fatto che restammo in contatto anche dopo che partì per Madrid; il nostro legame è sopravvissuto alla separazione, cosa non comune in un ambiente dove le relazioni sono transitorie.

9.
KEANE

Roy Keane è stato un giocatore energico, sanguigno e con le palle, con un ottimo istinto per il gioco e le sue strategie. Nel periodo in cui lavorammo insieme fu la presenza più autorevole nello spogliatoio. Roy prese su di sé la responsabilità di mantenere alta la motivazione nello spogliatoio, e ogni allenatore sa quanto vale questo tipo di aiuto da parte di un giocatore.

Quando Roy lasciò lo United, nel 2005, il nostro rapporto era compromesso. Ho perfettamente in mente il corso degli eventi che portarono al suo trasferimento al Celtic. Ma, per prima cosa, voglio spiegare perché fu un'enorme forza trainante per il nostro club.

Se Roy Keane pensava che qualcuno non stesse facendo il proprio dovere, lo affrontava immediatamente. Molti giocatori furono oggetto della sua collera, per questo motivo, e non ci fu modo per loro di sfuggirgli. Non ho mai pensato che questo fosse un aspetto negativo del suo carattere; in tutta la mia carriera, le personalità forti hanno sempre aiutato a costruire la squadra. Bryan Robson, Steve Bruce ed Eric Cantona furono una risorsa per l'allenatore e per il club.

Quando giocavo, raramente erano gli allenatori a rivolgersi ai giocatori, negli adrenalinici momenti immediatamente successivi alla partita; i primi appunti venivano dai giocatori stessi, spesso nei bagni, e si accendevano vere e proprie discussioni sotto la doccia: "Hai sbagliato quel gol, tu..."

Da giocatore me la prendevo sempre con il portiere o con i difensori per aver preso gol, e quando fallivo un'occasione sapevo che quelli che avevano un ruolo più oscuro, e che io avevo criticato, avrebbero ricambiato la cortesia. Quelli erano i rischi dell'essere sinceri. Oggi, gli allenatori dicono sempre qualcosa dopo la partita; se vogliono fare analisi, criticare o lodare qualcuno, subito dopo la partita parlano per dieci-quindici minuti con la squadra.

Con Roy ci furono episodi di grande tensione, poiché tentava di imporre la sua volontà alla squadra. Una volta entrai nello spogliatoio e vidi Roy e Ruud van Nistelrooy che discutevano furiosamente, tanto che gli altri giocatori dovettero separarli. Almeno van Nistelrooy aveva avuto il coraggio di rispondergli a tono; non tutti osavano farlo.

Credo – e Carlos Queiroz era d'accordo con me – che il comportamento di Roy Keane cambiò quando si accorse che non era più il Roy Keane di una volta. Ne eravamo certi. Convinti che le sue energie stessero diminuendo, a causa dell'infortunio e dell'età, cercammo di modificare il suo ruolo, per il bene suo e nostro.

Provammo a cambiare le cose e gli consigliammo di ridurre gli inserimenti in attacco e il pressing a tutto campo. Ogni volta che un compagno riceveva la palla, Roy avrebbe voluto che gliela passasse; questa era una qualità ammirevole, perché la filosofia dello United era che quando uno dei giocatori aveva la palla, tutti gli altri accompagnavano l'azione. Roy alla sua età non avrebbe più dovuto farlo, ma non riusciva ad accettare la nuova realtà.

Credo che si rendesse conto che ciò che gli dicevamo era vero, ma arrendersi all'evidenza era un colpo troppo duro per il suo orgoglio. Era un giocatore dalle passioni forti. La stagione precedente la nostra rottura, iniziò a mostrare segni di calo fisico nello svolgimento dei suoi compiti difensivi. Non era più lo stesso giocatore, ma come sarebbe stato possibile dopo le operazioni all'anca e al legamento crociato, e dopo tutti quegli anni a combattere ferocemente in prima linea?

La quantità di energia spesa da Roy durante le partite era eccezionale, ma passati i trenta è difficile capire che cosa non funziona: non puoi cambiare una natura che ti ha portato a così tanti successi. Ci parve chiaro che non avevamo più a che fare con lo stesso Roy Keane.

La soluzione fu quella di dirgli di stare nella zona centrale del centrocampo, da dove avrebbe potuto controllare il gioco. Dentro di sé, credo che lui sapesse meglio di tutti come stavano le cose; semplicemente non riusciva ad abbandonare il suo ruolo di giocatore simbolo.

Questo fu il contesto in cui si svolse la discussione che terminò con la sua partenza dal club e il suo trasferimento al Celtic. Pensava di essere Peter Pan, ma nessuno lo è. Ryan Giggs è quanto di più vicino ci possa essere a quel personaggio fiabesco e senza età, ma Ryan non ha mai avuto infortuni seri, mentre Roy ne aveva subiti alcuni piuttosto gravi. Il suo problema all'anca fu il maggior responsabile del suo calo fisico.

La prima grande frattura nel nostro rapporto ebbe luogo nel precampionato della stagione 2005-2006, durante un periodo di allenamento in Portogallo. Carlos Queiroz si occupò di organizzare le cose, dato che era stata una sua idea, e ci sistemò in una struttura fantastica, Vale do Lobo: era fuori dal mondo, aveva campi di allenamento, una palestra e delle casette perfette per i giocatori.

Arrivai là alla fine delle mie vacanze estive in Francia. Tutto lo staff e i giocatori erano ottimamente sistemati nelle loro villette, ma mi attendevano brutte notizie: Carlos stava avendo problemi con Roy. Mi disse che Roy considerava le case di Vale do Lobo inferiori ai suoi standard e si rifiutava di alloggiarci: secondo Carlos, Roy aveva rifiutato una prima casa perché in una delle stanze non c'era l'aria condizionata, e una seconda per un problema simile. La terza, che vidi, era fantastica, ma Roy non la volle, preferendo stare con la famiglia nel villaggio vicino, Quinta do Lago.

La prima sera organizzammo un barbecue nel cortile dell'hotel, che riuscì splendidamente. Roy venne da me dicendo che doveva parlarmi.

"Dai, Roy, non adesso. Parleremo domattina," gli dissi. Dopo l'allenamento, lo presi da parte. "Che succede, Roy?" dissi. "Ho visto le case, sono belle."

Roy proruppe in una lunga serie di reclami che comprendevano l'aria condizionata. Poi se la prese con Carlos: perché dovevamo fare la preparazione lì? E così via, era tutta una critica. Questo portò tensione nel nostro rapporto. Durante quella trasferta divenne molto solitario. Ero deluso: Carlos aveva lavorato come un matto per rendere le cose piacevoli per tutti.

Quando il soggiorno si concluse, mi decisi a convocare Roy per chiedergli di scusarsi con Carlos, ma non ne volle sapere.

Un giorno stavamo discutendo e lui mi disse: "Lei è cambiato."

Risposi: "Roy, se sono cambiato è perché oggi non è ieri. La situazione ora è diversa, abbiamo giocatori di venti nazionalità diverse. Dici che sono cambiato? Lo spero. Non sarei riuscito a sopravvivere se non fossi cambiato."

"Lei non è più lo stesso uomo," disse lui.

Fu un vero e proprio litigio. Gli dissi che aveva perso il controllo. "Sei il capitano, e non hai dato l'esempio agli altri giocatori. Non ti abbiamo chiesto di vivere in un tugurio, erano delle belle case, in un bel posto."

La tensione non si dissolse. Da quel momento il nostro rapporto cominciò a deteriorarsi. Poi ci fu l'episodio dell'intervista alla Manchester United Television, nella quale Roy se la prese con alcuni dei giocatori più giovani, che apparentemente non avevano fatto il loro dovere.

Avevamo un ordine prestabilito per le interviste alla MUTV, e in quell'occasione doveva parlare Gary Neville. Il lunedì dopo giocavamo contro il Middlesbrough, e non feci particolarmente attenzione quando un addetto stampa mi disse che Roy avrebbe preso il posto di Gary; non mi sembrò nulla di importante.

Ma, apparentemente, Roy ci era andato giù pesante con gli altri giocatori, parlando della partita del sabato. Alle quattro del pomeriggio ricevetti una telefonata: "Devi vederlo."

Nell'intervista Roy descrisse Kieran Richardson come un "difensore pigro", disse di non capire perché "gli scozzesi fossero pazzi di Darren Fletcher" e, a proposito di Rio Ferdinand, dichiarò: "Solo perché lo pagano 120.000 sterline alla settimana e ha giocato bene venti minuti contro il Tottenham pensa di essere una superstar."

L'ufficio stampa aveva telefonato immediatamente a David Gill; il video era stato bloccato, in attesa che io decidessi come dovevamo muoverci. "Ok, porta il video domani in ufficio, gli darò un'occhiata," dissi.

Gesù, era incredibile. Aveva fatto a pezzi tutti: Darren Fletcher, Alan Smith, van der Sar. Li stava distruggendo.

Quella settimana non si giocava, e dovevo andare a Dubai a visitare la nostra scuola calcio. Quella mattina Gary Neville mi chiamò dallo spogliatoio e mi chiese di scendere giù; così feci, aspettandomi che Roy si fosse scusato. Mi sedetti, e immediatamente Gary mi disse che i giocatori non erano contenti degli allenamenti. Non credevo alle mie orecchie. "Che cosa?" dissi. Roy aveva una grande influenza all'interno dello spogliatoio, e credo che l'avesse usata per confondere le acque. Sia chiaro, Carlos Queiroz era un grande tecnico, un grande allenatore. D'accordo, certi suoi esercizi potevano essere ripetitivi, ma è questo che rende grandi i giocatori: la forza dell'abitudine.

Mi arrabbiai: "Mi avete fatto venire qui per lamentarvi dell'allenamento? Non cominciate, voi due… Con chi credete di parlare?" Uscii.

Più tardi, Roy venne da me e io gli dissi: "So cos'è successo." Poi gli dissi del video. "Quello che hai detto nell'intervista è ridicolo, è una vergogna. Hai criticato i tuoi compagni di squadra, e hai voluto farlo pubblicamente."

Roy suggerì che avremmo dovuto mostrare il video ai giocatori e lasciare che fossero loro a decidere il da farsi. Fui d'accordo, così chiamammo l'intera squadra a vederlo. David Gill era negli uffici, ma non volle essere presente alla proiezione; pensò che fosse meglio lasciar gestire a me la situazione. Ma Carlos e tutto lo staff si unirono al gruppo.

Poi Roy chiese ai giocatori se avessero qualcosa da dire su quello che avevano appena visto.

Edwin van der Sar annuì, e disse a Roy che era stato fuori luogo criticare i suoi compagni. Così Roy lo attaccò: chi si credeva di essere? Che cosa ne sapeva lui del Manchester United? Van Nistelrooy, va detto, si schierò con van der Sar, così Roy se la prese anche con lui. Poi passò a Carlos, ma il meglio lo tenne per me.

"Lei ha portato la sua vita privata nel club con il suo litigio con Magnier," disse.

A quel punto i giocatori cominciarono a uscire. Scholes, van Nistelrooy, Fortune.

La parte più dura del corpo di Roy è la lingua. Ha la lingua più crudele che si possa immaginare. Potrebbe mettere in difficoltà il più sicuro degli individui, con quella lingua. Ciò che notai, discutendo con lui quel giorno, furono i suoi occhi, che cominciarono a farsi più piccoli, quasi fossero perline nere. Era inquietante. E io vengo da Glasgow.

Dopo che se ne fu andato, Carlos vide che ero piuttosto scosso. Nella sua vita, disse, non aveva mai assistito a una scena del genere; disse che era il peggior spettacolo immaginabile nella storia di un club professionistico.

"Deve andarsene, Carlos," dissi.

"Al cento per cento," disse lui. "Sbarazzatene."

Ero via fino al mercoledì successivo, ma da Dubai telefonai a David Gill e gli dissi: "Dobbiamo mandare via Roy." La sua risposta fu che non avevamo scelta, dopo quello che gli avevo raccontato. Disse che avrebbe dovuto parlarne con i Glazer, che si dissero d'accordo. Concordai con David che il club avrebbe pagato quanto previsto dal contratto di Roy e che avrebbe organizzato la cerimonia di addio. Nessuno può dire che trattammo Roy ingiustamente.

Quando tornai dal Medio Oriente, David mi disse che i Glazer sarebbero arrivati il venerdì, e che lui aveva telefonato a Michael Kennedy per dirgli che volevamo vederlo. Ci riunimmo con Roy e Michael e formalizzammo la decisione, con tutti i dettagli.

Roy, in seguito, disse pubblicamente che era deluso dal fatto che non avessi posto fine io stesso alla sua carriera, ma dopo la nostra discussione chiusi del tutto con lui. Non volli più farmi coinvolgere in litigi o in nient'altro che lo riguardasse.

Andai sul campo d'allenamento e diedi la notizia ai giocatori, e notai lo sconcerto sui loro volti.

Ho sempre pensato che i miei momenti migliori da allenatore fossero quando prendevo decisioni rapide sulla base di fatti o convinzioni incontestabili. Mi fu subito chiaro che cosa dovevo fare per superare la crisi. Se mi fossi lasciato prevaricare, Roy avrebbe avuto ancora più autorità nello spogliatoio, si sarebbe convinto ulteriormente di avere ragione e avrebbe avuto più tempo per persuadere gli altri che quel che aveva fatto era giusto. E non lo era. Quel che fece fu sbagliato.

Rimase così tanto da ricordare, così tanto da elaborare quando Roy Keane divenne un ex giocatore del Manchester United: in cima alla lista ci sono i mondiali del 2002, con Roy rispedito a casa dopo una lite con Mick McCarthy, allenatore della nazionale irlandese.

All'epoca mio fratello Martin mi aveva portato fuori per una settimana di vacanza in occasione del mio sessantesimo compleanno. Non mi ero portato dietro il telefono, a cena, ma Martin aveva il suo, che mentre ce ne stavamo andando squillò. Era Michael Kennedy, che stava cercando di mettersi in contatto con me. Michael mi disse che c'era stato un litigio a Saipan, dove l'Irlanda era arrivata per prepararsi ai mondiali. "Deve parlargli, lei è l'unica persona che ascolta," mi disse. Ero confuso, non riuscivo a immaginare cosa l'avesse sconvolto così. Mi raccontò la storia della lite tra Roy e Mick McCarthy. Il numero che mi aveva dato Michael non era quello giusto, così suggerii che fosse Roy a chiamarmi.

Così fu. "Roy, che diavolo ti salta in mente?" Roy sfogò tutta la sua rabbia contro McCarthy. Gli dissi: "Calmati. Ti do un consiglio. Non puoi permettere che i tuoi figli vadano a scuola tutti i giorni con questo episodio che pesa sulle loro vite. Pensa alla tua famiglia, sarebbe bruttissimo. Altro che le finali mondiali, questo sarà il caso più discusso dell'estate."

Sapeva che avevo ragione. Gli dissi di tornare da McCarthy, di risolvere la cosa faccia a faccia e di dirgli che era disposto a giocare. Roy fu d'accordo, ma mentre tornava indietro Mick aveva già indetto una conferenza stampa per spiegare che cos'era successo. Roy non ebbe modo di rimediare.

Difesi Roy fino alla fine perché veniva dal Manchester United, dove abbiamo standard elevati. Se arrivi in una realtà che ha metodi di allenamento sotto la media, senza attrezzature, può essere normale arrabbiarsi, e in qualità di capitano aveva tutte le ragioni per lamentarsi. Ma il problema è: fino a che punto è opportuno reclamare?

Per quanto fossero cattive le condizioni in Corea, Roy non avrebbe dovuto arrabbiarsi in quel modo; ma lui era così, era uno esageratamente passionale.

Avevo sempre protetto i miei giocatori e non feci eccezioni, con Roy. Era il mio lavoro. Per questo non posso chiedere scusa se mi sono schierato con loro quando c'erano buone ragioni per stare dall'altra parte. C'erano volte in cui pensavo: "Cristo santo, ma cosa ti è saltato in mente?" Cathy me lo chiedeva spesso. Ma non potevo mettermi contro i miei giocatori, dovevo trovare soluzioni alternative al biasimarli in pubblico. A volte dovevo multarli o punirli, certo, ma non l'avrei mai fatto al di fuori dello spogliatoio. Avrei sentito di tradire l'unico principio incrollabile della mia carriera d'allenatore: difenderli. No, non difenderli, ma proteggerli dai giudizi esterni.

Nel calcio di oggi, la celebrità dei giocatori mette in discussione l'autorità dell'allenatore. Ai miei tempi non ci si azzardava a dire nulla dell'allenatore, perché si andava incontro a una morte certa. Negli ultimi anni della mia carriera avevo continuamente notizie di giocatori che usavano la loro influenza contro l'allenatore, sostenuti dai tifosi e persino dal club. Il giocatore è abituato a esprimere la sua insoddisfazione pubblicamente, ma l'allenatore no, perché ha responsabilità maggiori.

Credo che Roy avesse realizzato di essere alla fine della sua carriera da giocatore e che cominciasse a pensare di essere una sorta di allenatore. Si stava assumendo responsabilità da allenatore e, ovviamente, andare su MUTV e fare a pezzi i tuoi compagni non ha nulla a che fare con responsabilità di questo tipo.

Non rendendo pubblico il video, impedimmo che Roy perdesse il rispetto di tutto lo spogliatoio; ma quando l'incontro nel mio ufficio prese un tono così astioso, fu la fine, per lui.

L'unica cosa che non avrei mai permesso era la perdita del controllo, perché il controllo era la mia salvezza. Come era stato per David Beckham, sapevo che nel momento in cui un giocatore avesse provato a prendere il controllo della squadra, saremmo stati spacciati. Ai giocatori veri piace avere un allenatore duro, o che può essere duro; vogliono che sia un uomo vero, sanno che è meglio che sia così. I giocatori pensano: "1. Può farci vincere? 2. Può farci diventare calciatori migliori? 3. È leale con noi?" Si tratta di considerazioni vitali, dal punto di vista di un giocatore. Se la risposta alle tre domande è sì, allora sono disposti a sopportare qualsiasi cosa. Ho avuto dei veri e propri scoppi d'ira dopo certe partite, e non ne sono mai andato fiero. Alcune sere andavo a casa e la paura delle conseguenze mi angosciava: forse i giocatori non mi avrebbero parlato, nella seduta di allenamento successiva; forse mi avrebbero serbato rancore e avrebbero cospirato contro di me. Ma, i lunedì, avevano più paura loro di me di quanta non ne avessi io di loro, perché mi avevano visto perdere la pazienza e non avevano nessuna voglia che succedesse di nuovo.

Roy era un ragazzo intelligente, gli avevo visto leggere libri interessanti. Era un buon conversatore ed era di compagnia, se era dell'umore giusto. Il fisioterapista arrivava e chiedeva: "Di che umore è oggi Roy?" perché quello determinava il clima dello spogliatoio. Ecco quanta influenza aveva sulla nostra vita quotidiana.

Con le sue contraddizioni e i suoi cambiamenti d'umore, poteva essere gentilissimo un minuto prima e rissoso un minuto dopo; bastava un momento.

Da una parte, la sua partenza fu la cosa migliore che potesse capitare, perché molti giocatori erano intimiditi da lui e furono in grado di emergere dopo che se ne fu andato: John O'Shea e Darren Fletcher furono certamente tra questi. Quando andammo a Parigi per giocare contro il Lille, nel novembre 2005, i giocatori vennero contestati durante il riscaldamento, parzialmente a causa di ciò che era trapelato dell'intervista di Roy alla MUTV. Fletcher e O'Shea furono i più bersagliati.

Penso che lo spogliatoio si rilassò dopo la partenza di Roy; una sensazione di sollievo pervase la stanza. Non dovevano più ascoltare i discorsi che avevano imparato ad aspettarsi. Poiché era un giocatore ormai in declino, il vuoto che lasciò fu minore rispetto a quanto sarebbe stato tre anni prima. Lo vidi in una partita del Celtic contro i Rangers e dissi a Carlos, prima che l'incontro iniziasse: "Sarà l'uomo partita, oggi."

Roy non fu mai in partita, fu passivo. Il dinamico, aggressivo, tosto Roy Keane non era lì. Gli piaceva Celtic Park: ne avevamo parlato ed era entusiasta degli allenamenti, delle strutture, della Prozone. Le cose si erano sistemate, tra di noi. Circa due mesi dopo i fatti ero nel mio ufficio che discutevo alcune questioni con Carlos, quando uno dello staff mi chiamò per dirmi che Roy era lì e che voleva vedermi. Ero sbalordito.

"Volevo scusarmi per il mio comportamento," disse. Poi cominciò a descrivermi l'ambiente al Celtic e mi disse che stava lavorando bene. Ma quando lo vidi in quel Rangers-Celtic sapevo che non avrebbe continuato per molto.

I cambiamenti erano già in atto quando Roy andò via, ma non erano ancora visibili. Se c'è una verità indiscutibile sul Manchester United è che siamo sempre stati in grado di produrre nuovi giocatori, nuovi nomi, ed eravamo pronti a farlo ancora, quando Roy ci lasciò. Fletcher stava acquisendo maturità ed esperienza, avevo portato in squadra Park Ji-Sung e Jonny Evans stava sfondando.

Spesso i giocatori della prima squadra non riescono a rendersi conto dei cambiamenti intorno a loro perché non riescono a vedere oltre loro stessi; non hanno idea di cosa succederà più avanti. Giggs, Scholes e Neville erano delle eccezioni, e forse anche Rio e Wes Brown. Gli altri non lo sanno, ritengono che il loro lavoro sia solo giocare. Io però potevo vedere le fondamenta che si consolidavano. Non era un gran periodo per noi, in termini di trofei, ma quando sei in fase di cambiamento devi accettare periodi più piatti e rassegnarti al fatto che le trasformazioni richiedono più di un anno per compiersi.

Non avrei potuto chiedere tre o quattro anni per cambiare le cose, perché al Manchester United non hai mai tutto quel tempo e ti tocca accelerare le cose, rischiare: far giocare atleti giovani, metterli alla prova. Non ho mai avuto paura di farlo; non è mai stato solo un dovere, ma una parte del lavoro che mi piaceva. Io ero così, e feci la stessa cosa al St Mirren, all'Aberdeen e allo United: quando attraversavamo momenti del genere, dunque, davamo fiducia ai giocatori più giovani.

Tra gli obiettivi di mercato, a Carlos piaceva molto Anderson. In un solo giorno, David Gill incontrò lo Sporting Lisbona per prendere Nani e poi raggiunse in macchina la sede del Porto per comprare Anderson. Ci costarono parecchi soldi, ma rispecchiavano perfettamente il nostro pensiero riguardo i giovani talenti. Avevamo un buon nucleo difensivo con Ferdinand, Vidić ed Evra, quindi dietro eravamo solidi; Rooney stava crescendo. Avevamo lasciato partire Louis Saha perché si infortunava sempre; per un periodo fu con noi anche Henrik Larsson, che fu una rivelazione.

Dopo un iniziale riavvicinamento, i rapporti con Roy si fecero di nuovo tesi. Lessi sui giornali che aveva dichiarato di aver cancellato il Manchester United dalla propria vita. Disse che ci eravamo dimenticati di lui. Chi avrebbe potuto dimenticare quello che aveva fatto per il club? La stampa lo considerava una sorta di allenatore, per la sua fame di vittorie e per il modo in cui guidava la squadra. Mi chiedevano sempre: "Crede che Roy Keane diventerà un allenatore?" Man mano che la sua carriera di allenatore progrediva, divenne evidente che per vincere doveva poter spendere: era sempre alla ricerca di giocatori da comprare, e non mi sembrava che avesse la pazienza per costruire una squadra.

Nella stagione 2011-2012 ci fu un'altra discussione, quando Roy criticò i nostri giovani dopo la sconfitta a

Basilea che ci fece uscire dalla Champions League, e io risposi chiamandolo "commentatore televisivo". Se si osservano i suoi ultimi giorni al Sunderland e all'Ipswich, si nota che la sua barba è più bianca e i suoi occhi più neri. Qualcuno potrebbe essersi fatto impressionare dalle sue considerazioni in televisione, pensando: "Be', ha le palle per criticare Alex Ferguson." Dal momento in cui divenne commentatore televisivo, sapevo che avrebbe preso di mira lo United.

Quanto alle accuse rivolte ai giovani? Non se l'era presa con Wayne Rooney, che non l'avrebbe tollerato, e nemmeno con i giocatori più vecchi, che lo avrebbero tenuto a bada. Ai tempi se l'era presa con Fletcher e O'Shea, che per questo erano stati fischiati dai nostri tifosi a Parigi contro il Lille. I suoi due periodi da allenatore provano una sola cosa: gli servivano soldi. Aveva speso al Sunderland e non aveva combinato nulla, aveva speso molto all'Ipswich e aveva fallito anche lì.

In un'intervista a David Walsh del "Sunday Times" disse che io pensavo solo a me stesso, e citò come esempio la faccenda John Magnier/Rock of Gibraltar. Incredibile. Quel giorno, nel mio ufficio, quando litigammo, vidi la sua rabbia: i suoi occhi diventarono più neri, e anche in quel caso menzionò John Magnier. Non ho mai capito la sua ossessione per l'affare Rock of Gibraltar.

L'accordo a cui giungemmo quel famoso venerdì prevedeva che nessuno avrebbe mai detto alcunché sul nostro litigio; io avrei onorato il patto, però Roy lo infranse per primo. Mentre era al Sunderland accusò lo United di averlo insultato e di avergli mentito, in vista della sua partenza. Il club minacciò un'azione legale nei suoi confronti, ma

Roy disse che non avrebbe ritirato l'accusa. Pensai che cercasse di andare in tribunale per far colpo sui tifosi – era ancora un eroe per loro, dopotutto – e consigliai a David Gill di rinunciare a fargli causa, per salvaguardare la nostra dignità.

10.
ALTRI INTERESSI

Gli appassionati di calcio mi vedono probabilmente come una persona ossessiva che non ha molti interessi, oltre al Manchester United. Invece, se da una parte il lavoro si faceva più intenso, dall'altra trovavo rifugio in numerosi hobby che mi distendevano la mente, mi riempivano la libreria e mi rifornivano la cantina con ottimi vini.

Con l'eccezione della mia passione per l'ippica, quest'altra mia vita rimaneva nascosta: era il mondo a cui ritornavo quando le giornate al campo di allenamento di Carrington finivano, o quando le partite erano state giocate, commentate e archiviate. Negli ultimi dieci anni, più o meno, ho coltivato una serie di altri interessi che mi hanno aiutato a gestire lo United con maggiore efficacia. Ho lavorato con la stessa intensità, ma ho usato il cervello in modo più vario. Casa mia era la base di tutte le mie passioni: dalle biografie dei dittatori ai documenti sull'assassinio di John F. Kennedy e alle schede sulla mia collezione di vini.

Le mie convinzioni politiche sono rimaste sostanzialmente le stesse di quando facevo il rappresentante sindacale ai cantieri navali di Govan. Le opinioni della gente cambiano nel tempo in base al successo e alla ricchezza, ma nella mia gioventù ho imparato non tanto un insieme di posizioni ideologiche, quanto un modo di vedere la vita, un sistema di valori.

Non sono mai stato politicamente attivo, non sono diventato un presenzialista Labour che partecipa a tutte le cene e compare in ogni campagna elettorale, ma ho sempre sostenuto i candidati laburisti locali. Cathy direbbe che dal momento in cui entri attivamente in politica non puoi più sottrarti, ci si aspetta che tu sia sempre pronto e disposto a concedere il tuo tempo. Essere sostenitori dei Labour e credere nei principi del socialismo è una cosa, diventare membro attivo del partito è un'altra. Non avrei proprio avuto il tempo di soddisfare queste richieste, lavorando come allenatore allo United. Avrei messo la mia crocetta sulla scheda elettorale e avrei dato il mio sostegno in termini di visibilità. Non mi avreste mai visto seduto di fianco a David Cameron, ma avreste potuto vedermi vicino a un deputato laburista. Questo sarebbe stato il mio contributo.

Mi sono sempre riconosciuto nell'ala sinistra del partito, e questo spiega la mia alta considerazione del lavoro di Gordon Brown. E di John Smith, anche; l'ultimo John Smith sarebbe stato un ottimo primo ministro. Fui molto dispiaciuto per Neil Kinnock, una brava persona, molto sfortunata; mi sarebbe piaciuto vederlo a Downing Street, aveva una natura combattiva. All'inizio ero vicino alle posizioni di Brown, ma è vero che l'approccio più populista di Blair era più giusto per vincere. Era stato corretto nelle sue prese di posizione e in più aveva carisma; conservò a lungo la popolarità, finché l'invasione dell'Iraq gli alienò le simpatie dell'opinione pubblica.

La mia amicizia con Alastair Campbell nacque grazie a quel grand'uomo di Jim Rodger, storico cronista di calcio scozzese e confidente di diversi primi ministri. Un giorno mi chiamò e mi chiese di concedere un'intervista ad Alastair, che ai tempi lavorava al "Mirror". Io e Alastair ci trovammo bene, e lui cominciò a mandarmi brevi lettere e cose così. Era bravo a tenere i contatti. Poi diventò l'addetto stampa di Tony, e diventammo amici proprio grazie al suo ruolo nel Partito laburista. La settimana prima delle elezioni del 1997 andai a cena con Alastair, Tony e Cherie al Midland Hotel di Manchester. Dissi a Tony: "Se puoi tenere i tuoi ministri chiusi a chiave in una stanza non avrai nessuna difficoltà. Il problema con loro è che vanno in giro per conto proprio, hanno i loro alleati, i loro contatti con la stampa. La parte più dura sarà proprio controllarli."

Tony sapeva di cosa parlavo. In ogni posizione di potere è insita la fragilità; se governi un paese hai un'enorme responsabilità e senti una sorta di solitudine che a mio modo ho sentito anche io. Stavo seduto nel mio ufficio, di pomeriggio, dopo aver finito di lavorare, e avrei voluto compagnia; ma c'è una sorta di vuoto che circonda il lavoro da allenatore che gli altri non osano violare. Tony era un giovane uomo che si trovava in quella stessa posizione.

Nelle sue memorie scrisse di avermi chiesto un consiglio sull'opportunità di licenziare Gordon Brown, quando era primo ministro e Gordon abitava nella casa accanto, al numero 11. Per quel che ricordo, la sua domanda non fu precisamente su Gordon: mi chiese come riuscivo a gestire le star. Gli risposi: "La cosa più importante, nel mio lavoro, è il controllo. Nel momento in cui minacciano la tua autorità, devi sbarazzarti di loro." Disse che aveva dei problemi con Gordon, ma non mi chiese esplicitamente che cosa avrebbe dovuto fare; io mi espressi in termini generali, non volevo intromettermi in faccende personali.

Ho sempre pensato che sia necessario fare la scelta più difficile, a costo di rendersi impopolari. Se il rapporto con qualcuno del tuo staff non funziona, è chiaro che c'è un problema, e non ha senso andare a dormire preoccupati ogni sera quando invece potresti fare qualcosa per sistemare le cose.

Il potere è utile, se te ne vuoi servire, ma credo che i giocatori, che vengono per lo più dalla *working class*, non lo recepiscano bene. Ma il mio obiettivo era il controllo. Potevo usare il potere che avevo, e lo facevo, ma quando raggiungi la posizione che avevo io allo United, avere potere è scontato. Le decisioni che prendi sul lavoro sono viste dal di fuori come un esercizio di potere, quando in realtà hanno a che fare con il controllo.

A eccezione della politica e dei grandi vini, i miei interessi intellettuali erano rivolti verso gli Stati Uniti: JFK, la Guerra civile, Vince Lombardi e i grandi sport americani; queste erano le mie vie di fuga dallo stress del calcio. New York era stata il mio primo punto di contatto con la cultura americana; comprammo un appartamento là, che veniva utilizzato da tutta la famiglia, e Manhattan era il posto ideale dove passare quei brevi momenti di pausa in cui gli impegni internazionali tenevano i giocatori lontani da Carrington.

Gli Stati Uniti mi hanno sempre affascinato e ispirato. L'energia, la vastità e la varietà che vi trovavo mi rinvigorivano. Il mio primo viaggio risale al 1983, quando l'Aberdeen vinse la Coppa delle Coppe: portai la mia famiglia in Florida, per una normale vacanza, ma ero già affascinato dagli Stati Uniti e dalla loro storia. L'assassinio di John Kennedy a Dallas nel 1963 mi impressionò appena ne sentii parlare, e nel tempo mi interessai ai suoi risvolti forensi: come era stato ucciso, da chi e perché.

Mi ricordo quel giorno che scosse il mondo intero. Era venerdì sera e mi stavo facendo la barba, davanti allo specchio sopra il lavandino del bagno, prima di uscire con gli amici per andare a ballare. Mio padre, che era un po' sordo, mi urlò: "Ma è vero che hanno sparato a John Kennedy?"

"Papà, sei sordo. Te lo sarai immaginato," risposi asciugandomi, senza dare importanza alla cosa. Mezz'ora dopo fu ufficializzata la notizia; l'avevano portato al Parklands Hospital.

Mi ricorderò sempre che al Flamingo, il locale vicino a Govan, c'era la canzone numero uno dell'epoca, *Would You Like to Swing on A Star?* L'atmosfera era silenziosa, invece di ballare ci sedemmo al piano di sopra a parlare dell'omicidio.

Per un ragazzo giovane come me a quei tempi, Kennedy era un personaggio affascinante: era bello e c'era qualcosa di particolare in lui. Colpiva che un uomo giovane e dinamico come lui fosse potuto diventare presidente. Sebbene fosse rimasto sempre nella mia mente come una figura significativa, il mio interesse per il suo omicidio nacque in maniera bizzarra, quando fui invitato a Stoke da Brian Cartmel per parlare a una cena.

Erano presenti Stanley Matthews, Stan Mortensen e Jimmy Armfield, e mi ricordo che pensai: "Cosa ci faccio qui con tutti questi grandi giocatori? Di certo la gente preferirebbe stare a sentire Stanley Matthews, piuttosto che me."

Durante la cena, Brian mi chiese: "Hai qualche hobby?"

"Non ho tempo per gli hobby," risposi. Ero ossessionato dallo United. "Ho un tavolo da biliardo, a casa, mi piace fare qualche partita a golf e guardare qualche film a casa."

Tirò fuori un biglietto da visita. "Mio figlio ha uno studio a Londra, gli mandano tutte le prime visioni. Quando vuoi un film, dagli un colpo di telefono."

La sera prima ero andato al cinema a Wilmslow a vedere *JFK*. "Ti interessi a queste cose?" chiese Brian. All'epoca avevo già comprato un po' di libri sull'omicidio. "Ero nella quindicesima macchina della sfilata," disse Brian. Eravamo lì a Stoke e questo tizio mi dice che era nella parata di automobili di JFK.

"Perché?"

"Ero giornalista del 'Daily Express', poi mi spostai a San Francisco e lavorai per la rivista 'Time'," disse. "Feci domanda all'amministrazione Kennedy nel 1958 per occuparmi delle elezioni." Brian era sull'aereo quando Johnson aveva giurato come presidente.

Questo contatto personale con la vicenda accrebbe il mio interesse. Cominciai a frequentare le aste. Un tizio dagli Stati Uniti che aveva letto del mio interesse per la faccenda mi mandò i referti autoptici. Al campo d'allenamento tenevo un paio di fotografie – una l'avevo comprata all'asta, l'altra me l'avevano regalata. Comprai all'asta anche il rapporto della Commissione Warren firmato da Gerald Ford. Mi costò 3000 dollari.

Quando io e Cathy tornammo negli USA, nel 1991, per il

nostro anniversario di matrimonio, visitammo Chicago, San Francisco, le Hawaii e Las Vegas e andammo a trovare degli amici in Texas, per arrivare infine a New York. In seguito tornammo spesso. La mia collezione di libri si ingrandiva. La biografia più completa su John Kennedy è probabilmente quella di Robert Dallek, *An Unfinished Life: John F. Kennedy 1917-1963*. È un libro eccezionale; Dallek ha avuto accesso alle cartelle cliniche di Kennedy e mostra come fosse vivo per miracolo, con la malattia di Addison e i problemi al fegato che lo affliggevano.

Nei tre anni della sua presidenza affrontò molte battaglie, dal fallimento dell'invasione della Baia dei Porci, di cui fu ritenuto responsabile, alla segregazione, alla Guerra fredda, al Vietnam e alla crisi missilistica cubana. Poi c'era la questione della sanità, problematica ancora attuale. Un bel carico di lavoro, insomma. C'è un episodio che fa capire bene l'importanza del gioco più amato del mondo: sapete come la CIA, nel 1969, scoprì che i sovietici erano al lavoro a Cuba? Campi di calcio. Fotografie aeree di campi di calcio costruiti dai lavoratori sovietici; i cubani non giocavano a calcio, e Henry Kissinger, profondo conoscitore dell'Europa, capì.

Le mie letture sui Kennedy mi fecero scoprire altri fantastici libri; uno su tutti: *The Best and the Brightest* di David Halberstam. Si concentra sulle ragioni che portarono alla guerra del Vietnam e sulle bugie che vennero dette ai Kennedy. Anche Robert McNamara, segretario della Difesa degli Stati Uniti e amico di famiglia, li ingannò. Dopo essere andato in pensione, si scusò con la famiglia Kennedy.

Durante la nostra tournée americana del 2010 visitai Gettysburg e pranzai all'Università di Princeton con James M. McPherson, il grande storico della Guerra civile che scrisse *Battle Cry of Freedom*. Visitai anche la Casa Bianca. Iniziai a interessarmi alla Guerra civile quando qualcuno mi diede un libro sui generali protagonisti di quel conflitto: ce n'erano a dozzine da entrambe le parti, i professori venivano nominati generali. Gordon Brown un giorno mi chiese che cosa stessi leggendo. "Cose sulla Guerra civile," risposi. Gordon disse che mi avrebbe mandato delle registrazioni, e pochi giorni dopo mi consegnarono trentacinque cassette con le lezioni di Gary Gallagher, che studiò con James McPherson il ruolo della marina nel conflitto, questione ancora poco esplorata.

Poi c'erano le corse dei cavalli, altra grande passione, altra grande valvola di sfogo. Martin Edwards, ex presidente dello United, un giorno mi chiamò e mi disse: "Dovresti prenderti un giorno libero."

"Sto bene," risposi io.

In realtà ero in un momento in cui anche Cathy mi diceva: "Finirai per ucciderti." A casa, dopo il lavoro, stavo al telefono fino alle nove di sera e pensavo sempre al calcio.

Comprai il mio primo cavallo nel 1996. Per il nostro trentesimo anniversario andammo a Cheltenham, dove incontrai per la prima volta, a pranzo, il grande John Mulhern, allenatore irlandese di cavalli. La sera ero a Londra per una cena e mi ritrovai a dire a Cathy: "Ti piacerebbe comprare un cavallo? Penso che sarebbe un'ottima distrazione, per me."

"E questa da dove salta fuori?" disse. "Alex, il problema è che poi li vorrai comprare tutti, quei dannati cavalli."

Ma in effetti divenne una valvola di sfogo: invece di marcire in ufficio o di buttare il mio tempo in telefonate che non finivano mai, potevo pensare alle corse. Era una piacevole distrazione dai miei impegni, piuttosto pesanti, e mi ci abbandonai per sfuggire all'ossessione del lavoro. Vincere due corse di prima categoria con What A Friend, la Lexus Chase e l'Aintree Bowl, fu un gran successo. Il giorno prima dell'Aintree, il Bayern Monaco ci aveva battuti in Champions League. In quel momento ero a terra, il giorno dopo avevo vinto una corsa di prima categoria a Liverpool.

Il mio primo cavallo, Queensland Star, prese il suo nome da una nave su cui mio padre aveva lavorato e che aveva aiutato a costruire. Gli allenatori mi avevano detto che certi proprietari non avevano mai posseduto un vincitore. Ho avuto interessi in sessanta o settanta cavalli, e attualmente in circa trenta. Sono un assiduo frequentatore dell'Highclere Syndicate: Harry Herbert, che lo dirige, è un gran personaggio e un ottimo venditore. Puoi sapere con esattezza che cosa succede ai cavalli, puoi avere informazioni ogni giorno.

Rock of Gibraltar era un cavallo magnifico: divenne il primo cavallo dell'emisfero settentrionale a vincere consecutivamente sette corse di prima categoria, battendo il record di Mill Reef. Corse con i miei colori grazie a un accordo che stipulai con la Coolmore Racing Operation in Irlanda: ma io ritenevo di avere diritto alla proprietà di metà del cavallo, mentre loro ritenevano che avessi diritto a metà della somma vinta. La questione si risolse con un accordo, poiché ritenemmo entrambi che ci fosse stato un fraintendimento da ambedue le parti.

Ovviamente esisteva un potenziale conflitto con la proprietà del club, relativamente ai miei interessi nel mondo ippico, e quando alla riunione annuale un tizio si alzò e insistette perché mi dimettessi, fu imbarazzante. Voglio che sia chiaro che non sono mai venuto meno ai miei doveri di allenatore del Manchester United. Ho un eccellente avvocato, Les Dalgarno, che ha gestito la causa per conto mio; tutto ciò non ha diminuito il mio amore per le corse e ora sono in buoni rapporti con John Magnier, direttore della Coolmore.

Le corse, i libri e i vini mi hanno insegnato a staccare. Questa parte della mia vita ha cominciato a diventare più importante dal 1997 in avanti, quando mi sono scontrato con il fatto che dovevo fare qualcosa per distogliere i miei pensieri dal calcio. Interessarmi al vino mi ha aiutato molto, in questo senso; ho cominciato a comprare grazie a Frank Cohen, vicino di casa e grande collezionista di arte contemporanea. Poi Frank andò all'estero per un periodo, e io continuai per conto mio.

Non posso definirmi un esperto, però ne capisco abbastanza: conosco le annate buone e i vini buoni, e assaggiandoli posso riconoscere alcune delle loro proprietà.

Le mie ricerche mi hanno portato a Bordeaux e nella regione dello Champagne, ma in generale ho approfondito le mie conoscenze leggendo e conversando, a pranzi e cene, con commercianti ed esperti. È entusiasmante. Una volta cenai con Oz Clarke, che scrive di vini e ne parla in televisione, e con il commerciante di vini John Armit. I *wine bar* Corney & Barrow organizzavano ottimi pranzi. Era fantastico ascoltare le conversazioni di questi personaggi su annate e vitigni, ne ero affascinato; forse mi sarei dovuto documentare di più sui vitigni, che erano la cosa più importante, ma ho presto sviluppato una conoscenza discreta dell'argomento.

Nell'autunno del 2010 mi chiesero se avessi intenzione di ritirarmi e mi trovai a rispondere, istintivamente: "Il ritiro è per i giovani, che hanno altre cose da fare." A settant'anni, se non ti mantieni attivo, crolli velocemente. Devi avere qualcosa da fare, quando ti ritiri, e da fare subito, il giorno dopo, non dopo una vacanza di tre mesi.

Quando sei giovane, le giornate di quattordici ore sono una necessità, perché ti devi sistemare, e l'unico modo per farlo è lavorare duro. In questo modo maturi anche una tua etica del lavoro. Se hai famiglia, poi, tutto passa a loro. Mia madre e mio padre hanno passato a me i frutti del loro lavoro, e io ho fatto lo stesso con i miei figli e oltre. Quando sei giovane getti le basi per la stabilità della tua vita futura. Con l'età devi gestirti le energie, mantenerti in forma; la gente dovrebbe curare il proprio fisico, alimentarsi correttamente. Non sono mai stato un gran dormiglione, ma ho sempre dormito le mie cinque o sei ore, che per me sono il tempo giusto. Alcune persone si svegliano e rimangono a letto, ma io non potrei mai farlo: mi sveglio e salto giù, pronto a partire. Non rimango lì a perdere tempo.

Hai dormito abbastanza, è per quello che ti svegli. Ero in piedi alle sei, sei e un quarto, e per le sette ero al campo di allenamento, dato che abitavo a un quarto d'ora di distanza. Era un'abitudine, una routine che non è mai cambiata.

Sono figlio di una generazione che ha vissuto la guerra e che diceva: sei nato, sei tu. Eri al sicuro, avevi la biblioteca, la piscina, il calcio. I tuoi genitori lavoravano tutto il giorno, quindi o c'era tua nonna a prendersi cura di te, o arrivavi a un punto in cui potevi cavartela da solo. Più o meno le cose andavano così. Mia madre diceva: "Qui ci sono la carne e le patate, devi solo metterle sul fuoco alle quattro e mezza." Era tutto pronto da cuocere: accendevo il fuoco in attesa che tornassero dal lavoro. Mio padre arrivava alle sei meno un quarto e la tavola era apparecchiata; era compito mio, insieme a portare la cenere fuori, nel mucchio. Queste erano le faccende che dovevo sbrigare tornato da scuola; poi, verso le sette, io e mio fratello facevamo i compiti.

Era una vita semplice, in cui mancavano molte delle comodità di oggi.

Gli uomini delle generazioni di oggi sono più fragili. Non sono mai stati in un cantiere navale o in un pozzo, e pochi di loro hanno fatto lavori manuali. Fanno parte di una generazione di padri, e i miei figli sono tra questi, che si prendono cura della famiglia più di quanto abbia potuto fare io con la mia: fanno i picnic con i loro figli, io non ne ho mai organizzato uno in vita mia. Dicevo: "Andate a giocare, ragazzi." C'era un parco giochi dietro casa nostra, ad Aberdeen, e i ragazzi andavano là con i loro amici ogni giorno. Non abbiamo avuto un videoregistratore prima del 1980; si vedeva tutto sgranato, era orribile. Poi sono arrivati i CD e i DVD, e i nipoti ora possono giocare con le loro squadre di calcio immaginarie sul computer di casa.

Non ho fatto abbastanza per i miei ragazzi. Cathy sì, mia moglie l'ha fatto, è stata un'ottima madre. Diceva: "A 16 anni avranno occhi solo per il papà," e in effetti fu così. Man mano che crescevano il nostro rapporto divenne più saldo, e rimasero anche uniti tra loro, cosa che mi faceva un gran piacere. Cathy mi diceva: "Te l'avevo detto."

"Però tu sei la madre," le dicevo. "Se mai dicessi loro qualcosa di sbagliato su di te, mi ucciderebbero. Sei sempre tu il capo."

Non c'è un segreto per avere successo in questo mondo. La chiave è il lavoro. Il libro di Malcolm Gladwell, *Fuoriclasse. Storia naturale del successo*, avrebbe potuto anche intitolarsi *Lavoro. Lavoro duro*. Gli aneddoti che riporta risalgono a Carnegie e Rockefeller. Ecco una storia su Rockefeller che mi piace molto: la sua famiglia frequentava assiduamente la chiesa; un giorno, mentre passava il piatto delle offerte e ogni fedele donava un dollaro, suo figlio gli disse: "Papà, ma non sarebbe meglio dargli cinquanta dollari per tutto l'anno?"

"Sì," gli disse il padre, "ma così perderemmo tre dollari all'anno di interessi, figliolo."

Insegnò anche al suo maggiordomo a fare un fuoco che durasse un'ora in più del normale, disponendo la legna in un certo modo. Ed era miliardario.

Il lavoro duro aveva reso frugale il suo stile di vita. Non sprecava nulla. C'è un po' di questo anche in me. Anche oggi, se mio nipote lascia qualcosa nel piatto, lo prendo io. E facevo lo stesso con i miei tre figli: "Non lasciate nulla nel piatto" era il mio mantra. Ora, se solo mi avvicino al cibo di Mark, Jason o Darren, mi tagliano le mani.

Niente è meglio del duro lavoro.

Sicuramente il lavoro e lo stress mettono alla prova il corpo, così come l'età. Da tutte queste cose insieme sono derivati i miei problemi di cuore. Una mattina, in palestra, avevo la cinghia del cardiofrequenzimetro addosso, e vidi salire il mio battito cardiaco da 90 a 160. Chiamai l'istruttore della sala pesi, Mike Clegg, e mi lamentai: "Ci dev'essere qualcosa che non va nella cinghia." Provammo un'altra cinghia, ma il risultato rimase identico. "Deve andare da un medico," disse Mike. "Non è un buon segno."

Il medico mi mandò da Derek Rowlands, che aveva curato Graeme Souness. Il cuore era in fibrillazione, e mi consigliò di provare un trattamento a base di scariche elettriche per controllare il battito. Una settimana dopo era tutto a posto, ma la partita dopo perdemmo, e il battito cardiaco aumentò di nuovo. Diedi la colpa ai giocatori; una vittoria avrebbe mantenuto i miei parametri normali. Il trattamento funzionava il 50-60 per cento delle volte, ma sapevo che dovevo prendere ulteriori provvedimenti. Mi fu consigliato di mettere un pacemaker e di prendere un'aspirina al giorno.

L'impianto del pacemaker, nel marzo 2004, richiese una mezz'ora, e potei seguire l'operazione su uno schermo. Mi ricorderò sempre il sangue che zampillava. Poi, nell'autunno del 2010, mi sostituirono il dispositivo, perché durano otto anni; questa volta dormii, durante l'operazione. Nelle varie visite, i medici mi dissero che potevo continuare a fare quel che mi piaceva: lavorare, fare esercizio, bere vino.

Devo ammettere che il primo episodio mi scosse; l'anno precedente avevo fatto un controllo medico e il mio ritmo cardiaco era di 48. Albert Morgan, il nostro magazziniere, aveva detto: "L'ho sempre saputo che non hai un cuore." Ero in forma perfetta. E dodici mesi più tardi avevano dovuto impiantarmi un pacemaker, cosa che mi dimostrava che la vecchiaia porta con sé dei fastidi; è così per tutti. Uno pensa di essere indistruttibile, io lo pensavo; sai che la vita un giorno ti sbatterà la porta in faccia, ma credi che fino a quel giorno sarai invincibile. Poi, improvvisamente, Dio tira le redini.

Quando ero giovane andavo su e giù per il campo, calciavo ogni pallone, mi immergevo in ogni attimo del gioco. Con l'età mi calmai, e verso fine carriera tendevo più a osservare gli eventi che a farmi assorbire dall'azione, anche se alcune partite avevano ancora il potere di coinvolgermi. Di tanto in tanto facevo vedere che ero ancora vivo, mi facevo sentire da arbitri, giocatori, avversari.

Sulla salute, in generale la mia opinione è: se il corpo ti lancia dei segnali, coglili. Ascolta i medici, esegui controlli periodici, fai attenzione al tuo peso e a ciò che mangi.

Mi piace dire che il semplice atto di leggere è un meraviglioso antidoto contro i problemi del lavoro e della vita. Se dovessi mostrare a qualcuno la mia libreria, ci troverebbe libri su presidenti e primi ministri, sull'arte oratoria, su Nelson Mandela, su Rockefeller, su Nixon e Kissinger, su Brown, Blair, Mountbatten, Churchill e Clinton, sulla storia della Scozia e del Sudafrica. Vedrebbe il libro di Gordon Brown sul politico scozzese socialista James Maxton e tutti i libri su Kennedy.

Poi c'è lo scaffale dei dittatori: ciò che trovo interessante è la descrizione degli estremi a cui l'umanità può arrivare. *Il giovane Stalin*, di Simon Sebag Montefiore; volumi su Stalin, Hitler e Lenin; *World War II: Behind Closed Doors* di Laurence Rees; *Stalingrado* e *Berlino 1945: la caduta* di Antony Beevor.

Passando a cose più leggere potrei citare Edmund Hillary e David Niven. Poi di nuovo argomenti più drammatici, come il crimine: i gemelli Kray e la mafia americana.

Sono stato così immerso nella vita sportiva che ho sempre preferito non leggere libri sullo sport, ma conservo alcune perle come *When Pride Still Mattered*, la biografia di Vince Lombardi, il grande coach dei Green Bay Packers, scritta da David Maraniss; leggendola ho pensato: "Sta scrivendo di me, non di Vince Lombardi." L'ossessione. Mi potrei identificare totalmente in una delle frasi più famose di Lombardi: "Non abbiamo perso la partita: è solo scaduto il tempo."

11.
VAN NISTELROOY

Una sera di neve, nel gennaio 2010, ero a casa, quando ricevetti un SMS. "Non so se si ricorda di me," diceva, "ma avrei bisogno di parlarle." Ruud van Nistelrooy. Cristo, cosa poteva essere? "Se n'è andato quattro anni fa," dissi a Cathy. "Che cosa vorrà? Magari gli piacerebbe tornare allo United," replicò lei.

"Non essere sciocca," le dissi.

Non avevo idea di cosa si trattasse, ma gli risposi: ok. Così mi chiamò. All'inizio scambiammo le consuete chiacchiere di circostanza: era stato fuori per vari infortuni, ora era in forma ma non giocava e così via. Poi mi disse: "Volevo scusarmi per come mi sono comportato nel mio ultimo anno allo United."

Mi piacciono le persone che sanno chiedere scusa, è una cosa che ho sempre ammirato. Nella realtà odierna, in cui tutti sono concentrati su sé stessi, ci si dimentica dell'esistenza della parola "scusa". I calciatori sono coccolati dagli allenatori, dai club, dalla stampa, dagli agenti, o anche solo dalla gente che ripete loro quanto sono bravi. È confortante trovare qualcuno che è in grado di prendere il telefono, anche molto tempo dopo, e dire: "Avevo torto, mi dispiace."

Ruud non mi diede spiegazioni. Forse avrei dovuto cogliere l'occasione e chiedere: "Perché è finita così?"

Rimuginando sulla chiamata di Ruud, in quella notte d'inverno, sapevo che due o tre squadre di Premier League lo stavano tenendo d'occhio, ma non mi spiegavo perché avesse voluto parlare con me; non aveva nessuna necessità di recuperare il suo rapporto con il Manchester United per andare a giocare in un altro club inglese. Forse si trattava di un senso di colpa che aveva tormentato la sua mente per tutti quegli anni. Sicuramente Ruud era maturato, a quel tempo.

Il nostro rapporto cominciò a incrinarsi quando Ruud iniziò a discutere con Carlos Queiroz riguardo a Ronaldo; c'erano stati un paio di faccia a faccia, ma niente di ingestibile. Poi Ruud cominciò a prendersela con Gary Neville. Gary non si tirò indietro e gli tenne testa. David Bellion era un altro che sembrava scatenare la rabbia di Ruud. C'erano stati parecchi diverbi nella sua ultima stagione con noi, e più che altro coinvolgevano van Nistelrooy e Ronaldo.

Alla fine della stagione precedente, quella del 2004-2005, avevamo raggiunto la finale di FA Cup contro l'Arsenal. Van Nistelrooy giocò una partita terribile. Il mercoledì precedente il suo agente, Rodger Linse, aveva incontrato David Gill e aveva chiesto un trasferimento: "Ruud vuole andarsene."

David gli fece notare che quel sabato avremmo dovuto giocare la finale di FA Cup, e che forse non era il momento migliore per una richiesta di cessione del nostro attaccante migliore. David chiese perché volesse andarsene, e Rodger Linse rispose che van Nistelrooy pensava che la squadra non stesse crescendo e che non sarebbe riuscita a vincere la

Champions League; riteneva che non saremmo riusciti a vincere in Europa con giocatori giovani come Rooney e Ronaldo.

Dopo la finale, David chiamò Rodger e gli chiese di mandare Ruud da me. Eravamo in una posizione di forza, perché il Real Madrid non era disposto a spendere 35 milioni di sterline per lui; era ovvio. E credo che questa fosse la ragione per cui Ruud chiedeva di andarsene: se il Real avesse offerto 35 milioni, le pressioni da parte sua per andarsene non sarebbero state necessarie. Facendo così, invece, sperava di indurre lo United ad accettare una cifra minore. Che idea stupida.

Così ci incontrammo. Disse di non essere disposto ad aspettare che Ronaldo e Rooney maturassero. "Ma sono grandi giocatori," dissi io, "tu dovresti guidarli, ora che sono giovani, aiutarli." Ruud ribadì di non voler attendere.

"Senti, quest'estate prenderemo giocatori che ci faranno tornare al nostro solito livello," dissi. "Non ci piace perdere le finali, o il campionato. Quando si costruisce una squadra bisogna avere pazienza; non solo io, anche i giocatori. Sarà un'ottima squadra." Accettò la mia spiegazione e ci stringemmo la mano.

Quella stagione prendemmo Vidić ed Evra nella finestra di mercato di gennaio. Paradossalmente, furono proprio questi acquisti a determinare il momento più critico per Ruud da quando era con noi. In Carling Cup avevo sempre fatto giocare Louis Saha. Quando arrivammo in finale dissi a Ruud: "Senti, non è corretto non far giocare Saha; so che ti piace giocare le finali, e spero di poterti far entrare, a un certo punto." Dissi così, ne sono sicuro.

Contro il Wigan stavamo controllando la partita, e mi sembrò l'occasione ideale per far giocare qualche minuto Evra e Vidić; erano le ultime sostituzioni che potevo fare. Mi girai verso Ruud e dissi: "Farò entrare loro due." Avrebbero provato cosa significa vincere con il Manchester United. "Brutto..." disse van Nistelrooy. Me lo ricorderò sempre, non ci potevo credere. Carlos Queiroz lo riprese, e l'atmosfera in panchina si fece tesa. Gli altri giocatori continuavano a dirgli: "Stai calmo."

Ma era finita, sapevo che non saremmo riusciti a recuperarlo. Aveva tirato troppo la corda. Dopo quell'incidente, si comportò sempre peggio.

La settimana conclusiva della stagione dovevamo assolutamente vincere l'ultima partita, contro il Charlton. Dovevamo andarci piano con Saha, a causa dei suoi infortuni, ma non sentivo di poter far giocare Ruud.

Carlos andò in camera di Ruud e gli disse: "Non sarai convocato, puoi andare a casa. Il modo in cui ti sei comportato tutta la settimana è inaccettabile."

Ronaldo aveva perso il padre da poco. Durante gli allenamenti, quella settimana, Ruud, dopo aver rifilato un calcio a Ronaldo, gli aveva detto: "E ora che fai, vai a piangere da papà?" Si riferiva a Carlos, non al padre di Cristiano; probabilmente lo disse senza pensare. Ronaldo si arrabbiò e cercò lo scontro con lui. Anche Carlos si offese per l'insulto. Carlos si prendeva cura di Ronaldo, era ovvio: erano connazionali, Carlos aveva origini portoghesi. Ronaldo era un ragazzo a cui era morto il padre: a chi doveva rivolgersi se non a Carlos?

L'episodio fu molto triste. Non so perché Ruud cambiò, probabilmente fu il suo modo per farsi mandare via: di sicuro non si conquistò la simpatia e il rispetto degli altri giocatori.

Fu un peccato, perché aveva qualità eccezionali. Fu uno dei più grandi cannonieri del club. I problemi cominciarono dopo la sua seconda stagione con noi, quando venne il momento di ridiscutere il contratto, come stabilito al suo arrivo. Chiese che fosse inserita una clausola specifica che gli avrebbe permesso di andare al Real Madrid, se il club avesse offerto una determinata cifra. Un'opzione d'acquisto, insomma. Valutai a lungo la cosa: dubitavo che avrebbe firmato il nuovo contratto, senza quella clausola, ma accettarla significava cedere parzialmente il controllo; correvamo il rischio di perderlo la stagione successiva.

Così inserimmo la clausola, stabilendo la cifra di 35 milioni di sterline, che pensavamo avrebbe scoraggiato tutti i potenziali acquirenti, Real Madrid compreso. Ruud fu d'accordo. Dissi a David: "Se l'anno prossimo arrivano veramente con 35 milioni, se non altro sarà il doppio di quanto l'abbiamo pagato. Se nessuno si fa vivo, avremo ancora due anni di contratto con lui, e a quel punto avrà 29 anni; sarà stato quattro anni con noi e saremo nelle condizioni di cederlo." Be', nel momento in cui firmò il contratto, Ruud cambiò. Nell'ultima stagione diventò davvero difficile da gestire, e non penso che alla fine fosse molto benvoluto. Il cambiamento in lui fu impressionante.

Mio fratello Martin l'aveva visto giocare nell'Heerenveen e aveva detto: "Mi piace molto questo ragazzo, può fare al caso nostro." Se diceva così dovevo mettermi all'opera. Andammo a vederlo di nuovo, ma ci venne detto che aveva firmato con il PSV un mese prima; ero perplesso, ma sembrava un affare chiuso. Nonostante ciò continuammo a tenerlo d'occhio, e ci muovemmo nel 2000.

Durante una breve vacanza in Spagna, mentre giocavano le nazionali, ricevetti una brutta notizia: un messaggio del nostro medico diceva che Ruud non aveva superato le visite. Eravamo certi di aver individuato una lesione al legamento crociato; il PSV non fu d'accordo, dicendo che i loro test avevano evidenziato soltanto un'anomalia minima, che non pregiudicava l'idoneità fisica. In ogni caso, Mike Stone non lo fece firmare. Lo rimandammo al PSV, che gli fece riprendere gli allenamenti e lo filmò, per mostrarcelo. Durante una sessione di esercizi, il ginocchio di Ruud cedette del tutto; il filmato, in cui lo si vedeva urlare di dolore, finì in televisione. Che cosa dovevamo fare?

"Al giorno d'oggi, se sei seguito dalla gente giusta, puoi guarire da infortuni simili nel giro di qualche mese," dissi a Martin Edwards.

Van Nistelrooy si affidò alle cure del dottor Richard Steadman, in Colorado, e rimase fuori quasi un anno. Ritornò alla fine di quella stagione e lo mettemmo sotto contratto nel 2001, dopo che l'avevo visto giocare contro l'Ajax. La sua mobilità e il suo passo non erano diminuiti. Non era un attaccante molto veloce, era un galoppatore, rapido in area di rigore.

Andai anche a trovarlo a casa, durante la convalescenza, e gli dissi che sarebbe venuto comunque all'Old Trafford, nonostante l'infortunio; fu un messaggio importante, per lui, perché penso che non fosse molto sicuro di sé, a quel punto della sua carriera. Era un ragazzo di campagna.

Era un tipico attaccante all'italiana, niente corse sulle fasce per contrastare l'avversario. Nei primi anni sessanta la Juventus aveva un attaccante che si chiamava Pietro Anastasi, il cui contributo al gioco era minimo, ma che spesso poi segnava improvvisamente, portando la squadra alla vittoria.

Quello era il tipo di attaccante che andava per la maggiore, all'epoca. Lo si lasciava a fare il suo lavoro in area di rigore. Van Nistelrooy era di quella razza, dovevi creargli le occasioni, ma era uno che sbagliava pochissimo, e segnava gol da vero rapinatore d'area.

Era uno degli attaccanti più egoisti che avessi mai visto, ossessionato dal numero dei gol che faceva, e quell'unico pensiero gli dava la spietatezza di un assassino. Non era interessato a costruire il gioco, non gli importava quanti chilometri correva in una partita, quanti scatti faceva. L'unica cosa che gli importava era quanti gol avrebbe segnato Ruud van Nistelrooy. Era bravissimo ad anticipare l'avversario: gli sfuggiva e lasciava partire tiri secchi, letali.

Se metto i miei cannonieri a confronto (Andy Cole, Eric Cantona, van Nistelrooy, Rooney), Ruud è stato il più prolifico, ma quello con più talento era Solskjaer. Van Nistelrooy segnò gol magnifici, ma molti erano brutti, segnati dall'area piccola. Andy Cole fece anche lui qualche bel gol, ma tanti erano da vicino, pasticciati, frutto di rimpalli, o palloni che bastava buttare dentro. I gol di Solskjaer potevano essere grandiosi: la sua velocità di pensiero si combinava con le sue abilità, aveva una mente analitica. Quando arrivava in una posizione di tiro, aveva già tutto sotto controllo, aveva immagini mentali di ogni cosa. Però non giocava sempre, perché non aveva sufficiente aggressività; la sviluppò più tardi, ma era un giovane esile a cui mancava, in quei primi tempi, il fisico per farsi spazio.

Durante le partite, in panchina, e durante gli allenamenti, prendeva nota di tutto, e quando arrivava il suo momento sapeva chi erano gli avversari, come si sarebbero messi in campo. Aveva queste immagini chiare in mente, e la partita per lui era come uno schema in cui sapeva come e quando muoversi.

Ole aveva un buon carattere e non fu mai polemico con me; non rischiavo di vedermelo arrivare in ufficio sbattendo la porta e chiedendo di giocare titolare. Sapevamo che era soddisfatto del suo ruolo e questo ci aiutava, perché se avevamo problemi con gli altri tre attaccanti, dovendo lasciarne fuori uno, sapevamo che almeno il quarto avrebbe accettato un ruolo da comprimario. Ci restavano i tre attaccanti scorbutici da gestire: Yorke, Cole e Sheringham.

All'inizio pensavo che le capacità di Ruud fossero maggiori di quel che poi si rivelarono. Mi aspettavo qualcosa di più del lavoro di routine che i giocatori del Manchester United erano tenuti a fare. C'erano momenti in cui faceva la sua parte, e si impegnava, ma non era un giocatore molto intraprendente, non aveva grande energia; i risultati dei suoi test non erano mai particolarmente brillanti, anche se sapevamo che se gli davi la palla poteva sempre buttarla dentro.

Negli anni precedenti avevamo perso Cantona, Teddy Sheringham se n'era andato, Ole aveva qualche guaio al ginocchio, Yorkie aveva perso un po' di smalto; Andy invece era ancora in forma, fresco. Si poteva sempre contare su

Andy, ma quando presi van Nistelrooy sapevo che sarebbero cominciati i problemi con Cole, perché lui pensava di essere il miglior attaccante del mondo. Lo dico affettuosamente, anche perché è utile avere una buona opinione di sé, ma quando iniziai ad affiancargli Ruud si offese. Anche nel rapporto tra Andy e Cantona ci furono dei dissapori; l'unico collega con cui legò fu Yorkie. La loro stagione 1998-1999 fu stratosferica: la loro complicità e la loro amicizia erano fenomenali. Quando Yorkie arrivò in squadra non si conoscevano, ma andarono subito d'accordo. In allenamento lavoravano insieme sugli scatti, sulle finte, sugli uno-due. Erano in sincronia perfetta, penso che quell'anno abbiano segnato 53 gol in due.

Fare coppia con van Nistelrooy non era possibile per Andy, così lo cedetti al Blackburn Rovers. Aveva appena passato i trenta e pensavamo che ci avesse dato abbastanza: lo prendemmo nel 1995, giocò per noi sette anni e lo vendemmo al Blackburn per 6 milioni e mezzo di sterline. Prelevarlo dal Newcastle ci era costato 7 milioni più Keith Gillespie, che valeva non più di un milione, per cui avevamo praticamente recuperato tutti i soldi dopo sette anni. Non male.

Un altro attaccante penalizzato dall'individualismo di Ruud fu Forlán, che era un grande giocatore. Ruud voleva essere il cannoniere numero uno, era nella sua natura; Diego Forlán non compariva nemmeno nel suo radar, e di conseguenza quando li facevo giocare insieme non c'era nessuna intesa. Diego giocava meglio con un compagno vicino, ma segnò comunque dei gol preziosissimi: due ad Anfield e uno all'ultimo secondo contro il Chelsea. Era un ottimo giocatore e un grande professionista.

Un'altra faccenda complicata, riguardo Diego, era che aveva una sorella disabile che stava a Maiorca, e toccava a lui prendersene cura. Era bravissimo in questo, sorrideva sempre. Parlava cinque lingue, era una persona davvero piacevole. Lo cedemmo per 2 milioni di sterline, troppo poco, pensai all'epoca, ma con il suo ingaggio nessuno avrebbe offerto di più. La cessione successiva, infatti, fu per 15 milioni. Sembrava galleggiare sul terreno di gioco, non era grosso ma aveva un torso ben strutturato, era forte. Giocava così bene a tennis che sarebbe potuto diventare un professionista, e gli toccò scegliere tra quello e il calcio. Lo sapevo, quando arrivò, così provai a scommettere su di lui, quando giocammo il consueto torneo di tennis precampionato. Gary Neville faceva da allibratore: "A quanto lo dai, Diego?"

"Perché? Perché?" chiese Gary, allarmato. "Sa giocare?"

"E che ne so?," dissi io. "Perché non glielo chiedi?" Ma Gary mangiò la foglia; non avrebbe accettato scommesse su Diego. Li distrusse tutti, li fece a pezzi.

"Pensava che fossi uno stupido, eh?" mi disse Neville.

"Be', valeva la pena tentare. Speravo lo dessi dieci a uno," risposi.

12.
MOURINHO, IL RIVALE SPECIALE

La prima volta che considerai José Mourinho una potenziale minaccia fu nell'estate del 2004, alla conferenza stampa in cui venne presentato come nuovo allenatore del Chelsea. "Sono uno speciale," disse José. "Che tipo arrogante," pensai, mentre lo guardavo deliziare la stampa con un sacco di frasi a effetto.

Una voce dentro di me mi disse: è il nuovo arrivato, è giovane, non ha senso discutere con lui, né prendersela. Aveva l'intelligenza e la sicurezza necessarie per gestire il Chelsea.

Avevo parlato molto di José con Carlos, e lui mi aveva detto: "È un ragazzo molto intelligente." La sua conoscenza di Mourinho risaliva ai tempi in cui erano insieme all'accademia, quando José era uno degli allievi di Carlos in Portogallo: "Il migliore dei miei studenti. Il migliore in assoluto," mi disse Carlos.

Sapendo tutto ciò, lo vidi cavalcare l'onda dell'aspettativa che lui stesso aveva creato, quell'onda che dal Porto l'aveva portato a Londra a lavorare per Roman Abramovič. José era uno che sulla tavola da surf poteva starci più a lungo di qualsiasi altro, e capii subito che una guerra psicologica contro di lui non sarebbe stata saggia; avrei trovato un altro modo per contrastarlo.

Nel periodo da agosto 2004 a maggio 2006 vincemmo un solo trofeo, la Coppa di Lega del 2006, mentre il Chelsea e Mourinho vinsero entrambi i campionati. Con il calo dell'Arsenal, la ricchezza di Abramovič e l'abilità di José divennero l'ostacolo più grande per la nostra ricostruzione.

Storicamente, il tipo di preparazione atletica a cui ci sottoponevamo in vista della nuova stagione ci avvantaggiava nella seconda parte del campionato, e finivamo in crescendo; dietro la capacità di vincere le partite nei mesi determinanti c'era una miscela di scienza e di spirito.

José era appena arrivato, il suo datore di lavoro aveva molti soldi, e tutti parlavano di lui; nell'autunno del 2004 doveva partire subito forte nelle prime partite allo Stamford Bridge. Il Chelsea scivolò avanti di sei punti senza che potessimo recuperare; una volta che furono in testa alla classifica, José fece in modo che la sua squadra vincesse di misura molte partite: tutte vittorie per 1-0 o 2-0. Il Chelsea divenne una squadra incredibilmente dura da battere: erano organizzati molto meglio di prima. Non vinsi una sola partita allo Stamford Bridge dopo che arrivò Mourinho.

Nel precampionato, José curò molto la fase difensiva, e inizialmente giocò con la difesa a tre, due uomini larghi sulla fascia e con il centrocampo a diamante. Era molto dura giocare contro una formazione del genere.

Ci eravamo incontrati per la prima volta durante la Champions League 2003-2004, quando il Porto di José ci aveva eliminati. Avevo avuto un battibecco con lui alla fine della partita di andata, ma spesso ho delle discussioni con i colleghi allenatori, la prima volta che li incontro. Fu così anche con George Graham nel nostro primo incontro, quando lui era all'Arsenal; in seguito diventammo buoni amici. Vale lo stesso per Mourinho, che ho sempre trovato molto disponibile e comunicativo: penso che avesse capito che aveva a che fare con qualcuno che conosceva tutti i risvolti emotivi del gioco, e così conversavamo sempre volentieri.

In quella partita il mio fastidio fu provocato dalle simulazioni dei giocatori del Porto; lui fu sorpreso dalla mia reazione furiosa, credo. Avevo esagerato, non c'era bisogno di sfogarmi così con lui. Ero più arrabbiato con Keane, che si era fatto espellere. Sapevo che Martin O'Neill si era lamentato del comportamento dei giocatori di José nella finale di Coppa UEFA tra Porto e Celtic, vinta dal Porto. C'era già un sospetto, in me. Avevo visto la partita, ma non mi sembrava che fossero così diversi dalle altre squadre portoghesi, ma Martin O'Neill insisteva, e cominciai a persuadermi che la squadra di José fosse cinica.

La mia prima impressione, nella partita in trasferta, fu che Roy fosse stato vittima di un errore arbitrale, ma la moviola confermò che aveva tentato di lasciare il suo segno sul portiere avversario; così ci lasciò in dieci e fu squalificato per la gara di ritorno.

Nella partita dell'Old Trafford l'arbitro si comportò in modo strano. Eravamo in attacco, a tre o quattro minuti dalla fine della partita, e Ronaldo superò il terzino del Porto che lo mise giù. Il guardalinee agitò la bandierina, ma l'arbitro russo fece continuare il gioco e il Porto partì in contropiede e segnò.

Alla fine della partita mi congratulai con José. Quando vieni eliminato, devi sempre trovare un modo per augurare il meglio all'avversario. Ci bevemmo un bicchiere di vino e gli dissi: "Sei stato fortunato, ma in bocca al lupo per il prossimo turno."

La volta successiva che venne all'Old Trafford portò una bottiglia di vino delle sue, un Barca-Velha, e questo divenne una consuetudine, per noi. Il vino al Chelsea era orrendo, non capivo perché, e una volta dissi ad Abramovič: "Questa è acquaragia!" La settimana dopo mi mandò una cassa di Tignanello; un gran vino, uno dei migliori.

Riguardo alla corsa di José lungo la linea laterale dell'Old Trafford, anch'io ho fatto cose simili. Ripenso a quando segnammo contro lo Sheffield Wednesday e Brian Kidd era caduto in ginocchio sul campo, mentre io esultavo sulla linea. Ammiro le persone che mostrano le proprie emozioni, significa che tengono a ciò che fanno.

Quella vittoria in Champions contro lo United lanciò José. Battere il Celtic in finale di Coppa UEFA era un traguardo, ma vincere contro il Manchester United all'Old Trafford e continuare fino alla vittoria della Champions League era una dimostrazione del suo grande talento. Mi ricordo che gli dissi, nel 2008: "Non so quando mi ritirerò. È difficile, quando diventi vecchio, perché il ritiro ti spaventa." José disse: "Non ritirarti, mi stimoli ad andare avanti." Mi disse che stava affrontando altre sfide, ma che sicuramente un giorno avrebbe voluto tornare in Inghilterra. Vinse la Champions League con l'Inter e la Liga spagnola con il Real Madrid, per poi tornare al Chelsea nel giugno 2013.

Tutti quelli con cui ne parlo mi dicono che José è eccezionale con i giocatori, è meticoloso nei suoi programmi, cura i dettagli. Quando lo conosci è una persona piacevole, autoironica, che sa prendersi in giro; non so se Wenger o Benítez abbiano questa capacità.

Vedere José al lavoro con il Real Madrid, dopo la sua nomina nel 2010, era affascinante. Era il connubio più interessante che potessi ricordare nel calcio, un incontro speciale di stili di allenamento e di gioco. Ogni allenatore che lavorava al Real doveva aderire alla filosofia del club, la filosofia dei *galácticos*. Quando presero Mourinho, sono sicuro che si resero conto che avrebbero dovuto sposare la sua mentalità se volevano vincere la Champions League.

È come in ogni professione: con le nuove nomine improvvisamente tutto cambia, e gli stessi responsabili della nomina dicono: "Aspetta un attimo, non immaginavamo che sarebbe stato così." Ci saranno sicuramente stati dei tifosi, al Bernabéu, che pensavano: "Non mi piace così, non ho pagato per questo. Preferisco perdere 5-4 che 1-0."

Lo spettacolo di José a Madrid mi coinvolgeva. Era la sfida più grande della sua carriera. Aveva dimostrato l'efficacia del suo lavoro al Porto, al Chelsea e all'Inter, aveva vinto due Champions League con due club diversi. Sarebbe stato in grado di ridisegnare il Real Madrid secondo la sua filosofia di gioco? All'inizio sembrava che avrebbe potuto abbandonare i suoi principi più sacri per lasciare spazio all'attacco totale e all'esuberanza delle celebrità, ma sapeva che in questo modo non puoi vincere, nel calcio moderno. Il Barcellona attaccava con grande efficacia, ma quando perdeva palla difendeva; era un collettivo, una squadra che lavorava duro. Nel periodo in cui il Real raggiunse tre finali di Champions League in cinque anni, aveva i giocatori migliori: Zidane, Figo, Roberto Carlos, Fernando Hierro, Iker Casillas in porta e Claude Makélélé in mezzo al campo a spezzare il gioco avversario.

Mantenne lo stesso stile di gioco negli anni successivi, comprando giocatori olandesi in massa e David Beckham, van Nistelrooy e Robinho, ma dopo la finale di Glasgow nel 2002 la Champions League gli sfuggì sempre. Mourinho aveva dato prova di poter vincere con le grandi squadre, ma la domanda a cui mi interessava dare una risposta era se sarebbe stato in grado di farlo anche a Madrid.

José era senza dubbio un tipo pragmatico. Il punto fisso della sua filosofia di gioco era non perdere. La stagione precedente, nella semifinale di Champions League contro il Barcellona, sapeva che l'Inter avrebbe dovuto concedere il 65 per cento del possesso palla agli avversari. Tutte le squadre lo sapevano, la strategia del Barcellona prevedeva una presenza massiccia a centrocampo: se giocavi con quattro uomini, loro erano in cinque, se giocavi con sei loro rilanciavano con sette. Così facevano circolare il pallone, anche con passaggi alla difesa; tu finivi in mezzo a questa giostra e giravi, giravi, finché eri stordito. Ogni tanto, poi, capitavi sul pallone. Se uno guarda una giostra capisce cosa intendo: ti si incrociano gli occhi.

José, dunque, sapeva che l'Inter non avrebbe visto granché la palla contro il Barcellona, ma aveva le sue armi: concentrazione e posizionamento in campo. Esteban Cambiasso, il suo centrocampista centrale, era una pedina fondamentale in quella formazione: là dove c'era Messi c'era anche Cambiasso. Se Messi si spostava, Cambiasso gli andava dietro. Sembra una cosa da poco, ma, inserita in una strategia di squadra globale in cui tutte le operazioni difensive sono interconnesse, è meravigliosamente efficace. Tempo dopo, vidi una partita del Real Madrid in cui José fece tre sostituzioni negli ultimi quindici minuti, tutte di natura difensiva, per essere certo di vincere.

Ma questo fu molto tempo dopo le nostre battaglie di metà del decennio, quando il Chelsea vinse il suo primo campionato dopo cinquant'anni e si confermò campione dodici mesi dopo, nell'estate del 2006. La stagione 2004-2005 fu orribile, senza trofei, e l'anno dopo arrivò solo la vittoria in Coppa di Lega. La nuova squadra stava crescendo, e non potevo sapere che avremmo vinto tre campionati di fila.

La nostra strategia era quella di ricostruire la formazione in vista delle eventuali partenze di Keane, Giggs, Scholes e Neville. Tre di loro restarono poi in squadra, mentre Keane fu lasciato andare. Volevamo mettere insieme un gruppo di giovani che potesse crescere negli anni, con l'esperienza di Giggs, Scholes e Neville a guidarlo lungo il percorso. Ora posso ripensare a quel piano e dire che è stato un successo assoluto.

Sì, la stagione 2004-2005 fu improduttiva, e perdemmo la finale di FA Cup ai rigori con l'Arsenal, ma in quella partita avevo visto tutte le potenzialità di Rooney e Ronaldo; misero in ginocchio l'Arsenal, quel giorno, tirammo ventuno volte in porta. In Champions League, agli ottavi di finale perdemmo 1-0 contro il Milan sia all'andata che al ritorno, con entrambi i gol segnati da Hernán Crespo. La ricostruzione non mi spaventava, era un istinto naturale. Una squadra di calcio è come una famiglia: talvolta le persone vanno via. Nel calcio a volte devono andarsene, a volte vuoi che se ne vadano, a volte non decide nessuno dei due, quando ci si mettono di mezzo gli infortuni, o l'età.

Mi commuovevo quando i grandi giocatori ci lasciavano, e allo stesso tempo tenevo d'occhio i giocatori che erano a fine corsa, sentendo sempre una voce dentro di me che diceva: "Quando se ne andrà? Quanto durerà?" L'esperienza mi insegnò a fare scorta di giocatori giovani per i ruoli più importanti.

Così, quando scendemmo in campo il 10 maggio 2005 in casa contro il Chelsea, neocampione d'Inghilterra, non avevo nessuna intenzione di arrendermi alla ricchezza di Abramovič nei mesi che sarebbero venuti.

Psicologicamente era un grande momento per il Chelsea: aveva vinto il campionato per la prima volta in mezzo secolo e poteva finalmente vedersi sotto una nuova luce. Una lezione che imparammo fu che non si poteva partire piano se volevamo tenere testa al Chelsea, nostro nuovo avversario; la stagione dopo partimmo a razzo, ma poi la spinta si esaurì; toccammo il punto più basso a Parigi contro il Lille, quando una parte dei nostri tifosi fischiò i giocatori giovani durante il riscaldamento in conseguenza dello sfogo di Keane alla MUTV, in cui aveva dichiarato che alcuni della squadra non si impegnavano abbastanza.

Fu una cosa devastante: Roy aveva esasperato il problema del nostro scarso stato di forma dando la colpa ai compagni di squadra. In campo eravamo inguardabili, e la sconfitta per 1-0 di quella sera fu il mio punto più basso da molti anni a quella parte.

Lo stesso mese in cui Roy Keane lasciò il club, nel novembre 2005, morì George Best. Era un brav'uomo, George, un tipo gentile, un po' nervoso, in un certo senso. Non era a suo agio a parlare con te, aveva un'insicurezza che faceva impressione. Mi ricordo che una volta ero al bar con lui, in Giappone – era con un'amica –, e riusciva a malapena a parlare, sembrava bloccato dalla timidezza. Avrebbe potuto avere una bella vita, dopo il calcio, avrebbe potuto allenare i giovani, ma probabilmente gli mancava la personalità per farlo. Una cosa che pochi seppero capire è quanto fosse intelligente George. Il suo funerale fu triste, affollato e molto ben organizzato dalla città di Belfast; aveva l'atmosfera e la solennità di un funerale di Stato. Mi ricordo di avere guardato il padre di George, un uomo piccolo e umile, e di avere pensato: "Ha generato uno dei più grandi giocatori di tutti i tempi." Un piccolo uomo di Belfast, un uomo tranquillo; si poteva capire da dove George avesse preso la sua riservatezza.

Gli appassionati di calcio, nel suo paese, appartengono generalmente alla *working class*, e per qualche ragione amano i personaggi tormentati: Best, Gascoigne, Jimmy Johnstone. Rivedono sé stessi in quegli eroi imperfetti, capiscono la loro fragilità. Jimmy era una persona davvero piacevole, e i suoi scherzi non potevano non divertirti.

Ogni venerdì sera Jock Stein si metteva a fissare il telefono e sua moglie Jean gli diceva: "Ma perché guardi il telefono?"

"Perché sta per squillare," diceva Jock. "Il telefono squillerà."

E la frase tipica era: "Mr Stein? Qui è la polizia del Lanarkshire. Abbiamo qui il giovane Jimmy."

George Best, ovviamente, era uno dei mitici giocatori dello United vincitore della Coppa dei Campioni. E noi eravamo così lontani da simili glorie, in quella stagione. Wayne Rooney fu espulso nello 0-0 in casa del Villarreal, nel settembre 2005, per aver applaudito ironicamente Kim Milton Nielsen, che aveva già espulso David Beckham ai mondiali del 1998. Non era proprio il mio arbitro preferito; Nielsen era uno dei direttori di gara più irritanti in circolazione: quando vedevi il suo nome sulla lista rimanevi impietrito. In un'altra occasione, Rooney insultò Graham Poll una decina di volte, e Poll avrebbe potuto espellerlo, ma probabilmente gli piaceva avere le telecamere puntate addosso. Però almeno ebbe il buon senso di trattare Rooney da essere umano e di non infastidirsi per le sue imprecazioni; di sicuro Rooney ebbe più rispetto per Poll che per Nielsen. Quella fu la partita in cui Heinze si ruppe i legamenti del ginocchio, dopo che il suo agente ci aveva chiesto di cederlo.

Nel frattempo, dopo che fummo eliminati dalla Champions League – con una sconfitta per 2-1 in casa del Benfica, a dicembre –, la stampa cominciò con la teoria della data di scadenza. Essere criticato per l'inefficacia prolungata del mio lavoro avrebbe avuto senso, ma l'insinuazione che avessi perso a causa della mia età era davvero disgustosa; man mano che si invecchia, si accumula esperienza. Ci fu un momento, nel calcio, in cui grandi giocatori furono assunti come allenatori in Premier League senza avere alcuna esperienza, mentre allenatori esperti venivano cacciati. Si pensi a Bobby Robson, che fu esonerato dal Newcastle, o a Sam Allardyce, un allenatore capace che durò sei mesi, sempre a Newcastle. Ridicolo. Dover affrontare la stampa, il venerdì, fu irritante. Nessuno mi chiese esplicitamente: "Ha superato la data di scadenza?" Ma lo scrissero; usarono il potere della penna per danneggiare un allenatore.

Il processo di miglioramento ha le sue logiche. I tifosi potevano dire: "Quel che scrivono è vero, io lo dico da anni." Io sapevo dove stavamo andando, e sapevo che ci voleva un po' di tempo; non troppo, però, perché in quel momento della mia carriera non potevo godere di spazi di manovra illimitati. Se non avessi saputo che stavamo per diventare di nuovo una buona squadra, me ne sarei andato di mia iniziativa; ma avevo fiducia in Rooney e Ronaldo, nell'ottima rete di osservatori e nel fatto che avremmo trovato i giocatori che ci avrebbero riportato al nostro livello abituale. Anche se vincemmo solo la Coppa di Lega, nel 2006 ci furono alcune buone prestazioni.

Recuperammo la forma dopo la sconfitta con il Benfica, e vincemmo con Wigan, Aston Villa, West Brom e Bolton, arrivando a nove punti dal Chelsea, in campionato. Poi arrivarono Evra e Vidić. Facevamo esercizi specifici per la difesa quasi ogni settimana, specialmente sui cross: posizioni, modo di attaccare la palla, movimento degli attaccanti contro i difensori, con i terzini che entravano. Iniziavamo dal cerchio di centrocampo, con due attaccanti e due gruppi di giocatori larghi a destra e a sinistra: la palla veniva calciata verso uno degli attaccanti, che tirava in porta; appena succedeva questo, un altro pallone veniva crossato dalla fascia e un altro ancora veniva buttato in mezzo dal limite dell'area di rigore. I difensori dovevano reagire al tiro, al cross e alla palla che arrivava in area. Tre test in uno.

La cultura del nostro gioco è cambiata: chi potrebbe fare dei nomi di centrali a cui piace davvero difendere? A Vidić piaceva, amava gettarsi nella mischia. Avresti detto che i confronti uno contro uno gli davano i brividi. Anche Smalling è un po' così, gli piace difendere. Vidić era un tipo arcigno, inflessibile. Un serbo orgoglioso. Nel 2009 venne da me per dirmi che avrebbero potuto arruolarlo.

"In che senso, arruolarti?" chiesi allarmato.

"Kosovo. Ci andrò," disse. "È il mio dovere." Era convinto.

La ricerca di nuovi talenti attraversava le frontiere e i continenti: Gérard Piqué lo scoprimmo a un torneo giovanile. L'acquisto di Cesc Fàbregas da parte dell'Arsenal aveva aperto le porte dell'ottimo vivaio del Barcellona, e sapevamo il fatto nostro quando contattammo la famiglia Piqué. Il problema era che il nonno del giocatore era stato un membro della dirigenza al Nou Camp, e la famiglia di Gérard aveva radici profonde nella storia del Barcellona.

Anche loro avevano cambiato allenatore diverse volte, ed erano in trasformazione continua. Piqué era un gran giocatore, e mi dispiacque quando venne a dirci che voleva tornare in Spagna; era molto abile nei passaggi, aveva una grande personalità e una mentalità vincente. Nella sua famiglia erano tutti vincenti, persone di successo; era evidente anche nei suoi genitori. Sfortunatamente, non volle aspettare che Ferdinand e Vidić facessero il loro tempo; fu un peccato, Piqué ed Evans sarebbero stati una bella coppia per i dieci anni successivi.

Quando giocammo contro il Barcellona nella semifinale di Champions League, pareggiando 0-0, il padre di Gérard venne a trovarmi in hotel – erano persone molto gentili – e mi spiegò che il Barcellona avrebbe voluto riprendersi il ragazzo. Anche i suoi genitori sarebbero stati contenti di riaverlo a casa, sentivano la sua mancanza. Gérard, poi, voleva giocare titolare e pensava di potersi guadagnare il posto, a Barcellona. Era tutto chiaro. Il costo finale dell'operazione fu 8 milioni di euro; l'avevamo pagato 180.000 sterline, come previsto dalle regole FIFA dell'epoca.

In seguito i grandi club europei presero provvedimenti per fermare le incursioni inglesi: non erano contenti che giocatori come Piqué e Fàbregas continuassero ad andarsene, anno dopo anno. Da parte nostra, cercando talenti in Inghilterra avremmo pagato 5 milioni di sterline per un giocatore da prima squadra; perché, però, ci veniva chiesto di pagarne 500.000 per uno che poi non sarebbe riuscito a fare il salto? Richard Eckersley fu un caso interessante: il Burnley ci offrì 500.000 sterline; noi volevamo un milione, dato che avevamo cresciuto il ragazzo per dodici anni. La spesa dovrebbe rivelarsi giustificata quando il giocatore comincia a giocare in prima squadra. Non credo che la squadra venditrice dovrebbe lamentarsi, specialmente se mantiene il diritto a una percentuale sulle vendite future.

Tutti facciamo errori di valutazione, e anch'io ne ho fatti alcuni in questi anni con Kléberson, Djemba-Djemba e altri. Me la fecero scontare cara per Ralph Milne, anche se lo avevamo pagato solo 170.000 sterline; venivo preso in giro, lo staff degli allenatori mi diceva: "Capo, ci serve un altro Ralphy Milne." I miei collaboratori sono stati con me per più di vent'anni, e non dimenticano nulla. William Prunier era un altro per cui mi prendevano in giro. Anche Patrice Evra, con quel tono acuto, un giorno mi disse: "Mister, ma davvero ha allenato William Prunier?"

Ryan Giggs restò a bocca spalancata mentre aspettava la risposta.

"Sì, venne qui in prova, una volta," dissi bruscamente.

"In prova?" squittì Evra. Non avrebbe lasciato perdere. "E per quanto tempo?"

"Due partite."

"Una prova di due partite?"

"Sì, e fu un disastro!"

Patrice aveva raggiunto il suo obiettivo.

La prima cosa da fare con un nuovo giocatore è aiutarlo a sistemarsi: banca, casa, lingua, trasporti e così via. È un processo, e la lingua è la parte più complessa. L'inglese di Valencia, ad esempio, fu un problema. Per lui era più che altro un problema di fiducia in sé stesso. Io so leggere e scrivere in francese, ma mi manca la sicurezza per parlarlo; Antonio lo sapeva e un giorno mi chiese: "Come va con il francese?" Aveva ragione, ma gli spiegai che, se avessi lavorato in Francia, mi sarei sforzato di imparare bene la lingua; dato che lavorava in Inghilterra, lo stesso valeva per lui.

Come giocatore, era dannatamente coraggioso: non potevi intimidire Valencia, veniva dalle favelas. Ovviamente era uno rissoso, duro. Nei contrasti non si tirava mai indietro, usava le braccia sull'avversario.

Un altro grande acquisto dell'estate 2006 fu Michael Carrick; ci piaceva da un po', e David Gill venne a sapere che gli Spurs stavano valutando di venderlo. “Quanto pensi che valga?” mi chiese David.

“Se lo prendi con 8 milioni fai un buon affare,” dissi io.

Mi ricorderò sempre la risposta con cui tornò David: “Daniel Levy dice che dovrai spingerti un po’ più a nord prima che accettino.”

Contrattammo per settimane. Guardammo giocare Michael contro l’Arsenal, a fine stagione, e Martin mi disse: “È certamente uno da Manchester United.” Fu l’uomo-partita. Il prezzo iniziale fu di 14 milioni di sterline, credo, e con le varie clausole si salì fino a 18.

Michael aveva un talento naturale nei passaggi, in un momento in cui Scholes andava verso i 35 anni. Ciò che mi impressionò di Carrick fu che cercava sempre il passaggio in avanti; agiva in una vasta area di campo e sapeva cambiare il gioco. Pensavo che i passaggi lunghi fossero gli unici che potevamo sfruttare con i giocatori che avevamo. Dopo un paio di mesi gli dicemmo che non capivamo come mai non avesse ancora segnato: in allenamento tirava bene in porta, ma in partita non era mai pericoloso in zona tiro. Cercammo di migliorarlo sotto quell’aspetto: gli concedemmo maggiore libertà, tentando di far venire fuori qualità che forse non pensava nemmeno di avere. Probabilmente con gli Spurs era abituato a una posizione più arretrata e provava raramente l’inserimento in area; con noi scoprì nuove qualità nel suo gioco.

Era un ottimo giocatore, Michael, un ragazzo timido a cui ogni tanto bisognava dare una scossa. Non cominciava mai la stagione particolarmente bene, per ragioni che non riuscivamo a capire e di cui discutemmo con lui, ma normalmente si metteva a posto intorno alla fine di ottobre. Ha una sorta di noncuranza che fa sì che il suo valore e la sua tempra vengano sottovalutate.

Quando mi ritirai, Mourinho tornò al Chelsea, squadra in cui precedentemente aveva giocato il mio giocatore straniero preferito – senza considerare quelli dello United, ovviamente. Gianfranco Zola era una meraviglia. Mi ricorderò sempre un gol che ci fece allo Stamford Bridge, quando tirò indietro la gamba per calciare ma fece una pausa prima di effettuare la conclusione; mentre stava per tirare, Big Pally arrivò in scivolata e continuò oltre, mentre Zola tirava indietro il pallone. Che sgridata si prese Pally, quel giorno; uno dei ragazzi gli disse: "Ma non potevi rimanere in piedi?" Zola mi piaceva perché giocava con il sorriso.

13.
IL CONFRONTO CON WENGER

Sul campo di battaglia non sei la stessa persona che sei in chiesa. Fuori dal campo, Arsène Wenger è un tipo tranquillo, di buona compagnia, e ha molti argomenti di conversazione: possiamo parlare di vini, o di altre cose. Nei raduni della UEFA si preoccupa di aiutare gli altri allenatori, ed è un membro responsabile della nostra categoria. Quando si tratta della sua squadra, però, nei giorni delle partite, è una persona completamente diversa.

Ho sempre pensato di riuscire a capire Arsène, mi identifico con il brusco cambiamento che avviene in lui quando l'arbitro fischia: anche io sono un po' così. La caratteristica che condividiamo di più è l'odio assoluto per la sconfitta. Quando persi contro il Raith Rovers, all'inizio della mia carriera al St Mirren (ci fecero a pezzi), mi rifiutai di stringere la mano a Bertie Paton, allenatore del Raith Rovers, che era stato un grande amico e compagno di squadra al Dunfermline. Be', Bertie mi corse dietro per protestare. Oh sì, a volte ti serve una lezioncina, quando hai torto, e io quel giorno avevo torto. Fu un piccolo promemoria del fatto che la vita è più grande del gioco; comportarsi così è gretto e poco dignitoso.

Alla fine, io e Arsène eravamo molto amici; eravamo entrambi dei sopravvissuti e rispettavamo i rispettivi sforzi di giocare un buon calcio. Ma ci furono anche dei contrasti, negli anni. Il primo fu quando lui si lagnò del fatto che io avevo protestato per il calendario del campionato. Una protesta per una protesta. Allora io risposi con un po' di malizia: "È appena arrivato dal Giappone, che cosa ne vuol sapere?" Ed era vero.

Nei due anni successivi fu Arsène a lamentarsi del calendario troppo denso di impegni. Un allenatore straniero che arriva e pensa di poter giocare cinquantacinque partite in una stagione senza fare aggiustamenti non sa che cosa dice. È un campionato estenuante, che prosciuga ogni energia. Per questo, nel calcio moderno, devi cambiare la formazione e distribuire il carico di lavoro. Arsène imparò ad adattarsi, superando lo shock iniziale di giocare sabato, poi mercoledì, poi di nuovo sabato.

La prima volta che il suo Arsenal giocò contro di noi all'Old Trafford, venne nel mio ufficio. Avevamo un buon rapporto, all'inizio, ma i problemi cominciarono quando perse una partita con una delle sue formazioni migliori: trovava difficile riconoscere i difetti della sua squadra e se la prendeva con l'avversario, spesso lamentandosi dei contrasti. Non fu facile per lui accettare che gli avversari potevano entrare duro sui suoi giocatori. A volte sembrava giudicare troppo duro il semplice atto del contrasto: in qualche modo sembrava pensare che nessuno avrebbe dovuto provare a contrastare i suoi giocatori.

Comunque, ho visto giocare le migliori formazioni del suo Arsenal, e sono sempre rimasto impressionato. Mi sono sempre piaciute le squadre di Arsène. Giocarci contro significava affrontare sfide che richiedevano ore di preparazione e ragionamento: ho sempre sentito di dover studiare tutto ciò che faceva l'Arsenal, perché si trattava di una squadra che riusciva a essere pericolosa in diverse zone del campo. Le partite contro il Chelsea presentavano altri tipi di problemi, perché ti trovavi davanti giocatori d'esperienza, che conoscevano tutti i trucchi del mestiere; l'Arsenal, invece, giocava apertamente.

Nei primi anni di Arsène il club aveva delle statistiche disciplinari tra le peggiori in assoluto, ma non si poteva dire che avesse giocatori cattivi o che fosse una squadra che giocava sporco. Steve Bould e Tony Adams ti facevano sputare sangue, questo lo sapevano tutti, ti marcavano stretto tutto il tempo, ma sostanzialmente non era una squadra cattiva: sarebbe più corretto dire pericolosa e maschia. Era un gruppo combattivo: ho nominato Bould e Adams; poi comprarono Patrick Vieira, grande agonista che sapeva contrastare, marcare. Nigel Winterburn sembrava un agente della narcotici, sempre tra i piedi. Ian Wright, che a quei tempi era la loro prima punta, aveva uno scatto bruciante.

Inaspettatamente, nel 2010 Arsène criticò Paul Scholes, dicendo alla stampa che aveva "un lato oscuro". Non aveva motivo di parlare di uno dei miei giocatori: non dovevamo giocare contro l'Arsenal, quella settimana, e non c'erano stati problemi tra di noi. A quell'epoca Paul Scholes aveva vinto dieci campionati e una Champions League, e Arsène era lì che parlava del suo "lato oscuro". Assurdo.

I giocatori possono sorprenderti con grandi performance, ma anche con partite orrende, e Arsène aveva difficoltà ad accettare questo fatto come una delle cause di una sconfitta: il calcio tira fuori il meglio e il peggio delle persone, perché il coinvolgimento emotivo è grande. In un match molto teso un giocatore può farsi prendere dal nervosismo per un attimo, o può perdere la testa, e a te non resta che rammaricartene. L'Arsenal si trovò spesso in situazioni del genere, ma Arsène faticava a credere che le debolezze e i crolli emotivi potessero farti perdere le partite. A volte la spiegazione è dentro di te.

Non sto dicendo che gli allenatori riescono a vedere tutto, ma vediamo molte cose, e la classica frase di Arsène dopo una partita – "Non l'ho visto" – io non la uso. Preferisco dire: "Dovrei rivederlo." Sostanzialmente il messaggio è lo stesso, ma con questa frase si può guadagnare tempo; il giorno dopo, o comunque dopo poco tempo, ogni questione diventa vecchia, e accade sempre qualcosa di nuovo che finisce per distogliere l'attenzione da te.

Sono stato espulso otto volte, nella mia carriera, e l'ultima è stata la più stupida, perché ero l'allenatore. Un avversario stava picchiando duro uno dei nostri giocatori e dissi al mio assistente Davie Provan: "Ora entro in campo e lo sistemo." Davie disse: "Non essere stupido, stai seduto."

"Se se la prende ancora con il nostro Torrance, ci penso io." Ovviamente lo fece. "Ok, ora vado."

Due minuti dopo ero di nuovo fuori.

Nello spogliatoio dissi: "Se qualcuno dice una parola su quel che è successo siete tutti morti." Pensavo che l'arbitro fosse girato quando lo colpii: era alto uno e novanta, un marcantonio.

Il mio primo scontro con un allenatore dell'Arsenal fu con George Graham. Guardavo l'epilogo del campionato 1989 in camera da letto, e avevo detto a Cathy: "Non passarmi nessuna telefonata." Quando Michael Thomas segnò il gol contro il Liverpool che diede la vittoria all'Arsenal, andai fuori di testa. Due anni dopo, l'Arsenal vinse di nuovo, battendoci 3-1 nell'anno in cui vincemmo la Coppa delle Coppe. Un anno, dopo la partita a Highbury, rimasi con George, che aveva una fantastica collezione di whisky. "Ne vuoi uno?" chiese. "Non bevo whisky," risposi io. Così George aprì una bottiglia di vino.

"Quale di questi *single malt* offri agli ospiti?" chiesi.

"Nessuno. Non offro *single malt*, ma del semplice Bell's blended," disse.

"Tipico scozzese," dissi io.

George rise: "Questa è la mia pensione."

Il nostro primo incontro all'Old Trafford fu una guerra. Dopo, George fu convinto da un comune amico a passare nel mio ufficio. Parola mia, a quei tempi era davvero duro giocare contro il suo Arsenal. Quando Arsène subentrò, dopo la breve permanenza di Bruce Rioch, non sapevo molto di lui.

Un giorno chiesi a Eric Cantona: "Com'è Wenger?" Eric disse: "Secondo me è eccessivamente difensivo." "Oh, bene," pensai io. Infatti all'Arsenal cominciò con cinque uomini dietro. Ma quando li vedi giocare, ora, non diresti nemmeno per un secondo che sono una squadra difensiva. La critica di Eric mi fa sorridere ancora oggi.

Alla fine degli anni novanta, e nella prima parte del nuovo millennio, l'Arsenal era il nostro principale avversario. Non c'era nessun altro all'orizzonte: Liverpool e Newcastle ebbero brevi periodi di egemonia e il Blackburn un anno vinse il campionato, ma, se si guarda alla nostra storia prima dell'arrivo di Mourinho al Chelsea, non c'erano altre minacce al nostro predominio, oltre all'Arsenal. Il Chelsea se la poteva giocare bene nelle coppe, ma non avrebbe mai potuto scalare la vetta della Premier League.

Quando il Blackburn provò a metterci in difficoltà, sapevamo che non avrebbe resistito molto, perché non c'erano i precedenti storici per un successo così grande da parte loro. La loro vittoria del campionato è stata una bella cosa per il calcio e per Jack Walker, il presidente che aveva portato nel club molti grandi giocatori, su tutti Alan Shearer. Fu un periodo fantastico per il Blackburn, ma l'esperienza insegna a temere solo quegli avversari che aspirano al titolo per tradizione; dal fatto che l'Arsenal e lo United fossero stati testa a testa per così tanto tempo si poteva dedurre che i Gunners avessero dalla loro una storia e un'identità forte.

Nel loro stadio, durante il mio penultimo anno da allenatore dello United, pranzai nella sala del consiglio e mi dissi: "Questa è classe, classe vera." A Highbury fissavo il busto di Herbert Chapman, pensando che ogni sensazione di nostalgia fosse superata dal senso di solidità e fermezza che davano quelle stanze di marmo. Il successo aveva sempre abitato lì, dagli anni trenta di Herbert Chapman in avanti.

I loro spogliatoi sono fantastici. I vantaggi di costruire uno stadio completamente nuovo sono enormi; hai carta bianca. Ogni dettaglio degli spogliatoi dell'Arsenal è conforme alle direttive di Arsène: ha previsto tutto ciò che può servire a una squadra di calcio. Al centro della stanza c'è un tavolo di marmo dove si mette il cibo, e dopo la partita ognuno si serve; un altro segno di classe. Lo staff ha le sue stanze.

Per questo non ho mai smesso di preoccuparmi dell'alto livello a cui poteva giocare l'Arsenal quando ci scontravamo: la tradizione ci sosteneva, ma sosteneva anche loro, e avevano l'allenatore giusto. Arsène era quello giusto davvero, avevo sempre saputo che, una volta arrivato in Inghilterra, avrebbe piantato le tende e non se ne sarebbe più andato. A un certo punto c'era stato il sospetto che potesse andare al Real Madrid, ma io non ho mai pensato che potesse lasciare l'Arsenal. Mai. Mi dicevo: "Bisogna rassegnarsi, starà qui per sempre. Mi ci dovrò abituare."

A volte c'era tensione. Anche se Arsène non si fermava mai per un drink dopo la partita, Pat Rice, il suo assistente, passava sempre a farsi un bicchiere, almeno fino alla faccenda della pizza all'Old Trafford.

I miei ricordi di quel famoso incidente sono che Ruud van Nistelrooy era arrivato negli spogliatoi lamentandosi del fatto che Wenger l'aveva rimproverato, dopo la partita. Immediatamente uscii dalla stanza e andai da Arsène: "Lascia in pace i miei giocatori." Era furibondo perché aveva perso, questa era la ragione del suo comportamento.

"Dovresti preoccuparti dei tuoi giocatori," gli dissi. Era livido, teneva i pugni serrati. Avevo io il controllo, lo sapevo. Arsène aveva una questione aperta con van Nistelrooy: mi ricordo che disse che avrebbe potuto prenderlo, ma poi aveva deciso che non era abbastanza bravo per giocare nell'Arsenal. Ero d'accordo con lui sul fatto che non fosse un gran giocatore, però faceva un sacco di gol.

Comunque, tutto quel che so è che un momento dopo mi ritrovai coperto di pizza. Portavamo del cibo nello spogliatoio della squadra ospite dopo ogni partita: pizza, pollo, cose così. Molti club lo fanno. Il cibo migliore era quello dell'Arsenal.

Dicono che sia stato Cesc Fàbregas a tirarmi la pizza, ma ancora oggi non so precisamente chi fu il colpevole. Il corridoio fuori dagli spogliatoi si riempì di gente. L'Arsenal veniva da un record di imbattibilità di quarantanove partite e voleva festeggiare la cinquantesima sul nostro campo; quella sconfitta sembrò mandare fuori di testa Arsène.

Quel giorno creò una divisione tra di noi, senza dubbio, ed ebbe effetti anche su Pat Rice, che smise di passare per un drink dopo le partite. La frattura si ricompose solo dopo la semifinale di Champions League del 2009, quando Arsène ci invitò nel suo ufficio dopo la partita e ci fece i complimenti. Quando ci scontrammo all'Old Trafford, qualche settimana dopo, Arsène si fermò insieme a Pat, anche se solo per pochi minuti.

Gli incidenti che capitano nel calcio riflettono i normali conflitti della vita, della nostra stessa vita quotidiana, a volte. Come quando tua moglie smette di parlarti e tu pensi: "Cristo, che cosa diavolo ho fatto?"

"Com'è andata oggi?" chiedi. "Bene," borbotta lei. Poi la rabbia passa e si ritorna alla normalità. Il calcio è così; non avrei sopportato che il silenzio tra me e Arsène durasse tanto da diventare astioso.

Per quanto mi riguardava, avevo una formula per la sconfitta: dopo che avevo detto la mia nello spogliatoio, prima di superare quella porta e affrontare i giornalisti, la televisione, prima di parlare con il tecnico avversario, dicevo a me stesso: “Dimenticatela. È passata.” Lo facevo ogni volta.

Quando la gente veniva nel mio ufficio, allo stadio, dopo la partita, mi assicuravo che ci fosse sempre una bella atmosfera: nessun gelo, nessuna tristezza, nessuna recriminazione contro l’arbitro.

Quando l’Aston Villa ci batté all’Old Trafford, nella stagione 2009-2010, fu la prima loro vittoria in casa nostra dopo decenni. Martin O’Neill, con cui mi era sempre piaciuto conversare, praticamente si trasferì nel mio ufficio, con moglie e figlia, per un’ora e mezza; fu una bella serata. John Robertson, l’assistente di Martin, e alcuni miei amici si unirono a noi e diventò una festicciola vera e propria. Finì che dovettero riaccompagnarmi a casa.

Quando perdemmo al terzo turno di FA Cup contro il Leeds United, il fisioterapista del Leeds, Alan Sutton, era nel mio ufficio e non riusciva a smettere di ridere. Mentre se ne andava gli dissi: “Ma stai ancora ridendo?”

“Non riesco a smettere,” disse lui. Era la prima volta nella mia carriera all’Old Trafford che il Leeds ci batteva in casa, e lui non era letteralmente in grado di smettere di ghignare. La sua allegria era contagiosa, ma uno deve dire a sé stesso: sono un essere umano, devo conservare la mia dignità.

Ero ospitale in questo modo con tutti gli allenatori che mi raggiungevano dopo la partita.

Negli ultimi anni ho visto Arsène cambiare. Mentre gli Invincibili crescevano, attraversavamo una fase di transizione; intorno al 2002 stavamo ricostruendo la squadra, mentre l'Arsenal della stagione 2001-2002 vinse il titolo sul nostro campo, ovviamente, e fu salutato dai nostri tifosi con una standing ovation. Un pregio dei tifosi del Manchester United è che sanno riconoscere la classe. C'erano momenti in cui pensavo, amaramente: "Su, applauditeli, perché no? Intanto io vado negli spogliatoi a tirare un po' su i giocatori." Ma sono fatti così. Mi ricordo la loro standing ovation per il brasiliano Ronaldo, dopo la tripletta che ci rifilò in Champions League. Mentre lasciava il campo, Ronaldo sembrava sconcertato, e anche il suo allenatore. "Strano club, questo," devono aver pensato. Anche l'ultima partita in Inghilterra di Gary Lineker con gli Spurs fu festeggiata calorosamente. Ma ci sarebbero altri esempi. Questo porta il calcio ai suoi massimi livelli: quando vedi classe, emozioni e divertimento hai l'obbligo di riconoscerli.

Questa gente ha visto tutte le migliori formazioni dello United, per cui sanno che cos'è una buona squadra; hanno le competenze necessarie per saperlo. E allo stesso modo riconoscono i grandi giocatori. Oltre a tutto questo, sanno ammettere la sconfitta. Non c'è nulla da fare, è inutile tenere il broncio. La partita del 2002 all'Old Trafford quasi non fu una partita per me, in un certo senso, anche se ci giocavamo il secondo posto; era già ovvio che la squadra di Arsène avrebbe vinto il titolo, era come se il destino avesse deciso così.

In quei momenti di sconfitta e accettazione cominciai a capire dove dovevamo andare. Quel che mi dicevo era: "Non mi fa piacere, ma dobbiamo accettare la sfida, dobbiamo migliorare." Né io né il club avremmo ceduto a considerazioni catastrofiche, pensando che fosse la fine, il fallimento di tutto il nostro lavoro; non avremmo mai osato farlo.

Ogni volta che situazioni del genere ci mettevano alla prova, coglievamo l'occasione per fare gruppo e cercare di migliorare ancora. Erano momenti che motivavano, che mi spingevano avanti. Dirò di più: non so se senza quegli stimoli avrei amato così tanto il mio lavoro.

Negli anni successivi capimmo di più il pensiero di Arsène: aveva un modello dei suoi giocatori e di come dovevano giocare. Da parte nostra, non dovevamo cercare di strappare il pallone all'Arsenal, dovevamo intercettarlo, e avevamo bisogno di giocatori bravi che sapessero intercettare. Lo avevamo capito quando la palla era arrivata a Fàbregas che, spalle alla porta, l'aveva restituita ed era andato a prendersi il passaggio di ritorno. L'aveva data via di prima e l'aveva ricevuta dopo aver aggirato il difensore. Così avevamo detto ai giocatori: "Marcate quello che si muove, e intercettate il passaggio." Poi avevamo contrattaccato in velocità.

Erano più pericolosi all'Old Trafford che a casa loro. In trasferta non si sentivano obbligati ad attaccare a testa bassa, ed erano più difensivi.

Il Barcellona era molto più organizzato dell'Arsenal: quando perdevano la palla cercavano di riconquistarla con tutti i giocatori a disposizione. L'Arsenal non era così votato al recupero immediato della palla. Il Barcellona, poi, a volte imitava l'Arsenal con azioni anche troppo elaborate; si divertivano molto. Contro il Real Madrid, al Bernabéu, nel 2009, Messi faceva gli uno-due in area; non una volta, ma due o tre, mentre i difensori del Real non sapevano più cosa fare. Vinsero 6-2, ma per un attimo pensai che avrebbero buttato via la partita.

Tutti dovevamo ammettere che, a volte, alcuni nostri giocatori entravano troppo duro, ma Arsène non ci riusciva, era una sua debolezza. Non è un crimine riconoscere la responsabilità di un giocatore che viene espulso; di sicuro non faceva piacere, perché così metteva la squadra nei guai. Ebbi alcune discussioni con Paul Scholes a riguardo, e arrivai a multarlo per le sue sciocchezze; non mi arrabbiavo se un giocatore veniva ammonito per un contrasto, ma se veniva espulso per un'entrata stupida – e a Scholesy succedeva – allora lo multavo. Ma se ti aspetti che un giocatore faccia un'intera stagione senza infrangere le regole del gioco, stai sperando in un miracolo.

L'idea di centrocampo più leggero che Arsène aveva, negli ultimi anni della mia carriera, si capiva dai giocatori che comprava. Samir Nasri si liberò e lui lo prese; si liberò Rosický e prese anche lui, perché era il suo tipo di giocatore; poi fu il turno di Arshavin. Quando compri tanti giocatori così, ti ritrovi sostanzialmente dei cloni. La squadra che Arsène ereditò lo introdusse nel calcio inglese, percorremmo due strade parallele fino alla fine, sicuramente uniti dal desiderio di trovare giocatori giovani e di farli crescere a nostra immagine.

Una volta, prima di una partita contro l'Arsenal, Aaron Ramsey mi disse che aveva scelto la squadra di Arsène invece della mia perché l'Arsenal produceva più giocatori dello United.

Pensai: "Ma dove vive questo?" Un ragazzo a volte può venire manipolato e dire cose così. Rifiutare lo United fu una sua decisione, non ho problemi in proposito; devo dire, però, che credo abbia fatto la scelta sbagliata, anche se da noi avrebbe avuto più concorrenza per un posto da titolare. L'Arsenal non ha prodotto la maggior parte dei giocatori che ha; li ha cresciuti, ma non è la stessa cosa. Li ha comprati in Francia e un po' dappertutto. L'unico vero prodotto dell'Arsenal che mi viene in mente è Jack Wilshere.

Giggs, Neville, Scholes, Fletcher, O'Shea, Brown, Welbeck: tutti prodotti dello United.

Ci risiamo: non posso che sentirmi in competizione con Arsène, mio rivale per diciassette anni.

14.
LA CLASSE DEL 1992

Ogni volta che un membro della grande generazione venuta su dal vivaio lasciava il club, contavo quelli che rimanevano. Due di loro rimasero con me fino alla fine della mia carriera: Paul Scholes e Ryan Giggs. Gary Neville ci arrivò vicino. Ancora oggi li vedo ragazzini, che si fanno gli scherzi dopo l'allenamento. Scholesy cercava di colpire con la palla la nuca di Nicky Butt, o di Gary, più spesso. Era davvero un tormento. Quella mezza dozzina di ragazzi era inseparabile.

Erano uomini veri, gente di cui odiavi privarti; capivano il club e la sua filosofia, ti stavano accanto, difendevano i principi su cui poggiava il nostro lavoro. Ogni genitore ha in mente il momento in cui il figlio ventunenne annuncia che sta per prendersi un posto tutto suo, o che va a vivere con la fidanzata, o che intende accettare un lavoro in un'altra città. Se ne vanno. Per me è stato così, nel calcio.

Mi affezionai molto ai ragazzi che erano stati con me fin dall'adolescenza, la cosiddetta "classe del 1992". Li avevo visti crescere da quando avevano 13 anni.

Nicky Butt era uno di loro: assomigliava a un personaggio dei fumetti che stava sulla copertina del giornalino

"Mad": lentiggini, orecchie grandi e dentoni sporgenti. Dispettoso, furbo. Mi presi cura di loro tanto a lungo che diventarono una sorta di famiglia; li sgridavo più degli altri perché li consideravo parenti, più che dipendenti. Nicky ne combinava sempre una, era un bulletto; era coraggioso come un leone, non rifiutava mai una sfida.

Era uno dei giocatori più benvoluti della storia del club, un vero tipo da Manchester, con i piedi per terra e uno spirito forte. Come Phil Neville, Nicky a un certo punto giocava troppo poco per le sue esigenze, e fu costretto a guardarsi intorno. Lo lasciammo andare per una cifra molto bassa, 2 milioni di sterline, ma uomini così non ci dovevano un penny; non li avevamo pagati nulla, erano venuti su dal vivaio. I soldi pagati per Nicky furono una cifra simbolica, per permettergli di trovare la sistemazione migliore. Poco prima di ritirarsi, parlò di noi come del suo club.

Alle mie spalle, sono certo che questi ragazzi si lamentassero perché me la prendevo sempre con loro: "Oh, di nuovo io," pensavano, probabilmente. "Perché ogni tanto non dice qualcosa anche a quello là?"

Il primo che rimproverai fu Giggsy, benedetto lui. Quando erano giovani non replicavano mai, ma con il tempo Ryan imparò a difendersi, Nicky ogni tanto reagiva e Gary ogni tanto ci provava. Ma Gary litigava con la sua ombra, ogni giorno aveva qualcosa da ridire. Si svegliava alle sei del mattino con i giornali e mandava messaggi a Di Law, e in seguito a Karen Shotbolt, dell'ufficio stampa: "Hai letto questo sul 'Telegraph' o sul 'Times'?"

Dicevamo sempre che Gary si svegliava arrabbiato; aveva una natura polemica. È una persona diretta: se vede errori o difetti, li fa notare. Istintivamente, di fronte a una situazione problematica, non cercava di negoziare una via d'uscita, ma esprimeva il proprio punto di vista con fermezza. Non cercava il consenso, esplodeva; potevo vedere un piccolo problema diventare gigante, nella sua testa. Ma sapeva quali erano i limiti della mia pazienza. Gli dicevo: "Gary, vai a dar fastidio a qualcun altro". Allora rideva, e le acque si calmavano.

Se provo a immaginare cosa sarebbero stati questi vent'anni senza di loro, non riesco a vedere le basi della squadra; ci hanno dato stabilità. Il Manchester United è noto per i grandi giocatori che ha avuto nei miei ventisette anni da allenatore, da Bryan Robson a Norman Whiteside, da Paul McGrath a Cantona e Ronaldo. Ma i ragazzi del vivaio avevano dentro di loro lo spirito del Manchester United; questo davano al club, lo spirito. Erano l'esempio, per il nostro staff di allenatori, di dove si può arrivare coltivando i giovani, erano un punto di riferimento per i ragazzi che stavano crescendo. La loro presenza, per i diciannovenni delle giovanili, significava: "Può succedere, il prossimo Cantona può venire fuori dalla nostra scuola calcio, dal nostro campo d'allenamento."

Mi ricorderò sempre il primo giorno al club di Paul Scholes: arrivò con un ragazzino di nome Paul O'Keefe, il cui padre, Eamonn, aveva giocato nell'Everton. Stavano dietro a Brian Kidd, che mi aveva detto che avrebbe portato due ragazzini che gli erano piaciuti. Avevano 13 anni. "Dove sono i bambini?" chiesi a Brian. Erano talmente piccoli che la figura di Brian li nascondeva: erano alti circa un metro e quaranta. Li guardai e pensai: "Come faranno a diventare calciatori?" Quest'episodio divenne un classico, nel club. Quando Scholesy arrivò nelle giovanili, dissi agli altri allenatori: "Quello Scholes non può farcela, è troppo piccolo." A 16 anni si unì definitivamente alla squadra, ed era ancora minuscolo; poi crebbe parecchio, a 18 anni era dieci centimetri in più.

Paul non diceva mai una parola, era incredibilmente timido. Suo padre era stato un buon giocatore, ed entrambi venivano soprannominati Archie. Quando avevo sollevato i primi dubbi sulla sua corporatura non l'avevo ancora visto giocare una partita, anche se l'avevo visto allenarsi alla scuola calcio. Al centro sportivo insegnavamo principalmente la tecnica. Quando entrò a far parte della squadra A delle giovanili giocava come punta centrale: "Non ha il passo per giocare da attaccante," avevo detto. Allora lo fecero giocare dietro la punta. In una delle prime partite al Cliff, fece un tiro di controbalzo da appena fuori area così potente che mi tolse il fiato.

"È bravo, ma non penso che ce la farà. È troppo piccolo," dissi a Jim Ryan, che era lì con me. Divenne una frase classica, al club: "Scholesy: è troppo piccolo."

Man mano che il tempo passava, Paul Scholes cominciò ad avere problemi di asma. Non giocò con la squadra giovanile nell'anno in cui vinsero la FA Cup. Beckham si unì alla squadra solo nelle ultime partite perché crescendo era diventato magro e debole. Simon Davies, che giocava nella nazionale gallese, era il capitano, finché Giggs non subentrò nella partita di ritorno della finale contro il Crystal Palace. In squadra c'era anche Robbie Savage. La maggior parte di loro sarebbe entrata nel giro delle nazionali. Un altro, Ben Thornley, sarebbe stato convocato anche lui, se non fosse stato per i gravi problemi al ginocchio.

Da giovane trequartista Scholes garantiva quindici gol a stagione. Quando si trasformò in centrocampista centrale, mostrò intelligenza nei passaggi e talento nella costruzione del gioco. Aveva una predisposizione naturale. Mi divertivo a vedere gli avversari mentre cercavano di tagliarlo fuori dal gioco: lui li portava fuori posizione e con un solo tocco faceva girare la palla, o fintava e poi faceva il passaggio di ritorno. Gli avversari lo inseguivano per un minuto prima di accorgersi di aver corso inutilmente, senza senso; allora tornavano trotterellando verso la propria area. Faceva così con i suoi marcatori.

Paul dovette sopportare diversi e prolungati infortuni, dai quali uscì sempre migliorato. Diventò un giocatore superiore dopo i problemi all'occhio e l'infortunio al ginocchio; ritornò pieno di energia.

Superati i trent'anni, ebbe qualche momento di frustrazione, con l'aumentare della concorrenza per un posto a centrocampo; dovevo tenere in considerazione anche Darren Fletcher e Michael Carrick, per le posizioni centrali. Feci un errore, lo confesso: probabilmente uno non si accorge di dare una persona per scontata, e finché questa non glielo fa notare è difficile porre rimedio alla cosa. Tendevo a pensare che al momento del bisogno sarei potuto ricorrere a Scholesy, che era un servo fedele, sempre pronto e disponibile a gettarsi nella mischia: la mia nuova coppia centrale sarebbe stata Fletcher-Carrick, con Scholes come supporto d'esperienza. Era parecchio che pensavo che Paul si stesse avvicinando alla fine della sua carriera.

Nella finale di Champions League del 2009, a Roma, che perdemmo contro il Barcellona, mandai in campo Scholes nella seconda frazione di gioco. Nel primo tempo Anderson aveva fatto solo tre passaggi, mentre Scholes ne fece venticinque negli ultimi venti minuti di gara. Uno pensa di sapere tutto del gioco, ma non è così: dare le persone per scontate, pensando che potrai sempre ricorrere a loro, mentre si avvicinano alla fine, è sbagliato. Ti dimentichi di quanto valgono.

Alla fine, quindi, lo utilizzai molto di più, facendolo riposare quando ne aveva bisogno. Se mi chiedessero di scegliere i migliori undici del Manchester United, mi troverei in grandissima difficoltà: non potrei lasciare fuori Scholes, e nemmeno Bryan Robson, entrambi uomini da dieci gol a stagione. Ma poi si porrebbe la questione: come posso lasciar fuori Keane? Dovrei far giocare tutti e tre. Ma se facessi così, chi dovrei mettere vicino a Cantona, che giocava meglio insieme a un altro attaccante? Provate a sceglierne uno tra McClair, Hughes, Solskjaer, van Nistelrooy, Sheringham, Yorke, Cole, Rooney e van Persie. E non puoi dimenticarti di Giggs. È sempre stata un'impresa impossibile quella di scegliere i migliori undici, ma devo dire che Cantona, Giggs, Scholes, Robson e Cristiano Ronaldo non potrebbero mai essere lasciati fuori.

Scholes fu probabilmente il miglior centrocampista dai tempi di Bobby Charlton. Da quando ero arrivato in Inghilterra, Paul Gascoigne era il migliore tra quelli che potevano farti balzare in piedi allo stadio. Nei suoi ultimi anni, Paul Scholes superò Gascoigne in longevità e per la capacità che ebbe di migliorare anche dopo i trent'anni.

Era talmente abile nei passaggi lunghi che poteva colpire un preciso capello di un compagno di squadra qualsiasi, in allenamento, come se fosse la cosa più naturale del mondo. Gary Neville una volta pensò di aver trovato rifugio in un cespuglio, ma Scholesy lo colpì da una distanza di quasi 40 metri. Una volta colpì con un missile a lunga gittata anche Peter Schmeichel, che lo inseguì per tutto il campo per fargliela pagare. Sarebbe stato un cecchino di prima categoria.

Da giocatore, non avevo il talento di Cantona o di Paul Scholes, che sembravano avere gli occhi dietro la testa; ma ne avevo visti altri come loro, nelle migliaia di partite a cui avevo assistito, e sapevo quanto erano importanti giocatori simili per una squadra.

Scholes, Cantona, Verón. Anche Beckham aveva un'ottima visione di gioco. Non era uno di quelli che passava lungo, ma sapeva vedere bene dall'altra parte del campo. Laurent Blanc altrettanto. Teddy Sheringham e Dwight Yorke riuscivano a capire cosa stava succedendo intorno a loro. Di tutti i giocatori di quel livello, Scholes era il migliore; quando stavamo vincendo tranquillamente, Scholes a volte provava a fare cose assurde, e io dicevo: "Guarda, si sta annoiando."

Ryan Giggs fu quello che fece più scalpore, di quella generazione. Fu l'unico a essere effettivamente definito un ragazzo prodigio. Quando lo facemmo debuttare in prima squadra, a 17 anni, ci ritrovammo con un problema che non avevamo preso in considerazione: il fenomeno Giggs.

Un agente italiano mi telefonò quando Ryan era ancora un ragazzino e mi chiese: "Che cosa fanno i suoi figli?" Io risposi: "Mark si sta laureando, Jason sta lavorando in televisione, Darren è un apprendista qui al club." Lui disse: "Mi venda Giggs e io li farò ricchi." Ovviamente declinai l'offerta.

Il paragone con George Best fu immediato, impossibile da evitare. Tutti lo volevano, ma Giggs era sveglio. "Chiedete all'allenatore," diceva a chiunque gli proponesse un'intervista o un contratto. Non voleva promettere interviste e poi dare la colpa a me se non poteva concederle; era intelligente.

Bryan Robson un giorno avvicinò Ryan per proporgli Harry Swales come agente; mi aveva chiesto il permesso, prima. Bryan era a fine carriera ed era sicuro che Harry fosse l'uomo giusto per Giggs. Aveva ragione, Harry è una persona fantastica. Si è fidanzato a 81 anni con una signora svizzera conosciuta in una stazione ferroviaria; si era persa. È un ex sergente maggiore con i baffi a manubrio. Si occupò di Ryan con grande cura. Ryan aveva anche una madre energica, e i suoi nonni erano persone davvero ottime.

Per arrivare a vent'anni di carriera in prima squadra, Ryan ha programmato molto bene la sua preparazione fisica: lo yoga e i suoi esercizi preparatori sono alla base della sua longevità. Ryan è sempre stato un fanatico dello yoga; due volte a settimana, dopo gli allenamenti, arrivava un maestro che lo guidava negli esercizi. Alla lunga diventò vitale, per lui. Nei giorni in cui aveva problemi ai tendini non sapevamo quanto avremmo potuto utilizzarlo; eravamo costantemente preoccupati, lo lasciavamo fuori in determinate partite per poterlo utilizzare in altre. Alla fine, solo l'età ci obbligava a farlo riposare; riusciva a giocare trentacinque partite a stagione perché la sua condizione fisica era incredibile.

L'intelligenza aiutò Ryan a fare i sacrifici necessari riguardo la vita sociale: era un tipo riservato, ma era il punto di riferimento di tutto quel gruppo; era il re, il capo. Ci fu un periodo in cui lui e Paul Ince si vestivano in modi stupidi, ma poi è passato. Ryan conserva ancora un vestito che all'epoca mi fece esclamare: "E che diavolo è quello?"

Incey era un fan dei vestiti appariscenti, e lui e Giggs erano buoni amici, erano un duo. Ma Ryan ha avuto una vita professionale impeccabile, e tutti nel club lo rispettano e lo prendono a esempio.

Quando il suo passo ha cominciato a rallentare l'abbiamo spostato a giocare più al centro del campo; non ci aspettavamo più che scattasse all'esterno dei difensori come faceva quando era giovane. Non molte persone hanno notato che anche nei suoi ultimi anni ha conservato il suo cambio di passo, che è qualcosa di ben più importante della semplice velocità. E il suo equilibrio è rimasto inalterato.

Nell'autunno del 2010 fu messo giù in area da Jonathan Spector del West Ham, e colsi l'occasione per porre una questione: quanti rigori aveva procurato Ryan Giggs in tutta la sua carriera? La risposta: cinque, perché rimaneva sempre in piedi, si inciampava ma non cadeva mai. Gli chiesi, dopo un'entrata dura in area di rigore, perché non fosse andato giù, anche se avrebbe potuto, e lui mi guardò come se avessi avuto le corna; mi disse, con lo sguardo assente: "Io non vado giù."

Ryan è un ragazzo tranquillo, molto equilibrato nei momenti difficili. Strano a dirsi, non è mai stato una grande riserva: fino agli ultimi anni giocava sempre meglio se partiva dall'inizio. Ma fu molto importante come sostituto nella finale di Champions League a Mosca nel 2008 e contro il Wigan, quando vincemmo il campionato, entrando e segnando il secondo gol. Ci tolse ogni dubbio sul suo impatto a gara in corso e divenne una grande risorsa da avere in panchina.

Giggs voltò le spalle alla fama e alla pubblicità; non aveva il carattere per sostenere quel livello di esposizione mediatica. La sua era una personalità introversa. Per fare quella vita, devi avere una grande energia per viaggiare su e giù per il mondo e mettere la tua faccia di fronte a una telecamera; devi anche avere una certa vanità, la certezza di sapere che sei fatto per quelle cose. Si legge di attori che hanno sempre saputo di voler stare sul palcoscenico, o dentro a un film. Io non ho mai avuto quel tipo di attrazione per la fama.

La mia speranza era che i giocatori che erano cresciuti con noi avrebbero portato avanti le cose a Carrington, mantenendo la continuità, un po' come fanno Uli Hoeness e Karl-Heinz Rummenigge al Bayern Monaco. Loro sanno come funziona il club e conoscono lo standard qualitativo necessario per continuare a far girare lo spettacolo. Se questo sia sufficiente a diventare allenatore non si può sapere, ma Giggs e Scholes sono entrambi uomini intelligenti che hanno capito lo spirito dello United e sono stati grandi giocatori, quindi hanno tutte le carte in regola.

Ryan può certamente diventare un allenatore, perché è molto saggio e i giocatori lo rispettano. La sua relativa calma non sarebbe un ostacolo. È pieno di allenatori che non parlano molto, ma il carattere deve essere forte. Per gestire un club come il Manchester United la tua personalità deve essere più grande di quella dei giocatori, o per lo meno devi credere che sia così, se vuoi controllare la situazione. Hai grandi giocatori, ricchi e famosi, e devi governarli, dirigerli. C'è solo un capo al Manchester United, ed è l'allenatore. Ryan avrà bisogno di coltivare questa parte di sé; è quello che ho fatto anch'io da quando avevo 32 anni.

A scuola ci chiedevano: "Cosa vuoi fare da grande?" Io rispondevo: "Il calciatore". Ma la risposta più frequente era: "Il pompiere." Dire "il calciatore" non significava voler essere famosi nel mondo, ma solo volersi guadagnare da vivere giocando. Giggs sarebbe stato uno così.

Può darsi che la natura ti induca a cercare determinate cose, e David Beckham ha sempre avuto l'aria di sapere cosa avrebbe finito per fare; quello stile di vita gli piaceva e desiderava raggiungere quello status. Nessuno degli altri aveva mai pensato alla fama mondiale, non era parte di loro. Immaginatevi Gary Neville con i fotografi di moda: "Potete sbrigarvi, dannazione?"

Furono tutti fortunati a poter contare sul sostegno di ottime famiglie. I Neville sono persone solide, e lo stesso vale per tutti gli altri; questa è stata una benedizione, per loro e per noi. Conoscono il valore di una buona educazione: buone maniere, piedi per terra, rispetto per gli anziani. Se avessi chiamato per nome qualcuno più vecchio di me, mio padre mi avrebbe preso per le orecchie: "È 'signore', per te."

Oggi tutto questo non c'è più. Tutti i miei giocatori mi chiamavano "capo" o "mister". Lee Sharpe un giorno arrivò e mi disse: “Come va, Alex?” Gli dissi: “Eravamo a scuola insieme?” Meglio ancora, un ragazzo irlandese, Paddy Lee, mi incontrò mentre salivo le scale al Cliff, con dietro Bryan Robson, e mi disse: “Tutto bene, Alex?” Gli dissi: “Eravamo a scuola insieme?”

“No,” rispose lui, sorpreso.

“E allora non chiamarmi Alex!”

Adesso mi viene da ridere, se ci ripenso.

Nonostante rispondessi duramente, dentro me la ridevo. Il giovane Paddy Lee era bravissimo a fare le imitazioni degli animali. Ogni Natale imitava anatre, mucche, uccelli, leoni, tigri, tutto quanto, anche le ostriche. I giocatori si rotolavano dal ridere. Paddy andò al Middlesbrough per un anno ma non riuscì a sfondare.

Il piccolo George Switzer era un altro. Un tipico ragazzo di Salford. Alla mensa del campo di allenamento era bravissimo a urlare frasi senza far capire a nessuno da dove provenissero, così il destinatario guardava in giro per la stanza senza riuscire a scoprire chi fosse stato.

Gridava: “Ciao mister!” o “Archie!” ad Archie Knox. Per parecchio tempo fu impossibile identificare il colpevole; non c’era modo di scovarlo nella marea di facce che c’era all’ora dei pasti.

Ma un giorno lo beccai: “Tutto a posto, figliolo?” dissi. “Fallo di nuovo e ti ritroverai a correre intorno al campo finché non ti girerà la testa.”

“Scusi, mister,” balbettò Switz.

Nonostante dessi l’immagine di uno che pretendeva sempre obbedienza, mi piacevano le persone con un pizzico di impertinenza; davano freschezza all’ambiente. C’è bisogno di un po' di sicurezza, di un po' di energia; se sei circondato da persone che hanno paura di esprimersi, probabilmente avranno la stessa paura anche sul campo, durante le partite, nei momenti importanti. Quei ragazzi della classe del 1992 non avevano paura di nulla, erano dei grandi alleati.

15.
LIVERPOOL: UNA GRANDE TRADIZIONE

I club davvero prestigiosi sanno uscire dai momenti di difficoltà e ritornare alle vittorie: probabilmente sono stato fortunato ad arrivare allo United in una fase travagliata della sua storia. La squadra non vinceva il campionato da diciannove anni, e arrivavo in un ambiente piuttosto disilluso. Eravamo diventati una squadra da Coppa, e i tifosi si aspettavano buone prestazioni nei tornei a eliminazione piuttosto che in campionato, riguardo al quale non avevano molte speranze.

I miei predecessori Dave Sexton, Tommy Docherty e Ron Atkinson erano uomini di successo, ma durante la loro gestione non riuscirono a restare in gara per il titolo in maniera costante e prolungata. Così come fu per il Liverpool negli anni dal 1993 in avanti, in cui lo United era sempre in testa; eppure potevo sentire il loro fiato sul collo da cinquanta chilometri di distanza.

Quando un club blasonato e di grande tradizione come il Liverpool riusciva a inanellare una serie di vittorie in Coppa, come fecero nel 2001, in cui vinsero FA Cup, Coppa di Lega e Coppa UEFA con Gérard Houllier, era facile che uno sentisse un brivido di paura. Quell'anno pensai: "Oh no, non loro. Tutti ma non loro." Con la loro storia, la loro tradizione e il loro tifo fanatico, e con le loro impressionanti statistiche in casa, il Liverpool era un avversario implacabile, anche nelle stagioni peggiori.

Apprezzavo e rispettavo Gérard Houllier, francese che assunse da solo la guida del club dopo che l'esperimento di co-gestione con Roy Evans era stato bloccato dal direttivo di Anfield. Steven Gerrard cominciava a emergere come giovane stella del centrocampo, e potevano contare su due fantastici cannonieri come Michael Owen e Robbie Fowler.

Il loro grande cambiamento avvenne quando si affidarono a qualcuno che veniva dall'esterno dell'ambiente del Liverpool; il succedersi di allenatori legati alla storia del club, da Shanks a Bob Paisley, da Joe Fagan a Kenny Dalglish, da Graeme Souness a Roy Evans, aveva mantenuto una continuità di obiettivi. Verso la fine del primo periodo di gestione di Kenny, fu evidente un cambiamento: la squadra era invecchiata e il Liverpool aveva fatto acquisti inusuali, come Jimmy Carter e David Speedie. Giocatori atipici per il Liverpool. Graeme Souness fece le mosse giuste, ma troppo in fretta, cambiando troppo velocemente la squadra che invecchiava. Un errore fu aver scartato uno dei giovani migliori, Steve Staunton. Graeme l'avrebbe poi ammesso lui stesso, non avrebbe dovuto lasciar andare Staunton. Graeme è un tipo in gamba, ma è impetuoso, ha sempre troppa fretta; e l'impetuosità gli costò cara, a quei tempi.

Un aspetto piacevole degli scontri con il Liverpool, all'epoca, era che dopo le partite venivano in massa nel mio ufficio. Avevo ereditato l'usanza per cui tutti i membri del nostro staff andavano a trovare gli avversari ad Anfield, e tutto il loro staff restituiva la cortesia all'Old Trafford. Quelli del Liverpool erano molto più esperti di me in questa pratica, ma imparai in fretta. Vittoria, sconfitta o pareggio, i due clan di allenatori si incontravano; c'era una tale rivalità tra le due città, una tale tensione agonistica in campo, che era fondamentale salvaguardare il proprio onore, qualsiasi fosse stato il risultato. Era anche vitale, poi, nascondere i propri punti deboli, e il Liverpool era altrettanto attento in proposito.

Gérard era stato a Liverpool da insegnante tirocinante, durante il suo corso di studi all'Università di Lille, e aveva studiato il club. Non entrò ad Anfield senza conoscere le tradizioni del club: ne comprese l'etica, le esigenze. Era un uomo intelligente, affabile. Dopo che venne ricoverato d'urgenza in ospedale per un grave attacco di cuore, gli chiesi: "Perché non te ne sei andato lassù?"

"Non posso," mi disse lui. "Mi piace il mio lavoro." Era un uomo di calcio, e i problemi di cuore non potevano fermare la sua passione.

Le aspettative avevano sempre pesato sugli allenatori del Liverpool, e penso che quel tipo di pressione fece crollare Kenny, alla fine. Nel momento in cui smise di essere un giocatore simbolo e si sedette in panchina, da allenatore, non aveva alcuna esperienza. Come John Greig ai Rangers; probabilmente il più grande giocatore dei Rangers di tutti i tempi, John ereditò una squadra allo sfascio che non poteva essere riportata a galla. Probabilmente la crescita dell'Aberdeen e del Dundee United non lo aiutò. Giocare in attacco ed essere uno dei più bravi giocatori del Liverpool e poi diventarne l'allenatore praticamente da un giorno all'altro fu molto difficile per Kenny. Mi ricordo che venne da me al raduno della nazionale scozzese e mi chiese un consiglio su un incarico da allenatore che gli avevano offerto (realizzai solo più tardi che era la panchina del Liverpool).

"Te l'ha offerto un buon club?" gli chiesi.

"Sì, un buon club," disse.

Così gli dissi che se era un buon club, con una buona tradizione, qualche risorsa finanziaria e un presidente che capiva il calcio, allora ce l'avrebbe fatta; se c'erano soltanto due di queste condizioni, sarebbe stata una lotta.

Senza la mia formazione intensiva ad Aberdeen, sarei stato troppo poco qualificato per la panchina del Manchester United. Iniziai all'East Stirling senza un penny; mi divertivo, avevo undici o dodici giocatori. Poi andai al St Mirren senza un centesimo, e nella prima stagione lasciai liberi diciassette giocatori che non ritenevo abbastanza bravi; erano in trentacinque, prima che cominciassi a usare il machete. Là ordinavo le torte, i detersivi e stilavo i programmi. Fu una formazione completa.

Quando Gérard iniziò a comprare tanti giocatori stranieri, pensai che la stagione della tripletta avesse dimostrato che questa strategia poteva riportare il club agli antichi fasti. Gente come Vladimír Šmicer, Sami Hyypiä e Dietmar Hamann avevano formato una base su cui Houllier poteva costruire. Ogni tripletta di Coppe andrebbe presa sul serio: si poteva dire che avessero avuto fortuna contro l'Arsenal in finale di FA Cup, perché la squadra di Arsène Wenger li aveva sovrastati, finché Michael Owen non decretò la vittoria con il secondo dei suoi due gol. Non erano le individualità che mi preoccupavano, a quel tempo, ma il nome del club: Liverpool. La sua storia. Sapevo che se la loro ripresa fosse proseguita sarebbero diventati gli avversari più forti, davanti ad Arsenal e Chelsea.

Un anno dopo quella tripletta nelle Coppe finirono secondi in campionato, ma l'anno successivo crollarono al quinto posto, dopo che Gérard prese El Hadji Diouf, Salif Diao e Bruno Cheyrou, cosa che secondo molti opinionisti ebbe una serie di effetti. Cheyrou l'avevamo visionato quando era al Lille: gli mancava il passo ma aveva un buon sinistro, era forte ma lento. Diouf aveva giocato un buon mondiale con il Senegal e si era fatto notare; si poteva capire perché le antenne di Gérard si fossero drizzate. Io ero sempre stato restio ad acquistare giocatori sull'onda delle loro buone prestazioni in un torneo. L'avevo fatto nel 1996, dopo gli europei, comprando Jordi Cruyff e Karel Poborský: entrambi avevano giocato molto bene in quell'occasione, ma a me non diedero il contributo che avevano saputo dare alle loro nazionali quell'estate. Non furono cattivi acquisti, ma a volte i giocatori si preparano e si motivano in vista dei campionati europei e mondiali, e dopo di questi rischia di esserci un calo. Diouf aveva talento, ma doveva essere coltivato; era una spina nel fianco, e non sempre in senso positivo. A volte si comportava stupidamente, in campo, ma aveva il giusto agonismo, ed era bravo. Entrare a far parte di una realtà austera come il Liverpool non era compatibile con la sua indole ribelle, che gli impediva di adattarsi alla disciplina necessaria per avere successo. Gérard se ne accorse presto. Con tutte le partite che devi giocare contro Arsenal e Chelsea ti servono giocatori con un buon carattere, e a mio parere Diouf aveva un carattere instabile.

Cheyrou non riuscì a imporsi, non aveva il passo per giocare in Premier League.

Il fenomeno degli Spice Boy fu un altro problema che Gérard dovette affrontare: sentivo raccontare di giocatori del Liverpool che facevano un salto a Dublino per svagarsi. Anche l'arrivo di Stan Collymore non contribuì alla stabilità. Anch'io ero andato vicino all'acquisto di Collymore, perché aveva un talento incredibile, ma quando lo vidi giocare al Liverpool dimostrò di non avere grinta, e cominciai a pensare che non prenderlo fosse stata una fortuna. Presumo che si sarebbe comportato allo stesso modo allo United. Invece presi Andy Cole, che era coraggioso come un leone e dava sempre il massimo.

Prima della ripresa sotto la gestione di Houllier, il Liverpool era caduto nella medesima trappola dello United di qualche anno prima. Compravano i giocatori come fossero pezzi di un puzzle; se si guarda allo United da metà degli anni settanta a metà degli anni ottanta, furono acquistati giocatori come Garry Birtles, Arthur Graham dal Leeds United, Peter Davenport, Terry Gibson, Alan Brazil. Furono mosse disperate. Se qualcuno segnava contro lo United, lo compravano; era un modo di agire senza prospettive. Il Liverpool dimostrò di avere la medesima abitudine. Ronny Rosenthal, David Speedie, Jimmy Carter; arrivarono un sacco di giocatori che non erano all'altezza di giocare nel Liverpool: Collymore, Phil Babb, Neil Ruddock, Mark Wright, Julian Dicks.

Gérard portò ad Anfield una grande quantità di giocatori: Milan Baroš, Luis García, Šmicer e Hamann, che fecero bene. Mi sembrava di scorgere una logica negli acquisti di Gérard. Non potrei dire altrettanto di Benítez: i giocatori andavano e venivano; una volta guardai la sua formazione e pensai che fosse il Liverpool meno creativo con cui mi fossi mai scontrato. In una partita contro di noi fece giocare Javier Mascherano come centrocampista centrale con una difesa a quattro, come al solito, ma mise Steven Gerrard largo a sinistra e Alberto Aquilani come centrocampista offensivo. Poi tolse Dirk Kuyt e fece entrare Ryan Babel sulla sinistra, spostando Gerrard sulla destra. Alla fine i tre tendevano a convergere tutti al centro. Babel era un esterno sinistro, ma non fece una sola discesa sulla fascia. Non posso sapere quali ordini avesse ricevuto, ma mi ricordo che dissi alla mia panchina che era stata un'ottima scelta farlo giocare largo a sinistra contro Gary Neville, e chiesi a Scholes di dire a Gary di rimanere concentrato; ma il Liverpool non sfruttò mai le fasce.

A quanto pare Benítez venne al nostro campo di allenamento, ospite di Steve McClaren, ma non ricordo di averlo incontrato; ricevevamo molte visite di allenatori da tutti i continenti, ed era difficile ricordarli tutti. Avevamo visitatori dalla Cina e da Malta, e gruppi di tre o quattro persone che venivano dai paesi scandinavi. C'era anche un costante flusso di personalità dello sport: la nazionale australiana di cricket, giocatori della NBA, Michael Johnson, Usain Bolt. Johnson, che ora dirige un programma di allenamento in Texas, mi impressionò per le sue conoscenze.

Poco dopo l'arrivo di Benítez andai a vedere una partita del Liverpool, e lui e sua moglie mi invitarono a bere qualcosa; fin lì tutto bene, ma poi il nostro rapporto si logorò. Lui fece l'errore di trasferire la nostra rivalità sul piano personale, e una volta che la metti sul personale non hai speranze, perché io posso aspettare, io ho il successo dalla mia parte. Benítez non cercava solo di vincere, ce l'aveva proprio con me; e questo non è mai un atteggiamento saggio.

Il giorno in cui elencò quella famosa lista di "fatti" che avrebbero testimoniato la mia influenza sugli arbitri, qualcuno ci aveva detto che il Liverpool aveva organizzato le cose in modo che venisse posta a Benítez una particolare domanda che gli avrebbe dato modo di attaccarmi su quella questione. Niente di particolarmente insolito, anche a me era successo di farlo. Mettiamola così: quel giorno il nostro ufficio stampa mi avvertì: "Pensiamo che Benítez ti attaccherà direttamente, oggi."

"A proposito di cosa?"

"Non so, ma ci hanno fatto una soffiata in proposito," dissero.

Poi, in televisione, Benítez si mise gli occhiali e tirò fuori questo foglio di carta.

Fatti.

Quei fatti erano tutti falsi.

Primo, disse che intimidivo gli arbitri; la Federazione aveva paura di me, secondo Rafa, anche se mi aveva multato di 10.000 sterline appena due settimane prima. Poi disse che non rispettavo la campagna Respect, iniziata quella stagione; Rafa se la stava già prendendo con me perché avevo criticato Martin Atkinson dopo un turno di Coppa, l'anno precedente, prima che le nuove linee guida entrassero in vigore. Per cui le prime due accuse erano infondate. I media andarono pazzi per la storia, anche se le accuse non erano veritiere. Speravano che sarebbe scoppiata una guerra, e che io avrei contrattaccato.

In pratica, tutto ciò che dissi fu che Rafa era ovviamente "amareggiato" per qualcosa, ma non sapevo spiegare cosa fosse. Era il mio modo per dirgli: sei stato sciocco, non devi mai farne una faccenda personale. Questa fu la prima volta che ricorse a strategie del genere, e ogni successivo attacco ebbe questi toni di risentimento.

Le mie indagini mi portarono alla conclusione che si fosse irritato perché avevo messo in dubbio che il Liverpool sarebbe stato in grado di competere per il titolo, dicendo che probabilmente non avrebbero retto alla pressione.

Fossi stato l'allenatore del Liverpool, l'avrei preso come un complimento, invece per Benítez fu un insulto. Se io, l'allenatore del Manchester United, parlavo del Liverpool e rilasciavo dichiarazioni allo scopo di destabilizzarli, ad Anfield avrebbero dovuto capire che li temevo.

Quando Kenny era l'allenatore del Blackburn, ed erano in testa nella corsa al titolo, io avevo detto: "Be', ora speriamo in un episodio alla Devon Loch." Funzionò. Devon Loch apparve su tutti i giornali, e il Blackburn cominciò a perdere punti. Avremmo dovuto vincere il campionato, ma il Blackburn tenne duro. Non c'è dubbio che rendemmo loro la vita più difficile, rievocando l'immagine del cavallo della Regina Madre che cadeva nella gara di Aintree.

Ciò che dissero di Benítez quando arrivò fu che era un maniaco del controllo, cosa che si rivelò vera, ai limiti del buon senso. Non mostrò alcun interesse a fare amicizia con gli altri allenatori: un atteggiamento rischioso, perché ci sarebbero state molte persone di club meno prestigiosi a cui sarebbe piaciuto condividere un drink e imparare qualcosa da lui.

Nella stagione 2009-2010 si fece vedere per un bicchiere ad Anfield, ma sembrò poco a suo agio, e dopo pochi minuti disse che doveva andare, e fu tutto. Allora dissi a Sammy Lee, il suo assistente: "Comunque è un inizio."

Il giorno in cui venne fuori che Roberto Martínez, allenatore del Wigan Athletic, aveva detto che io avevo degli "amici" che trattavano Benítez come io ordinavo loro di fare (Sam Allardyce, detto Big, era uno dei presunti amici), Roberto mi chiamò e interpellò l'Associazione allenatori per chiedere se dovesse fare una dichiarazione per chiarire la questione. Mi disse che non aveva alcun contatto con Benítez, che non lo aveva aiutato in nessun modo. Credo che Martínez avesse parlato con un giornale spagnolo del modo in cui Benítez vedeva tutti noi rivali in Inghilterra, non che avesse detto che anche lui la pensava così.

Benítez si lamentava di non aver soldi da spendere, ma dal giorno in cui arrivò spese di certo più di me. Molto di più. Era incredibile che durante le conferenze stampa dicesse una cosa del genere, perché aveva potuto spendere in abbondanza. Fu la qualità dei suoi acquisti a essere deludente, se si escludono Torres e Reina, tra i pochi a essere veramente giocatori da Liverpool. C'erano giocatori utili – Mascherano e Kuyt, gente che lavorava duro – ma non da Liverpool. Non c'erano dei Souness, dei Dalglish, dei Ronnie Whelan o dei Jimmy Case.

Benítez fece due grandi colpi sul mercato: il portiere Pepe Reina e Fernando Torres, il loro attaccante. Torres aveva veramente un grandissimo talento: lo visionammo spesso e provammo a prenderlo quando aveva 16 anni. Due anni prima che andasse al Liverpool avevamo manifestato il nostro interesse per il giocatore, sapendo però che l'unico effetto della nostra offerta sarebbe stato quello di indurre l'Atlético Madrid a offrirgli un contratto migliore. L'avevamo visto in diversi tornei giovanili e ci era sempre piaciuto; era molto legato all'ambiente dell'Atlético, e mi stupì il fatto che il Liverpool fosse riuscito a prenderlo. Probabilmente i contatti di Benítez in Spagna furono utili allo scopo.

Torres era molto furbo, aveva un'astuzia quasi machiavellica. Aveva qualcosa di diabolico, sebbene non in senso fisico, e un cambio di passo incredibile. In uno scatto di quaranta metri non era più veloce della media dei giocatori del Liverpool, ma quel cambio di passo poteva essere letale.

La sua falcata era sorprendentemente lunga, e lui accelerava e tagliava davanti a te, all'improvviso. Per contro, non penso che desse il meglio di sé nelle situazioni difficili, perché le sue reazioni diventavano cattive; forse fu viziato all'Atlético Madrid, dove fu una stella per tanto tempo e di cui divenne capitano a 21 anni.

Aveva un bel fisico, altezza e stazza da attaccante, ed era la migliore punta dai tempi di Owen e Fowler. Un'altra stella, ovviamente, era Steven Gerrard, che non giocò sempre bene contro lo United, ma che era uno capace di vincere le partite da solo. Facemmo un sondaggio per lui durante il mercato, e il Chelsea fece altrettanto, perché la sensazione era che volesse andare via da Anfield, ma ci furono probabilmente pressioni da parte di persone esterne al club, e non se ne fece nulla.

Invece sembrava sicuro il suo trasferimento al Chelsea, e io continuavo a chiedermi: perché Benítez non si fida a far giocare Gerrard centrocampista centrale? Una cosa di cui potevamo essere certi, nei miei ultimi anni di scontri con il Liverpool, era che se i loro due centrocampisti centrali rubavano la palla, poi non sapevano che cosa farci. Ci fosse stato Gerrard, lì in mezzo, e ti avesse rubato la palla, sapevi che aveva le gambe e l'ambizione per partire subito all'attacco e colpirti. Non ho mai capito perché il Liverpool gli negasse così spesso un posto da centrale di centrocampo. Nel 2008-2009, quando giunsero secondi con ottantasei punti, avevano Alonso in regia e Gerrard più avanti, alle spalle di Torres.

Un altro vantaggio per noi era che loro avevano smesso di produrre talenti nel vivaio. Michael Owen è stato probabilmente l'ultimo. Se Michael fosse venuto da noi a 12 anni sarebbe diventato uno dei migliori. Nell'anno in cui giocò le finali giovanili in Malesia con la nazionale inglese, i nostri Ronnie Wallwork e John Curtis erano là con lui. Quando tornarono, diedi loro un mese di vacanza. Michael Owen, invece, cominciò subito a lavorare con la prima squadra, senza riposo e senza miglioramenti tecnici; come calciatore, Michael migliorò nei due anni che passò con noi. Era un bravo ragazzo e una grande presenza nello spogliatoio.

Penso che la mancanza di riposo e di sviluppo tecnico nei suoi primi anni lo danneggiarono. Quando cominciò ad allenarlo Houllier, era già formato ed era il simbolo della squadra, e non c'era più la possibilità di prenderlo da parte e fare con lui un lavoro tecnico mirato. Feci un errore con Michael, nel senso che avrei dovuto prenderlo prima: non c'erano possibilità che venisse da noi direttamente dal Liverpool, ma avremmo dovuto agire quando lasciò il Real Madrid per andare al Newcastle. Era un gran bravo ragazzo.

Un altro del Liverpool che ci mise in difficoltà fu Dirk Kuyt, uno dei giocatori più seri che si possano incontrare; sono convinto che arrivò alto 1 metro e 88 e finì per diventare 1 metro e 73 perché si consumò le gambe a furia di correre. Non ho mai incontrato un attaccante che si impegnasse così tanto in fase difensiva. Benítez lo faceva giocare sempre, però quando succedeva qualcosa in area rischiava di essere poco lucido a causa di tutto quel lavoro.

Nonostante le mie riserve su di lui come persona e allenatore, Benítez sapeva persuadere i suoi giocatori a impegnarsi a fondo, quindi doveva esserci qualche fattore di motivazione: il timore, il rispetto o una certa abilità da parte sua. Non vedevi mai le sue squadre gettare la spugna, questo gli va riconosciuto.

Perché non fece bene quanto avrebbe potuto, ad Anfield? Secondo me perché Benítez faceva più attenzione a difendere e a distruggere il gioco avversario piuttosto che a vincere; non puoi ottenere grandi successi con questo atteggiamento, oggi.

José Mourinho era molto più abile nella sua gestione dei giocatori, e aveva personalità. Se uno avesse visto José e Rafa, lì in piedi vicino alla linea laterale del campo, avrebbe subito saputo scegliere quello vincente. Bisognava sempre rispettare il Liverpool, e andava rispettato anche il lavoro che aveva fatto Benítez, perché aveva avuto dei lati positivi: erano una squadra difficile da battere e vinsero una Champions League. Fu fortunato, ma lo fui anch'io, qualche volta.

Dalla linea laterale dava indicazioni ai suoi giocatori su come muoversi per il campo, ma non so se questi ci facessero caso e se seguissero sempre le sue istruzioni; nessuno avrebbe potuto capire tutto quel gesticolare. Dall'altra parte, con Mourinho, in una partita Chelsea-Inter notai che i giocatori correvano da lui dicendo: "Cosa c'è, mister?" Erano attenti ai suoi ordini.

Serve un allenatore forte, è fondamentale. Benítez è forte, ha una grande fiducia in sé stesso ed è sufficientemente testardo da ignorare chi lo critica; lo fa spesso. Ma ha vinto una Champions League contro il Milan, a Istanbul nel 2005, che gli ha garantito una certa protezione contro chi non accettava i suoi metodi.

In vantaggio per 3-0 all'intervallo, in quella partita, pare che alcuni giocatori del Milan stessero già festeggiando, tirando fuori le magliette celebrative e ballando. Mi avevano raccontato che Paolo Maldini e Gennaro "Rino" Gattuso si arrabbiarono, incitando i propri compagni a non dare per scontato che la partita fosse finita. Il Liverpool, con una spettacolare reazione, quella sera vinse la Coppa.

Dopo un breve periodo in panchina ad Anfield, Roy Hodgson lasciò nuovamente il posto a Kenny, e il Liverpool cominciò una nuova fase di ristrutturazione profonda. Eppure pochi degli acquisti della gestione di Kenny turbarono il mio sonno. Avevamo tenuto d'occhio Jordan Henderson per parecchio tempo, e Steve Bruce era assolutamente entusiasta di lui, ma notammo che correva con la schiena dritta e spingendo molto con le ginocchia, mentre nel calciatore moderno la spinta parte dalle anche; pensavamo che questo avrebbe potuto creargli problemi nel prosieguo della carriera.

Stewart Downing costò al Liverpool 20 milioni di sterline; aveva talento, ma non era né molto coraggioso né molto veloce. Crossava bene e sapeva fare gol, ma 20 milioni? Andy Carroll, che fu preso per 35 milioni di sterline, proveniva dalla nostra scuola calcio del nordest, insieme a Downing e James Morrison, che giocò nel Middlesbrough e ora nel West Bromwich e nella nazionale scozzese. La Federazione chiuse la scuola dopo le proteste di Sunderland e Newcastle; questo ai tempi in cui sorgevano le scuole calcio.

L'acquisto di Carroll fu una conseguenza della cessione di Torres per 50 milioni di sterline. Il problema di Andy era la mobilità, la velocità in campo. A meno che la palla non rimanga in area per tutto il tempo, è difficile giocare come fa Andy Carroll, e i difensori di oggi sono piuttosto bravi a tenerla fuori, per cui l'attaccante moderno deve avere mobilità. Suárez non era molto rapido, ma pensava velocemente.

I ragazzi che Kenny fece arrivare dalle giovanili fecero bene: soprattutto Jay Spearing era molto bravo. Da ragazzo Spearing giocava come difensore centrale con John Flanagan terzino, ed era il migliore: forte, veloce, un leader. Potevi vedere che aveva qualcosa: andava bene come centrocampista centrale, ma era difficile prevedere il suo futuro, e forse il suo fisico lo ha penalizzato.

Kenny vinse la coppa di Lega e raggiunse la finale di FA Cup, ma quando seppi che lui e il suo assistente Steve Clarke erano stati convocati a Boston per incontrare i proprietari del club, cominciai a temere il peggio per loro. Non penso che le T-shirt di protesta e la difesa di Suárez nella faccenda di Patrice Evra aiutarono Kenny. Da allenatore ti può capitare di mettere la testa nella sabbia, specialmente riguardo a un grande giocatore: se si fosse trattato di una riserva invece che di Suárez, Kenny si sarebbe spinto così in là per difenderlo?

Gli editoriali del "New York Times" e del "Boston Globe" sulla mancata stretta di mano tra Evra e Suárez diedero un'idea della direzione che stava prendendo la faccenda. Il problema di Kenny era, secondo me, che troppi giovani nel club lo idolatravano; Peter Robinson, direttore esecutivo del club negli anni d'oro, avrebbe saputo porre un freno alla cosa prima che arrivasse a quel punto. Il club deve venire prima del singolo individuo.

L'allenatore successivo, Brendan Rodgers, aveva solo 39 anni: ero sorpreso che ne avessero nominato uno così giovane. Un errore che John Henry fece nelle prime settimane della gestione di Brendan fu, secondo me, quello di autorizzare un documentario-verità sugli aspetti più intimi della vita al Liverpool: mettere sotto i riflettori un allenatore così giovane fu un azzardo, ed ebbe delle ripercussioni negative. Peraltro non ebbe molto impatto, in America, e non riuscii a capire il senso di tutta l'operazione. A quanto seppi era stato detto ai giocatori che erano obbligati a concedere le interviste che poi vedemmo sugli schermi.

Di sicuro Brendan diede una possibilità ai giovani, e questo fu ammirevole, e ottenne anche una buona risposta dalla squadra. Penso che sapesse che erano stati fatti alcuni acquisti al di sotto dello standard di qualità; Henderson e Downing erano tra coloro che dovevano dare prova delle loro capacità. In generale, si deve dare un'occasione ai giocatori meno considerati.

La nostra rivalità con il Liverpool era sempre stata grande, ma sotto questa animosità c'era il rispetto reciproco. Fui fiero del mio club il giorno in cui fummo presenti alla pubblicazione del dossier su Hillsborough nel 2012: fu una settimana importantissima per il Liverpool e per coloro che si erano battuti per la giustizia. Ci mettemmo totalmente a disposizione del Liverpool per la commemorazione, e i nostri ospiti espressero in modo chiaro il loro apprezzamento per i nostri sforzi.

Quel giorno dissi ai miei giocatori: nessuna esultanza provocatoria se segniamo, e se fate fallo a un giocatore del Liverpool aiutatelo a rialzarsi. Mark Halsey, l'arbitro, fu all'altezza della situazione nel condurre la gara. Prima del calcio d'inizio, Bobby Charlton consegnò una corona di fiori a Ian Rush, che la depose all'Hillsborough Memorial presso le Shankly Gates. La corona era composta di novantasei rose, una per ogni tifoso del Liverpool morto all'Hillsborough. All'inizio, il Liverpool voleva che fossimo io e Ian Rush a condurre la celebrazione, ma pensai che Bobby fosse una scelta più adeguata. Tutto andò bene, tranne alcuni cori verso la fine da parte di una frangia minoritaria di tifosi.

Per tornare al livello nostro e del Manchester City, il Liverpool aveva bisogno di fare grandi investimenti; anche lo stadio era un fattore penalizzante. I proprietari americani decisero di rinnovare Fenway Park, lo stadio dei Boston Red Sox, piuttosto che costruirne uno nuovo per il Liverpool. Costruire un nuovo stadio, oggi, richiede probabilmente un investimento di 700 milioni di sterline. Anfield non è cambiato, persino gli spogliatoi sono gli stessi di vent'anni fa. Relativamente alla squadra, la mia opinione era che avessero bisogno di otto giocatori per raggiungere un livello da pretendente al titolo. E se hai fatto degli acquisti errati sul mercato, spesso finisci per liberartene vendendoli per pochi soldi.

Mentre Brendan Rodgers era in panchina, Rafa Benítez e io non ci eravamo più visti. Tornò nel calcio inglese dopo che Roberto Di Matteo, allenatore *ad interim* del Chelsea, che aveva vinto la Champions League a maggio, venne licenziato nell'autunno del 2012. In una conferenza stampa poco dopo la presentazione di Benítez, dissi che era fortunato a ereditare squadre già pronte.

Pensavo che i suoi risultati andassero contestualizzati. Vinse il campionato spagnolo con 51 gol, nel 2001-2002, e questo suggeriva che fosse un abile pragmatico. Ma io facevo fatica a guardare il Liverpool, quando lo allenava lui: era noioso. Fui sorpreso che il Chelsea l'avesse chiamato. Quando Benítez confrontò i suoi risultati con quelli di Di Matteo, aveva due campionati vinti con il Valencia, una Champions League e una FA Cup con il Liverpool. Di Matteo aveva vinto una Champions League e una FA Cup in sei mesi.

Erano risultati simili. Eppure Rafa era di nuovo in pista.

16.
UN MONDO DI TALENTO

Fin dal momento in cui il Manchester United si quotò in borsa, nel 1991, ero certo che il club sarebbe stato acquistato da privati. La BSkyB di Rupert Murdoch era la più grande delle società investitrici, prima che Malcolm Glazer comprasse le prime quote nel 2003. Con la nostra storia e il nostro fascino, eravamo una preda troppo ghiotta per gli investitori. L'unica cosa che mi sorprese, quando la famiglia Glazer si mosse per prendere il controllo, fu che non ci fossero altri ricchi pretendenti.

Quando i Glazer concretizzarono l'acquisto, Andy Walsh, dell'Associazione tifosi del Manchester United, mi chiamò e mi disse: "Devi dimetterti." Andy era una brava persona, ma non avevo assolutamente intenzione di acconsentire alla sua richiesta. Ero un allenatore, non un dirigente, e non ero nemmeno uno degli azionisti che avevano venduto il club. Non ero in alcun modo responsabile dell'acquisto della società.

"Ti sosterremo," disse Andy. Risposi: "E cosa pensi che ne sarà del mio staff?" Se decidevo di andarmene, tutti i miei assistenti avrebbero dovuto seguirmi; alcuni erano stati con me per vent'anni. Qualche volta chi è fuori dall'ambiente non ha idea di cosa succeda quando un allenatore lascia.

Ero preoccupato, lo ammetto. Una delle mie preoccupazioni era quanti soldi avremmo avuto da investire nella squadra; però avevo fiducia nella mia abilità di scoprire nuovi talenti e nella struttura organizzativa. I Glazer avevano acquistato un club solido, lo capirono fin dall'inizio.

Il mio primo contatto con loro fu una telefonata del padre, Malcolm; due settimane più tardi i suoi figli, Joel e Avi, si presentarono per chiarire la loro posizione. Mi dissero che non ci sarebbe stato alcun cambiamento nella gestione degli aspetti calcistici: a loro modo di vedere, il club era in buone mani, ero un allenatore vincente, e non avevano nessuna perplessità. Erano con me totalmente. Quel giorno mi dissero tutto ciò che avrei voluto sentirmi dire. So che non è mai proprio così, che la gente ti dice che va tutto bene e poi fa mille cambiamenti; alcuni perdono il posto, si fanno tagli per saldare i debiti. Ma lo United rimase solido sotto la loro proprietà, nonostante i prestiti e gli interessi sui debiti di cui la gente andava parlando.

Negli anni, molti gruppi di tifosi mi hanno invitato a prendere posizione sui debiti del club, e la mia risposta è sempre stata: "Sono l'allenatore, e lavoro per un club di proprietà di americani." Questa era la mia posizione, ho sempre pensato che non fosse una cosa intelligente mettere a repentaglio la gestione del club intromettendomi nel dibattito sulla proprietà. Se i Glazer si fossero dimostrati più autoritari – se ad esempio mi avessero ordinato di licenziare uno dei miei assistenti –, allora sarebbe stato diverso. Ogni cambiamento che avesse messo in discussione la mia abilità di gestione del club avrebbe cambiato tutte le dinamiche, ma non ci fu mai alcun tipo di pressione. Quindi cosa fai, molli tutto perché alcuni tifosi vogliono che tu lasci il lavoro di una vita?

Quando arrivai allo United, c'era un gruppo di tifosi conosciuto come "il secondo consiglio". Si trovavano nella Grill Room e decidevano che cosa secondo loro non andava bene nel Manchester United. All'epoca la mia posizione era più fragile, facevo più attenzione ai danni che mi avrebbe arrecato un eventuale contrasto con loro. Altri allenatori prima di me si erano ritrovati in una posizione simile. Quando giocavo nei Rangers, un gruppo influente di tifosi viaggiava con la squadra e aveva poteri decisionali. Allo United c'era una varietà maggiore di posizioni; disgustati dall'arrivo dei Glazer, alcuni avevano riconsegnato gli abbonamenti e avevano fondato il Football Club United of Manchester.

C'è un prezzo da pagare se fai il tifo per una squadra, ed è che non puoi vincere tutte le partite. Non puoi fare l'allenatore tutta la vita, lo United ha avuto la fortuna di averne solo due in mezzo secolo. Vincendo e perdendo, l'emozione sale e scende; il calcio genera spontaneamente dissenso. Mi ricordo che perdemmo una partita contro i Rangers e i tifosi tirarono i mattoni contro le finestre.

A parte la mia età, i Glazer non avevano motivi per pensare a un cambio di allenatore, nel 2005. Io non considerai questa possibilità, non mi sentii mai minacciato.

Le decine di milioni di sterline spese per pagare gli interessi dei prestiti facevano crescere la preoccupazione per la salute del club; lo capivo, ma in nessun momento questo si tradusse in pressioni per vendere dei giocatori o in un'eccessiva cautela sul fronte degli acquisti. Uno dei nostri punti di forza era il nostro dipartimento commerciale a Londra, che ci fece ottenere dozzine di sponsorizzazioni. Avevamo linee aeree turche, compagnie telefoniche saudite, thailandesi e di Hong Kong, produttori di birra in Estremo Oriente; entrarono decine di milioni che servirono a ripianare il debito. Dal lato prettamente calcistico arrivarono guadagni enormi, e i 76.000 tifosi diedero un contributo importantissimo.

Per cui non fui ostacolato dai Glazer in nessun modo. Spesso perdevamo interesse in un giocatore perché il suo costo di trasferimento o le sue richieste di stipendio erano folli; queste decisioni spettavano a me e a David Gill, e non erano frutto della necessità di spendere solo quanto permesso dai debiti del club.

La nostra galassia, invece, andava espandendosi. Dal 2007 erano cominciati ad arrivare a Carrington molti talenti stranieri dal Sudamerica, dal Portogallo e dalla Bulgaria. Nessuno di questi attrasse più attenzione di Carlos Tévez, che fu oggetto di una grande controversia sulla retrocessione dello Sheffield United e finì poi per trasferirsi al Manchester City, apparendo su un cartellone provocatorio con la sua maglietta azzurro cielo, sotto la scritta "Benvenuto a Manchester".

La storia comincia quando Tévez era al West Ham e David Gill ricevette una telefonata dal suo agente, Kia Joorabchian, che gli disse che il ragazzo sarebbe stato felice di giocare allo United. Parole che sentivamo in continuazione: era quasi una routine, per gli agenti, quella di telefonare e di dire che i loro clienti avevano una passione per i nostri colori. Io ero dell'opinione che non dovessimo farci coinvolgere in nessun affare con l'entourage di Tévez. David era d'accordo; era chiaro che il cartellino del giocatore fosse in possesso di una società. Ma dissi anche a David: "È una grande presenza in campo, con la sua energia, e ha una buona media gol. Dipende da qual è il prezzo."

David mi disse che poteva prendere Tévez in prestito oneroso per due anni, e così fu; Carlos giocò bene nella sua prima stagione con noi, segnò molti gol importanti contro Lione, Blackburn, Tottenham e Chelsea. Aveva grande entusiasmo ed energia, ma non aveva un gran passo e non si allenava volentieri; chiedeva spesso di fare una piccola pausa, dicendo che il polpaccio gli faceva male. Per il modo che avevamo di prepararci, a volte il suo atteggiamento ci infastidiva: volevamo vedere quella voglia di allenarsi che hanno i grandi giocatori. Ma Tévez compensava con il grande entusiasmo durante le partite.

Nella finale di Champions League del 2008, a Mosca conto il Chelsea, giocò e segnò uno dei rigori. Fu il nostro primo tiratore. In quella partita, tolsi Rooney e lasciai in campo Tévez, che stava giocando meglio di Wayne. Quello che mi fece venire dei dubbi fu che la stagione successiva presi Dimitar Berbatov, e la coppia di attaccanti principale divenne Berbatov-Rooney.

Vedendo Dimitar con il Tottenham pensavo che avrebbe fatto la differenza, perché aveva una certa compostezza e una consapevolezza che mancavano nel nostro gruppo di attaccanti. Aveva le doti di Cantona o di Teddy Sheringham: non era velocissimo, ma sapeva alzare la testa e fare passaggi creativi.

L'arrivo di Berbatov relegò Tévez in panchina, e intorno a dicembre cominciammo ad accorgerci che non stava facendo particolarmente bene, perché, penso, era uno di quei giocatori che hanno bisogno di giocare sempre; se non ti alleni intensamente, e lui non lo faceva, hai bisogno di giocare regolarmente. Durante quell'inverno, David Gill mi chiese: "Che cosa vuoi fare?" Sentivo di dover aspettare ancora un po' prima di decidere. "Vogliono saperlo ora," disse David. "Di' loro che sto cercando di farlo giocare di più, per poterlo valutare correttamente, perché al momento gioca spesso Berbatov."

Tévez fu determinante in molti risultati, nella seconda metà della stagione 2008-2009, specialmente contro gli Spurs, in casa, quando eravamo sotto per 2-0 e lo misi in campo per dare una scossa alla gara. Si buttò su tutti i palloni, portò grande energia in campo e fu il maggior artefice della nostra vittoria finale per 5-2; il suo impatto cambiò il corso degli eventi.

In semifinale di Champions League, nel 2009, incontrammo l'Arsenal, e feci giocare il tridente Ronaldo, Rooney e Park. Era il gruppo che avevo scelto per la finale, e Tévez non ne sembrò sorpreso. La finale di Roma contro il Barcellona fu un disastro, e scegliemmo un hotel orrendo. Dobbiamo fare ammenda per la pessima organizzazione.

Comunque, feci entrare Tévez a metà gara e mi sembrò che giocasse un po' per conto suo; per quel che potei capire, aveva già deciso di andarsene prima di chiudere con il City.

Dopo la partita di Roma mi disse: "Non ha mai dimostrato un gran desiderio di volermi acquistare a titolo definitivo." Gli risposi spiegandogli che dovevo capire come andava a finire la stagione, e che non aveva giocato abbastanza perché fossi sicuro di lui. David offrì 25 milioni di sterline per lui, ma fu come parlare con un muro; questo ci portò a credere che avesse già scelto di trasferirsi dall'altra parte della città.

Le voci, non confermate, dicevano che i nostri rivali di Manchester avessero pagato 47 milioni di sterline; Tévez parlò anche con il Chelsea, a un certo punto, e penso che i suoi consiglieri si misero uno contro l'altro. Pare che il Chelsea avesse offerto 35 milioni, ma che il City superò quella quota; per me erano cifre incredibili, non l'avrei mai pagato così tanto, per quanto fosse un bravo giocatore. Per me Tévez era un calciatore d'impatto, e feci un errore con lui, nel senso che Berbatov mi piaceva molto e volevo che facesse bene, ma era anche uno che voleva essere rassicurato sul fatto di essere un grande giocatore. Ero ancora in dubbio tra lui e Tévez.

Con Tévez non ebbi problemi disciplinari come quelli che incontrò Roberto Mancini quando, apparentemente, il ragazzo rifiutò di scaldarsi in una partita di Champions League in Germania, ma sollevò un gran polverone il presunto ruolo che egli ebbe nella retrocessione dello Sheffield United in Championship nel 2007. I gol di Tévez salvarono il West Ham dalla retrocessione, quando giocarono contro di noi alla fine della stagione. Il West Ham era stato multato per alcune irregolarità commesse nell'acquisto di Tévez, ma non gli furono inflitti punti di penalizzazione; inevitabilmente Tévez segnò contro di noi e questo determinò la retrocessione dello Sheffield United; Neil

Warnock, il loro allenatore, tentò di scaricare la colpa su di noi dicendo che contro gli Hammers avevamo messo in campo una formazione debole.

La settimana dopo quella partita con il West Ham avevamo una finale di Coppa. Eravamo una delle squadre più forti del campionato, e per tutta la stagione avevo cambiato la formazione a seconda delle circostanze; in quella partita ci negarono due o tre rigori e il loro portiere giocò benissimo. Poi partirono in contropiede e Tévez segnò, ma il West Ham non fu mai in partita, li dominammo. Feci entrare anche Ronaldo, Rooney e Giggs, ma non riuscimmo a batterli.

Eppure Warnock ci accusò di aver regalato la partita. Nel loro ultimo incontro affrontarono il Wigan in casa, e bastava loro un pareggio per salvarsi. All'inizio di gennaio, Warnock aveva lasciato che David Unsworth si trasferisse gratuitamente al Wigan, e Unsworth segnò il rigore che fece uscire lo Sheffield United dalla Premier League. Uno non avrebbe dovuto dire onestamente: "Ho fatto un casino"? Si sarà guardato allo specchio dicendo: "Ci bastava un pareggio in casa e non siamo stati in grado di fare un punto contro il Wigan." L'accusa che ci fece fu ridicola.

Nel gennaio 2007 acquistammo un vero aristocratico, anche se solo per un periodo di due mesi. Louis Saha era rientrato a inizio stagione, pieno di promesse, ma si era infortunato di nuovo. A ottobre Jim Lawlor, capo degli osservatori dello United, ci fece notare che era uno spreco che Henrik Larsson giocasse in Svezia quando poteva ancora fare bene su palcoscenici più prestigiosi. L'Helsingborgs, dove Henrik stava giocando, non era disposto a venderlo, ma chiesi a Jim di proporre al loro presidente di pensare a un eventuale prestito a gennaio. Henrik fece pressione ai suoi dirigenti perché accettassero.

Fin dal suo arrivo allo United fu un idolo per gli altri giocatori; pronunciavano il suo nome con una sorta di timore reverenziale. Per un uomo di 35 anni, era straordinariamente ricettivo alle istruzioni dell'allenatore; seguiva rapito ogni seduta di allenamento, ascoltava le lezioni di tattica di Carlos, era attento a ogni sfumatura del nostro lavoro.

In allenamento era fantastico: i suoi movimenti, il suo senso della posizione. I tre gol che fece con noi non possono dare l'idea del suo contributo; nella sua ultima partita con noi, contro il Middlesbrough, stavamo perdendo 2-1 e Henrik tornò a difendere a centrocampo e corse tantissimo. Al ritorno negli spogliatoi, tutti i giocatori si alzarono in piedi e applaudirono, e lo staff fece lo stesso; solo un giocatore di un certo tipo lascia un segno del genere in due mesi. Se un giocatore non fa il suo lavoro, il suo carisma svanisce in due minuti, ma Henrik mantenne la sua aura per tutto il tempo in cui restò con noi. Era un giocatore nato per lo United, con la sua mobilità e il suo coraggio; aveva anche un grande stacco, per uno non molto alto. Avrei potuto prenderlo prima. Ero pronto a fare un'offerta, mentre era al Celtic, ma Dermot Desmond, azionista di maggioranza del Celtic, mi chiamò e mi disse: "Mi deludi, Alex; tu hai tantissimi giocatori, e noi abbiamo bisogno di lui."

Un mese dopo che Henrik tornò in Svezia, mettemmo a segno una delle nostre più grandi vittorie europee: il 7-1 contro la Roma, il 10 aprile, fu il nostro punteggio più alto in Champions League. Due gol ciascuno per Michael

Carrick e Ronaldo, uno per Rooney, Alan Smith e anche Patrice Evra, che segnò per la prima volta in Europa.

Le grandi partite normalmente vengono vinte da otto giocatori. Tre giocatori in serata negativa si possono sopportare, se si impegnano al massimo o se svolgono ruoli puramente tattici per permettere alla squadra di ottenere il risultato. Ma una mezza dozzina di volte in carriera capita di raggiungere la perfezione, con tutti e undici i giocatori in sintonia.

Quella sera ci riuscì tutto, segnammo il secondo gol dopo sei passaggi di prima; Alan Smith segnò su un passaggio di Giggs che filtrò tra i due difensori centrali. Primo tiro, bang, gol. Gran gol. Ci sono quei momenti in cui dici: non potevamo fare meglio di così.

Mi ricordo di una vittoria per 8-1 in casa del Nottingham Forest, nel 1999. Avremmo potuto farne venti. Ma la Roma era una grande squadra, avevano Daniele De Rossi, Cristian Chivu e Francesco Totti, e li avevamo totalmente distrutti. A Roma ci avevano battuti 2-1, e Scholes era stato espulso per un fallo suicida sulla linea laterale: l'avversario era praticamente fuori dal campo quando Paul andò a contrastarlo. Quindi nella gara di ritorno eravamo un po' sotto pressione, finché non cominciarono a piovere i gol.

La partita fuori casa contro il Wimbledon in FA Cup, nel 1994, fu un altro classico. Vincemmo 3-0 e segnammo un gol dopo trentotto passaggi consecutivi. La gente dice che il miglior gol del Manchester United è quello di Ryan Giggs nella semifinale di FA Cup contro l'Arsenal, o la rovesciata di Rooney contro il Manchester City, ma per me quel gol al Wimbledon fu sublime. Tutti i giocatori della squadra toccarono il pallone. Al primo minuto della gara, Vinnie Jones entrò duro su Cantona e – crack! – Eric andò giù. Tutti corsero contro Jones, ma Cantona disse: "Lasciatelo stare," perché erano stati colleghi al Leeds e forse erano rimasti amici. Poi diede una pacca sulla schiena a Jones e gli disse: "Puoi anche darmi dei calci, se vuoi, ma non riuscirai a fermarmi." Cantona fu incredibile, quel giorno, segnò il nostro primo gol con un gran tiro al volo, dopo essersi alzato il pallone con il destro.

La gente diceva sempre che il Wimbledon era scarso. Non è vero. La qualità dei passaggi ai loro attaccanti era alta, specialmente i cross. I loro calci da fermo erano molto insidiosi. Non erano privi di talento. Quello che facevano era usare questi talenti come arma contro le squadre più deboli. Se non colpivi di testa, se non ti piazzavi bene sui calci da fermo, eri spacciato. Su un contrasto uno contro uno con loro non avevi chance. Erano una squadra tosta, dunque per noi quel 3-0 sul loro campo fu speciale.

Sono da ricordare anche due grandi partite contro l'Arsenal. In una vittoria per 6-2 a Highbury, nel 1990, Lee Sharpe segnò una tripletta. In un'altra occasione, nel febbraio 2001, li battemmo 6-1 all'Old Trafford. Una famiglia irlandese aveva comprato all'asta dei biglietti per vedere la nostra partita in casa del Liverpool, nel dicembre 2000, ma rimasero bloccati dalla nebbia e non riuscirono a venire. Perdemmo 1-0, fu una partita orribile. Mi telefonarono chiedendomi: "Che facciamo ora?" Io risposi: "Presto giocheremo in casa con l'Arsenal." Così assistettero a quel massacro per 6-1. Che differenza. A metà gara eravamo già 5-1, Yorkie li fece a pezzi.

Nonostante il 7-1 con la Roma, la nostra Champions League terminò con una sconfitta per 3-0 a Milano, il 2 maggio. Il sabato precedente eravamo stati costretti a far giocare tutti i titolari per battere l'Everton 4-2 a Goodison Park, mentre il Milan aveva fatto riposare nove giocatori in vista della partita contro di noi, che si giocava il martedì. Semplicemente non eravamo in forma come i nostri avversari italiani, e prendemmo due gol in quindici minuti; pioveva a secchiate, e non riuscivamo a uscire dalla nostra metà campo. La vittoria del sabato precedente era stata un'impresa titanica, perché eravamo sotto 2-0 ed eravamo riusciti a vincere, andando in vantaggio di cinque punti sulla seconda in classifica.

Oltre a Tévez e Larsson, arrivarono altri talenti da varie parti del mondo. Carlos, attraverso i suoi contatti in Portogallo, ci segnalò un ragazzo brasiliano del Porto, Anderson, che aveva 16 o 17 anni. Cominciammo a tenerlo d'occhio. Giocava a sprazzi, una gara qui, un'entrata dalla panchina là. Poi giocò contro di noi nel torneo di Amsterdam e mi ero risolto ad agire, ma la settimana successiva si ruppe la gamba.

Quando fu pienamente recuperato, mandai Martin a seguirlo per quattro o cinque settimane. Martin mi disse: "Alex, è meglio di Rooney."

"Per l'amor di Dio, non dire così," gli dissi. "Dev'essere bravo, per essere meglio di Rooney." Martin era ostinato. All'epoca, Anderson giocava dietro le punte. Alla fine della stagione ci muovemmo per comprare lui e Nani, che avevo seguito personalmente. Di Nani mi piacevano il passo, la forza e l'abilità aerea; aveva due buoni piedi. Le qualità c'erano tutte, e questo ci portava a farci la solita domanda: che tipo di persona era? Risposta: era un bravo ragazzo, tranquillo, conosceva discretamente l'inglese, allo Sporting Lisbona non aveva mai creato problemi, si allenava molto bene. Era in forma, un ragazzo atletico, i suoi risultati nei test sportivi erano sempre di primo livello. Quindi le basi c'erano tutte. Carlos partì con David Gill: andarono allo Sporting per la firma di Nani e poi in macchina fino alla sede del Porto per prendere Anderson. Tutto in un giorno.

Due anni dopo, potevamo dire che ci avevamo visto giusto. C'erano stati dei problemi con Anderson nell'inverno 2009-2010: non stava giocando quanto avrebbe voluto e voleva tornare a casa. Era brasiliano, e la complicazione riguardava, come al solito, i mondiali, che voleva giocare a tutti i costi. La sua idea era di trasferirsi al Vasco da Gama fino al termine della stagione e giocare così i mondiali del 2010 in Sudafrica. "Non te ne andrai. Non abbiamo investito milioni di sterline in un giocatore per poi mandarlo a giocare in Brasile," gli dissi. Era un ragazzo squisito, Anderson.

Ho sempre rispettato i giocatori brasiliani; trovatemene uno che non si riveli eccellente nelle grandi partite. Sono nati per le grandi occasioni e hanno una caratteristica particolare: un grande orgoglio, una grande sicurezza. C'è il mito che i brasiliani considerino l'allenamento soltanto una fastidiosa interruzione dei piaceri della vita. Non è vero, si allenano coscienziosamente. L'idea che odino il freddo è un'altra falsità: i fratelli Da Silva, ad esempio, escono senza guanti e senza i pantaloni della tuta. Nessuna nazionalità ha il mix di caratteristiche che trovi in un grande giocatore brasiliano. Gli argentini sono molto patriottici, ma trovo che manchino loro le doti comunicative dei brasiliani.

Per quanto riguarda Nani, avevamo acquistato della materia grezza. Era immaturo, incostante, ma con un incredibile istinto per il calcio: poteva controllare la palla con entrambi i piedi, colpiva bene di testa, sprizzava energia, sapeva crossare e concludere. Quando compri un giocatore con tutti questi talenti, ciò che devi fare è organizzarli; lui era un po' disordinato, e doveva diventare più costante. Era inevitabile che venisse su all'ombra di Ronaldo, perché era un'ala portoghese con caratteristiche simili. Fosse stato serbo, nessuno li avrebbe paragonati. Sia Ronaldo che Nani venivano dallo Sporting Lisbona, dunque avevano sempre giocato fianco a fianco.

Ronaldo aveva un talento immenso, era coraggioso, aveva due ottimi piedi e una grande elevazione. Probabilmente per Nani era scoraggiante competere per un posto in squadra, in una situazione del genere; essere un'alternativa a Ronaldo nella scelta della formazione era un problema in sé. Nel suo primo anno Nani fece molta panchina; imparò in fretta la lingua, a differenza di Anderson, che ci impiegò più tempo. Però, essendo brasiliano, aveva grande convinzione nel gioco: i brasiliani pensano di potersela giocare contro chiunque.

Dicevo ad Anderson: "Hai visto Neymar, in Brasile?"

"Oh, grande giocatore, fantastico."

"Hai visto Robinho?"

"È un giocatore incredibile, bravissimo."

Per ogni nome brasiliano che tiravo fuori mi dava la stessa risposta; pensava che tutti i suoi connazionali fossero dei giocatori di livello mondiale. Quando il Brasile distrusse il Portogallo, in amichevole, Anderson disse a Ronaldo: "La prossima volta giocheremo con una formazione di quinta scelta, per darvi una possibilità." Ronaldo non lo trovò divertente. Questo è il Brasile. Adoro quella storia che racconta di una competizione a Rio per scoprire nuovi numeri dieci a cui si presentarono in migliaia; un ragazzo si fece ventidue ore di autobus. È un paese enorme, con talenti ovunque.

Ricordo con meno piacere il nostro acquisto di Owen Hargreaves, che aveva giocato benissimo nell'estate del 2006 ed era esattamente il tipo di giocatore che ci serviva per riempire il vuoto lasciato da Keane. Cominciammo a studiare un'offerta per lui, ma analizzando le sue statistiche fui colto dal dubbio; non sentivo delle vibrazioni positive. David Gill lavorò molto per trovare un accordo con il Bayern, e io incontrai l'agente di Owen il giorno della finale dei mondiali a Berlino; una persona piacevole, un avvocato. Gli dissi che potevamo far crescere Hargreaves, allo United. Si rivelò un disastro.

Owen non aveva fiducia in sé, non dimostrò mai una determinazione sufficiente nell'affrontare i suoi problemi fisici, per come la vedo io. In allenamento, spesso lo vedevo optare per la soluzione più semplice; fu uno degli acquisti più deludenti della mia carriera.

Andò ovunque per cercare di curare i suoi vari infortuni: Germania, America, Canada. Per me, gli mancava la fiducia di poterli superare. Andò di male in peggio; rimase in America per gran parte dell'anno, incontrò Hans Müller-Wohlfahrt, medico del Bayern Monaco, per il suo polpaccio. Nelle partite che giocò non ebbi ragione di lamentarmi delle sue prestazioni: era molto veloce e tirava bene le punizioni. Poteva giocare terzino o laterale destro o centrocampista centrale. Lo feci giocare largo a destra nella finale del 2008 contro il Chelsea, e quando cominciammo ad avere difficoltà contro i loro tre centrali di centrocampo lo spostai in mezzo con Rooney largo a destra, e funzionò. Aveva delle doti indiscutibili, che però andavano sprecate, perché giocava troppo poco. Eppure Hargreaves fu fantastico con la nazionale inglese ai mondiali del 2006: chiudeva gli spazi, inseguiva il pallone.

Nel settembre 2011, Hargreaves accusò il nostro staff medico di averlo trascurato, mentre giocava con noi. Dichiarò che l'avevamo "usato come cavia" per cure contro le tendiniti e i problemi al ginocchio. Ci rivolgemmo a dei legali e avremmo potuto fargli causa, ma il medico non si offese al punto tale da desiderare di rivalersi legalmente. Facemmo tutto il possibile per quel ragazzo. Non importava ciò che faceva lo staff, decideva lui per conto suo.

Io gli dicevo: "Come stai stamattina?"

"Alla grande, mister," rispondeva. "Ma penso che lavorerò per conto mio. Mi fa un po' male."

Una delle sue accuse fu che lo facemmo giocare contro i Wolves all'inizio di novembre 2010, quando lui aveva chiesto di non giocare. Falso. Tre settimane prima di quella partita ci aveva detto che sarebbe stato pronto per una certa data, che coincideva con una gara europea; io non me la sentivo di farlo rientrare in un'occasione del genere, dopo che era stato fuori così tanto. C'era una partita delle riserve, quella settimana, e avrebbe dovuto prendervi parte, ma si tirò indietro.

Nella settimana della partita con i Wolves, per quel che ne so, non segnalò alcun problema allo staff; la mia preoccupazione, che comunicai a Mick Phelan, era che si infortunasse durante il riscaldamento. Avevo capito che avesse detto a uno dei ragazzi che sentiva un po' di dolore al tendine del ginocchio. Quando iniziammo il riscaldamento, gli chiesi: "Tutto bene?" Lo dissi per rassicurarlo, il senso del messaggio era: divertiti. Durò cinque minuti, poi si fece male al tendine; non ne fui sorpreso.

Quando lo presi, c'era qualcosa in lui che non mi piaceva. Quello che un buon leader deve avere è l'istinto; il mio mi diceva: "Lui non mi piace." Quando arrivò all'Old Trafford per le visite mediche, avevo ancora qualche vago dubbio. Era molto amichevole, quasi troppo gentile. Anche su Kléberson avevo dei dubbi, ma solo perché era così timido che a malapena riusciva a guardarti negli occhi. Era un buon giocatore, ma dava troppa importanza a ciò che volevano sua moglie e suo suocero.

In seguito lessi che la Federazione stava per concedere a Hargreaves una deroga per allenare. Questa è una cosa sbagliata del nostro gioco, che non accade in Germania, Francia o Olanda, dove ci metti tre anni a guadagnarti i gradi.

Bébé è l'unico giocatore che ho preso senza vederlo in azione. Avevamo un buon osservatore in Portogallo che ce lo segnalò. Il ragazzo era cresciuto giocando per strada ed era andato in prova in una squadra di seconda divisione, in cui aveva giocato molto bene. Il nostro osservatore ci disse: "Dobbiamo tenerlo d'occhio." Poi il Real Madrid si mise sulle sue tracce; so che è vero perché José Mourinho mi disse che il Real era pronto a prenderlo e che lo United l'aveva anticipato. Facemmo una piccola scommessa, con lui, per circa 7 milioni di euro.

Bébé arrivò con dei limiti, ma aveva talento: piedi fantastici, tiro velenoso di destro e di sinistro, non si tirava mai indietro. Non era un giocatore completo, ma potevamo farlo migliorare. Lo mandammo in prestito in Turchia e si infortunò al legamento crociato dopo due settimane; lo riportammo a casa e lo rimettemmo in sesto, poi lo facemmo giocare con le riserve. Andò bene. Si allenava bene nelle partitelle, negli otto contro otto, nei porta a porta; sul campo grande doveva lavorare sul gioco di squadra. Con due piedi così poteva fare venti gol a stagione.

Era un ragazzo tranquillo e parlava un inglese decente; ovviamente aveva avuto un'infanzia difficile, vagabondando per le vie di Lisbona.

Con così tanti giocatori in entrata, ero orgoglioso anche del lavoro che avevamo fatto con i giocatori che erano andati a giocare altrove. Nella primavera del 2010, ad esempio, c'erano settantadue giocatori tra Scozia, Europa e Inghilterra che venivano dal vivaio del Manchester United. Settantadue.

Fabio Capello disse a un mio caro amico che avrebbe riconosciuto i giocatori dello United a un miglio di distanza, anche se avessero avuto maschera e mantello; era un bel complimento. Il loro comportamento e la loro preparazione spiccavano su tutto. Ne avevamo tre in Danimarca, uno in Germania, due in Belgio e altri sparsi ovunque in Inghilterra. Avevamo sette portieri in giro, nessuno dei quali divenne titolare, tra cui Kevin Pilkington, Michael Pollitt, Ben Williams e Luke Steele.

Eravamo abili a scovare giocatori che potessero diventare titolari fissi. C'è qualcosa di riconoscibile in un potenziale grande giocatore del Manchester United che ti induce a promuoverlo in prima squadra. Darron Gibson era un esempio di giocatore che ti mette nella condizione di dover decidere se aggregarlo alla prima squadra.

Nel 2009-2010 era arrivato a un livello per cui rischiavamo di non poter essere corretti con lui. Aveva qualità differenti rispetto a molti dei centrocampisti che avevo: la sua caratteristica principale era che poteva segnare da fuori area. Scholes era l'unico altro giocatore in grado di farlo, e si avvicinava alla fine della carriera. Perciò la scelta fu difficile, come lo fu relativamente a Tom Cleverley, che era al Watford, dove aveva segnato undici gol da centrocampista. Cleverley non aveva il fisico, era davvero filiforme, ma era coraggioso come un leone, aveva piedi buoni e sapeva segnare. Un giorno David Gill mi disse: "Che farai con Cleverley il prossimo anno? Sta segnando tanto, a Watford." Risposi: "Ecco cosa farò: lo farò giocare, per vedere se può segnare gol per me come per il Watford."

Poteva farne sei per me? Nessun altro ne faceva mezza dozzina, lì a centrocampo. Michael Carrick aveva raggiunto un massimo di cinque. Se Cleverley poteva segnare sei gol in Premier League da centrocampista, poteva essere una risorsa. La linea di demarcazione era sempre: cosa possono e cosa non possono fare? Possono farmi vincere le partite? Se riescono a fare sei gol, posso ignorare qualche aspetto negativo.

A 20-21 anni a volte i giocatori si fermavano; se non erano ancora arrivati in prima squadra, si scoraggiavano. Io stesso attraversai un momento simile, da giocatore: a 21 anni ne avevo abbastanza del St Johnstone e feci i documenti per emigrare in Canada. Ero disilluso: il calcio non fa per me, mi dicevo, non sto combinando niente. Riguardo alle riserve dello United, ci confrontavamo costantemente con questo dilemma: mandavamo giocatori in prestito nella speranza che tornassero migliorati, ma spesso trovavamo loro una sistemazione in cui potessero adattarsi bene nel lungo periodo, in modo che potessero costruirsi una carriera. Eravamo fieri di aver trovato un posto altrove a quei settantadue giocatori di cui parlavo prima.

Quelli che ce la fanno trovano un modo per farti capire che raggiungeranno sicuramente il livello richiesto: Welbeck è un esempio. A un certo punto lo candidai per un posto nella squadra di Fabio Capello per i mondiali del 2010, ma aveva problemi a causa del ritmo con cui stava crescendo. A 19 anni si stava ancora allungando e aveva problemi alle ginocchia. Gli dissi di stare attento durante gli allenamenti e di conservarsi per le partite. Stava arrivando al metro e novanta. Ma che gran giocatore; era un ragazzo molto sicuro di sé. Una volta gli dissi: "Uno di questi giorni ti uccido," perché era davvero impertinente. Lui rispose: "Probabilmente me lo merito." Touché. Aveva sempre la risposta pronta.

Un dilemma costante nelle nostre discussioni sui giocatori giovani era se sarebbero riusciti a gestire la pressione del pubblico dell'Old Trafford e la poca pazienza della stampa; sarebbero cresciuti con la maglia dello United o avrebbero ceduto sotto il suo peso? Conoscevamo il processo di formazione di ogni giocatore del vivaio che arrivava alla prima squadra dal campo di allenamento o dalla squadra delle riserve. Quando un giocatore veniva promosso, volevamo essere sicuri del suo temperamento, delle sue caratteristiche e delle sue abilità.

Quando invece compravamo giocatori all'estero, ovviamente avevamo meno informazioni, per quanto accurate fossero le indagini che facevamo; inoltre l'emozione di giocare per lo United poteva far crollare qualcuno di loro. Nel 2009-2010 stavamo facendo indagini su Javier Hernández, soprannominato Chicharito (che significa "pisellino"). Aveva 21 anni. Mandammo un osservatore in Messico per un mese, e l'informazione che ci arrivò fu che era un ragazzo molto legato alla famiglia, restio a lasciare il Messico; il nostro contatto ci aiutò a fare ricerche su ogni dettaglio del passato del ragazzo.

I tifosi dello United possono essere strani, sotto certi aspetti. Compravamo un giocatore per 2 milioni di sterline e alcuni fan lo consideravano un gesto di debolezza, pensando che stessimo abbassando i nostri standard. Gabriel Obertan era in quella fascia di prezzo: era velocissimo, ma nell'ultimo terzo di campo i suoi piedi a volte erano tremendi. Doveva coordinare la sua velocità e il suo cervello e imparare a far male in avanti.

Mame Biram Diouf fu raccomandato da Ole Gunnar Solskjaer attraverso i suoi contatti a Molde, in Norvegia. L'Hannover 96 e l'Eintracht Francoforte l'avevano adocchiato, quando il nostro interesse divenne concreto. Mandammo lassù Ole con un dirigente del club e lo acquistammo per 4 milioni di euro; anche in questo caso la sua formazione era buona, anche se non era venuto su nel nostro ambiente.

Prendemmo Chris Smalling dal Fulham nel gennaio 2010, con l'idea di inserirlo in squadra nella stagione 2010-2011. Fino al 2008 aveva giocato fuori categoria con il Maidstone, ma Roy Hodgson l'aveva tenuto in grande considerazione al Fulham. Costò circa 10 milioni di sterline. Ci muovemmo per acquistarlo quando Rio Ferdinand cominciò a lamentare problemi alla schiena e da altre parti. Cercavamo centrali di difesa ovunque; ne visionammo diversi nel 2009-2010, e pensammo che Smalling fosse un giovane in grado di maturare fisicamente. A lungo termine, immaginavo un reparto di difensori centrali formato da Chris Smalling e Jonny Evans.

Non si poteva rimanere ancorati al presente, nemmeno nei momenti migliori. Più la mia carriera si allungava, più guardavo avanti.

La rigenerazione era un lavoro quotidiano.

17. UNA NOTTE A MOSCA

Prima della finale di Champions League del 2008, a Mosca, ero detentore involontario del probabile record di sconfitte ai rigori: avevo perso in questo modo due semifinali di Coppa e un turno eliminatorio in Europa con l'Aberdeen, un turno di FA Cup all'Old Trafford contro il Southampton, una finale di FA Cup contro l'Arsenal e un turno europeo a Mosca. Sei sconfitte e una vittoria erano il precedente sfavorevole, nel momento in cui Carlos Tévez piazzava la palla sul dischetto e dava inizio alla lotteria dei rigori contro il Chelsea, nella città natale di Roman Abramovič.

Visto il passato, non si può certo pensare che fossi ottimista; tutte le precedenti delusioni mi tornarono in mente nel momento in cui la partita andava oltre i tempi supplementari, occupando le prime ore del giorno successivo, essendo iniziata alle 22.45. Quando van der Sar parò il rigore di Nicolas Anelka, regalandoci la vittoria, a stento mi alzai dalla sedia, perché quasi non riuscivo a credere che avessimo vinto. Rimasi fermo per un lungo momento. Ronaldo era ancora sdraiato sul campo, in lacrime, perché aveva sbagliato il suo rigore.

Il nostro allenatore dei portieri aveva messo insieme tutte le analisi video di cui potevamo avere bisogno, e fu in grado di proiettare i dati su uno schermo per mostrare a van der Sar come ciascuno dei giocatori del Chelsea avrebbe potuto tirare il proprio rigore. Per diversi giorni avevamo discusso sull'ordine in cui i nostri giocatori si sarebbero presentati sul dischetto; tiravano tutti bene, oltre a Ronaldo, che li aveva segnati tutti durante la stagione. L'esecuzione di Giggs fu la migliore, tesa e bassa vicino al palo. Hargreaves la sparò nell'angolo alto; Nani fu abbastanza fortunato, il portiere stava per pararla, riuscì quasi a deviarla con una mano; Carrick tirò centrale; Ronaldo esitò e si fermò.

John Terry doveva soltanto trasformare il suo rigore perché il Chelsea vincesse la partita. In quel momento ero fermo, calmo, e pensavo: "Che cosa dirò ai giocatori?" Sapevo che dovevo pesare le parole, dopo la sconfitta: sarebbe stato ingiusto sgridarli dopo una finale europea, mi dissi, perché avevano lavorato duramente per arrivare lì, e momenti del genere erano emotivamente difficili per chi li viveva. Quando Terry sbagliò il decimo rigore e andammo a oltranza, il mio ottimismo tornò. Il rigore di Anderson, il primo della fase in cui il primo che sbaglia perde, risollevò i nostri tifosi, perché corse verso di loro per festeggiare e loro ricominciarono con i cori. I rigori vennero tirati sotto la nostra curva, e questo era un vantaggio.

Non fu una finale europea come le altre: la prima cosa strana era la fascia oraria, perché la partita era iniziata alle 22.45. Mi ricorderò sempre che la pioggia mi aveva completamente lavato e mi aveva rovinato le scarpe, così avevo assistito alla vittoria in scarpe da ginnastica, e per questo fui rimproverato dai giocatori; sapevo che avrei dovuto portare delle scarpe di ricambio. Tra le 4 e le 5 del mattino ci sedemmo a mangiare; il cibo non era granché, ma i giocatori fecero un regalo a Giggs, che festeggiava il superamento del record di presenze di Bobby Charlton. Era la sua 759ª partita. Sul palco tutti cantarono il suo nome.

La partita stessa fu un meraviglioso dramma, con grandi performance di alcuni dei nostri giocatori: penso che Wes Brown giocò una delle sue migliori partite con noi, favorendo il primo gol di Ronaldo con un ottimo cross.

In semifinale, il Chelsea aveva giocato con Michael Essien terzino destro e io avevo deciso, guardando la squadra di Avram Grant, che Ronaldo avrebbe giocato largo a sinistra per dare fastidio a Essien, che di ruolo era un centrocampista.

Sul nostro gol, Ronaldo superò Essien in elevazione, quindi il piano funzionò. Far giocare come terzino un centrocampista contro un attaccante del livello di Ronaldo fu una mossa rischiosa; il nostro giocatore lo fece a pezzi. Spostare Ronaldo a sinistra, però, lasciava scoperta un'ampia porzione di campo a destra: scelsi di far giocare Hargreaves, che era veloce, aveva energia e sapeva crossare. Giocò bene in quel ruolo. Come centrali di centrocampo scelsi Scholes e Carrick, anche se poi Scholes sarebbe uscito con il naso sanguinante per lasciare il posto a Giggs, che fece un'ottima partita.

Nonostante lo shock culturale di Mosca e l'hotel, la nostra preparazione fu buona; nelle semifinali avevamo battuto il Barcellona, pareggiando 0-0 in trasferta e vincendo con un solo gol in casa. Il gol di Scholes fu magnifico, una delle sue bordate da venticinque metri. Nei primi venti minuti al Camp Nou giocammo bene, come spesso ci accade contro il Barcellona, colpendo una traversa e sbagliando un rigore. Quando loro iniziarono a controllare il gioco noi ci ritirammo verso la nostra area, cosa che avremmo potuto fare anche nel 2009 e nel 2011, se non fossi stato deciso a vincere la partita alla nostra maniera.

Lo si potrebbe definire un atteggiamento tatticamente ingenuo, ma io non sono d'accordo. Stavamo cercando di portare avanti la nostra filosofia di vincere nella maniera giusta. Penso che nelle semifinali ci siano stati alcuni momenti da infarto: giocavamo al limite della nostra area, o addirittura dentro, cercando disperatamente di uscire. All'Old Trafford, in una gara aperta, avremmo dovuto vincere con un risultato maggiore, perché contrattaccavamo bene. Comunque sia, quando fecero entrare Thierry Henry nell'ultimo quarto d'ora, assediarono la nostra area di rigore. Era una vera agonia stare lì sulla linea laterale, guardando l'orologio. In seguito definii la partita il più grande esempio di sostegno della squadra da parte dei tifosi: ogni volta che i nostri liberavano l'area saliva un urlo inconsueto. Henry sbagliò un gol fatto. Dimostrammo di avere carattere: la squadra sostenne una grande pressione e non perse la concentrazione. Tempo dopo la partita dissi anche: "Non si può essere timidi, bisogna essere uomini, e loro sono stati uomini, quella sera." Avevamo sempre desiderato aggiungere una Champions League a quelle del 1968 e del 1999, e avremmo potuto farlo se fossimo riusciti a prendere velocemente il controllo del gioco, a Mosca; ci riuscimmo fin dall'inizio: il nostro gioco fu offensivo e fantasioso, e saremmo potuti andare in vantaggio di tre o quattro gol. Cominciai a pensare che sarebbe stato un massacro.

I gol possono capovolgere la partita, però, e il Chelsea ebbe un colpo di fortuna poco prima dell'intervallo, segnando il gol del pareggio con Frank Lampard e mettendoci in difficoltà. Da quel momento il Chelsea si riprese e giocò meglio di noi nei primi venticinque minuti del secondo tempo. Drogba colpì un palo: quello fu il segnale che mi fece capire che dovevo pensare velocemente a come riprendere il controllo della gara. Mandai Rooney largo a destra e spostai Hargreaves in posizione più centrale, e questo ci riportò in partita: alla fine sentivo che eravamo migliori di loro.

Sei così preso dall'evolversi del gioco, se sei in campo, che non puoi mai essere sicuro che la partita sia effettivamente divertente, ma per tutti quello fu uno spettacolo incredibile, una delle migliori finali di Champions League. Fu una soddisfazione far parte di un momento che riuscì a mettere il campionato inglese in così buona luce. Devo dare atto a Edwin van der Sar della sua grande intelligenza in occasione dei rigori. Mentre Anelka si avvicinava al dischetto pensavo: tuffati a sinistra. Nei due rigori precedenti, uno sbagliato da Terry e l'altro trasformato da Kalou, Edwin si era tuffato a destra. Quindi quando arrivò il suo momento di tirare, Anelka probabilmente si chiese: "Si tufferà a destra o a sinistra?" È vero, il tiro di Anelka fu brutto, ma Edwin fece la scelta giusta e si tuffò a destra.

Avram Grant è una brava persona, e la mia paura era che lui non fosse abbastanza forte per quel gruppo di giocatori del Chelsea. Il loro comportamento in quella finale fu pessimo, si trascinarono in campo per il secondo tempo alla spicciolata e protestarono con l'arbitro mentre tornavano negli spogliatoi. Una squadra torna in campo tutta insieme, non un giocatore alla volta, passeggiando. L'arbitro li aveva invitati a sbrigarsi, ma loro l'avevano ignorato. Nell'intervallo avevano provato ogni sorta di trucchi, e questo probabilmente influì sul comportamento dell'arbitro in occasione dell'espulsione di Drogba.

Il cartellino rosso fece seguito a uno scontro di Drogba con Carlos Tévez, in cui si inserì immediatamente Vidić, a difesa del compagno. Drogba diede un buffetto sulla guancia a Vida: se alzi le mani, non hai scuse. Per quanto ne so, l'arbitro chiese al guardalinee chi aveva colpito chi, e così Drogba andò fuori. In quel momento avevamo già ripreso il controllo della partita, quindi l'espulsione di Drogba non fu determinante; avevano salvato sulla linea un tiro di Giggs, avevamo creato alcune occasioni nei tempi supplementari e avremmo dovuto colpirli. Il Chelsea, per come la vedo, puntò al pareggio, scommettendo sui calci di rigore.

Sebbene fosse stato espulso, quella notte, per noi Drogba era sempre un problema: era potente, grosso, ma quello che mi impressionava di più era il suo talento per i gol spettacolari in girata, dai trenta metri. Fui sorpreso di non vederlo sul foglio della formazione in una partita che giocammo contro di loro, in una delle ultime settimane di Carlo Ancelotti in panchina. Partì titolare Torres, ma Drogba subentrò e segnò, rimettendo il Chelsea in partita.

In quella formazione del Chelsea, contro cui era davvero difficile giocare, il portiere, Petr Čech, era davvero impressionante. Avrei dovuto prenderlo a 19 anni, quando ne avevo avuta l'occasione. Invece lo aveva preso il Chelsea, quell'estate, per 8 milioni di sterline.

John Terry era un giocatore carismatico, in quella squadra; Ashley Cole garantiva energia nelle proiezioni offensive; Frank Lampard era incredibilmente affidabile e costante da un'area all'altra. All'apice della carriera evitava la fase difensiva, ma poi divenne un giocatore a tutto campo, e raramente saltava una partita. Questi quattro, insieme a Drogba, erano il nucleo centrale della squadra, erano una componente importante nello spogliatoio.

Non credo assolutamente che il Chelsea fosse sotto una pressione maggiore per il fatto di giocare nella patria di Abramovič, nonostante lui fosse in tribuna a sorvegliare il suo cospicuo investimento; non credo che la cosa abbia influenzato la gara. La sicurezza era la mia preoccupazione maggiore: Mosca è una città piena di misteri. Avevo letto dei libri sulla Rivoluzione russa e su Stalin, che era peggio degli zar, e uccideva la sua gente per collettivizzare l'agricoltura. Ci portammo dietro due chef e mangiammo bene, al contrario di Roma, dove il cibo era orribile, uno schifo.

Ronaldo aveva avuto una stagione fantastica, l'anno in cui vincemmo la Champions League. Quarantadue gol giocando da ala? In alcune partite aveva giocato punta, ma era essenzialmente un uomo di fascia, nel nostro gioco; lo vidi giocare una sera, con il Real Madrid, e fece circa quaranta tiri in porta.

La vittoria di Mosca fu soprattutto un sollievo, perché avevo sempre detto che il Manchester United avrebbe dovuto vincere di più in Europa. Era la nostra terza vittoria in Champions League, e ci avvicinammo alle cinque del Liverpool. Sono sempre stato certo che avremmo raggiunto la cifra del Liverpool in un lasso di tempo ragionevole, anche dopo le due sconfitte contro il Barcellona nel 2009 e nel 2011, perché ci siamo conquistati maggior rispetto in Europa. Con una vittoria in uno dei due scontri con il Barcellona saremmo stati a quattro, come il Bayern Monaco a quei tempi e come l'Ajax.

Nel momento del nostro trionfo non riuscimmo a trovare dello champagne, al Luzhniki Stadium. In assenza di quello, lo staff fu mandato a cercare qualcosa di frizzante al bar. Dio solo sa cosa fosse. "Non posso nemmeno offrirti un bicchiere di champagne," mi scusai con Andy Roxburgh, che venne negli spogliatoi per farci le congratulazioni. Qualsiasi cosa ci fosse nella bottiglia, lo agitammo per fargli fare la schiuma. C'era ilarità nello spogliatoio, dicevamo sciocchezze, i giocatori si prendevano in giro. Ero contento e fiero di loro; ero zuppo di pioggia e fui costretto a mettermi la tuta. Abramovič non si fece vedere, e non ricordo di aver visto alcun giocatore del Chelsea.

La finale del 1999 a Barcellona, quando battemmo il Bayern Monaco, cadde nel giorno di nascita di Sir Matt Busby. A volte speri che gli dei siano con te, o che il vecchio Matt stia guardando giù. Non credo molto alle coincidenze, ma c'è una cosa che si chiama destino, e credo che ci dette una mano in entrambe le vittorie. Matt aveva portato il nostro club in Europa quando la Lega inglese era contraria; e aveva avuto ragione, perché il calcio inglese ha vissuto notti indimenticabili in Europa.

Con un grande trofeo in bacheca si dovrebbe sempre

acquistare qualche grande giocatore, per rinfrescare la squadra ed evitare il rischio di stagnazione. La settimana dopo la finale di Mosca prendemmo in squadra Dimitar Berbatov, che avevamo puntato prima ancora che andasse al Tottenham: aveva talento in abbondanza, buon equilibrio e controllo di palla. Era ancora giovane, alto, atletico. Pensavo che avessimo bisogno di un po' più di ordine nell'ultimo terzo di campo, quello d'attacco.

Finì però che litigammo con Daniel Levy, il presidente del Tottenham, e questo ci rese riluttanti a chiedere altri giocatori agli Spurs. Questo fu il nostro secondo giro sulle montagne russe dopo l'acquisto di Michael Carrick; quando scendi ti gira la testa. Non si possono discutere le due facce di un problema con Daniel: è una cosa che ha a che fare con lui e con il Tottenham, niente di più, e dal punto di vista del suo club non c'è nulla di male.

18.
PSICOLOGIA

Prima di tutto, devi dir loro la verità. Non c'è nulla di sbagliato nel mettere un giocatore fuori forma davanti alla realtà dei fatti. E quel che direi a chiunque stia perdendo fiducia in sé è che noi siamo il Manchester United, e che semplicemente non possiamo permetterci di scendere al livello delle altre squadre.

Se mi confrontavo con un giocatore che aveva avuto un rendimento al di sotto delle aspettative mi capitava di dire: "Hai giocato una partita orrenda," ma aggiungevo, "per un giocatore della tua abilità." Dicevo così perché non si buttassero giù di fronte ai rimproveri: criticavo, ma controbilanciavo con l'incoraggiamento: "Perché fai così? Sai fare di meglio."

Le lodi sperticate suonano false, i giocatori lo capiscono. Un elemento centrale della relazione allenatore-giocatore è che l'allenatore deve far sì che i giocatori si assumano la responsabilità delle proprie azioni, dei propri errori, della qualità delle loro prestazioni e, alla fine, dei risultati. Eravamo tutti nell'industria del risultato. Qualche volta una vittoria risicata era più importante di un trionfo per 6-0 con un gol dopo venticinque passaggi. Il succo della faccenda era che il Manchester United doveva essere vincente, e potevo mantenere una mentalità vincente solo se dicevo in tutta onestà ai giocatori cosa pensavo delle loro prestazioni. Sì, qualche volta ero energico e aggressivo; dicevo ai giocatori cosa il club si aspettava da loro.

Ai giovani allenatori dico: non cercate lo scontro, non serve, perché sarà lui a trovare voi, potete scommetterci quello che volete. Se iniziate voi un alterco, il giocatore potrà contrattaccare, e questo gli darà un vantaggio. Quando l'ex capitano di Aberdeen, United e nazionale scozzese Martin Buchan andò ad allenare il Burnley, la prima domenica diede un pugno al capitano: "È stato un ottimo inizio, Martin," gli dissi.

Martin Buchan era un uomo dai saldi principi. Quando era giocatore si trasferì all'Oldham, e alla firma del contratto gli diedero un bonus di 40.000 sterline, che all'epoca erano un sacco di soldi. Ebbe problemi a tornare in forma, e così restituì il bonus alla dirigenza. Non poteva tenersi dei soldi che sentiva di non aver guadagnato. Immaginate una roba così al giorno d'oggi.

In generale, nella mia carriera la gente ha sempre pensato che mi servissi di strategie machiavelliche; in realtà non ero interessato a possedere alcuna arte oscura, ma provavo qualche trucco strano: dire che finivamo sempre la stagione con un ritmo più alto e con maggior determinazione poteva essere considerato un trucco psicologico, e fu interessante per me vedere che Carlo Ancelotti, tecnico del Chelsea, lo capì. Parafrasando, disse: "Alex dice che lo United è più forte nella seconda parte della stagione, ma anche noi lo siamo." Lo facevo tutti gli anni. "Aspettate la seconda metà della stagione," dicevo, e funzionava sempre; questa convinzione si insinuava nella mente dei giocatori e diventava un tormento per gli avversari. Nella seconda parte della stagione lo United diventava un esercito invasore, con il fuoco negli occhi. Era una profezia che si autoavverava.

Quella di indicare l'orologio era un'altra strategia psicologica; non facevo caso al cronometro, durante le partite; ogni tanto ci davo un'occhiata distratta, ma era troppo difficile calcolare quanti minuti di recupero sarebbero stati dati e dunque sapere esattamente quanto sarebbe durata una partita. Il senso del gesto era questo: contava l'effetto che aveva sulla squadra avversaria, non sulla nostra. Vedendomi gesticolare e indicare l'orologio, gli avversari si sarebbero spaventati, pensando immediatamente che sarebbero stati aggiunti altri dieci minuti, e tutti sapevano che lo United aveva un talento per segnare negli ultimi minuti. Vedendomi con il dito sul quadrante, i nostri avversari si sarebbero sentiti nelle condizioni di difendersi dai nostri attacchi per un periodo che a loro poteva sembrare un'eternità.

Si sarebbero sentiti sotto assedio. Sapevano che noi non mollavamo mai e che eravamo specializzati nei finali da brivido. Clive Tyldesley lo disse nel suo commento per la ITV durante la finale di Champions League del 1999, all'inizio dei minuti di recupero: "Lo United segna sempre." Frase che somigliava a quella di Kenneth Wolstenholme durante la finale dei mondiali del 1966. È una strategia psicologica.

C'è una dimensione psicologica anche nella gestione dei singoli giocatori. Nel caso abbiano atteggiamenti sbagliati, è utile cercare di guardare le cose con i loro occhi: sei stato giovane anche tu, per cui mettiti nei loro panni. Se fai qualcosa di sbagliato, ti aspetti di essere punito. "Che cosa dirà?" pensi; o "Che cosa dirà mio padre?" L'obiettivo è fare il maggior effetto possibile. Che cosa fece più effetto su di me in quel momento della mia vita?

Il vantaggio di un allenatore è che sa che i giocatori vogliono giocare; fondamentalmente, vorrebbero essere tutti in campo, e se li privi di questo piacere è come se togliessi loro la vita. Questo è il metodo estremo, è il maggior strumento di potere a tua disposizione.

Nel caso di Frank McGarvey al St Mirren ero rimasto irremovibile nel dirgli: "Non giocherai più." Lui ci credette, per tre settimane, e mi implorò di concedergli un'altra occasione; nella sua mente, tutto il potere era nelle mie mani. La libertà di contratto non esisteva, all'epoca.

La gente parlava in continuazione dei miei trucchetti psicologici. Ogni volta che parlavo in pubblico, una schiera di analisti cercava i significati nascosti, quando il 98 per cento delle volte non ce n'erano assolutamente. Ma effettivamente la pressione emotiva ha la sua importanza; e anche la superstizione, perché tutti a loro modo sono superstiziosi.

Un giorno, alle corse di Haydock, nel 2010, una donna mi disse: "In televisione è così serio, invece qui ride e si diverte."

Io le dissi: "Be', come faccio a non essere serio sul lavoro? La mia professione richiede concentrazione. Tutto quel che passa nel mio cervello deve andare a beneficio dei giocatori; non posso commettere errori. Io non prendo appunti, non mi fido delle immagini, e devo fare la cosa giusta. È una faccenda seria e non voglio fare errori."

Ovviamente ne ho fatti molti. In una semifinale di Champions League contro il Borussia Dortmund, ero convinto che Peter Schmeichel avesse fatto un errore; a quei tempi, però, non portavo gli occhiali, durante le partite. Peter disse: "La palla è stata deviata."

"Deviata un cavolo," urlai. "Non c'è stata nessuna deviazione."

Quando vidi il replay, in seguito, mi accorsi che la palla aveva cambiato bruscamente direzione. Così cominciai a mettermi gli occhiali alle partite; non potevo permettermi errori del genere, erano imbarazzanti. Se chiedevi a un difensore "Perché hai tentato di metterlo in fuorigioco?" e lui rispondeva "Ma io non ho tentato di metterlo in fuorigioco," dovevi essere sicuro di quel che dicevi.

Non ha senso dare ai giocatori un'occasione per dire a sé stessi: "L'allenatore ha sbagliato." Se perdono fiducia nella tua competenza, perdono fiducia in te. Il livello di attenzione a ciò che succede dev'essere sempre molto alto; devi essere preciso in quel che dici ai giocatori. Provare ad avere ragione può anche essere divertente, non è sempre una ricerca della verità: giocavamo a indovinare le formazioni degli avversari. Una sera avevo fatto il mio solito pronostico su chi avrebbe giocato; quando il foglio della formazione fu infilato sotto la porta, in una partita di Champions League, René annunciò: "Capo, hanno fatto sei cambi." Rimasi di sasso, ma poi vidi l'opportunità, e l'indignazione mi tirò fuori dai guai: "Vedete?" urlai ai giocatori. "Si prendono gioco di noi, pensano di poter venire qui con la squadra delle riserve!"

Un altro episodio fu quando giocammo contro il Coventry in FA Cup, all'Old Trafford, dopo aver eliminato il Manchester City al terzo turno. La settimana precedente ero andato a vedere il Coventry contro lo Sheffield Wednesday. Era incredibile come avevano giocato male, Archie Knox e io tornammo a casa senza alcuna preoccupazione. Indovinate un po'? Il Coventry fece una grande partita contro di noi, all'Old Trafford. Le squadre, quando venivano a giocare sul nostro campo, si trasformavano: tattiche diverse, motivazioni diverse, tutto cambiato. Da queste prime lezioni, imparai a preparare le partite in casa pensando alla miglior formazione, alle migliori tattiche, alla miglior prestazione che gli avversari avrebbero potuto mettere in campo, e a fare in modo che non potessero farlo.

Le squadre migliori venivano sempre all'Old Trafford con l'obiettivo di spaventarci. Specialmente l'Arsenal, ma anche il Chelsea, e spesso il Liverpool. Il City, quando iniziò l'era dello sceicco Mansour, cominciò a nutrire ambizioni simili. Anche i club allenati da ex giocatori del Manchester United spesso si mostravano spavaldi: il Sunderland di Steve Bruce, ad esempio, non giocava timidamente, sul nostro campo.

La mia longevità mi aveva reso immune alle voci e alle speculazioni che coinvolgevano gli altri allenatori, appena gli capitava di perdere tre partite di fila; il mio successo mi proteggeva dalle richieste di siluramento dei media. Questo succedeva negli altri club, ma non con me, e la cosa mi dava potere nello spogliatoio, e aveva anche degli effetti sui giocatori: l'allenatore non se ne sarebbe andato, e dunque anche loro sarebbero rimasti; gli assistenti e lo staff non se ne sarebbero andati, perché l'allenatore restava. Stabilità, continuità: cose rare, nel calcio di oggi. Johan Cruyff mi disse una sera, negli anni novanta: "Non vincerai mai la Champions League."

"Perché?"

"Non imbrogli e non compri gli arbitri," disse.

Gli dissi: "Be', se dev'essere il mio epitaffio, mi va bene."

È richiesta una certa durezza, nel calcio professionistico, e io l'ho imparata in fretta. Da Dave Mackay, ad esempio. Ci giocai contro quando avevo 16 anni, ero nella squadra delle riserve del Queen's Park. Dave si era appena ripreso da una frattura al piede e giocava con le riserve degli Hearts, che in quegli anni erano una squadra forte.

Giocavo attaccante centrale, mentre lui era laterale destro. Lo guardai mentre si scaldava, con il suo enorme torace taurino. Mi arrivò la prima palla e lui mi stese immediatamente. In una partita delle riserve.

Pensai: "Non ho intenzione di prendermele."

Quando ci trovammo di nuovo di fronte gli restituii la cortesia. Dave mi guardò freddamente e disse: "Vuoi arrivare a fine partita?"

"Mi hai dato un calcio, prima," balbettai.

"Ti ho contrastato," disse Dave. "Se ti avessi dato un calcio, te ne saresti accorto."

Ero terrorizzato da lui, dopo. Ed ero uno che non aveva paura di nessuno. Lui aveva un'aura particolare, era un giocatore fantastico. Nel mio ufficio ho una sua foto in cui afferra per la maglia Billy Bremner. Un giorno osai chiedergli, sfacciatamente: "Hai vinto tu, in quella zuffa?" Ero a Hampden Park quando elessero la miglior squadra scozzese di tutti i tempi, e non c'era il nome di Dave. Erano tutti imbarazzati.

Criticavo la mia squadra pubblicamente, ma non rimproveravo nessun giocatore, parlando con i media dopo la partita; i tifosi avevano diritto di sapere che non ero soddisfatto di una prestazione, ma non di un singolo giocatore. Tutto questo l'ho imparato da Jock Stein: gli facevo continuamente domande su tutto. Al Celtic era così umile da essere quasi fastidioso. Quando gli chiedevo qualcosa su Jimmy Johnstone o Bobby Murdoch mi aspettavo che si prendesse il merito per la sua scelta della formazione, o per le tattiche, ma Jock diceva solo: "Oh, il piccolo Jimmy era in gran forma oggi." Non lodava mai sé stesso; mi sarebbe piaciuto che almeno una volta avesse detto: "Ho deciso di giocare con il 4-3-3, oggi, e ha funzionato." Ma era troppo umile per farlo.

Jock aveva saltato una trasferta del Celtic in America perché aveva avuto un incidente, e Sean Fallon aveva rimandato a casa tre giocatori che si erano comportati male.

"No, non l'avrei fatto, e l'ho detto a Sean," mi disse Jock quando gli chiesi di dirmi come l'avrebbe gestita lui. "In questo modo ti fai un sacco di nemici," disse.

"Ma i tifosi avranno capito," dissi io.

"Lascia stare i tifosi," disse Jock. "I giocatori hanno delle madri; credi che le loro madri pensino che sono cattivi? E le loro mogli, i loro padri, i loro figli? In questo modo li allontani." Aggiunse: "Risolvi le questioni in ufficio."

A volte il ghiaccio funziona bene quanto il fuoco. Quando Nani fu espulso in una partita al Villa Park, nel 2010, non gli dissi una parola; lo lasciai soffrire. Lui continuava a guardarmi, cercando una briciola di conforto. Sapevo che non era sua intenzione fare ciò che aveva fatto. A una domanda in proposito, alla televisione, avevo risposto definendo l'episodio "un'ingenuità": dissi che non era un giocatore cattivo, ma che un'entrata a piedi uniti meritava l'espulsione. Fui chiaro, e non ci furono ulteriori conseguenze: avevo semplicemente detto che aveva sbagliato a entrare in quel modo, ma poteva capitare, in una partita nervosa.

La gente pensava che io fossi in perenne guerra psicologica con Arsène Wenger, che tentassi in continuazione di fargli perdere la lucidità. Non penso di averlo mai provocato intenzionalmente, ma a volte utilizzavo dei trucchetti, buttando lì alcune frasi, sapendo che la stampa le avrebbe etichettate come attacchi psicologici.

Mi ricordo che Brian Little, che all'epoca allenava l'Aston Villa, mi chiamò e mi chiese chiarimenti su una frase che avevo detto prima di una partita contro di loro.

"Che cosa intendevi dire?"

"Niente," risposi. Ero stupito. "Pensavo che stessi facendo uno dei tuoi giochetti," mi disse Brian.

Quando mise giù il telefono, evidentemente, Brian non riuscì a smettere di pensare: "Che cosa sta tramando? Che cosa intendeva dire?"

Anche se mi tornava utile innervosire le squadre rivali, spesso confondevo gli avversari senza nemmeno volerlo, o senza rendermi conto di farlo.

19.
BARCELLONA (2009-2011).
PICCOLO È BELLO

Il Barcellona è stata la squadra migliore che il mio Manchester United abbia mai affrontato. Di gran lunga. Avevano la mentalità giusta. Nel nostro paese avevamo centrocampisti – Patrick Vieira, Roy Keane, Bryan Robson – che erano guerrieri, uomini forti, vincenti. A Barcellona avevano questi fantastici piccoletti, alti meno di un metro e settanta, coraggiosi come leoni, che tenevano la palla tutto il tempo e non si lasciavano mai intimidire. I successi conquistati da Lionel Messi, Xavi e Andrés Iniesta erano incredibili, per me.

La formazione del Barcellona che ci sconfisse a Wembley nel 2011 fu superiore a quella che ci batté a Roma due anni prima. Il gruppo del 2011 era al massimo delle potenzialità e giocava con grande maturità. In entrambe le occasioni mi ritrovai a lottare con la consapevolezza che noi eravamo davvero una buona squadra, ma avevamo incontrato degli avversari che avevano saputo giocare le due finali meglio di noi.

Vorrei che avessimo potuto rigiocare la finale di Roma il giorno seguente, o il giorno dopo ancora. C'era una grande atmosfera allo stadio olimpico di Roma, era una serata magnifica, e fu la mia prima sconfitta in una finale europea, sulle cinque che avevo giocato. Vincere la medaglia d'argento, quando sai che avresti potuto giocare molto meglio, è doloroso.

L'audacia era un prerequisito per affrontare il Barcellona; erano la squadra della loro generazione, esattamente come lo era stato il Real Madrid negli anni cinquanta e sessanta e il Milan nei primi anni novanta. Il gruppo di fuoriclasse che si era formato attorno a Messi era formidabile. Ma non provavo invidia per loro; avevo qualche rimpianto, quando perdemmo contro di loro, ma nessuna invidia.

In entrambe le finali di Champions League avremmo potuto essere più simili ai campioni di Spagna tenendo un atteggiamento più difensivo, ma a quel punto avevo già capito che il Manchester United non era fatto per vincere giocando in quel modo. Avevo usato una tattica del genere per battere il Barcellona nella semifinale del 2008: avevo difeso strenuamente, ed era stata una tortura per me e un inferno per i tifosi. In seguito avevo tentato un approccio più positivo, contro di loro, e ci avevano sconfitti, in parte proprio a causa del nostro cambio di atteggiamento. Se ci fossimo ritirati nella nostra area e avessimo chiuso le maglie della difesa, probabilmente avremmo raggiunto il risultato che desideravamo.

Non mi sto rimproverando nulla, avrei solo voluto che il nostro approccio positivo sortisse effetti migliori.

La vittoria contro di noi a Roma contribuì all'affermazione del Barcellona come squadra dominante di quel periodo; diede loro una spinta. Un singolo trionfo può fare da catalizzatore. Era la loro seconda Champions League in quattro stagioni, e la squadra di Pep Guardiola era la prima formazione spagnola a vincere campionato, Coppa del Re e Champions League in una singola stagione; noi eravamo i campioni europei in carica, ma non riuscimmo a diventare la prima squadra nella storia della moderna competizione a difendere quel titolo.

Eppure non avremmo dovuto perdere quella partita nella città eterna. Esisteva un modo per giocare alla pari contro il Barcellona, l'avevamo dimostrato l'anno precedente; c'era un modo per fermarli, anche per fermare Messi. Ciò che avevamo fatto dodici mesi prima, nella partita in trasferta, era stato far giocare davanti Tévez con Ronaldo prima punta, in modo da avere due aree di attacco: potevamo contare sulle penetrazioni di Ronaldo, e Tévez era utile per mantenere il possesso di palla.

Ovviamente fu dura comunque, perché il Barcellona mantenne il possesso di palla per lunghi momenti, e in circostanze simili i tuoi stessi giocatori tendono a distrarsi: guardano la palla che va avanti e indietro.

La nostra strategia era che, appena entravamo in possesso della palla, Ronaldo cercava gli spazi e Tévez accorciava per venire incontro al pallone; ma i giocatori stavano lì a guardare la palla. Nell'intervallo li rimproverai: "State guardando la partita," dissi. "Non stiamo assolutamente contrattaccando." La nostra tattica non era quella dell'Inter: loro stavano dietro a difendere e giocavano sempre in contropiede. Nel secondo tempo attaccammo di più.

Devo dire che un altro fattore sfavorevole, a Roma, fu la scelta dell'hotel. Fu un macello. Mangiavamo in una stanza senza luce, i pasti erano serviti tardi e arrivavano freddi.

Avevo portato con noi uno chef, e lo ignorarono. La mattina del giorno della finale due o tre giocatori si sentivano un po' fiacchi, specialmente Giggs; altri stavano male, e uno o due giocarono in quelle condizioni. Il ruolo che ricopriva Giggs prevedeva un carico di lavoro incompatibile con il suo malessere; era troppo dura doversela vedere con Sergio Busquets, centrocampista difensivo del Barcellona, poi salire in attacco e tornare indietro a coprire di nuovo.

Non mi verrebbe mai in mente di criticare Ryan Giggs, in nessun modo, dopo quello che ha dato al club; fu solo un peccato che non fosse nel suo consueto stato di forma, quella notte a Roma.

Iniziammo la partita molto bene, comunque, con Ronaldo che mise in difficoltà per tre volte la difesa del Barcellona, prima con un calcio di punizione a scendere e poi con due tiri dalla distanza, che aumentarono la pressione su Victor Valdés, il loro portiere. Dieci minuti dopo, però, prendemmo un gol orribile, quando il nostro centrocampo tardò a rientrare, consentendo a Iniesta di servire Samuel Eto'o. Eto'o tirò in porta, Edwin van der Sar non fu proprio impeccabile, e la palla si infilò in rete vicino al primo palo.

Il Barcellona aveva iniziato con Messi largo a destra, Eto'o centrale e Thierry Henry largo a sinistra; poco prima del gol avevano spostato Eto'o più esterno, a destra, e Messi in mezzo, come centravanti arretrato. Fecero così perché Evra era sfuggito a Messi, qualche momento prima; Evra si stava spingendo avanti con continuità, e cambiarono schieramento per fermarlo. In seguito Guardiola stesso confermò la cosa; Messi era stato spostato perché non si trovasse a dover fronteggiare Evra.

Con questo cambiamento, il Barcellona mise Messi in una posizione che gli era gradita, al centro: da quel momento giocò sempre lì, in quella zona, e ciò rendeva le cose difficili per i difensori, che non sapevano se andargli incontro o rimanere indietro e giocare in sicurezza.

Dopo il gol di Eto'o, con Messi centrale, il Barcellona aveva un uomo in più in mezzo al campo. Iniesta e Xavi continuavano a tenere il pallone, bump, bump, bump. Erano superiori a noi nella circolazione di palla, non sprecherò tempo a dire che non è così.

Concedere il possesso agli uomini di Guardiola ci costò caro, perché la loro superiorità numerica a centrocampo ci relegava al ruolo di spettatori. Per contrastare il loro gioco mandai in campo Tévez al posto di Anderson, e lo vidi sprecare un'ottima occasione quando, superato un difensore, decise di dribblarlo di nuovo, rientrando con la palla e perdendola. Il gol che chiuse la partita arrivò dopo un'ora dal primo: un inconsueto colpo di testa di Messi, su cross di Xavi.

Tempo dopo discussi dell'evoluzione del Barcellona con Louis van Gaal, loro ex tecnico olandese; le basi del gioco della squadra furono gettate da Johan Cruyff, grande allenatore che elaborò le loro idee di circolazione di palla e di allargamento del gioco, sempre con un uomo in più a centrocampo. Dopo Bobby Robson presero la via olandese, con van Gaal e Frank Rijkaard. Ciò che portò Guardiola fu il modo di fare pressing; con Pep facevano questi esercizi da tre secondi, pare, in cui alla squadra che difendeva non era concesso tenere il pallone per più di tre secondi.

Dopo la vittoria di Roma, Guardiola disse: "Siamo fortunati ad aver raccolto l'eredità di Johan Cruyff e Charly Rexach. Loro sono stati i padri, e noi li abbiamo seguiti."

Quello che non sono mai riuscito a capire è come i loro giocatori riuscissero a giocare quel numero di partite; schieravano quasi sempre la stessa formazione. Il successo spesso è ciclico, e si alterna a periodi di stasi. Il Barcellona si riscosse dai suoi e cominciò a inseguire il Real Madrid. Non mi piace dire che siamo stati battuti da una grande squadra, non avremmo mai detto una cosa del genere; al massimo avremmo potuto dire che due grandi squadre si erano contese il titolo, ma ci era sfuggito. Il nostro obiettivo era raggiungere quel livello per cui la gente ci considerasse alla pari con le migliori squadre europee.

Per battere il Barcellona nel pieno del suo ciclo erano necessari centrali di difesa che fossero davvero in forma. Rio e Vidić avevano raggiunto un'età in cui preferivano difendere gli spazi; niente da dire, cosa giustissima, ma contro il Barcellona questo era un approccio limitato. Erano necessari centrali che fossero pronti ad andare a contrastare Messi senza preoccuparsi di quel che succedeva dietro di loro; ok, lui si sposterà sulle fasce, ma va bene così, è meno pericoloso sulle fasce che in mezzo al campo.

Avevano quattro giocatori di livello mondiale: Piqué, i due centrali di centrocampo e Messi. Piqué era senza dubbio il giocatore più sottovalutato della squadra; era molto forte, lo sapevamo da quando aveva giocato con noi, da giovane. A una conferenza stampa, Guardiola mi disse che era il miglior acquisto che avessero mai fatto. Dava tempi, precisione, sicurezza e profondità, da dietro.

Cercammo di annullare la loro azione mandando gli attaccanti a pressare, tentando di arrivare per primi sulla palla, costringendoli a buttarla via, e per i primi venti o trenta minuti ci riuscimmo piuttosto bene; ma poi loro segnarono, e ci sfuggirono.

Avevano questa incredibile capacità di liberarsi. Lanci l'esca nel fiume e il pesce abbocca. Però a volte non succede così. Xavi passava la palla a Iniesta a una velocità che ti faceva credere che avresti potuto rubargliela, ma non ci riuscivi, perché loro non erano dov'eri tu. La velocità, la misura, l'angolazione del passaggio ti conducevano in una zona dove non avresti dovuto essere; erano bravissimi in questo genere di trappola.

La Premier League vuole a tutti i costi una politica meno rigida sui permessi di lavoro, ma un atteggiamento più rilassato potrebbe avere delle controindicazioni: il campionato sarebbe invaso da cattivi giocatori, anche se i grandi club dovrebbero poter avere una maggiore libertà, perché hanno la capacità di scoprire i giocatori validi. So che la cosa suona un po' elitaria, ma se vuoi vincere in Europa, una via è quella di cambiare la normativa sui permessi di lavoro in favore dei club. Nell'Unione europea possiamo prendere i giocatori a 16 anni.

Due anni dopo, i nostri due club si ritrovarono nuovamente in finale, questa volta a Wembley. Avevamo le stesse intenzioni di Roma e partimmo bene, ma poi ci schiacciarono a centrocampo e ci sconfissero 3-1. Partimmo con Edwin van der Sar in porta, Fábio, Ferdinand, Vidić e Evra in difesa, Giggs, Park, Carrick e Valencia a centrocampo e Rooney e Hernández davanti.

Non riuscimmo a controllare Messi, i nostri centrali di difesa non avanzavano verso il pallone, ma stavano dietro; eppure la preparazione per la partita era stata la migliore che avessi mai visto, per dieci giorni ci eravamo esercitati per questo, al campo di allenamento. Sapete qual è il problema? Ogni tanto i calciatori si fanno influenzare dall'occasione e non giocano la partita. Wayne Rooney, ad esempio, fu deludente; la nostra tattica prevedeva che lui andasse a cercarsi gli spazi dietro i terzini, e che Hernández li facesse salire, cosa che in effetti riuscì a fare, ma non fummo in grado di penetrare quegli spazi dietro i terzini. Per qualche ragione, Antonio Valencia si bloccò, quella sera. Era nervosissimo. Ma non voglio essere ipercritico.

Non attaccammo mai veramente il loro terzino destro, che aveva appena recuperato da un infortunio e non aveva giocato per parecchio tempo; pensammo che sarebbe stato un grande vantaggio per noi, sia che avesse giocato lui, sia che avessero schierato Puyol. Valencia era in forma eccellente, prima della finale; due o tre settimane prima aveva fatto impazzire Ashley Cole e aveva fatto sudare sangue al laterale dello Schalke. Forse è meglio tornare nella propria area, con il Barcellona, ma avremmo dovuto essere più bravi a pressare Messi. Anche Michael Carrick giocò al di sotto delle sue possibilità.

La prima notizia, quella sera, fu che avevo lasciato Dimitar Berbatov in tribuna, portando in panchina Michael Owen. Dimitar ovviamente la prese male, e io mi sentii in colpa. Wembley ha una stanza per gli allenatori, confortevole e riservata, dove gli spiegai le ragioni della mia decisione: la sua forma era calata e non era l'ideale come riserva.

Gli dissi: "Se dobbiamo fare un gol negli ultimi minuti, nell'area di rigore, Michael Owen può garantire brillantezza." Probabilmente non fu molto giusto, ma mi toccò prendere quella decisione e portarla avanti.

Presi Berbatov nell'estate del 2008 perché aveva grande equilibrio e compostezza in zona d'attacco. Pensai che ciò avrebbe controbilanciato gli altri giocatori che avevo in squadra, ma invece rese complicati i rapporti con Tévez, che non accettava la situazione. Fu riserva, poi titolare, poi di nuovo riserva. Bisogna dare atto a Tévez che aveva sempre un grande impatto sulle partite, si muoveva molto. Poi questa storia provocò una rottura e diede modo al suo entourage di contrattare con altri club.

Berbatov mancava un po' di sicurezza in sé stesso, stranamente. Non aveva la vanità di Cantona o di Andy Cole, o l'autostima di Teddy Sheringham. Anche Hernández era sicuro di sé: era sveglio e allegro. Berbatov credeva nelle proprie capacità, che però si esprimevano in un certo modo di giocare: poiché ci muovevamo a una certa velocità, lui non riusciva a entrare del tutto in sintonia con il gioco. Non era un calciatore con i riflessi rapidi, preferiva il gioco lento che gli permetteva di muoversi in area con i suoi tempi; oppure usciva dall'area per fare da sponda. Aveva capacità considerevoli. Sebbene nell'estate del 2011 avessimo avuto alcune richieste per lui, non ero pronto a lasciarlo andare via, in quel momento; avevamo speso 30 milioni di sterline per lui e non ero disposto a cederlo solo perché aveva saltato qualche partita importante nella stagione precedente: potevamo tenerlo lo stesso, e farlo giocare.

In allenamento si esercitava per migliorare la velocità con la palla, ma quando la nostra azione si interrompeva lui tendeva a fermarsi e camminare; non puoi farlo, nella nostra squadra, noi dobbiamo chiuderci velocemente o rimaniamo troppo scoperti, con troppi uomini in avanti. Abbiamo bisogno di uomini che reagiscano quando perdiamo la palla, e che mettano velocemente sotto pressione l'avversario. Ma era capace di grandi cose. Aveva anche un appetito incredibile, tipo quello di Nicky Butt. Si precipitava a mangiare e a volte si portava anche del cibo da asporto.

Berbatov non avrebbe comunque giocato a Wembley, anche se fosse stato in panchina. Ero stato costretto a togliere Fábio e a far entrare Nani, e mi erano rimaste solo due sostituzioni. Volevo far entrare Scholes perché avevo bisogno di un giocatore esperto che organizzasse il gioco, così tolsi Carrick. Avevamo parlato per parecchi mesi con Scholesy del suo ritiro, e avevo tentato di persuaderlo a rimanere ancora un anno, ma lui pensava che venticinque partite a stagione non fossero abbastanza; ammise anche che negli ultimi venticinque-trenta minuti di gara le sue gambe perdevano forza. Aveva superato due operazioni al ginocchio e un problema all'occhio che l'aveva tenuto fuori per mesi, e giocava ancora a un livello molto alto. Fenomenale.

Il gol che segnò alla sua partita d'addio, quell'estate, fu bellissimo; Brad Friedel non poteva pararlo, era un missile. Eric Cantona, allenatore degli avversari, lo applaudì. Su radio Talksport, più tardi, sentii dire da un opinionista che Paul non era tra i primi quattro giocatori inglesi degli ultimi anni, e che Gascoigne, Lampard e Gerrard erano migliori di lui. Totalmente assurdo.

Dopo la seconda sconfitta in finale di Champions League contro il Barcellona, mi trovai a chiedermi: qual è il problema? La prima questione era che alcuni dei nostri giocatori avevano giocato al di sotto delle loro possibilità, probabilmente anche perché di solito, in partita, eravamo abituati ad avere il possesso della palla per la maggior parte del tempo; quando questo vantaggio era passato all'avversario probabilmente la nostra sicurezza e la nostra concentrazione ne avevano risentito.

Era plausibile anche la teoria secondo cui i nostri giocatori si trovassero in difficoltà dovendo subire il gioco dell'avversario: anche giocatori come Giggs o come Park Ji-Sung, che nei quarti di finale contro il Chelsea aveva contrastato tutti gli avversari e si era mosso per tutto il campo. Non fece nulla del genere contro il Barcellona, che scese in campo con Valdés, Alves, Piqué, Abidal, Mascherano, Busquets, Xavi, Iniesta, Messi, Villa e Pedro.

Andarono in vantaggio con Pedro, che raccolse uno degli innumerevoli passaggi intelligenti di Xavi, ma Rooney pareggiò dopo un veloce scambio con Giggs. Poi, però, la giostra del Barcellona cominciò a girare, con Messi al comando. Lui e Villa segnarono i gol che ci diedero il colpo di grazia, nell'ultima partita di van der Sar con la nostra squadra.

Feci un errore, a metà gara: ero determinato a vincere e dissi a Rooney che doveva continuare a correre negli spazi dietro i terzini: "Se continui a farlo, vinceremo la partita," lo incitavo. Mi dimenticai di una caratteristica del Barcellona: vincevano tante delle loro partite nei primi quindici minuti del secondo tempo. Avrei dovuto dirlo ai miei giocatori, avrei fatto meglio a mettere Park a marcare Messi per quei primi quindici minuti, mandando Rooney largo a sinistra. Se avessimo fatto così avremmo potuto scamparla, saremmo stati in grado di contrattaccare; queste mosse avrebbero lasciato libero Busquets e magari ci avrebbero schiacciati dentro la nostra area, ma avremmo potuto essere più pericolosi con Rooney che attaccava dalla fascia sinistra.

Volevo sostituire Valencia dopo i primi dieci minuti del secondo tempo, ma Fábio cominciò ad avere i crampi e fui costretto a riorganizzarmi per farlo uscire. Generalmente ero fortunato, nelle finali, ma in quell'occasione non fu così. Considerando tutte le grandi partite e tutti i successi che avevo raggiunto, non potevo certo iniziare a compatirmi a Wembley, che era stato teatro della vittoria dello United sul Benfica nel 1968.

Pensavamo che avremmo avuto delle occasioni su calcio d'angolo, ma non ne arrivarono. Quando la sconfitta fu certa, non ci furono atteggiamenti compiaciuti da parte del Barcellona, nessuno ostentò superiorità. La prima cosa che fece Xavi dopo il fischio finale fu di chiedere la maglia a Scholes. I calciatori dovrebbero avere un modello, dovrebbero dire a sé stessi: "Voglio diventare come lui." Il mio modello era Denis Law, che era un anno e mezzo più vecchio di me; lo guardavo e dicevo: "È così che voglio essere."

Nei giorni che seguirono la sconfitta cominciai a pensare seriamente agli allenatori della nostra scuola calcio. Ne parlai parecchio con Gary Neville e Paul Scholes; volevo nominare un altro tecnico. Il nostro club era in grado di produrre grandi giocatori, e le nuove leve del Barcellona non erano migliori delle nostre; Thiago era alla pari con Welbeck e Cleverley, e non temevamo gli altri di loro che sarebbero arrivati.

Guardare avanti è essenziale. Avevamo messo gli occhi su Phil Jones molto tempo prima di quella finale di Champions League; avevo provato a prenderlo nel 2010, ma il Blackburn non aveva voluto cederlo. Ashley Young fu acquistato per sostituire Giggs. La questione del portiere fu sistemata a dicembre: David de Gea ebbe un inizio carriera di fuoco allo United, ma sarebbe migliorato. Smalling ed Evans erano giovani eccezionali. Avevamo Fábio e Rafael, e Welbeck e Cleverley stavano crescendo; Nani aveva 24 anni, Rooney 25. Avevamo un nucleo di giovani talenti.

Ne lasciammo andare cinque, quell'estate, perché con l'arrivo di Jones non sarebbe stato facile per Wes Brown o John O'Shea partire titolari. Mi avevano servito bene. La parte peggiore dell'essere allenatori è dover dire ai giocatori che hanno dato sé stessi per te che non c'è più posto per loro nei tuoi piani. Dopo il corteo per la vittoria del campionato, sotto la pioggia, tornammo alla scuola dalla quale era partita la sfilata. Parlai con Darron Gibson e gli chiesi come vedeva il suo futuro; forse non era il posto migliore per iniziare un discorso del genere, ma lui si fece un'idea di qual era la mia opinione. Quella notte sarebbe partito per le vacanze e dovevamo assolutamente parlarne prima. Fu dura telefonare a Wes Brown, era orribile lasciare andare giocatori così esperti e che mi erano stati tanto leali.

Avevo perso cinque giocatori dai trent'anni in su e avevo lasciato partire Owen Hargreaves. Avevamo fatto rientrare dai prestiti Welbeck, Cleverley, Mame Diouf e Macheda e avevamo preso altri tre giocatori. L'età media della squadra era scesa a 24 anni.

Con Scholes e Neville il mio piano era quello di lasciare che esplorassero l'ambiente delle giovanili, della scuola calcio e delle riserve; poi ci saremmo trovati tutti e tre per stabilire quanto eravamo forti. Avrei lasciato loro una grande responsabilità nelle decisioni future, perché loro sapevano meglio di ogni altro cosa serviva per essere uno dei nostri giocatori. Era qualcosa che desideravo da anni: inserire in questo flusso i miei giocatori migliori.

Scholes aveva idee molto valide, e le sue valutazioni erano intelligenti; sempre molto nette, non aveva perplessità. Quando ci furono problemi con van Nistelrooy, Paul disse immediatamente che a Ruud non sarebbe stato consentito turbare l'ambiente. Fu categorico. Gary gli chiese: "Sei sicuro, Scholesy?" giusto per provocarlo.

A quel punto, nello staff degli allenatori avevamo Brian McClair, Mick Phelan, Paul McGuinness, Jim Ryan e Tony Whelan. Erano tutti ex giocatori dello United o diplomati all'accademia; volevo rinforzare questo settore. Anche Clayton Blackmore e Quinton Fortune avevano dato il loro contributo allo sviluppo.

Dopo averne discusso, mi dissi: "Quando giocheremo di nuovo con il Barcellona in una finale di Champions League, metterò Jones e Smalling, o Smalling e Evans, a marcare Messi."

Non gli avrei permesso di torturarci di nuovo.

20.
I MEDIA

Il miglior consiglio che abbia mai ricevuto riguardo ai media me lo diede un amico, Paul Doherty, che all'epoca lavorava a Granada TV. Bel tipo, Paul. Un giorno venne a cercarmi e mi disse: "Ho visto una tua conferenza stampa e voglio dirti una cosa: dai loro partita vinta, mostri le tue preoccupazioni. Guarda in quello specchio e metti su un'espressione alla Alex Ferguson."

Non bisogna mostrarsi preoccupati con la stampa: mostrare loro i tuoi dubbi non aiuta la squadra e non aumenta le tue possibilità di vittoria in una partita. Paul aveva ragione. All'epoca in cui mi diede quel consiglio io lasciavo che vedessero lo stress del mio lavoro; non potevo permettere che una conferenza stampa diventasse una stanza delle torture, era mio dovere proteggere la dignità del club e il lavoro che stavamo facendo. Era importante stare all'erta e controllare la conversazione il più possibile.

Prima di aprire quella porta e affrontare il mondo, mi preparavo mentalmente. L'esperienza mi diede una mano, e raggiunsi un punto in cui nelle conferenze stampa del venerdì riuscivo a capire dove un giornalista voleva andare a parare. A volte si mettevano d'accordo tra loro, dicendosi: “Bene, tu inizi con questo, poi io faccio quest’altro.” Riuscivo a capirli, grazie all’esperienza; in più i miei automatismi cominciarono a funzionare più velocemente. Ero contento quando un giornalista mi faceva una domanda lunga ed elaborata, perché avevo tempo di prepararmi la risposta; le più difficili erano le domande brevi: “Perché avete giocato così male?”

Quel tipo di domande concise ti costringeva ad allungare le tue risposte; la tiravi per le lunghe mentre cercavi di pensare, e ti trovavi a spiegare tutto il tuo mondo. Riuscire a non mostrare le debolezze della tua squadra è un’arte, e dev’essere costantemente una priorità. Sempre. Se hai una gara tre giorni dopo, ci deve essere quel pensiero davanti a tutti gli altri, quando ti fanno una domanda; quello che conta è vincere quella partita, non dimostrarsi intelligenti in un’intervista.

Il terzo obiettivo è quello di non fare figuracce rispondendo stupidamente. Queste erano le considerazioni che tenevo a mente, mentre venivo intervistato. Ci vogliono anni per acquisire queste abilità e una maggiore accortezza. Mi ricordo che quando ero un giovane calciatore mi lagnai in televisione di una squalifica di sei giornate che avevo ricevuto dalla Federazione scozzese. Dissi in diretta: “Sì, è la giustizia da Camera stellata che applicano qui in Scozia.”

Immediatamente al club arrivò una lettera della Federazione. Pensando di dover dire qualcosa di interessante, a volte ti trovi a fare delle affermazioni di cui poi ti penti; avevo ragione quel giorno in Scozia, ma finì che mi toccò scrivere una lettera per giustificarmi. L’allenatore mi chiese: “Ma da dove diavolo hai preso quella battuta della

Camera stellata?" Non lo potei nascondere: "L'ho letta su un libro e mi sembrava ci stesse bene," gli risposi.

Ovviamente il contrasto maggiore e più duraturo lo ebbi con la BBC: durò sette anni, finché nel 2011 decisi che ne avevo abbastanza. Dal mio punto di vista, mi avevano attaccato diverse volte, anche in un articolo sulla rivista "Match of the Day", ma la goccia che fece traboccare il vaso fu un documentario dal titolo *Fergie and Son*, andato in onda il 27 maggio 2004 su BBC3, che attaccava in maniera orribile mio figlio Jason. Collegarono i trasferimenti di Jaap Stam alla Lazio e di Massimo Taibi alla Reggina con gli interessi di Jason nell'agenzia Elite Sports. Prima che il programma andasse in onda, lo United dichiarò che né Jason, né io, né la Elite eravamo responsabili di irregolarità nei trasferimenti, ma decise che Jason non avrebbe più potuto agire sul mercato a nome del club.

La BBC non si scusò, sebbene le loro accuse fossero false.

Successivamente, Peter Salmon della BBC venne a trovarmi, e io gli dissi: "Guarda quel programma e dimmi se fa onore alla BBC." Volevo querelarli, ma il mio avvocato e Jason si opposero. Salmon pensava che la nostra vecchia amicizia di quando lui era a Granada TV avrebbe posto fine a quel gelo.

"La BBC ha una sede a Manchester, ora," disse.

"Ottimo," dissi io. "E tu devi scusarti." Nessuna risposta.

La sua idea era di farmi parlare del documentario *Fergie and Son* in un'intervista con Clare Balding. Perché avrei dovuto farlo? Decidemmo comunque di chiudere le faccenda e io ripresi le mie interviste con quelli della BBC. Avevo detto quel che dovevo, in proposito.

In generale, l'avvento di Sky cambiò l'ambiente giornalistico, rendendolo più competitivo e più incline alle esagerazioni. Si prenda ad esempio il caso del morso di Suárez nella primavera del 2013: durante una conferenza stampa mi chiesero la mia opinione in proposito. Dalla mia risposta tirarono fuori il titolo "Ferguson è solidale con il Liverpool". Mi avevano fatto una domanda su Suárez e io avevo risposto: "So come ci si sente, perché Cantona prese nove mesi di squalifica per un calcio da kung-fu a un tifoso." Il messaggio era: cosa volete che siano dieci partite, in confronto a nove mesi. Eppure scrissero che mi dispiaceva per Suárez.

Un altro titolo fu: "Ferguson dice che José Mourinho andrà al Chelsea". La domanda che mi avevano fatto era stata: "Chi sarà il suo principale avversario, il prossimo anno?" Io risposi che sarebbe stato il Chelsea, e aggiunsi che se la stampa aveva ragione e Mourinho stava per tornare, avrebbe dato alla squadra una marcia in più; il titolo, poi, fu che Ferguson aveva detto che Mourinho sarebbe tornato al Chelsea.

Mi toccò mandare un messaggio a Mourinho per spiegarmi, e lui mi rispose dicendo: "Nessun problema, lo so, ho visto." Quel titolo compariva ogni dieci minuti. Mourinho tornò poi effettivamente al Chelsea, ma non è quello il punto.

C'era una tale intensità e instabilità nei media moderni che ero in difficoltà; verso la fine sentivo che era davvero dura relazionarsi con la stampa. Erano così sotto pressione che non potevi fidarti di loro tranquillamente. Quando arrivai a Manchester diffidavo di alcuni, ma non ero così circospetto come negli ultimi anni. Personaggi come John Bean e Peter Fitton erano gente per bene. Anche Bill Thornton, David Walker e Steve Millar erano persone a posto. E avevo i miei vecchi amici dalla Scozia.

Durante le tournée eravamo soliti passare una serata con quelli della stampa. Una volta finimmo tutti nella mia stanza: Bean era in gran forma, e ballava il tip tap sul tavolo; un'altra volta ero a letto, verso le 23, quando il telefono squillò e una voce disse: "Alex! Confermi o neghi di essere stato su un taxi con Mark Hughes, questa sera?"

Era John Bean. Gli dissi: "Sarebbe stato molto difficile, John, perché lui stasera giocava una partita di Coppa con il Bayern Monaco."

John disse: "Oh, sì, l'ho vista." Sbattei giù il telefono.

John si fece vedere il venerdì: "Mille scuse, Alex. So che mi perdonerai." E si sedette.

Ultimamente ci sono un sacco di cronisti che si vestono molto più casual di quelli che conobbi nei miei primi anni; può darsi che sia una faccenda generazionale, ma non mi piace granché. Il lavoro di questi giovani reporter è molto difficile, perché sono messi parecchio sotto pressione dai loro caporedattori. Ci si deve dimenticare l'ufficiosità, non esiste più. Cacciai un paio di cronisti nel 2012-2013 per aver pubblicato dichiarazioni ufficiose, e feci lo stesso con un altro che dichiarò che io e Rooney non ci parlavamo mai durante gli allenamenti, e che tutti nel club lo sapevano. Non era vero.

Non leggevo tutti i giornali, ma a volte il nostro ufficio stampa ci faceva notare notizie poco veritiere; è una cosa che ti esaurisce. Anni prima prendevo provvedimenti, ma è un atteggiamento molto dispendioso, e delle scuse fatte in quaranta parole a pagina 11 non rimediano certo ai danni di una storia con un titolo a caratteri cubitali in seconda pagina; per cui che senso ha?

Cacciando via i cronisti dicevo: non accetto la vostra versione dei fatti. Ancora una volta ero in una posizione di forza, perché ero allo United da molto tempo e avevo vinto tanto; se fossi stato uno qualsiasi alle prese con una serie di risultati negativi, lo scenario sarebbe stato diverso. In molti casi avevo una segreta indulgenza nei loro confronti, perché sapevo che le estrapolazioni e le esagerazioni erano un effetto dell'ambiente competitivo: i giornali se la devono vedere con Sky, con le notizie online e con i social media.

Ogni allenatore di Premier League dovrebbe avere un addetto stampa esperto, qualcuno che conosca i media e che possa controllare rapidamente le notizie. Non puoi bloccarle tutte, ma puoi avvertire l'autore quando i fatti non sono riportati correttamente e cercare di correggerle. Un buon addetto stampa può tirarti fuori dai guai. Ogni giorno, per 24 ore, Sky News trasmette notizie; una storia viene ripetuta più e più volte. Avere a che fare con la stampa sta diventando sempre più problematico, per gli allenatori.

Mettiamo che Paul Lambert stia attraversando un brutto periodo all'Aston Villa; in questo caso una sua conferenza stampa avrà luogo in un clima sicuramente negativo. Solo uno che conosce la stampa può preparare un allenatore per un evento del genere. Quando ebbi il mio periodo difficile allo United, Paul Doherty mi disse: "Se sei teso, sei un bel boccone per loro. Prima di presentarti in conferenza stampa guardati allo specchio, massaggiati il viso, metti su un bel sorriso e organizza i pensieri. Vedi di non farti mangiare."

Fu un consiglio molto prezioso, ed è esattamente ciò che bisogna fare; la maggior parte delle volte devi accettare la situazione e tirarne fuori il meglio. Una domanda di routine era: sente la pressione? Be', certo che la sento. Ma uno non deve dar loro un titolo da scrivere. Tenevo le conferenze stampa prima degli allenamenti, mentre molti allenatori le organizzano dopo; in quel caso, però, uno è concentrato sull'allenamento e non pensa alla stampa. Se c'era una conferenza stampa alle nove del mattino, Phil Townsend, il nostro responsabile delle comunicazioni, mi faceva un piccolo riassunto di quel che sarebbe potuto venire fuori.

Mi diceva, ad esempio, che avrebbero potuto farmi domande sull'incidente del morso di Luis Suárez, o sullo scandalo doping della Godolphin nelle corse, o su un eventuale interesse per un giocatore come Lewandowski. Cominciavo sempre parlando dei giocatori che sarebbero stati disponibili per quella particolare partita, e poi l'enfasi si spostava su questioni e personaggi connessi alla gara. I periodici domenicali, invece, cercavano di scrivere un pezzo su un argomento specifico, ad esempio il buon momento di forma di Michael Carrick.

In genere ero a mio agio nelle conferenze stampa; la cosa più difficile era trovare i toni giusti per parlare degli errori arbitrali. Ero stato punito per aver fatto commenti sugli arbitri perché i miei standard di riferimento erano quelli relativi al gioco, non ai direttori di gara; non ero interessato agli standard che gli arbitri stabilivano per loro stessi. Come allenatore sentivo di poter pretendere un livello di arbitraggio pari a quello del gioco, e come categoria gli arbitri non stanno lavorando come dovrebbero. Ultimamente parlano dell'arbitraggio come professione, ma è un'assurdità.

Tanti iniziano a 16 anni, quando sono ragazzi. Ammiro chi ha l'impulso a diventare arbitro, il gioco ne ha bisogno. Vorrei vedere qui uomini come l'arbitro italiano Roberto Rosetti: è alto quasi un metro e novanta, è una figura autorevole, con un fisico da pugile, vola sul campo e tiene a bada i giocatori. Ha il controllo della situazione. Mi piace vedere gli arbitri più bravi in azione, vedere l'autorità legittima applicata legittimamente.

Era difficile far cacciare un arbitro della Premier League per motivi di incompetenza o di peso; avevano tutti un avvocato, e l'Associazione arbitri è molto forte. Inoltre, non stanno crescendo arbitri giovani, per cui si aggrappano a quelli che hanno.

Forse avrei fatto meglio a evitare di esprimere opinioni sugli arbitri nelle interviste; era possibile che durante la partita successiva beneficiassi di una decisione favorevole, e quindi la collera per una decisione contraria avrebbe potuto essere interpretata come indignazione selettiva.

Io sostengo l'Associazione arbitri. Ad Aberdeen li facevo allenare con noi per aiutarli a restare in forma. Mi piace che ci sia uno standard, mi piace vedere gli arbitri fisicamente a posto, e non credo che oggi il livello di forma fisica degli arbitri sia adeguato, nel calcio inglese. Non importa quanto possono correre, ma a che velocità sono in grado di arrivare nelle diverse zone del campo; se c'è un contropiede, riescono a essere nel posto giusto al momento giusto?

Onestamente, se pensiamo alla nostra semifinale di Champions League del 2009 contro l'Arsenal, l'arbitro Rosetti era venti metri dietro la palla quando segnammo. Ci impiegammo nove secondi a fare gol, per cui l'arbitro avrebbe dovuto correre cento metri in nove secondi; solo Usain Bolt ce la fa.

Di regola, credo che la Federazione persegua determinati risultati per una questione di buona pubblicità. Se si guarda all'episodio di Wayne Rooney contro il West Ham, quando imprecò davanti alle telecamere, ci sembrò che facessero pressioni sull'arbitro, e Rooney si prese tre giornate di squalifica. La motivazione fu che non era educativo per i bambini vedere un giocatore che imprecava in televisione; lo capisco, ma quante volte in tutti questi anni si sono visti episodi simili?

Non si riusciva mai a capire bene chi fosse a capo del calcio inglese; uno avrebbe dovuto chiedere alle Exeter Schools. Greg Dyke, il nuovo presidente, ha dovuto ridurre il numero di persone coinvolte nelle decisioni. Un comitato di cento persone non può gestire le cose in maniera sensata; le nomine in questi comitati hanno più che altro una funzione di onorificenza per il "contributo dato al gioco", non hanno l'obiettivo di migliorare l'apparato organizzativo. È un problema istituzionale; chi vuole veramente cambiare le cose entra lì dentro alto un metro e novanta ed esce trenta centimetri più basso.

Il nostro comportamento nelle partite importanti era eccellente, in genere. Un giornale citò il caso dell'arbitro Andy D'Urso, aggredito da Roy Keane e Jaap Stam, che noi censurammo. La mia dichiarazione ("Non sono affari loro") irritò la Federazione. Feci anche notare che si trattava della Coppa di Lega, e non della FA Cup; non fui mai molto impressionato dall'unità investigativa della Federazione.

Quando criticai la condizione fisica di Alan Wiley, nell'autunno del 2009, intendevo protestare per la forma fisica degli arbitri in generale; secondo me Alan Wiley era in sovrappeso, e dopo quel 2-2 contro il Sunderland all'Old Trafford lo dissi apertamente. Il commento che mi mise nei guai fu: "Il ritmo della gara avrebbe richiesto un arbitro in buone condizioni fisiche. Lui non lo era. Gli arbitri all'estero sono in forma perfetta. Lui ci ha messo trenta secondi ad ammonire un giocatore perché aveva bisogno di riposarsi. Ridicolo."

In seguito mi scusai per aver messo in imbarazzo Alan Wiley, e dissi che avevo inteso "sottolineare una questione seria, importante per il gioco". Ma sedici giorni dopo fui multato dalla Federazione per comportamento scorretto. Ero stato squalificato per due giornate nel 2003, e di nuovo nel 2007 per aver detto la mia sull'arbitro Mark Clattenburg. Poi ero stato multato di 30.000 sterline e squalificato per cinque giornate per le mie dichiarazioni sull'arbitro Martin Atkinson, dopo la nostra sconfitta per 2-1 contro il Chelsea. Dopo il mio commento su Alan Wiley, l'ex arbitro Jeff Winter suggerì che "una squalifica dello stadio tipo quelle della FIFA" sarebbe stata appropriata.

Alla fine, mi sembrava che in Premier League non ci fosse un arbitro davvero bravo da tanto tempo. È vero che Graham Poll aveva una vena di arroganza, ma era quello che prendeva le decisioni migliori. Aveva un grande ego che danneggiava le sue performance, e se si arrabbiava poteva darti dei problemi. Fu l'arbitro migliore durante il mio periodo allo United.

Quando un arbitro, durante una partita, davanti a 44.000 persone ad Anfield o a 76.000 all'Old Trafford, dà un gol contro la squadra di casa e la folla urla, fa un certo effetto. Questo è un altro fattore importante: la capacità di prendere decisioni contro la folla, contro il ruggito dei tifosi. Il vecchio termine "arbitraggio casalingo" è efficace: non significa che un arbitro è disonesto, ma che la presenza dei tifosi lo influenza.

Anfield era probabilmente il campo di prova più duro per l'imparzialità di un arbitro, perché l'ambiente era opprimente e nervoso. Effettivamente i tifosi hanno un potere intimidatorio nei confronti dell'arbitro, non solo ad Anfield, nel calcio in generale.

Quarant'anni fa, i tifosi non erano così invasati come lo sono adesso. Quindi forse sarebbe di grande utilità che l'arbitro tenesse una conferenza stampa insieme al suo supervisore e spiegasse la sua visione della gara. Ad esempio, avrei trovato interessante ascoltare l'opinione dell'arbitro turco che diresse la nostra partita di marzo 2013 in Champions League contro il Real Madrid, all'Old Trafford, e sentire che cosa aveva da dire sull'espulsione di Nani, che era stata un vero disastro.

Una breve conferenza stampa dell'arbitro avrebbe potuto essere un passo in avanti. Non si può fermare il progresso. Pensate alle scarpe da calcio: io ero assolutamente contro le scarpe moderne, eppure i vari marchi pagavano un sacco di soldi e non potevano essere ostacolati. Le strategie commerciali per indurre i ragazzini a comprare le scarpe rosa o arancioni sono davvero complesse. Molti club coinvolgono i marchi di abbigliamento sportivo nei patti contrattuali con i giocatori: possiamo farti avere un contratto con la Nike o con la Adidas, e così via. Poi questi ultimi devono rientrare dei soldi spesi attraverso la vendita delle scarpe.

Da spettatori non saremo mai soddisfatti degli arbitraggi, perché ovviamente parteggiamo per la nostra squadra. Ma gli arbitri a tempo pieno non hanno funzionato molto, tranne per quanto riguarda la gestione dei rapporti con i calciatori. È impossibile per una persona fare il proprio normale lavoro e in più seguire il programma di allenamento assegnato agli arbitri; per cui il sistema è fallato. Dovrebbero esserci arbitri a tempo pieno che riferiscano ogni giorno a St George's Park. Si potrebbe dire: ma come fanno a viaggiare tutti i giorni da Newcastle a Burton-upon-Trent? Be', se noi prendiamo un giocatore da Londra, gli troviamo una casa a Manchester; ad esempio Robin van Persie. Se vogliono il miglior sistema arbitrale possibile, devono agire come i club di Premier League, con i soldi che il sistema ha a disposizione.

Mike Riley, capo del Professional Game Match Officials Board, una volta dichiarò che mancava il denaro per fare un passo del genere. Se ha ragione, è davvero incredibile che il calcio non abbia risorse per finanziare un sistema di arbitraggio professionale dal momento che guadagna 5 miliardi di sterline con i diritti televisivi. È ridicolo. Pensate solo alle somme distribuite come indennizzo alle squadre che retrocedono in Championship. Se un giorno ci saranno arbitri professionisti, il sistema dovrà conformarsi; è una cosa che va fatta per bene.

In Europa, gli arbitri di Champions League sono arroganti perché sanno che non dovranno rivederti il weekend successivo; ho preso parte a quattro finali e c'è stato soltanto un arbitro che si poteva considerare di livello assoluto: Pierluigi Collina, nella finale di Barcellona del 1999.

Ho perso due partite importanti in Europa contro José Mourinho non per una brutta prestazione dei miei giocatori, ma per colpa dell'arbitro. La partita contro il Porto del 2004 fu incredibile. La decisione peggiore che prese l'arbitro quella sera non fu annullare il gol di Scholes che avrebbe potuto farci andare in vantaggio per 2-0: quando Ronaldo si liberò a pochi minuti dalla fine e fu messo giù dal terzino sinistro, il guardalinee segnalò il fallo, ma l'arbitrò lasciò giocare. Il Porto contrattaccò, guadagnò una punizione, Tim Howard la respinse e sulla ribattuta segnarono, nei minuti di recupero. Avevamo grande esperienza di errori arbitrali contro di noi, in Europa.

Ero a vedere una partita Milan-Inter e un dirigente dell'Inter mi disse: "Sa qual è la differenza tra gli inglesi e gli italiani? In Inghilterra nessuno pensa mai che una partita possa essere truccata, mentre in Italia nessuno pensa mai che possa *non* esserlo."

In Inghilterra, per guardare alle cose positive, c'era stato un miglioramento sotto l'aspetto dei rapporti arbitri-giocatori; questo era un bene, la comunicazione era più costruttiva. Chi comanda deve essere in grado di prendere decisioni, e molti di loro non hanno l'abilità di farlo velocemente. Il fattore umano implica che un arbitro possa sbagliare, ma i buoni arbitri prendono decisioni giuste la maggior parte delle volte. Anche quelli che sbagliano non sono necessariamente dei cattivi arbitri, semplicemente non hanno il talento di decidere cosa è giusto in un tempo molto breve.

È lo stesso con i giocatori. Cosa fa la differenza nell'ultimo terzo di campo? La tua capacità di decidere. Cercavamo nuovi giocatori in continuazione; dovessi cominciare ora, li obbligherei tutti a imparare a giocare a scacchi, per sviluppare l'abilità di concentrarsi. Quando impari a giocare a scacchi puoi metterci tre o quattro ore a finire una partita, ma una volta che sei diventato esperto e inizi a giocare impiegando trenta secondi per mossa, quello è il traguardo.

Decidere velocemente quando sei sotto pressione. Ecco che cos'è il calcio.

21. IL DICIANNOVESIMO TITOLO

Mentre ci avvicinavamo alla vittoria del campionato per la diciannovesima volta, continuava a riproporsi la considerazione che, avremmo battuto il record del Liverpool. Per come la vedevo io avremmo superato ugualmente i loro diciotto titoli, prima o poi, per cui non c'era bisogno di parlarne tanto proprio in quel momento. Volevo che rimanessimo concentrati sulla stagione. Ma era qualcosa che avevo sempre saputo che dovevamo fare.

Il Liverpool di Souness e Dalglish era un punto di riferimento per il calcio inglese degli anni ottanta, quando feci la mia prima incursione da allenatore a sud del confine. Quel Liverpool era formidabile, mi aveva fatto soffrire con l'Aberdeen e portai quei ricordi con me a Manchester; in un turno europeo avevamo perso 1-0 a Pittodrie, e poi avevamo giocato benissimo i primi venti minuti ad Anfield, prima di andare sotto per 2-0 alla fine del primo tempo. Feci il mio solito discorsetto nello spogliatoio e, mentre i giocatori uscivano, uno, Drew Jarvie, disse: "Forza ragazzi, due gol veloci e siamo di nuovo in corsa."

Il risultato aggregato era di 3-0, eravamo ad Anfield e parlava di due gol veloci come se dovessimo solo decidere di farli. Guardai Drew e gli dissi: “Dio ti benedica, figlio-lo.” Dopo la partita i giocatori lo presero in giro per quella frase; gli dissero: “Sai, non giocavamo contro il Forfar.”

Quando quel grande Liverpool era in vantaggio per 1-0 contro di noi, era impossibile togliergli il pallone. Era tutto un bump bump per il campo. Souness allargava il gioco, Hansen, Lawrenson, Thompson: chiunque ci fosse lì dietro, gestivano tranquillamente il pallone. Quando mi trasferii allo United, avevano ancora Ian Rush e John Aldridge, giocatori di quel calibro; gli acquisti di John Barnes e Peter Beardsley li resero ancora più forti.

Dissi, all'epoca: “Voglio buttarli giù dal piedistallo.” Non mi ricordo di averlo detto, in realtà, ma è una frase che mi attribuirono. In ogni caso, era esattamente così che mi sentivo, per cui non mi dispiace leggerla sui ritagli di giornale. Il più grande rivale del Manchester United, anche se verso la fine non era più così, era il Liverpool: storicamente, industrialmente e calcisticamente. Gli incontri erano sempre molto intensi a livello emotivo.

La vittoria del campionato 1993 ci aprì le porte, e alla fine del secolo ne avevamo ottenute altre cinque. Nel 2000 osservavo il Liverpool e sapevo che non sarebbero tornati facilmente ai vertici: erano all'inizio di un lungo percorso, il processo di sviluppo dei giovani era complicato, e non riuscivi a percepirli come una minaccia concreta. Noi avevamo tutta un'altra energia, e il giorno che vincemmo il diciottesimo campionato ed eguagliammo il loro record, sapevo bene che li avremmo superati, con il lavoro che stavamo facendo.

Il weekend del nostro diciannovesimo titolo fu straordinario per la città di Manchester: il City vinse il suo primo trofeo dai tempi della Coppa di Lega del 1976 battendo per 1-0 lo Stoke nella finale di FA Cup, e noi pareggiammo per 1-1 contro il Blackburn con un rigore di Rooney al 73'. Nel 1986, quando arrivai, il Liverpool batteva lo United 16-7 nel conto dei campionati vinti. Era la stagione in cui il Chelsea aveva speso 50 milioni di sterline per Fernando Torres e il City aveva investito 27 milioni per Edin Džeko, mentre noi avevamo fatto un affare prendendo Javier Hernández per 6 milioni.

Conservammo l'imbattibilità per ventiquattro partite prima di perdere contro i Wolves, il 5 febbraio 2011, e finimmo il campionato con solo quattro sconfitte. Il punto di svolta della stagione fu il 4-2 contro il West Ham all'inizio di aprile, dopo essere stati sotto per 2-0 all'intervallo. Dissi poi che diversi nostri giocatori – Valencia, Smalling e Hernández tra questi – avevano assaporato il successo per la prima volta, e ne avrebbero voluto ancora.

Vincere il campionato era l'obiettivo più importante, quella stagione, e il fatto che sarebbe stato il diciannovesimo titolo era un incentivo. Quando mi ritirai eravamo a venti, numero che i tifosi ripetevano con grande piacere. Nella mia ultima stagione, nonostante alcune prestazioni eccellenti, era evidente che il Liverpool non era una squadra che poteva ambire a vincere il campionato. Un giorno di aprile 2013, mentre uscivo dal Grand National con Cathy, due tifosi del Liverpool si avvicinarono e mi dissero: "Ehi Fergie, vi distruggeremo, la prossima stagione." Erano ragazzi simpatici.

"Be', dovrete comprare nove giocatori," dissi io.

Mi sembrarono sconsolati: "Nove?"

Uno disse: "Aspetta che lo dica ai ragazzi al pub." Doveva essere un tifoso dell'Everton, lui.

"Non penso che abbiamo bisogno di nove giocatori," disse l'altro mentre se ne andava.

"Diciamo sette, allora," gli urlai dietro. Ridevamo tutti.

Quell'estate ci rendemmo conto che il Manchester City stava diventando la squadra da battere; la minaccia non veniva più da Londra o dal Merseyside, era così vicina che potevi sentirne l'odore. Ora un proprietario con i mezzi per rendere più seria questa rivalità interna si opponeva alla nostra supremazia in città. Noi proseguivamo nel nostro percorso di rafforzamento, sperando di completarlo.

Il giocatore fondamentale che dovevamo sostituire era Edwin van der Sar. Sebbene tanti pensassero che il nostro obiettivo fosse Manuel Neuer (effettivamente era una possibilità), avevamo osservato a lungo David de Gea, fin da quando era ragazzino; avevamo sempre pensato che sarebbe diventato un grande portiere.

Nell'estate del 2011, poi, ad Ashley Young rimaneva un anno di contratto con l'Aston Villa. Era un buon acquisto: inglese, versatile, poteva giocare su entrambe le fasce, sapeva attaccare e aveva una buona media gol. Dato che Park Ji-Sung stava per compiere 31 anni, e vista l'età avanzata di Ryan Giggs, pensai che fosse il momento giusto per farsi avanti per Young; Giggs non poteva più essere l'esterno di spinta che era stato una volta.

Prendemmo Young per 16 milioni di sterline, una cifra ragionevole, forse un pochino di più di quanto pensavamo di spendere, tenendo conto che era all'ultimo anno di contratto, ma concludemmo velocemente la trattativa.

Ci fu un problema con Ashley nella partita contro il Queens Park Rangers, nella stagione 2011-2012, quando Shaun Derry fu espulso e lui fu accusato di aver simulato. La partita successiva lo lasciai fuori, e gli dissi che l'ultima cosa di cui aveva bisogno, come giocatore del Manchester United, era la reputazione di uno che andava giù facilmente. Il rigore contro il QPR non c'era e la squalifica di Shaun Derry non fu revocata. Ashley fece così per due settimane di fila, ma lo facemmo smettere; andare per terra troppo facilmente era una cosa che non sopportavo. Anche Ronaldo aveva la stessa tendenza, nei suoi primi anni di carriera, ma gli altri giocatori lo rimproveravano per questo, in allenamento. Alla velocità a cui andava, bastava dargli un colpetto per buttarlo giù. Ne parlammo spesso: "Mi ha fatto fallo," diceva lui.

"Sì, ma tu esageri, fai troppa scena," gli dicevo io. Lui si è tolto quell'abitudine ed è diventato un giocatore molto maturo.

Luka Modrić è l'esempio di giocatore odierno che non si lascia mai andare giù; rimane in piedi. Giggs e Scholes non andavano mai giù. Drogba era un grande attaccante, ma la partita contro il Barcellona a Stamford Bridge nel 2012 fu invece uno degli esempi peggiori; la stampa non era mai stata dura con lui, tranne che in quell'occasione. Se i media ci fossero andati più pesante prima, sarebbe stato meglio per il gioco.

L'acquisto di Phil Jones era stato programmato da tempo, da quando Sam Allardyce era allenatore del Blackburn. Quando i Rovers ci sconfissero nella FA Cup giovanile, il giorno dopo chiamai Sam e gli dissi: "Che mi dici di quel Jones?"

Sam si mise a ridere e disse: "No, giocherà in prima squadra sabato." E così fu. E rimase là. A Sam piaceva molto Jones, e il Blackburn non l'avrebbe ceduto nella finestra di mercato di gennaio 2011, perché stavano lottando per non retrocedere. Alla fine della stagione lo cercavano tutti: Liverpool, Arsenal, Chelsea. Lui parlò con tutti i club, ma riuscimmo a convincerlo a venire allo United, a 19 anni.

Quando lo acquistammo, non ero sicuro di quale fosse il suo ruolo ideale; più tardi cominciai a vederlo bene come difensore centrale. Ci garantiva versatilità, poteva giocare quasi ovunque. Nel Community Shield del 2011 tolsi Ferdinand e Vidić a metà partita, e diedi istruzioni a Jones ed Evans di stare addosso all'avversario. Evans era anche bravo a inserirsi a metà campo. Vidić e Ferdinand erano più vecchia scuola: forti di testa, capivano il gioco, non si lasciavano fregare. Erano una grande coppia. Progressivamente, però, iniziai a variare i centrali difensivi, e Jones era una pedina fondamentale in questa strategia.

Credo che Evans avesse bisogno di una scossa; non aveva gradito gli acquisti di Smalling e Jones, che lo avevano fatto dubitare della mia opinione di lui. Ma si dimostrò all'altezza e fece costantemente meglio con noi. È sempre gratificante vedere un giocatore che reagisce ai nuovi arrivi raddoppiando i suoi sforzi.

Tom Cleverley, un altro giovane di prospettive, fu vittima di un'entrata bruttissima, contro il Bolton, che compromise la sua stagione in diversi modi. Tornò a disposizione dopo un mese, e lo mettemmo subito in campo contro l'Everton; un riacutizzarsi dell'infortunio lo tenne di nuovo fuori per circa tre mesi. Il piano era di sottoporlo a un'operazione, ma lui non voleva: l'avrebbe tenuto fuori per nove mesi. Volle continuare e recuperò, ma a quel punto Scholes e Carrick erano di nuovo disponibili, e io non potevo far giocare Tom regolarmente.

È un giocatore molto sveglio, quel ragazzo, molto intelligente; si muove tanto ed è un buon tiratore. Fu convocato nella nazionale olimpica, a Londra, e questo mi fece piacere, perché aveva bisogno di una sfida che gli restituisse fiducia. Darren Fletcher, invece, stava combattendo contro una malattia al colon. Nell'estate del 2012 doveva subire un'operazione, ma era necessario che fosse in salute per poter andare sotto i ferri. Questo contrattempo l'avrebbe tenuto fuori fino a dicembre. La stagione precedente l'avevo mandato per un po' a fare l'allenatore nella squadra riserve, e gli era piaciuto; aveva fatto anche un paio di discorsi durante l'intervallo di alcune partite e aveva dato un'ottima impressione. Scholes era tornato in squadra.

De Gea, che aveva vent'anni quando lo acquistammo per 24 milioni di euro dall'Atlético Madrid, ebbe un inizio difficilissimo con noi. Chiaramente non aveva il fisico di van der Sar o di Schmeichel; doveva svilupparsi e stilammo un programma per fargli guadagnare massa muscolare. Un problema per lui fu che perdemmo Ferdinand e Vidić nella prima giornata della stagione 2011-2012: una vittoria per 2-1 contro il West Bromwich Albion in cui lui lasciò entrare in porta un tiro debole di Shane Long. Descrissi il bombardamento a cui era stato sottoposto nella nostra area di rigore come il suo "benvenuto in Inghilterra".

Vidić rimase fuori sei settimane, Rio tre. Davanti a de Gea giocavano Smalling e Jones, giocatori giovani. Si comportò bene, ma non fu proprio infallibile. Aveva dei problemi a gestire i giocatori davanti a lui. A gennaio ci trovammo contro il Liverpool in FA Cup, e si fece fare gol su calcio d'angolo; avrebbe potuto cavarsela meglio, e con lui anche Evans e Smalling, che erano i difensori centrali in quella partita.

Erano posizionati male, e questo bloccava de Gea nell'area piccola, ma è il portiere che si prende la colpa, in quei momenti difficili. Nella partita decisiva per il campionato, ad aprile contro il City, all'Etihad Stadium, Jones lo bloccò, impedendogli di uscire per respingere il corner che portò al gol di Kompany. Dovevamo migliorare sotto quell'aspetto. Man mano che la stagione andava avanti, però, si dimostrò sempre più efficace e sicuro di sé. Fece alcune parate miracolose; ci avevamo visto giusto, alla fine. Era uno dei migliori portieri giovani, ed eravamo fieri che giocasse nella nostra squadra, dove poteva crescere come avevano fatto tanti altri prima di lui. Contro il Real Madrid, nell'andata degli ottavi di finale, nel febbraio 2013, fece ottime parate su Ronaldo, Fábio Coentrão and Sami Khedira.

David non sapeva la lingua e doveva ancora imparare a guidare, tanto per dire quant'era giovane; non era facile per un portiere passare dall'Europa continentale all'Inghilterra a vent'anni. Se pensate ai trasferimenti dei grandi portieri degli ultimi vent'anni, Buffon giocò subito benissimo quando arrivò, molto giovane, alla Juventus; ma sono davvero pochi quelli che, dopo un cambiamento grande come quello che fece de Gea venendo a Manchester, iniziarono subito bene. Ma noi investivamo sempre sul futuro; sarebbe diventato uno dei migliori e fui molto felice quando venne incluso dall'Associazione calciatori nella squadra dei migliori del campionato, l'anno della mia ultima stagione.

Jones fu sfortunato nella stagione 2011-2012, e andò incontro a una fastidiosa serie di problemi fisici. Young, invece, poteva guardare con ottimismo a un anno in cui aveva segnato otto gol; non male per un'ala. Aveva una buona lettura del gioco e una grande resistenza, e con quaranta centimetri di passo in più il suo arsenale sarebbe stato completo, sebbene non mancasse di velocità e fosse diventato abile a sgusciare all'interno sul piede destro, il suo preferito, e a crossare. Era anche molto bravo in mezzo, ma avevamo già molte opzioni valide in quella zona. Ero molto soddisfatto di Ashley, era un ragazzo tranquillo e si allenava bene. Quei tre – Jones, Young e de Gea – erano bravi ragazzi.

Per un breve periodo si parlò del ritorno in nazionale di Paul Scholes, ma non fu mai più di un'ipotesi. Paul arrivava stanco alla fine delle partite, nei suoi ultimi anni, perché non aveva i geni di Ryan Giggs, e non era più molto interessato alle competizioni internazionali. Scholes sapeva ancora darci il tempo e la base giusti per il nostro gioco, quando rientrò nel gennaio 2012. Nessuno dettava il ritmo meglio di lui. A dirla tutta, la Federazione accettò la volontà di Paul di chiudere con la nazionale; un assistente di Fabio Capello l'aveva contattato prima dei mondiali del 2010, ma nessuno si fece vivo con lui prima degli europei del 2012 in Polonia e Ucraina.

Michael Carrick era un altro caso interessante. Nessun allenatore della nazionale lo considerò uno dei titolari a centrocampo; Michael era cresciuto stando seduto in panchina con l'Inghilterra e non aveva nessuna voglia di passare l'estate a fare lo spettatore agli europei del 2012. Così, colse l'opportunità per curarsi il tendine d'Achille.

Credo che il difetto di Michael fosse che gli mancava la spavalderia di Frank Lampard o Steven Gerrard. Lampard, secondo me, era un eccellente giocatore per il Chelsea, ma non l'ho mai considerato un giocatore di livello mondiale; e sono uno di quelli che pensa che nemmeno Gerrard sia un giocatore di primissima categoria. Quando c'erano Scholes e Keane, Gerrard raramente combinava qualcosa, contro di noi. In nazionale, Michael Carrick aveva sofferto la presenza di quei due.

Far giocare insieme Lampard e Gerrard era un incubo, per gli allenatori della nazionale, perché erano incompatibili se giocavi con il 4-4-2; nel 2006 la squadra funzionò meglio con Hargreaves centrale di centrocampo. A questo proposito, nei quarti di finale dei mondiali del 2006 contro il Portogallo, in cui l'Inghilterra fu sconfitta, dissi a Steve McClaren che lui ed Eriksson avrebbero dovuto esultare insieme ai giocatori per essere riusciti ad arrivare ai calci di rigore in dieci uomini, dopo che Rooney era stato espulso; questo avrebbe potuto dare a coloro che avrebbero tirato i rigori la sensazione di aver superato le avversità, avrebbe dato coraggio ai giocatori dell'Inghilterra. Piccole cose che contano.

Ci furono un paio di episodi strani, con la nazionale. Dopo le dimissioni di Capello, la Federazione mi scrisse chiedendomi di non fare dichiarazioni relative alla panchina dell'Inghilterra. A quei tempi, tutti indicavano Harry Redknapp come probabile successore, e tutto quel che feci fu dirmi d'accordo con l'opinione generale: Harry era l'ideale per quel ruolo. Non so perché se la presero con me in quel modo. Probabilmente avevano già in mente che Harry non sarebbe stato l'allenatore dell'Inghilterra, anche se tutti lo davano per scontato.

Mi offrirono la panchina della nazionale in due occasioni. Adam Crozier, direttore esecutivo della Federazione dal 2000 al 2002, venne a trovarmi prima della nomina di Eriksson nel 2001. Prima di allora, era successa la stessa cosa con Martin Edwards presidente, nel periodo in cui fu Kevin Keegan a prendere le redini.

Non ci pensavo nemmeno lontanamente ad allenare l'Inghilterra. Ve lo immaginate? Uno scozzese? Scherzavo sempre sul fatto che avrei potuto accettare l'incarico e poi farli retrocedere fino al 150° posto nel mondo, con la Scozia al 149°.

Per essere l'allenatore dell'Inghilterra ci vuole un talento particolare, che è la capacità di gestire la stampa. Steve McClaren fece l'errore di provare a entrare in confidenza con un paio di giornalisti. Se escludi il 90 per cento di loro, ti vorranno morto. Se uno scrive in tuo favore, gli altri ti attaccheranno.

No, era un letto di chiodi su cui non fui mai tentato di sdraiarmi.

22.
IL MANCHESTER CITY CAMPIONE

Tornati nell'intimità di casa nostra, Cathy disse: "È stato il giorno peggiore della mia vita. Non ne posso più." Il pomeriggio di domenica 13 maggio 2012 fu devastante. Per chi era neutrale fu il finale di campionato più eccitante della storia; per noi fu il momento doloroso in cui capimmo di aver gettato via il primo posto. Avevamo infranto la regola dello United che imponeva di non cedere una posizione di potere. Il Manchester City era campione d'Inghilterra.

Ero anch'io piuttosto a pezzi, ma potevo vedere la sofferenza di mia moglie. "Cathy," dissi, "abbiamo una bella vita, e abbiamo vissuto uno straordinario periodo di successi."

"Lo so," disse, "ma comunque non uscirò. Ci sono troppi tifosi del City in giro."

A volte ti dimentichi che gli insuccessi possono far soffrire più la tua famiglia che te. I miei tre figli sono cresciuti abituandosi al ciclo di trionfi e disastri; i nipoti, invece, erano troppo giovani per capire. Naturalmente tutto era peggiore perché era il City a festeggiare a nostre spese, e ancora di più perché avevamo il campionato in tasca e l'avevamo buttato via. Di tutti i miei insuccessi, nessuno era paragonabile ad aver perso la sfida per il campionato con il City.

Dal 1986 avevo affrontato quattordici allenatori del City, cominciando da Jimmy Frizzell. Alla fine un allenatore dell'altra parte della città mi aveva battuto nella corsa al titolo. Un anno dopo, Roberto Mancini divenne il quattordicesimo allenatore del City a lasciare o a perdere il posto durante il mio periodo allo United. Roberto andò via dopo la sconfitta nella finale di FA Cup contro il Wigan Athletic nel maggio 2013. All'epoca eravamo di nuovo campioni d'Inghilterra, ci eravamo presi la rivincita sul City, e io li avevo affrontati per l'ultima volta.

All'inizio della stagione 2011-2012 sentivo che sarebbe stata una questione tra noi, il City e il Chelsea. Dopo un'ottima partenza – una delle migliori, per noi – alcuni infortuni mi costrinsero a fare diversi cambiamenti nella formazione. La nostra vittoria per 8-2 sull'Arsenal fu la loro peggiore sconfitta dal 1896, quando persero 8-0 contro il Loughborough Town. Avremmo potuto farne venti, arrivammo al punto che sembrava dicessero: per favore, basta gol. Fu un'umiliazione per Arsène. Il clima allo stadio dell'Arsenal era teso, ma noi giocammo un calcio fantastico quel giorno. Contando anche le occasioni che fallimmo, il risultato avrebbe potuto essere 12-4 o 12-5.

L'Arsenal fece giocare un giovane a centrocampo, praticamente uno sconosciuto, Francis Coquelin, che poi quasi non giocò più: la partita era totalmente al di sopra delle sue possibilità. Ma il giocatore che mi deluse davvero, quel giorno, fu Arshavin, che avrebbe potuto essere espulso per un paio di interventi a gamba alta. Era cambiato, Arshavin;

di solito ti rimane impresso quando un giocatore che normalmente subisce molti falli cambia e inizia a dare la caccia agli avversari, e il suo comportamento mi colpì. Arshavin non contribuì in alcun modo al gioco, e questo fu davvero deludente. Alla fine Arsène lo sostituì con un giovane. A loro mancavano dei giocatori, ovviamente, e senza Fàbregas e Nasri non erano gli stessi.

Per questa ragione non avevo incluso l'Arsenal tra le squadre pretendenti al titolo. Secondo me Per Mertesacker, il loro difensore centrale, non era stato un grande acquisto; negli anni se ne erano visti molti di giocatori tedeschi come lui e, anche se non pensavo che avrebbe indebolito la squadra, non credevo che le avrebbe fatto fare il salto di qualità. Avevano bisogno di giocatori che potessero influenzare più direttamente le prestazioni e i risultati.

Il mercato dell'Arsenal, però, non procedette in quella direzione. Avevamo visionato Marouane Chamakh, l'attaccante dell'Arsenal, quando era a Bordeaux; avevamo dei buoni osservatori in Francia, ma non ce lo segnalarono mai. Olivier Giroud fu un altro acquisto. Arsène sembrava voler prendere giocatori francesi di quel livello, e io avevo l'impressione che stesse sopravvalutando il calcio francese.

Dopo la vittoria per 8-2 contro l'Arsenal arrivò la farsa della sconfitta in casa per 6-1 contro il City. In quella partita li dominammo per quaranta minuti, letteralmente. Avremmo dovuto andare in vantaggio di tre o quattro gol. L'arbitro lasciò che Micah Richards entrasse duro su Ashley Young, sorvolando su cinque falli di fila. A metà gara stavamo controllando il gioco, poi subito dopo l'intervallo uno dei nostri fu espulso. Se riguardate l'azione, Mario Balotelli spinse per primo Jonny Evans, che però poi lo mise giù e fu espulso.

Sul 2-0 per loro feci un cambio e mandai in campo Phil Jones, che continuò a spingere in avanti. Andammo sul 3-1 e il pubblico impazzì: poteva essere l'inizio di una delle nostre rimonte. Fletcher aveva segnato un gol fantastico e così cominciammo ad attaccare, ma poi subimmo tre gol nel giro di sette minuti. Un suicidio.

Più che un'umiliazione era stato un auto-annientamento; non c'erano mai stati momenti in cui il City era parso una squadra superiore a noi. Certo, sul 3-0 potevano giocare rilassati, ma non ci fecero a pezzi con il loro stile di gioco.

Le ultime fasi della partita furono un disastro, una commedia, e fui costretto a imporre a Rio Ferdinand di non azzardare cambi di passo, perché non era più veloce come una volta. Quando era al massimo, Rio mostrava la palla all'attaccante e poi gliela portava via, ma ora cercava di farlo con David Silva, e non era in grado di batterlo in velocità. Quella partita fu un punto di svolta per Rio.

De Gea era sotto shock. Aveva preso sei gol senza poterci fare nulla. Avevamo anche perso Welbeck, che si stava rivelando un giocatore utile.

Dopo il fischio finale, dissi ai giocatori che si erano giocati l'onore. Poi passammo a esaminare i problemi della difesa: c'era stata una falla che dovevamo riparare, e questo lavoro ci portò a un periodo di maggiore solidità, in cui eravamo più forti in difesa. Lavorammo sul recupero delle posizioni difensive da parte dei giocatori, sulla concentrazione e sull'esecuzione precisa dei compiti difensivi.

Precipitammo a nove punti dal City, con quella sconfitta, ma a Capodanno la distanza si era ridotta a tre punti.

La sconfitta in casa contro il Blackburn Rovers fu una vera mazzata, specialmente perché arrivò nel giorno del mio settantesimo compleanno, anche se non si trattò di una novità. Quando ne compii cinquanta, fummo sconfitti per 4-1 dal Queens Park Rangers. Avevo sospeso Evans, Gibson e Rooney perché una sera avevano fatto festa e si erano presentati all'allenamento disfatti, e Carrick e Giggs erano infortunati: ciò mi costrinse a far giocare Rafael e Park Ji-Sung centrocampisti centrali. Il Blackburn giocò bene quel giorno e, dopo aver riportato il risultato sul 2-2, loro guadagnarono un calcio d'angolo sul quale de Gea non fu impeccabile, e Grant Hanley segnò il gol della vittoria.

Nel frattempo, lo United aveva deciso di intitolarmi una delle tribune dello stadio senza che io ne sapessi nulla. Quando uscii sul campo, le due squadre si misero in fila per festeggiare i miei venticinque anni da allenatore dello United, e fu molto bello. I giocatori del Sunderland, Bardsley e Richardson, tutti e due ex giocatori dello United, avevano un gran sorriso e si dimostrarono riconoscenti. Fui fiero di questo. Mi fu detto di andare verso il cerchio di centrocampo, vicino a David Gill, che aveva un oggetto posato ai suoi piedi. Pensavo che mi avrebbe consegnato un riconoscimento, ma quando lo raggiunsi mi fece girare verso la tribuna sud. Apparentemente solo lui e l'impresa che aveva portato a termine il lavoro sapevano cosa stava succedendo, tutto era stato fatto nella più assoluta segretezza.

David tenne un discorso e poi mi fece girare perché vedessi la scritta. Ci sono dei momenti nella vita in cui ti senti frastornato e pensi "Non me lo merito." Fu uno di quelli. David aveva pensato a lungo a un riconoscimento appropriato per i miei venticinque anni allo United; ecco ciò che aveva scelto. David mi confuse quando disse: "Volevamo farti una statua, ma non pensi che dovremmo aspettare che tu abbia finito di lavorare?" Le sue ultime parole in quella conversazione furono: "Di sicuro dobbiamo fare qualcosa, ma non sappiamo ancora che cosa." Quella frase fu mortificante; avevo allenato lo United per 1410 partite, e in quel momento non pensavo in particolar modo al ritiro. Ma dopo l'ultima partita della stagione 2011-2012 dissi ai miei ragazzi: "Probabilmente è il momento. Ancora una stagione e poi chiudo." Quell'ultimo minuto mi aveva esaurito.

L'eliminazione dalla Champions League nella fase a gironi fu colpa mia. Avevo preso le partite un po' troppo alla leggera. Avevamo sempre superato agevolmente le fasi a gironi, e quel girone mi sembrava facile, sebbene mi fossi ovviamente guardato dal dichiararlo pubblicamente.

Feci riposare dei giocatori, due o tre nella trasferta contro il Benfica. Strappammo un pareggio e giocammo abbastanza bene. Poi, contro il Basilea, eravamo tranquillamente in vantaggio per 2-0, ma poi finimmo per pareggiare 3-3. Loro avevano vinto la prima partita, per cui si trovarono con due punti in più di noi. Vincemmo le due partite successive contro il Cluj, ma il Benfica e il Basilea erano ancora in corsa. In casa contro il Benfica giocammo bene ma pareggiammo, e questo significava che se avessimo perso a Basilea saremmo usciti. In Svizzera il campo era molto molle e Vidić si infortunò gravemente nel primo tempo. I loro attaccanti Frei e Streller erano bravi, e vinsero 2-1. Contro il Basilea, in casa, i giocatori erano stati supponenti in fase difensiva, non erano tornati a recuperare la palla.

Nella Carling Cup fummo eliminati dal Crystal Palace, che aveva preparato bene la partita contro i nostri giovani; la Coppa di Lega è sempre considerata un torneo accessorio. Fummo eliminati anche dalla FA Cup, al quarto turno, dopo che avevamo battuto il City in un turno precedente. Poiché eravamo concentrati sul campionato, non facemmo molta strada in Europa League, e ai primi di marzo venimmo eliminati dall'Athletic Bilbao con un 3-2 in casa. Volevo vincere l'Europa League, fare una bella figura, ma quell'anno il nostro bilancio europeo fu misero: una vittoria in cinque partite.

In un momento simile ti coglie l'inquietudine: sei stato eliminato nella fase a gironi di Champions League, hai perso 6-1 con il City, sei fuori dalla Carling Cup perché hai perso in casa contro il Crystal Palace. Hai una sfida davanti a te. Ma eravamo bravi in quello, avevamo l'energia e i mezzi per concentrarci totalmente sul campionato. Dopo quel momento, a eccezione della partita contro il Blackburn Rovers, la nostra forma fu incredibile. Tra gennaio e i primi di marzo battemmo fuori casa Arsenal e Tottenham, sconfiggemmo il Liverpool e pareggiammo con il Chelsea.

A febbraio esplose nuovamente il caso Suárez-Evra, perché Suárez si rifiutò di stringergli la mano all'inizio di una partita all'Old Trafford. Il martedì prima della gara avevo radunato i giocatori e avevo detto loro: "Penso che dobbiate essere grandi." Loro non erano molto intenzionati a essere comprensivi sulla faccenda, ma io ripetei il mio punto di vista: dovete essere meglio di loro. Gradualmente cambiarono idea e cominciarono a pensare di accettare la stretta di mano. Ferdinand, che era il giocatore di maggior esperienza, aveva in mente il problema analogo che aveva coinvolto John Terry e Anton Ferdinand. Il venerdì avevano deciso: erano disponibili alla stretta di mano.

Ho rivisto più volte il filmato. Suárez sembrò passare più velocemente davanti a Evra. Forse pensava che nessuno se ne sarebbe accorto. Quando Suárez lo superò, Evra si infastidì e gli disse qualcosa. Fu tutto molto rapido, ma le conseguenze durarono a lungo.

Quando Kenny Dalglish rilasciò l'intervista prepartita, diede l'impressione che Suárez avrebbe accettato la stretta di mano di Evra. Un club della statura del Liverpool avrebbe dovuto fare qualcosa in proposito, ma il giocatore fu comunque in campo. Definii Suárez "una disgrazia per il Liverpool" e dissi che sarebbe stato saggio da parte loro "sbarazzarsene"; biasimai anche Evra per essere andato a esultare vicino a Suárez mentre i giocatori uscivano dal campo.

Tutta la faccenda era cominciata ad Anfield con Patrice che se ne stava seduto in un angolo, arrabbiato. "Che è successo?" chiesi.

"Mi ha chiamato negro di..." disse Patrice.

Gli dissi che avrebbe dovuto dirlo immediatamente all'arbitro. Andai con lui nella stanza dell'arbitro e dissi al direttore di gara: "Senta, Patrice Evra è stato vittima di insulti razzisti."

Phil Dowd, il quarto uomo, iniziò a scrivere tutto quanto. L'arbitro, Andre Marriner, mi disse che aveva visto che era successo qualcosa, ma non aveva capito che cosa. Patrice disse che era successo più volte. Poi chiamarono Kenny Dalglish. Più tardi, mentre bevevamo qualcosa, arrivò anche John Henry. Me lo presentarono ma non disse granché. Il figlio di Steve Clarke versava da bere. Uno o due della vecchia scuola si unirono a noi.

Nessuno disse più nulla, poi la faccenda esplose sui giornali. Tempo dopo, i giocatori del Liverpool indossarono delle magliette per solidarietà con Suárez, una cosa assolutamente ridicola, secondo me, per un club della statura del Liverpool. Pensavo di aver gestito bene la questione, soprattutto perché sapevo che avevamo ragione noi. La Federazione ci chiese diverse volte di non tirare fuori l'argomento, ma il Liverpool non riusciva a farne a meno. David Gill non avrebbe mai permesso a un allenatore di comportarsi come fecero loro, e nemmeno Bobby Charlton: erano persone che conoscevano la vita. Sembrava che al Liverpool non ci fosse nessuno che tenesse a freno Kenny.

All'udienza Suárez disse che aveva chiamato Evra "negrito". Il perito disse che effettivamente uno può chiamare un suo amico "negrito", ma, se apostrofi in tal modo uno sconosciuto durante una discussione, diventa un insulto razzista.

Lasciai Evra fuori dalla partita di Europa League contro l'Ajax, cinque giorni dopo la mancata stretta di mano all'Old Trafford; era stato un periodo stancante per lui, e aveva bisogno di riposo. Era un ragazzo forte. Mi informavo costantemente sul suo stato d'animo, e lui mi disse: "Sto bene, non ho nulla di cui vergognarmi. Sento di aver fatto la cosa giusta, è vergognoso quello che mi ha detto." Disse anche che lo stava facendo esclusivamente per sé stesso, per una questione di principio, e che il suo obiettivo non era di combattere una battaglia politica in nome dei giocatori di colore.

Penso che Kenny si stesse di nuovo facendo prendere dal rancore. Il problema, secondo me, era che non c'era uno come Peter Robinson ad Anfield. Peter Robinson non avrebbe mai permesso che la questione di Suárez venisse gestita a quel modo. I giovani dirigenti invece idolatravano Kenny e non ci fu nessuno che gli disse: "Ehi, vedi di calmarti, è inaccettabile, questo è il Liverpool Football Club." D'altra parte, però, nessuno potrà mai apprezzare abbastanza il modo misurato e solenne con cui Kenny seppe affrontare la tragedia di Hillsborough, che gli fece guadagnare un livello di rispetto tale che nessun imbarazzo politico avrebbe potuto mettere in discussione.

Dopo la spettacolare inaugurazione della statua, un altro grande riconoscimento fu il FIFA Presidential Award 2011. Alla cerimonia ero seduto di fianco a Pep Guardiola e di fronte a Messi, Xavi e Iniesta, i tre moschettieri. Mi sentivo privilegiato, a essere in quella compagnia. Quando mi sedetti al mio posto, quei tre si avvicinarono per stringermi la mano. Xavi chiese: "Come sta Scholes?" Nel suo discorso, Messi disse che il Pallone d'oro che aveva vinto sarebbe dovuto andare a Xavi e Iniesta. "Loro mi hanno fatto diventare quello che sono." Messi è una persona molto umile.

Fu una serata molto piacevole. Sepp Blatter, il presidente della FIFA, disse delle parole molto belle su di me, e furono proiettati videomessaggi di Gordon Brown, Tony Blair, José Mourinho, Eric Cantona, Ronaldo e David Beckham. Il riconoscimento intendeva celebrare i miei venticinque anni al Manchester United, e io dissi che era davvero un onore riceverlo nel "crepuscolo della mia vita". Se uno mi avesse visto alla fine di quella stagione, avrebbe pensato che era proprio così.

Non usai strategie psicologiche con il City, perché sentivo che avevamo tutto sotto controllo. Patrick Vieira dichiarò invece che richiamare Scholes dopo che si era ritirato, nel gennaio 2012, era stato un segno di debolezza da parte nostra. In quella stagione eravamo andati piuttosto bene fino alla sconfitta con il Wigan, in cui giocammo tutt'altro che bene. La partita che ci dette il colpo di grazia fu quella in casa con l'Everton, il 22 aprile. A sette minuti dalla fine vincevamo 4-2, e dopo un palo di Patrice Evra l'Everton prese palla e segnò. Invece di 5-2 ci ritrovammo 4-3. Quando la partita finì in pareggio, 4-4, sentii che ci eravamo giocati il campionato. Il City vinse facilmente con i Wolves e ridusse il nostro vantaggio a tre punti, e c'era da giocare il derby di Manchester sul campo del City. Fu autodistruzione. Sapevo che il gioco del City, in trasferta, era sicuramente più duro, e pensai che avrebbero cercato di addormentare il gioco, abbassando il ritmo, facendo falli e dando la palla a Silva e Nasri per gli uno contro uno. Erano esperti in questo genere di tattica.

All'Etihad Stadium volevamo che i due che stavano larghi si accentrassero continuamente per aiutare Rooney, da solo in avanti, e che Park Ji-Sung giocasse nella zona di Yaya Touré, standogli addosso. Park era il migliore in questo lavoro; fisicamente non era all'altezza di Touré, che era in forma strepitosa, ma dovevo provare ad arginare la minaccia costante delle sue incursioni. Ma feci un errore. Nani giocò malissimo quella sera. Lo sostituimmo con Valencia, che fece molto meglio, ma il City andò in vantaggio per 1-0 e poi addormentò il gioco. Smalling fu superato da un calcio d'angolo di David Silva e Vincent Kompany segnò di testa poco prima dell'intervallo. Fu un duro colpo.

Per i primi venti minuti giocammo bene. Il nostro possesso di palla funzionava e ci capitò un paio di mezze occasioni. Avevamo deciso di tenere le linee strette. Zabaleta continuava a scendere sulla fascia e a guadagnare calci d'angolo, mentre dalla parte di Clichy non arrivava nulla; faceva tutto Zabaleta. E fu su un corner che subimmo il gol.

Se fossimo rimasti sullo 0-0 a metà partita avremmo vinto noi. Avevamo una strategia per il secondo tempo, che prevedeva che Welbeck entrasse al posto di Park. Ma Nigel de Jong gli entrò subito da dietro, e Danny fu costretto a restare fuori per il resto della stagione, finché non tornò in campo con la nazionale. De Jong fu solo ammonito per quell'intervento sulla caviglia di Welbeck.

Roberto Mancini aveva assillato il quarto uomo per tutta la partita: era Mike Jones, che non ritengo uno dei direttori di gara di maggior polso. Quando De Jong entrò su Welbeck, Mancini subito si fece avanti per difendere il suo giocatore. Io gli dissi dove poteva andare. Questo fu il motivo del nostro piccolo litigio: Roberto cercava di influenzare il quarto uomo, e io non potevo tollerarlo. Voleva indurre l'arbitro ad andare da lui per calmarlo, così i tifosi di casa avrebbero iniziato a gridare. Andre Marriner, invece, lasciò gestire la cosa a Mike Jones. Yaya Touré fece la differenza, senza dubbio. Fu il migliore in quell'1-0 contro di noi; fu fantastico. Non ci fu animosità, dopo. Roberto e io ci facemmo un bicchiere. Tranne Frank Sinatra, c'erano davvero tutti nell'ufficio dove ci eravamo seduti a parlare; quel posto era pieno di gente. Dissi a Mancini: "È pazzesco, come possiamo parlare con tutta questa gente nella stanza?"

L'unica cosa che mi sorprese di Mancini, nel suo periodo da allenatore del City, fu il suo atteggiamento con Carlos Tévez. Aveva la possibilità di far capire ai giocatori chi comandava, e credo che avrebbe dovuto cacciarlo. Invece, dopo il loro litigio in una partita di Champions League in Germania, Tévez se ne andò in Argentina per tre mesi a giocare a golf, e poi tornò dicendo che voleva aiutare la squadra a vincere il campionato.

Permettergli di rientrare fu un gesto disperato. O forse lo sceicco Mansour intervenne per porre fine alla tensione tra i due. Mi ricordo che Mancini disse: "Non giocherà mai più con me." Mettiamo che Edin Džeko o Balotelli non fossero stati soddisfatti e fossero spariti per tre mesi: sarebbero stati trattati diversamente rispetto a Tévez? Mancini si era dato la zappa sui piedi, aveva danneggiato la propria autorità di allenatore.

Mi dissero che alcuni giocatori e alcuni membri dello staff non lo apprezzavano, ma lui non era lì per essere apprezzato. I risultati gli davano ragione: aveva scelto bene i giocatori, la squadra aveva un buon equilibrio e una buona età media. Credo che cercasse di evitare i giocatori sopra i 30 e sotto i 24, e i suoi giocatori erano per lo più nella fascia tra i 24 e i 28; molti di loro erano all'apice della carriera, il che significava che teoricamente avrebbe potuto tenere quella squadra per due o tre anni.

Tatticamente era visibile il suo essere italiano. Non appena il City andava in vantaggio, spesso cominciava a giocare con la difesa a cinque; aveva una mentalità difensiva, non si scopriva. Questo può costarti qualche partita.

E la differenza reti conta comunque qualcosa. Nelle ultime due partite, contro lo Swansea e contro il Sunderland, tentammo di recuperare il distacco. Contro lo Swansea, Smalling e Giggs fallirono delle occasioni: a fine primo tempo avremmo potuto essere sopra di cinque; nel secondo tempo Rooney e Cleverley sbagliarono due gol praticamente fatti. Se avessimo vinto 5-0 saremmo stati cinque gol indietro. Nella partita con il Sunderland, il loro portiere, Simon Mignolet, fu straordinario, fece delle parate incredibili; colpimmo due pali e Rooney prese una traversa, avremmo potuto vincere 8-0. Che modo pazzesco sarebbe stato di vincere il campionato: per differenza reti.

In quell'occasione, il trentaquattresimo gol stagionale di Rooney, su cross di Valencia, fu l'unico che segnammo. I nostri tifosi furono incredibili. Io continuavo a guardare il giovane giornalista di Sky che diceva che il City era sul 2-1. Quanto mancava? Cinque minuti di recupero. Ma io lo sapevo: il City segnò due gol in 125 secondi, con Džeko e Agüero. Il gol di Džeko arrivò al 91' e 15 secondi, poi Agüero si infilò nella difesa del QPR, dopo uno scambio con Mario Balotelli, e fece partire il tiro che fece vincere loro il titolo per la prima volta in quarantaquattro anni. L'orologio segnava 93 minuti e 20 secondi.

In alto a sinistra: le corse mi aiutarono a distrarmi dallo stress del lavoro. Qui io e il comproprietario Ged Mason festeggiamo la grande vittoria di What A Friend ad Aintree. *In alto a destra*: Rudy Walsh mi racconta come ha guidato alla vittoria What A Friend. Mi è sempre piaciuto parlare con i fantini. *In basso*: in testa. What A Friend conduce, durante il Betfred Bowl Chase.

AIG

AIG

Il miglior gol del mio periodo allo United fu la rovesciata di Rooney contro il Manchester City, nel febbraio 2011. *Pagina a fianco, in alto*: Vidić e Ferdinand erano la roccia su cui era costruita la squadra. Qui Nemanja ha appena segnato contro l'Inter, in Champions League, e Rio gli salta al collo. *Pagina a fianco, in basso*: i terzini sinistri sono come uccelli rari, ma noi ne avevamo uno dei migliori: Patrice Evra, un vincitore nato.

In alto: ci preparammo scrupolosamente per la finale di Champions League 2011 contro il Barcellona a Wembley. I piani non sempre funzionano. *In basso*: la migliore squadra che abbia mai affrontato, il grande Barcellona del 2011.

In alto: non avrei potuto avere accanto un uomo migliore di Bobby Charlton. È stato un amico leale e saggio. *In basso*: non è una vecchia fermata d'autobus: è il Cliff, il nostro campo di allenamento fino al 1999. Scholes e Giggs viaggiano con me indietro nel tempo.

In alto a sinistra: Lyn Laffin, la mia indispensabile assistente personale, mi aiuta con la quotidiana montagna di scartoffie. *In alto a destra*: David Gill è stato il miglior direttore esecutivo con il quale abbia mai lavorato. Interlocutore onesto, conoscitore del gioco, sempre leale. *In basso*: leggere tutto. Phil Townsend, il nostro direttore della comunicazione, mi guida tra i quotidiani del giorno.

In alto a sinistra: il numero dei componenti dello staff crebbe enormemente durante i miei 26 anni nel club. Li apprezzai tutti. Qui sono con lo staff della lavanderia. *In alto a destra*: Albert Morgan, magazziniere, amico ironico e arguto, nello spogliatoio dell'Old Trafford, agosto 2011. *In basso a sinistra*: Edwin van der Sar è stato uno dei grandi portieri degli ultimi trent'anni. Avrei dovuto acquistarlo prima. *In basso a destra*: David de Gea, giovane portiere, magnifico atleta, che crebbe molto dopo essersi trasferito da noi dalla Spagna.

In alto a sinistra: il tunnel dell'amore. Entrando in campo, all'Old Trafford, nell'agosto 2011. *In alto a destra*: il vecchio re dell'Old Trafford, Eric Cantona, ritorna per la partita d'addio di Paul Scholes, nell'estate 2011. *In basso*: Mick Phelan e René Meulensteen furono i miei ultimi assistenti. Ho un grande debito verso tutto il mio staff di allenatori.

In alto: gli indistruttibili: Paul Scholes, Ryan Giggs e Gary Neville. *In basso*: la cena per il mio venticinquesimo anniversario, nel novembre 2011. Alcuni dei nostri giocatori stranieri furono probabilmente un po' confusi dal kilt.

In alto a sinistra: ritenevo che Roberto Mancini stesse infastidendo eccessivamente il quarto uomo, in quel derby di Manchester, e glielo dissi. Una breve scaramuccia, subito dimenticata. *In alto a destra*: rispettavo il lavoro di Mancini al City. Ho visto diversi allenatori del City andarsene, durante la mia carriera allo United. *In basso*: la commemorazione di Hillsborough ad Anfield, nel settembre 2012, fu organizzata molto bene da entrambi i club. Bobby Charlton e Ian Rush si stringono la mano.

In alto a sinistra: la stampa mi regalò un asciugacapelli, come dono d'addio. Ero agguerrito, nelle conferenze stampa, ma ci facevamo anche qualche risata. *In alto a destra*: il mio successore, anche se allora non lo sapevo ancora. David Moyes sul nostro campo con l'Everton, nel febbraio 2013. *In basso*: l'ultimo ingrediente. La tripletta di Robin van Persie contro l'Aston Villa ci consegna il titolo 2012-2013. Fu un grande acquisto.

In alto: ancora non so come abbia fatto David Gill a convincere Cathy a inaugurare la mia statua. *In basso*: il successo mi ha garantito il controllo. Dopo la vittoria di un trofeo, iniziavo subito a pensare al successivo.

Quando la statua fu inaugurata pensai: "Sopravvivrò alla morte." Che grande onore.

In alto: il trofeo del campionato 2012-2013 ci aspetta sul prato dell'Old Trafford. Il mio lavoro è quasi finito. *In basso*: tifosi speciali in un giorno speciale, all'Old Trafford, nel maggio 2013, in cui si chiude la mia carriera di allenatore.

In alto a sinistra: Cathy veniva di rado alle partite ma c'era sempre, per me. Qui posiamo per l'ultima volta con il trofeo vinto in campionato. *In alto a destra*: lo spettacolo finisce. A West Brom, per la mia ultima partita, mentre saluto la mia famiglia prima dell'incontro, che finirà 5-5. *In basso*: la nuova generazione dei Ferguson. I miei meravigliosi nipoti alla mia festa d'addio.

In alto: sempre in gran forma, i miei amici dei tempi di Harmony Road durante una serata a Manchester, marzo 2013. *In basso*: ti va una sfida? L'Harmony Row, al raduno annuale. Le squadre di calcio sono per sempre.

Eravamo stati campioni per trenta secondi. Quando la nostra partita finì eravamo campioni. Onestamente, i nostri giocatori sapevano che avevano buttato via un'occasione. Non c'erano scuse.

Dissi loro: "Uscite da quella porta a testa alta, non avete nulla di cui vergognarvi. Non dimostratevi deboli." Capirono il messaggio, tutte le loro interviste furono positive. Io feci ciò che dovevo: mi congratulai con il City, non ebbi alcun problema a farlo.

Non c'era nessuna ragione di tormentarsi pensando a quello che sarebbe potuto succedere nella partita tra il City e il QPR. Nella mia carriera al Manchester United ci eravamo ripresi più e più volte, e l'avremmo fatto ancora. Quello che mi chiedevo, quell'estate, era: il City migliorerà ancora? Avevano la sicurezza dei campioni, non c'erano ragazzini nella squadra ed erano una formazione esperta di giocatori tra i venti e i trenta. I soldi non erano un problema, ma l'ampiezza della rosa e l'ammontare dei salari pesavano, in un contesto di fair play finanziario. Mi chiesi, riguardo a noi: riusciremo a ridurre il numero degli infortuni, durante la prossima stagione?

Alla nostra squadra mancava un giovane Paul Scholes; ci serviva quella capacità di fare gioco. Si parlava di Modrić, ma eravamo restii a trattare con gli Spurs dopo l'affare Berbatov.

Rafael stava diventando un ottimo giocatore, ma faceva degli errori; alcuni giocatori non smettono mai di fare errori, è genetico, altri invece imparano da questi. Dopo essere stato espulso contro il Bayern Monaco, Rafael migliorò tantissimo sotto l'aspetto disciplinare. È un grande agonista, veloce e aggressivo, e ha fiducia in sé stesso. Ha un atteggiamento positivo in partita. Una cosa che ci mancava era la copertura difensiva a sinistra, dove Patrice Evra giocava in media 48-50 partite a stagione. Dovevamo coprire quel buco.

In occasione di una conferenza stampa dissi ai nostri tifosi: è meglio che vi abituiate, perché lo incontreremo spesso, questo nuovo Manchester City. Ci saranno molti scontri tra di noi e saranno tutti così. Mi sarebbe piaciuto essere nel loro girone di Champions League, perché ci avrebbe motivati. Per la competizione 2012-2013 decisi che non avrei lasciato uomini a riposo e che avrei preso il girone con serietà, per vincerlo.

Prima dell'ultima giornata di campionato, io e Mick Phelan eravamo andati in Germania a vedere la finale di Coppa di Germania, per visionare Shinji Kagawa, Robert Lewandowski e Mats Hummels; gli dissi: "Mick, l'unico modo in cui il City può batterci è segnando negli ultimi minuti. Sarà dura per loro contro il Queens Park Rangers; non mi stupirei se il QPR portasse a casa il risultato, ma se il City segna negli ultimi minuti, perdiamo il campionato."

Finimmo con ottantanove punti, il record per una seconda classificata. L'opinione generale era che ci fosse mancata un po' di stabilità difensiva, in particolare dopo l'infortunio di Vidić, ma appena Ferdinand ed Evans avevano trovato l'affiatamento eravamo risaliti in classifica. La nostra differenza reti era buona, e ottantanove punti erano un buon risultato. Ma se contavamo le eliminazioni precoci da Coppa di Lega, FA Cup e Champions League, eravamo costretti ad ammettere che era stata una stagione negativa.

Ero triste ma non demoralizzato. Sentivo che c'era un nucleo di giocatori che sarebbe sicuramente migliorato: Rafael, Jones, Smalling, de Gea, Cleverley, Welbeck, Hernández. Un gruppo che sarebbe stato valido per un lungo periodo di tempo. La questione era sostituire Scholes. Non so dove si possano trovare giocatori così. Un Anderson in forma avrebbe potuto coprire parzialmente il ruolo, ed eravamo intenzionati a prendere Kagawa e quel giovane del Crewe, Nick Powell. Avevamo cinque difensori centrali di ruolo, avevamo Valencia e Nani, e Young ci garantiva diverse soluzioni sulla fascia. Sapevamo che il problema sarebbero stati i vicini rumorosi. Se fossero andati bene in Europa, pensai, sarebbe stato l'ideale per noi; si sarebbero distratti.

Il martedì ci recammo a Belfast per giocare la partita in onore di Harry Gregg. Fu dura risollevare i giocatori, ma alla fine fu stimolante, perché Harry Gregg era stato un gran giocatore e il tifo era magnifico. Ci aiutò a metabolizzare la delusione.

Una conseguenza di quel finale doloroso fu un problema di salute. Ero andato a Berlino a vedere Borussia Dortmund-Bayern Monaco in finale di Coppa di Germania, poi a Sunderland, poi di nuovo a Manchester, poi a Belfast per la partita di Harry Gregg e poi di nuovo a casa, e da lì a Glasgow, dove dovevo parlare a una cerimonia dei Rangers, con un volo già prenotato per New York quel sabato.

Mentre mi facevo la barba, a Glasgow, notai una goccia di sangue, e poi un'altra, e un'altra ancora. Non riuscii a fermare l'emorragia e finii in ospedale, dove mi cauterizzarono. I medici pensavano che non avrei avuto problemi a volare, ma continuai a sanguinare per due giorni, così cancellammo il volo per New York. Il medico tornò venerdì, sabato e domenica. Fu doloroso ma alla fine guarii.

Quando giocavo sanguinavo spesso dal naso, più che altro per le botte. Ma quell'episodio fu particolarmente brutto. La diagnosi individuò la causa nei troppi viaggi, nelle troppe ore di cabina pressurizzata.

Fu un piccolo avvertimento: gli sforzi eccessivi causano problemi.

23.
LA FAMIGLIA

Lei mi aspettava sveglia, sempre. Anche se rientravo alle due o alle tre di mattina, Cathy era lì a salutarmi. "Perché non vai a letto?" le dicevo al telefono mentre viaggiavamo verso casa. "No, no," diceva, "aspetterò che tu ritorni." Ha fatto così per 47 anni.

Potevo occuparmi del mio lavoro nel calcio sapendo che la vita di famiglia era totalmente curata. Cathy è una persona straordinaria. David Gill fu un genio a persuaderla a inaugurare una mia statua all'Old Trafford. Io in nessun modo sarei riuscito a convincerla a stare così sotto i riflettori.

La verità su Cathy è che lei non è mai cambiata. Lei è una madre, una nonna, una donna di casa. Questa è la sua vita. Lei non va in cerca di amicizie; non che le scoraggi, ma preferisce piuttosto la compagnia della famiglia e di pochi amici intimi. Non è quasi mai venuta allo stadio. Quando la sposai andavamo a ballare nei fine settimana, con gli amici di Glasgow. Era sempre a suo agio in compagnia di quelli di Glasgow, ma dopo il nostro trasferimento allo United non fu per niente un animale sociale. Non mostrò alcuna inclinazione a frequentare l'ambiente del calcio, e io andavo da solo a molte feste e cene.

Una casa con una cancellata torna utile quando i politici conservatori vengono a chiedere voti. Cathy sentiva i conservatori locali annunciarsi attraverso gli altoparlanti, e diceva: "Mi dispiace, la signora Ferguson è fuori, io sono la donna delle pulizie." Sotto ogni punto di vista rimane fedele alle sue radici.

Quando a 32 anni smisi di giocare, e avevo dei pub a Glasgow e guidavo il St Mirren, la mia giornata cominciava a Love Street, dove sarei rimasto fino alle 11, e poi al pub, fino alle 14.30. A volte andavo a casa, a volte direttamente a Love Street per l'allenamento. Più tardi ero di nuovo al pub, e poi a casa. I bambini, quindi, mi vedevano di rado in quei loro primi anni. Li allevò Cathy. Quando divennero adulti mi furono più vicini, ma hanno sempre avuto il più profondo amore e rispetto per la loro mamma.

Andare ad Aberdeen si rivelò un vantaggio, perché non avevo i pub e noi cinque potevamo fare più vita di famiglia. C'ero sempre, a meno che non ci fosse una partita. Darren era un raccattapalle e Mark andava alle partite con i suoi amici. Cathy teneva Jason, che non era molto interessato al calcio a quel tempo.

Ma a 13 o 14 anni cominciò a giocare e finì nella rappresentativa giovanile scozzese contro il Galles. Non era male come giocatore. Era uno di quei ragazzi che si sviluppano tardi, e gli piacevano i libri.

È un ragazzo intelligente. Quando ci trasferimmo all'Old Trafford rimase ad Aberdeen per continuare i suoi studi. In seguito ci raggiunse a Manchester, dove giocò alcune volte nella nostra squadra B.

Darren era un talento naturale, con un piede sinistro di grande qualità. Mark era un ottimo giocatore, e fece alcune presenze nelle riserve dell'Aberdeen. Andò al college e al politecnico a Sheffield per laurearsi in Economia agraria. Poi ebbe un grande successo nella City. Tutti i miei figli hanno fatto bene. Sono tutte persone motivate, come Cathy, che è intelligente e determinata.

La gente è solita dire che io assomiglio a mio padre. Ma quelli che mi conoscono veramente sanno che assomiglio di più a mia madre, che era una donna molto risoluta. Anche mio padre lo era, ma era più tranquillo. Mia madre, come tutte le buone madri, era il capo. Faceva andare avanti la famiglia. Anche Cathy in casa nostra prendeva tutte le decisioni familiari, il che andava bene a entrambi. Quando Darren aveva 14 anni, Brian Clough chiamò e disse che voleva che firmasse per il Nottingham Forest. Brian era un uomo pieno di contraddizioni. Non voleva mai rispondermi al telefono. Era sempre Ron Fenton, l'assistente di Clough, ad alzare il ricevitore. Ad Aberdeen venni giù per vedere il Forest giocare contro il Celtic in Coppa UEFA su un campo gelato, duro come la pietra. Conoscevo Ron Fenton sufficientemente bene. Quando entrai nella sala d'attesa dei dirigenti, Ron disse: "Hai già incontrato il capo?" Non ancora, e non vedevo davvero l'ora di fare la sua conoscenza.

Ron mi presentò e Brian chiese: "Che idea ti sei fatto della partita?" La mia opinione era che il Celtic avesse meritato di vincere. Poi gli dissi che il Forest li avrebbe battuti al Celtic Park. "Be', ragazzo, ho sentito abbastanza," disse Brian. E uscì. Archie Knox scoppiò a ridere.

Nella circostanza, Darren rimase con noi allo United. Il problema era tenerlo in prima squadra. Cathy non mi perdonò mai di averlo ceduto. Giocò le prime quindici partite nell'anno in cui vincemmo il campionato per la prima volta, ma in una partita della Under-21 scozzese subì una bruttissima lesione del tendine posteriore del ginocchio che lo tenne fuori per tre mesi, il che significava fino a febbraio, e in quel periodo Bryan Robson aveva recuperato la forma. Poi c'erano Neil Webb, Mick Phelan e Paul Ince, e Roy Keane divenne disponibile per 3,75 milioni di sterline. Questo segnò la fine di Darren come giocatore di prima squadra.

Venne da me e disse che per lui non andava bene. Disse che aveva bisogno di trasferirsi. Era anche sensibile alle mie difficoltà. Così lo cedemmo ai Wolves, un club in fermento, con grandi aspettative e una larga base di tifosi.

Tenni molto d'occhio Darren quando giocava là. Era indubbiamente il miglior giocatore, ma cambiarono allenatore tantissime volte dopo il licenziamento di Graham Turner: Graham Taylor, Mark McGhee, Colin Lee. Quando arrivò McGhee, le sue presenze cominciarono a diminuire.

Si trasferì allora allo Sparta Rotterdam e ancora una volta fece bene. Cambiarono allenatore mentre lui era in vacanza e quello nuovo non lo voleva. Allora ritornò al Wrexham e si sistemò là.

Mentre la sua carriera di giocatore era al tramonto, Barry Fry telefonò da Peterborough e chiese cosa stesse facendo Darren. Finì là come allenatore e ottenne la loro promozione in Championship, dove si batterono con squadre ben al di sopra del loro peso. Ci furono tensioni con il presidente, così si dimise e andò a Preston, il che fu un disastro, prima che un secondo periodo a Peterborough mettesse in luce nuovamente le sue qualità.

L'approccio di Darren prevede un calcio di penetrazione con giocatori che passano la palla e fanno movimento. Questo è difficile quando sei al fondo della classifica, perché le squadre nelle ultime posizioni hanno la tendenza a disperare. Era emozionante, per me, vedere Darren affrontare le lotte che avevo combattuto nei miei primi anni con bilanci, presidenti e giocatori. Ogni volta gli ricordavo quel nostro motto: "Migliore dopo le difficoltà".

Il mio consiglio a ogni giovane allenatore è di essere preparato. Comincia presto. Non aspettare di avere quarant'anni per acquisire il tuo patentino da allenatore.

Ero totalmente contrario agli allenatori di rapida formazione. È una vergogna. In Olanda e in Italia possono volerci quattro o cinque anni per conseguire il tuo patentino da allenatore. La ragione per cui devono passare attraverso quell'intenso, prolungato esame, è quella di proteggerli da ciò che incontreranno nella loro attività. A Darren è costato 8000 sterline guadagnarsi i suoi riconoscimenti alla Warwick Business School. Formando rapidamente i grossi nomi, la Federazione ha preso brutalmente in giro la gente che si è affaticata per ottenere le proprie qualifiche nel modo corretto.

Non mi tormento per essere stato via a lungo o per essermi logorato con il lavoro durante l'infanzia dei ragazzi. La ragione era che noi eravamo tutti molto vicini, in ogni caso, e i ragazzi stessi erano molto uniti. Sono in continuo contatto con noi. Sono tutti ragazzi impegnati. Anch'io non ho sempre potuto tenere i contatti con Mark, che era in un'attività in cui devi tenere tutto sotto controllo. Il suo è un mondo di piccole frazioni, dove puoi perdere un acquisto o una vendita in pochi secondi, per come si muove il mercato.

Tutti i miei figli sono l'orgoglio di Cathy, che c'è sempre per loro, e per me, in qualunque momento girassi la chiave nella porta.

24.
ROONEY

Era agosto 2004 e avevamo appena giocato contro l'Everton. Bill Kenwright stava piangendo; era seduto nel mio ufficio e piangeva. Con lui c'eravamo io, David Moyes e David Gill. Mentre guardavamo il presidente dell'Everton in tutta la sua tristezza, ci disse che doveva fare una telefonata. Tra le lacrime, Bill ci disse: "Devo chiamare mia madre."

"Ci stanno portando via il ragazzo, ce lo stanno portando via," diceva al telefono. Poi mi passò la cornetta. "Non ti azzardare a dar via quel ragazzo per niente, vale 50 milioni di sterline," diceva una voce femminile. Fantastico. "Questo è uno scherzo," dissi ridendo. "È un gioco?" Ma era tutto vero. Dovevi solo nominare l'Everton a Bill per fargli aprire i rubinetti. Era una persona molto piacevole e genuinamente emotiva.

David Moyes mi guardava; io per un minuto pensai che fosse una finta, una recita. Bill veniva da una famiglia di attori, dopotutto. Mentre accadeva tutto questo mi venne in mente che dovevo controllare le cartelle mediche di Wayne. C'era qualche guaio fisico che poteva esserci sfuggito? Era uno stratagemma per alzare il prezzo? Dio, era davvero divertente. Il ragazzo aveva forse una gamba sola? Mi stavano rifilando una fregatura enorme?

Le trattative per acquistare il giovane talento più promettente d'Inghilterra furono a dir poco lunghe. Bill conosceva il valore del ragazzo. David Moyes era l'interlocutore più combattivo – io mi sarei comportato allo stesso modo, se fossi stato in lui. David era realistico, sapeva che il club stava per ricevere una somma considerevole e che l'Everton non era certo pieno di soldi. Il prezzo ufficiale fu poco più di 25 milioni di sterline più bonus. L'Everton aveva bisogno di quel denaro. Quando le lacrime si asciugarono e le discussioni finirono, Wayne firmò il contratto, a sette ore dalla chiusura del mercato, il 31 agosto 2004.

Quando arrivò da noi, non giocava da più di quaranta giorni e aveva fatto solo un paio di sessioni di allenamento. Pensavo che la partita di Champions League in casa contro il Fenerbahçe sarebbe stata un'occasione adatta per l'esordio, ventotto giorni dopo essere diventato un giocatore del Manchester United. Questa mossa azzardata portò a un risultato spettacolare: Rooney segnò una tripletta e vincemmo 6-2.

Dopo quell'esordio magnifico il suo stato di forma calò, e ci volle un po' di lavoro per portarlo al livello degli altri giocatori. Comprensibilmente, per diverse settimane le sue prestazioni non furono del calibro di quella con il Fenerbahçe.

Niente di tutto questo diminuì il mio entusiasmo nei suoi confronti. Wayne aveva un talento naturale sorprendente, e aveva bisogno di tempo per completare la sua maturazione da ragazzo a uomo. Era un calciatore serio e motivato, con una grande voglia di giocare.

In quella fase del suo sviluppo, Wayne doveva allenarsi continuamente, e lo faceva volentieri. Non era un tipo che si prendeva giorni liberi. Aveva bisogno di allenarsi intensamente per rendere al massimo. Ogni volta che stava fuori qualche settimana per infortunio, la sua forma calava velocemente. Aveva una struttura grossa e solida, e piedi grandi, cosa che spiega parzialmente gli infortuni al metatarso di quel periodo.

Mi resi conto immediatamente che era proprio il giocatore che avevamo intuito potesse essere: coraggioso, sufficientemente abile con entrambi i piedi – anche se usava il sinistro meno che poteva. Compravamo giocatori di 24 anni pensando che avrebbero raggiunto il massimo a 26, e i miglioramenti di Wayne, a partire da un'età molto più giovane, confermavano la mia convinzione che sarebbe stato al meglio intorno a quell'età. Con il fisico che aveva era difficile immaginarlo giocare a 35 anni, come Scholes o Giggs, ma quando rinnovò il contratto con noi, nell'ottobre 2010, cominciai a pensare che avrebbe potuto anche concludere la carriera da centrocampista.

Tutte le nostre informazioni su Wayne Rooney quando giocava nelle giovanili dell'Everton erano riassumibili in una sola frase: era come un uomo adulto che giocava nelle giovanili.

Le relazioni degli osservatori erano sempre entusiaste, e provammo a prenderlo quando aveva 14 anni, durante l'ultima settimana di maggio, in una finestra di tempo in cui è permesso prelevare i ragazzi da altre squadre giovanili. Ma Wayne voleva rimanere all'Everton. Riprovammo quando ne aveva 16, prima che firmasse un nuovo impegno con la scuola calcio, ma ancora una volta non era interessato. Aveva l'Everton nel sangue.

Geoff Watson e Jim Ryan erano due dei nostri uomini delle giovanili che avevano monitorato i progressi di Rooney e che erano rimasti molto impressionati da lui nelle partite tra i club. Giocò la finale giovanile della FA Cup contro l'Aston Villa a 16 anni.

Quando Walter Smith divenne mio assistente mi disse: "Compra quel Rooney." Walter fu inequivocabile, ne parlò come del migliore che avesse mai visto. Questo confermò tutto quel che sapevamo di lui. Poi arrivò il debutto di Rooney, a 16 anni, e il suo meraviglioso gol contro l'Arsenal.

Con l'Everton si guadagnò anche la prima convocazione in nazionale, in una partita contro l'Australia, e fu poi chiamato da Sven-Göran Eriksson per le importantissime qualificazioni europee contro la Turchia. Segnò il suo primo gol in nazionale a 17 anni e 317 giorni. Per cui, quando arrivò da noi, era già nel giro della nazionale.

Il mio primo incontro con lui contraddisse le mie aspettative di trovarmi davanti a una persona decisa. Era un ragazzo timido, ma credo che fosse più che altro intimorito dalla grossa cifra che avevamo speso per lui e dall'attenzione che stava ricevendo. Smise presto di essere timido. Al campo di allenamento faceva dannare tutti, l'arbitro, gli altri giocatori. Quei poveri arbitri – Tony Strudwick, Mick o René – mi dicevano: "Sei l'unico che ha l'autorità, dovresti arbitrare tu."

Rispondevo: "Non c'è alcuna possibilità che mi metta ad arbitrare queste partite."

Mi ricordo Jim che fischiava timidamente i falli, un giorno che Roy Keane era di cattivo umore e se la prendeva con tutti: la sua squadra, l'altra squadra, l'arbitro, tutte le creature viventi che incontrava. Jim si girò verso di me e disse: "Spero che la squadra di Roy vinca."

"È una cosa ridicola," dissi, sforzandomi di non ridere.

"Sì, ma pensa a quello che mi toccherà sopportare nello spogliatoio," disse Jim. A un certo punto valutammo addirittura di assumere degli arbitri.

Ammetto di aver rimproverato Wayne, qualche volta. Negli spogliatoi si arrabbiava, quando lo criticavo. I suoi occhi ardevano, come se volesse mettermi le mani addosso. Il giorno dopo si scusava. Quando la rabbia passava, e si rendeva conto che avevo ragione – perché avevo sempre ragione, come gli dicevo, prendendolo in giro –, mi diceva: "Giocherò la prossima settimana, mister?"

"Non lo so," dicevo io.

A mio parere non era lestissimo a imparare, ma aveva un istinto naturale per il calcio, una consapevolezza intuitiva delle dinamiche del gioco. Un grande talento grezzo. In più, coraggio ed energia innati, un grande dono per un calciatore. Anche la capacità di correre molto non dev'essere sottovalutata. In allenamento non era veloce nell'assimilare i nuovi schemi tramite gli esercizi; tendeva istintivamente a ripetere i movimenti che già conosceva. Aveva fiducia in sé stesso.

In quei primi anni fui raramente costretto a impormi con lui. Fece alcuni falli stupidi durante le partite, ed ebbe alcuni scatti d'ira in campo. Fuori dal terreno di gioco, invece, non mi dava grattacapi. Il mio problema era che, essendo stato anch'io un attaccante, ero sempre più duro con le punte che con gli altri giocatori. Non erano mai bravi quanto me, ovviamente. Mi dispiace, ma nessuno era bravo quanto me quando giocavo: gli allenatori si concedono questa presunzione e spesso la propinano ai loro giocatori. Allo stesso modo, i giocatori pensano di essere degli allenatori migliori del proprio, finché non provano ad allenare davvero.

Se vedevo che gli attaccanti non facevano quello che facevo io, la cosa mi irritava. Erano la mia speranza, li guardavo e pensavo: voi siete me. Uno vede sé stesso nelle altre persone.

Vedevo me stesso in Roy Keane, in Bryan Robson, vedevo pezzi di me in Paul Scholes, in Nicky Butt e nei due Neville, Gary e Phil. Le squadre riflettono il carattere del loro allenatore. Non arrendersi mai: è una grande religione, una grande filosofia in cui credere. Io non mi sono mai arreso, ho sempre pensato che potevo tirar fuori qualcosa da ogni situazione.

Succedeva sempre qualcosa allo United. C'era sempre qualche dramma, era una routine, per me. Quando la vita privata di Wayne Rooney fu resa pubblica su "News of the World", e il suo mondo iniziò ad andare in crisi alla fine dell'estate 2010, non ci fu nessun consiglio di guerra nel mio ufficio, nessun passeggiare su e giù per la stanza.

Non lo chiamai, la mattina che uscì la storia; sapevo che avrebbe voluto che lo facessi. Era in quel momento che dovevo mantenere saldo il mio controllo. Lui avrebbe voluto che lo chiamassi, che gli mettessi un braccio attorno alle spalle. Ma io non pensavo che quello fosse il modo giusto di gestire la situazione.

La prima volta che lo accusarono di quelle cose aveva 17 anni, e gli erano state concesse le attenuanti dell'età, ma stavolta aveva sette anni in più. Coleen, sua moglie, era una con la testa sulle spalle. Mi aveva sempre dato l'impressione di essere una forza stabilizzatrice.

Ovviamente mi sentii sotto pressione per lui durante i mondiali in Sudafrica. Sapevo che c'era qualcosa che lo tormentava, durante la Coppa del Mondo 2010; potevo vederlo. Anche se era stato nominato giocatore dell'anno dall'Associazione calciatori e dall'Associazione dei giornalisti di calcio, quell'anno era di un umore strano, in Sudafrica. "È bello vedere i tuoi tifosi che ti fischiano," disse alla televisione dopo il pareggio senza reti dell'Inghilterra con l'Algeria a Città del Capo. L'Inghilterra fu eliminata agli ottavi di finale e Wayne non segnò nemmeno un gol in quattro partite.

Dovevo ottenere la sua attenzione, e il modo migliore per farlo era non dirgli nulla, non offrirgli consolazione, costringerlo a pensare. Quando lo lasciai fuori in trasferta contro l'Everton, a settembre, per proteggerlo dagli insulti del pubblico, si mostrò sollevato, perché sapeva che stavo facendo la cosa più giusta per lui. Il tuo lavoro è quello di adottare con ogni singolo individuo un approccio che produca il miglior effetto possibile in termini di prestazioni.

Possiamo anche fare i moralisti, ma la verità è che tutti commettono delle imprudenze. Non avrei mai fatto la morale a Rooney. Il 14 agosto 2010 Wayne ci informò che non avrebbe rinnovato il contratto con lo United; fu uno shock, perché il piano era sempre stato quello di incontrarsi dopo i mondiali per discutere del rinnovo.

Durante gli sviluppi del dramma David Gill mi chiamò e mi disse che l'agente di Wayne, Paul Stretford, era andato a trovarlo per dirgli che Wayne voleva andare via. La ragione che aveva addotto era che il club non era abbastanza ambizioso. L'anno prima avevamo vinto il campionato e la Coppa di Lega ed eravamo arrivati in finale di Champions League.

David disse che Wayne sarebbe venuto a parlarmi. All'incontro, che si svolse in ottobre, era molto imbarazzato, sembrava che l'avessero indottrinato su cosa dire: la base delle sue recriminazioni era che non eravamo sufficientemente ambiziosi.

Per tutta risposta chiesi a Wayne: "Quand'è che non siamo stati in corsa per il titolo negli ultimi vent'anni? Quante finali europee abbiamo giocato negli ultimi tre o quattro anni?" Gli dissi che sostenere che non eravamo ambiziosi era assurdo. Wayne mi disse che avremmo dovuto prendere Mesut Özil, che dal Werder Brema si era trasferito al Real Madrid. Gli risposi che non era compito suo dire chi avremmo dovuto comprare; gli dissi che il suo lavoro era giocare e fare buone prestazioni, il mio era scegliere la squadra giusta, e finora l'avevo fatto bene.

Avevamo un turno europeo, il giorno dopo. Due ore prima della partita contro il Bursaspor, il 20 ottobre, Wayne rilasciò la seguente dichiarazione: "Ho incontrato David Gill, che non mi ha dato nessuna delle garanzie che chiedevo sul futuro della squadra; dunque gli ho detto che non avrei firmato un nuovo contratto. Ieri ero interessato a sentire cosa avrebbe avuto da dire Sir Alex, e sono rimasto sorpreso da alcuni argomenti.

"È assolutamente vero, come ha detto lui, che io e il mio agente ci siamo incontrati alcune volte con il club per parlare del nuovo contratto, e durante questi incontri, in agosto, ho chiesto garanzie sul fatto che il club fosse in grado di continuare ad attrarre i migliori giocatori del mondo.

"Non ho mai avuto altro che il più assoluto rispetto per il Manchester United. Non avrebbe potuto essere diversamente, vista la sua grande storia e i sei anni in cui ho avuto la fortuna di farne parte.

"Per me è una questione di vincere titoli, come il club ha sempre fatto con Sir Alex; per questa ragione credo che le mie richieste fossero giustificate.

"Nonostante le recenti difficoltà, so che avrò sempre un debito enorme con Sir Alex Ferguson: è un mentore e un grande allenatore, che mi ha aiutato e sostenuto da quando mi ha preso dall'Everton, a soli 18 anni.

"Per il bene del Manchester United spero che possa continuare per sempre, perché è una persona straordinaria, un genio."

Non ero sicuro di cosa volesse dire con quelle parole, ma pensai che volesse riavvicinarsi a me e ai tifosi; sperai che tutto questo significasse che aveva cambiato idea e che era felice di rimanere con noi.

La conferenza stampa dopo la partita, a cui tutti i media erano presenti, mi offrì l'opportunità di dire quel che volevo, e cioè che Wayne era stato inopportuno.

Dissi alla stampa: "Come ho già detto, vincere il campionato per tre volte consecutive è stato fantastico, e siamo andati a un punto dal record di quattro volte. Non ci siamo riusciti, non ci è piaciuto e vogliamo rimediare. Tutto andrà a posto, ne sono sicuro. Il club ha un'ottima struttura, abbiamo lo staff giusto, l'allenatore giusto, il direttore esecutivo giusto, un uomo molto intelligente. Non c'è nulla che non vada, al Manchester United, assolutamente nulla. Quindi continueremo così."

E dissi in televisione: "Ho avuto un incontro con il ragazzo, che ha ripetuto ciò che aveva già detto il suo agente: se ne vuole andare. Io gli ho detto: 'Ricordati solo una cosa: rispetta questo club. Non voglio che tu dica assurdità, rispetta il tuo club.' Ciò che è stato riportato dai media ci delude, perché abbiamo sempre fatto tutto il possibile per Wayne Rooney, dal primo minuto in cui è stato al club. Siamo stati un porto sicuro per lui, ogni volta che aveva un problema sapevamo consigliarlo. E facciamo così con tutti, non solo con Wayne Rooney. Questo è il Manchester United, questo è un club che fonda la sua storia e la sua tradizione sulla lealtà e sulla fiducia tra giocatori, allenatori e società. Questo risale ai tempi di Sir Matt Busby. Queste sono le sue fondamenta. Wayne è stato un beneficiario di questo sostegno, come Ryan Giggs, Paul Scholes e tutti gli altri giocatori. È ciò per cui siamo qui."

In una conference call con i Glazer furono discusse le ambizioni future del club, e Wayne divenne uno dei giocatori più pagati del paese, credo. Il giorno dopo venne da me a scusarsi. Gli dissi: "È con i tifosi che dovresti scusarti."

I giocatori ebbero reazioni contrastanti: alcuni erano contrariati, ad altri non importava nulla. Fu un episodio spiacevole per Wayne, perché lo fece apparire come uno che pensava ai soldi e che aveva messo da parte tutte le recriminazioni non appena gli avevano aumentato lo stipendio. Questo fu ciò che sembrò, ma non penso che Wayne intendesse farne una questione di soldi. Presto fu tutto dimenticato, anche se i tifosi hanno conservato un po' di sfiducia nei suoi confronti.

Andava tutto bene finché segnava, ma se aveva dei periodi di calo poteva risvegliarsi il vecchio risentimento. A volte i giocatori sottovalutano l'intensità dell'affetto dei tifosi per una squadra, che in casi estremi può portarli a credere di esserne proprietari. Alcuni di loro seguivano il club da cinquant'anni, erano lì da una vita. Se un giocatore veniva ritenuto colpevole di slealtà nei confronti del club, dunque, c'era poco da scherzare.

Erano pochi i giocatori che se ne volevano andare dallo United. Avevamo avuto una generazione di giocatori che avevano dedicato la loro carriera al club – Giggs, Scholes e altri – e non era consueto per i nostri tifosi vedere un giocatore che si agitava per andarsene o che criticava le scelte di mercato.

Nell'inverno del 2011 fui costretto a prendere provvedimenti disciplinari dopo che Wayne, Jonny Evans e Darron Gibson fecero nottata in un hotel a Southport per festeggiare la vittoria per 5-0 sul Wigan nel Boxing Day. Il giorno dopo arrivarono all'allenamento distrutti. Li raggiunsi in palestra, dove stavano facendo i loro esercizi; dissi che sarebbe stata loro detratta una settimana di stipendio e non sarebbero stati convocati per la partita con il Blackburn, quel sabato.

Wayne doveva stare attento; aveva grandi qualità, che però potevano perdersi completamente se la sua forma calava. Bastava pensare a come Ronaldo e Giggs si prendevano cura di loro stessi. Doveva decidersi. Non fu saggio da parte della nazionale concedergli una settimana di vacanza prima degli europei del 2012, perché avrebbe potuto perdere la condizione ottimale. Se saltava un paio di settimane, allo United, potevano volerci quattro o cinque partite per riaverlo al meglio. Giocò la partita contro l'Ucraina più di un mese dopo la sua ultima partita con noi.

Non gli facevo nessuno sconto, lo rimproveravo per tutti i cali di forma. Era piuttosto semplice: non avrebbe giocato. Era così che avevo sempre gestito i problemi di condizione fisica, a prescindere dal giocatore, e di sicuro non avrei cambiato metodo negli ultimi anni della mia carriera.

Wayne era capace di grandi giocate, in partita. Nei miei ultimi anni, durante i quali ogni tanto lo lasciavo fuori o lo sostituivo, mi sembrava che fosse in difficoltà a superare l'avversario, e avesse perso un po' di spinta. Ma era capace di prestazioni incredibili; il passaggio a van Persie nella vittoria contro l'Aston Villa che ci consegnò il titolo fu fantastico, esattamente come la sua rovesciata contro il City. Questi momenti erano una dimostrazione del suo livello. Con il passare del tempo, però, mi sembrava che faticasse sempre di più a tenere per novanta minuti, e che le partite lo stancassero.

In quella partita contro l'Aston Villa lo feci uscire perché gli avversari erano una squadra giovane e veloce, che correva molto, e il loro nuovo entrato era più rapido di Wayne. Il giorno dopo la vittoria del campionato venne nel mio ufficio e chiese di andarsene; non era contento di essere lasciato fuori in alcune partite e sostituito in altre. Il suo agente Paul Stretford chiamò David Gill e gli disse la stessa cosa.

Tutti i giocatori sono diversi. Alcuni sono felici di stare nella stessa squadra per tutta la carriera, altri hanno bisogno di nuove sfide, come fu per van Persie quando andò via dall'Arsenal per venire da noi. La spinta a combattere ed emergere non si era placata, in Wayne. Lo lasciai a discutere il suo futuro con David Moyes, sperando di vederlo giocare tante altre grandi partite all'Old Trafford.

25.
L'ULTIMA STAGIONE

Non eravamo proprio degli incompetenti in materia di grandi talenti, ma ci volle un po' di tempo prima che capissimo quanto è bravo Robin van Persie. La qualità della sua corsa non era stata immediatamente percepibile nemmeno per i nostri giocatori più esperti; persino Paul Scholes e Michael Carrick, due dei migliori che abbia mai allenato, quanto a passaggi avevano avuto problemi con la velocità dei suoi movimenti.

Robin fu la stella più luminosa della mia ultima stagione da allenatore del Manchester United, in cui fummo la prima squadra a vincere venticinque delle prime trenta partite di campionato. Il premio finale fu la vittoria del ventesimo titolo. Ci riprendemmo il trofeo dalle mani del Manchester City con quattro giornate di anticipo. Van Persie fu il mio ultimo grande acquisto, e i suoi gol, alcuni dei quali spettacolari, portarono una qualità "cantonesca" a una squadra già molto buona.

Un difetto che avevamo evidenziato nella stagione 2012-2013 era un eccesso di passaggi in mezzo al campo: i giocatori facevano circolare la palla per trovare il ritmo giusto. Con van Persie, imparammo dopo un po', dovevi cercare il passaggio immediato per aprire la difesa avversaria. Finché non arrivammo a capirlo, non riuscimmo a sfruttare al meglio la sua grande mobilità e il suo istinto da killer.

Ma imparammo la lezione in tempo per farla fruttare. Se Wayne Rooney riceveva palla in posizione di centrocampista offensivo, era sicuro che van Persie si sarebbe mosso infilandosi negli spazi, attaccando. Robin era esattamente come volevo che fosse. Il suo precampionato con l'Arsenal era consistito in ventuno minuti di partita contro il Colonia, in Germania, per cui era leggermente in ritardo di condizione. Aveva il giusto tipo di preparazione, ma dovevamo fargli raggiungere una forma adeguata per le partite. Mi fece subito un'ottima impressione.

Gli dissi, dopo poco tempo: "Non aver paura di dare indicazioni agli altri giocatori. All'Arsenal eri un leader, e se non vieni servito, richiamali." Era più tranquillo di quanto mi aspettassi, ma aveva un sinistro velenoso che gelava i portieri con la sua forza. Mi chiedevano perché gli lasciassi tirare i calci d'angolo, anche se era un attaccante – li tirava da destra, e quando erano da sinistra stava in area. La risposta era che li tirava benissimo, da destra. Howard Wilkinson mi fece notare, quella stagione, che una statistica che aveva curato mostrava una diminuzione di gol su calcio da fermo. Eppure ne avevamo segnati dieci su corner, nella prima metà del 2011-2012.

La squadra non vedeva Robin come un estraneo, come un giocatore dell'Arsenal che si insinuava nel loro territorio. Il mio era un gruppo accogliente, che ai nuovi arrivati chiedeva soltanto di impegnarsi per la squadra e di rispettare le tradizioni dello spogliatoio. Mi ricorderò sempre quando Verón arrivò in squadra e tutti i giocatori interruppero l'allenamento per andare a stringergli la mano. Erano sempre così gentili. Ovviamente il saluto è sempre più caloroso per i giocatori che possono farti vincere le partite difficili, che sono una risorsa indispensabile ai livelli più alti.

Come chiunque altro nell'ambiente, avevo letto che il contratto di van Persie stava per scadere, ma ero certo che l'Arsenal gli avrebbe proposto un accordo per non farlo andare via. Verso la fine della stagione 2011-2012, comunque, ebbi la sensazione sempre più netta che non sarebbe rimasto a Londra nord.

Il suo agente ci contattò. Stava già parlando con il Manchester City, ma il messaggio era che Robin sarebbe stato molto interessato a fare una chiacchierata con noi. Alla fine il City fu avvertito che non era più disponibile a trasferirsi da loro e sembrò che fosse una questione tra noi e la Juventus; venni a sapere che gli avevano offerto uno stipendio altissimo perché si trasferisse a Torino.

Quel che pensai fu: ci sono due ragioni per cui un giocatore pensa a trasferirsi: la gloria e i soldi. Potevo capire dunque perché volesse andare alla Juventus, un'ottima squadra, per un compenso astronomico. L'offerta che potevamo fargli noi era adeguata a fargli capire quanto rispetto avessimo per lui, e il nostro invito era sostenuto da un grande entusiasmo.

Poi iniziammo a parlare con l'Arsenal di un'eventuale cifra d'acquisto. David Gill telefonò diverse volte a Ivan Gazidis, direttore esecutivo dell'Arsenal, a cominciare da aprile, ma gli fu detto che l'Arsenal pensava di poter convincere il giocatore a firmare un nuovo contratto. La cosa andò avanti per un po' di tempo, finché David suggerì che fossi io a chiamare direttamente Arsène, dato che era lui ad avere l'ultima parola sui trasferimenti. Da quel momento fu chiaro che il ragazzo se ne sarebbe andato.

Comprensibilmente, la posizione di Arsène era: perché dovremmo venderlo al Manchester United quando possiamo ottenere 30 milioni di sterline dal City o dalla Juventus? La mia risposta era che il giocatore non era interessato a trasferirsi presso i nostri rivali di Manchester; la replica di Arsène era che l'opinione di Robin avrebbe potuto cambiare se il City avesse fatto una nuova offerta, di quelle che non poteva rifiutare.

In effetti era possibile.

Queste discussioni, devo dire, erano amichevoli, non c'era alcuna ostilità; eravamo due allenatori esperti che analizzavano la realtà. Il punto era che Arsène sperava di ottenere 30 milioni di sterline o più per il suo miglior giocatore. La faccenda si trascinò per diverse settimane, durante le quali chiamai Arsène altre due o tre volte.

Arrivammo al punto in cui l'Arsenal aveva accettato il fatto che il giocatore non avrebbe rinnovato il contratto; le loro opzioni erano lo United o la Juventus. L'Arsenal stava tentando di venderlo all'estero, ma il giocatore voleva soltanto venire da noi. Quel che so è che van Persie si incontrò con Arsène e gli disse che lo United era la destinazione che preferiva. La nostra offerta, fatta da David Gill a Gazidis, fu di 20 milioni di sterline, e avvertii Arsène che non saremmo mai arrivati a 25.

Arsène era incredulo: non riusciva a capacitarsi del fatto che il Manchester United si rifiutasse di arrivare a 25 milioni per un giocatore del genere.

Gli dissi di nuovo: “Non offrirò 25 milioni.” Arsène chiese quale sarebbe stata la mia cifra massima. Risposta: 22 milioni. La risposta fu che l’Arsenal avrebbe accettato 22,5 milioni più ulteriori 1,5 milioni se avessimo vinto la Champions League o il campionato nel periodo in cui il giocatore era con noi.

Affare fatto.

La mia sensazione fu che Arsène fosse contento di non aver venduto van Persie al City, che aveva già preso Kolo Touré, Gaël Clichy, Emmanuel Adebayor e Samir Nasri dalla sua squadra. Forse non era un grande ammiratore della proprietà del club, e anche se avevamo avuto molte schermaglie nel corso degli anni, penso che avesse stima del modo in cui era gestito il Manchester United. Me lo disse in più occasioni. Mi ricorderò sempre quando Arsène mi disse, parlando di van Persie: “Non ti rendi conto di che gran giocatore state prendendo.”

Pensai a Cantona, a Ronaldo, a Giggs. Ma Arsène aveva ragione. Il movimento di Robin e il tempo dei suoi scatti avevano qualcosa di magnetico. Aveva anche un fisico formidabile.

Van Persie accettò uno stipendio più basso, ma comunque stellare, per venire da noi, dove credeva che avrebbe vinto molto. Alla presentazione ufficiale disse che il bambino che era in lui “aveva voluto a tutti i costi lo United.” Mi disse poi che in Olanda tutti i bambini sognano di giocare per il Manchester United.

Sapeva che ero andato a vederlo quando aveva 16 anni. L’Arsenal ci aveva anticipati, prendendolo quando stava diventando una stella del Feyenoord, ma lui ci tenne a sottolineare che sogno fosse per un giocatore olandese vestire i colori dello United. Fu molto impressionato dalla giovane età della squadra: avevamo Giggs e Scholes, ma anche Chicharito, i due Da Silva, Evans, Jones, Smalling e Welbeck. Carrick, a 31 anni, stava giocando la sua stagione migliore da quando era arrivato. Ad alcuni giocatori, quando giocano al meglio, appare chiaro quanto sono importanti per la squadra, e questo li fa crescere, come successe con Carrick.

Robin sapeva di arrivare in un club solido. Il City era stato fantastico, la stagione precedente, ma non si poteva dire che fosse una società altrettanto strutturata: c'era sempre un problema, qualcuno che faceva i capricci o litigava con l'allenatore, Tévez che voleva andare a giocare a golf in Argentina. Il City aveva vinto il campionato in gran parte per merito dei suoi quattro fuoriclasse: Yaya Touré, Sergio Agüero, Vincent Kompany e Joe Hart. Più David Silva nella prima metà della stagione, anche se poi era calato per qualche motivo dopo Natale.

Lo dico sempre, a proposito degli attaccanti, di gente come Cantona o Andy Cole: se stanno un periodo senza segnare, pensano che non segneranno mai più. Nel suo breve periodo senza gol, nel marzo di quella stagione, van Persie non stava giocando così bene, e questo lo influenzava, ma dal minuto in cui segnò contro lo Stoke, il 14 aprile, si riprese alla grande.

Negli anni ho assistito a gol del Manchester United che resteranno immortali. Cantona offrì al pubblico due o tre pallonetti fantastici, la rovesciata di Rooney contro il City fu irripetibile: l'esecuzione fu incredibile, anche perché non fu una rovesciata nell'area piccola, ma da dieci metri di distanza. La palla fu anche deviata mentre lui correva in mezzo all'area: il cross di Nani cambiò direzione dopo aver colpito un giocatore del City, così Wayne fu costretto a quella spettacolare deviazione aerea. Fu il gol migliore, secondo me.

Anche il gol di van Persie contro l'Aston Villa, nel 3-0 che ci consegnò il titolo, il 22 aprile, fu speciale: un tiro al volo su lancio in verticale di Rooney. Un giocatore normale avrebbe potuto provare quel numero cento volte, in allenamento, e segnare una volta. Van Persie poteva farlo regolarmente. Spalla giù, testa bassa, occhi bassi, sulla palla. La stessa maestria tecnica gli consentì di fare un gol simile con la maglia dell'Arsenal, contro l'Everton. Fu un acquisto fantastico, che finì il campionato con ventisei gol: 12 in casa e 14 fuori, 17 di sinistro, 8 di destro e uno di testa. Questi numeri gli valsero per il secondo anno consecutivo il Golden Boot, che viene assegnato al capocannoniere della Premier League.

All'altra estremità della scala di età continuammo a riporre la nostra fiducia nei giovani. Nick Powell, che era arrivato nel luglio 2012, era monitorato dal novembre 2011. Il Crewe l'aveva portato in squadra come esterno sinistro quando aveva 17 anni ed era ancora un po' gracile. Il nostro staff delle giovanili aveva tracciato un cerchio intorno al suo nome e andavamo a vederlo regolarmente. Jim Lawlor lo vide e disse che era interessante, anche se non era sicuro di quale fosse la sua posizione ideale e pensava che fosse un po' flemmatico.

Così mandai Martin a osservarlo, due volte. La sua opinione era che avesse un qualcosa, ma che non fosse ancora molto maturo. Poi andò a vederlo Mick Phelan, un paio di partite. Alla fine fu il mio turno, Crewe-Aldershot. Dopo cinque minuti in tribuna dissi a Mick: "È un giocatore vero, Mick, un giocatore vero." Per il suo tocco di palla, la sua visione di gioco.

A un certo punto di quella partita fece un breve scatto verso la difesa avversaria, diede un'occhiata veloce da sopra la spalla e fece un passaggio morbido all'attaccante, che tirò in porta. Poi ci fece vedere un colpo di testa e un'inversione di passo. Mentre ce ne andavamo dissi a Mick: "Chiamerò Dario Gradi," che era il direttore sportivo del Crewe.

"Ti ho visto alla partita, ieri," disse Dario.

"Quel ragazzo, Powell," dissi io. "Senza farti prendere dall'entusiasmo, dimmi qual è la tua valutazione."

Dario disse: "Sei milioni."

Ridendo, gli dissi dove se ne poteva andare. Ma parlammo di un potenziale accordo in quel senso, con bonus per le presenze in prima squadra e in nazionale. Powell non ne fu informato fino a dopo i play-off di quella stagione. È assolutamente sicuro che entrerà nel giro della nazionale, un giorno. Può giocare ovunque, davanti o in mezzo al campo, è velocissimo, ha due buoni piedi e sa tirare da fuori. Nell'inverno del 2012 ha contratto un virus e la sua fidanzata ha avuto un brutto incidente stradale. È un tipo un po' freddo, distaccato, ma è un buon giocatore, credetemi.

Shinji Kagawa fu un altro buon acquisto, quell'estate. Avevamo deciso di non muoverci per lui dopo la sua prima stagione nel calcio tedesco, perché a volte vuoi essere sicuro che un giocatore riesca a mantenersi a un certo livello.

Giocava nell'ottimo Borussia Dortmund, squadra che ritenevo capace di vincere la Champions League nel 2013; effettivamente arrivò in finale ma perse contro il Bayern Monaco. La prima cosa che notai fu l'intelligenza calcistica di Shinji. Io e Mick volammo a Berlino per la finale di Coppa di Germania, nell'estate del 2012, e mi ritrovai in tribuna di fianco al sindaco di Dortmund e a sua moglie. Portava le scarpe da ginnastica. Angela Merkel era lì vicino, insieme a Joachim Löw, tecnico della nazionale tedesca. Quando mi presentarono la signora Merkel, cancelliera di Germania, pensai: "Accidenti, ne ho fatta di strada."

Non c'era modo di nascondermi, su quel sedile, e comunque tutti sapevano che sarei andato a quella partita.

Quell'estate i Glazer erano perfettamente convinti di prendere van Persie o Robert Lewandowski e Kagawa. In tutti i nostri migliori periodi avevamo potuto contare su quattro grandi attaccanti; fare in modo che si sentissero tutti apprezzati poteva essere problematico, e richiedeva una certa abilità diplomatica. Il Dortmund, comunque, rifiutò di cedere Lewandowski, che è molto forte fisicamente e ha dei buoni movimenti.

Prendemmo anche Alexander Büttner, dalla squadra olandese del Vitesse Arnhem. Avevamo mandato Fábio in prestito al Queens Park Rangers e potevamo contare su un paio di giovani terzini sinistri di talento; in quella zona ci serviva esperienza, ed Evra aveva bisogno di un sostituto. Mi fu segnalato Büttner: era bravo a tenere palla, sapeva tirare, pressava i difensori. Un affare a 2,5 milioni di euro. Era determinato, aggressivo, piuttosto veloce e con un buon cross.

In alcune partite, nella prima parte della stagione, non avremmo saputo difendere un castello di sabbia; prendevamo davvero troppi gol, per i miei gusti, ma da gennaio in poi ci mettemmo a posto. In porta stavamo avendo dei problemi. De Gea aveva preso un'infezione ai denti e dovette operarsi per rimuovere i due molari posteriori; restò fuori un paio di partite, per questo, e Anders Lindegaard non se la cavò male, al suo posto. Giocò bene in casa del Galatasaray e contro il West Ham. Il mio messaggio a de Gea era che dovevo essere corretto con Anders. Ma dopo la nostra vittoria di misura per 4-3 contro il Reading, il 1° dicembre, de Gea rientrò e giocò bene per tutta la seconda metà della stagione, specialmente nell'1-1 di febbraio a Madrid contro il Real, in cui fu eccezionale.

Avevo ancora grandi aspettative nei confronti di Javier Hernández. Il problema con Chicharito era la freschezza atletica: per tre stagioni di fila aveva giocato tutta l'estate con la sua nazionale. Comunque ci fu una buona collaborazione con il Messico: i presidenti di Federazione e Comitato olimpico vennero a trovarmi, con il loro staff di allenatori, e io mostrai loro le cartelle mediche, perché bisognava discutere se fosse in grado di giocare due partite di qualificazione ai mondiali e poi le Olimpiadi.

Chicharito disse: "Preferisco saltare le due partite e giocare alle Olimpiadi, perché credo che le vinceremo." Credevo che scherzasse.

"Se non incontriamo il Brasile ai quarti di finale, le vinciamo," proseguì.

Nel frattempo avevamo fatto un investimento importante per un nuovo fantastico centro medico a Carrington:

potevamo fare tutto in loco, eccetto le operazioni. Avevamo podologi, dentisti, apparecchiature radiodiagnostiche, tutto. Il vantaggio, oltre a quello di poter fare tutto sul posto, era che gli infortuni non rischiavano di diventare immediatamente di dominio pubblico; in passato appena mandavamo un giocatore in ospedale le voci cominciavano a circolare in tutta la città. Questo dimostrava che non ce ne stavamo con le mani in mano, e il centro fu uno dei nostri migliori acquisti.

Un episodio importante di quella stagione, che va ricordato, fu quello delle accuse, in seguito respinte dalle autorità, all'arbitro Mark Clattenburg per presunti insulti razzisti contro i giocatori del Chelsea, il 28 ottobre a Stamford Bridge. Due parole sulla partita, prima. Contro il Chelsea di Di Matteo dovevamo capire come contrastare Juan Mata, Oscar e Eden Hazard, che stavano giocando con grande classe e mettevano in difficoltà tutte le squadre. I due centrocampisti difensivi, Ramires e Mikel, erano in gran forma. Decidemmo di occupare la fascia destra per utilizzare gli spazi che loro lasciavano liberi quando ci attaccavano e per restringere il raggio d'azione di Mata.

Fu una partita da brividi, fino alla scenata degli ultimi minuti. Quando Fernando Torres venne espulso, Steve Holland, uno degli assistenti di Di Matteo, diede la colpa a me. Io lo guardai sbalordito. Mike Dean, il quarto uomo, non riusciva a capire le accuse di Holland. Torres avrebbe dovuto essere cacciato già nel primo tempo per una brutta entrata su Cleverley.

Quando Hernández segnò il gol della vittoria, dagli spalti fu lanciato un pezzo di sedile che colpì Carrick su un piede, insieme a monete e accendini.

Mi chiedo ancora oggi se le accuse a Clattenburg non furono un modo per distogliere l'attenzione dal comportamento dei tifosi.

Venti minuti dopo la gara andai a bere qualcosa con il mio staff, e nella stanza c'erano Bruce Buck, il presidente del Chelsea, Ron Gourlay, direttore esecutivo, Di Matteo e sua moglie. C'era un'atmosfera strana, qualcosa non andava. Ci fermammo sulla soglia d'ingresso, pensando che fosse più saggio lasciarli soli; il cibo era coperto, e le bottiglie erano chiuse. "Servitevi," dissero, e lasciarono la stanza.

Il mio staff aveva visto Mikel precipitarsi nella stanza dell'arbitro insieme a John Terry e Di Matteo. Chiunque avesse riferito a Mikel che Clattenburg aveva pronunciato frasi provocatorie, aveva fatto un'accusa seria, e altrettanto serio fu, da parte del Chelsea, informare immediatamente la stampa di un presunto episodio di quel genere. Un avvocato avrebbe raccomandato calma e avrebbe detto: "Aspettiamo fino a domani."

L'espulsione di Branislav Ivanović, in quella partita, fu assolutamente legittima. Poi Torres andò giù facilmente, ma Evans lo colpì; se si fa caso alla posizione di Clattenburg, si può capire perché lo espulse per simulazione. Fece un passo e poi andò giù. Certo, è sufficiente la punta del piede per far cadere un giocatore che si muove a quella velocità, ma Torres sembrò andare oltre senza problemi. Non so perché Holland pensò che avessi indotto Clattenburg a mandarlo fuori. Pochi giorni dopo, Di Matteo dichiarò che io avevo troppa influenza sugli arbitri.

Ho avuto contrasti con gli arbitri tutta la vita: sono stato espulso otto volte, da giocatore, e quando allenavo la Scozia sono stato spedito in tribuna in tre o quattro occasioni; in Inghilterra sono stato ripetutamente multato, e ho avuto battibecchi di ogni genere. Ma ho sempre detto le cose come stavano, non mi sono mai sognato di mettere nei guai un arbitro.

Non c'è modo di convincermi che un arbitro di ottimo livello abbia potuto avere un atteggiamento razzista nei confronti di un giocatore. Chiamai Mark Clattenburg e gli dissi: "Mi dispiace che l'altra squadra l'abbia coinvolta in tutto questo." Ero pronto a ricevere una chiamata dalle autorità preposte all'inchiesta, ma non successe mai, per fortuna. Non ne seppi nulla finché non ci imbarcammo sull'aereo per tornare a Manchester. La Federazione ci impiegò tantissimo per giungere alla conclusione che Mark era innocente; avrebbero potuto stabilirlo in due giorni.

A gennaio 2013 cominciammo a carburare in campionato, tenendo continuamente sotto pressione il City. Pur sapendo che mi sarei ritirato, la sensazione di sollievo e di liberazione arrivò solo la sera in cui battemmo l'Aston Villa e conquistammo il titolo. L'avremmo vinto comunque, ma completare l'opera ad aprile, sul nostro campo, fu incredibilmente confortante. Me ne sarei andato con il botto. Continuai comunque a parlare alla squadra e a preparare le partite nel solito modo. La professionalità al Manchester United rimaneva immutata.

L'unica delusione, ovviamente, fu l'eliminazione inflittaci dal Real Madrid agli ottavi di finale di Champions League, in una partita che registrò la ridicola espulsione di Nani da parte dell'arbitro turco Cüneyt Çakir dopo un contrasto innocuo. Nella gara di andata in Spagna eravamo stati incredibili, imperversando per i primi venti minuti di gara. Avremmo potuto vincere con sei gol di scarto. Non avevo paura di affrontare di nuovo la squadra di José Mourinho, al ritorno. Ci eravamo preparati alla perfezione, ideando un buon piano di gara, avevamo una grande energia e costringemmo il loro portiere a tre o quattro grandi parate. David de Gea toccò a malapena un pallone.

Nani fu espulso al 56' per un'entrata a gamba alta su Álvaro Arbeloa, ma cercava il pallone e ci fu solo un leggero contatto; protestammo per dieci minuti, eravamo sotto shock. Poi arrivò il gol del Real, con Modrić che pareggiò l'autogol di Sergio Ramos, e Ronaldo ci dette il colpo di grazia al 69'. Ma avremmo potuto segnarne cinque negli ultimi dieci minuti. Fu un disastro.

Ero particolarmente arrabbiato, quella sera, e non presenziai alla conferenza stampa. Se avessimo battuto il Real Madrid, c'erano tutte le ragioni per credere che avremmo vinto il torneo. Avevo lasciato fuori Wayne, al ritorno, perché avevamo bisogno di marcare Alonso e tagliarlo fuori dal gioco. Il Park Ji-Sung dei primi anni sarebbe stato perfetto per quel lavoro. La percentuale di passaggi positivi di Andrea Pirlo nel Milan era del 75 per cento; quando giocammo contro di loro, con Park Ji-Sung che lo marcava, la percentuale si ridusse al 25. Nella nostra squadra, ora, nessuno poteva marcare Alonso meglio di Danny Welbeck; certo, sacrificammo Wayne in zona gol, ma sapevamo che dovevamo bloccare Alonso e sfruttare quel vantaggio.

Ronaldo fu fantastico in quelle due partite: nella gara di Madrid venne nello spogliatoio e si sedette con i nostri giocatori. Era evidente che gli mancavano. Dopo la partita all'Old Trafford, mentre rivedevo il video dell'espulsione, venne a esprimermi la sua solidarietà. I giocatori del Real sapevano che quel cartellino rosso era stato assurdo. Mesut Özil confessò a uno dei nostri giocatori che si sentivano come se fossero usciti di prigione. Cristiano non esultò dopo il gol, e fece bene, altrimenti l'avrei strangolato. Non ci furono mai problemi con lui, è un gran bravo ragazzo.

La mia idea sul fatto che il Manchester City non fosse riuscito a vincere di nuovo il titolo era che non avevano potuto contare su giocatori che capivano il significato di vincere un campionato per la prima volta dopo quarantaquattro anni. Evidentemente per alcuni di loro era stato sufficiente battere lo United in una corsa al titolo e si erano rilassati, si erano lasciati andare. Conservare il titolo è il passo successivo, ed è dura, e il City non era nella disposizione d'animo giusta per difendere quello che avevano conquistato nell'ultima giornata più emozionante nella storia della Premier League.

Quando vinsi il campionato per la prima volta, nel 1993, non volevo che la squadra si lasciasse andare; questo pensiero mi tormentava. Ero determinato a continuare a crescere, a rafforzare la nostra supremazia. Dissi ai giocatori del 1993: "Alcuni, quando sono in vacanza, vogliono semplicemente andare a Saltcoats, che sta sulla costa, a quaranta chilometri da Glasgow. Altri non ci pensano nemmeno, sono contenti di stare a casa, o di andare a vedere gli uccellini e le papere che nuotano al parco. Altri ancora vogliono andare sulla luna.

"È una questione di ambizioni."

26.
ANDARE AVANTI, GUARDARE INDIETRO

A quasi un anno dal mio ritiro, mi trovai a parlare a un gruppo di ambiziosi studenti dell'Harvard Business School. Dopo vent'anni passati a discutere con i calciatori negli spogliatoi, non ero proprio nel mio ambiente naturale, ma ero entusiasta all'idea di discorrere di management davanti a un pubblico completamente diverso da quello cui ero abituato.

Potete immaginare quanto fossi fiero di far parte di un'istituzione così prestigiosa. Fu una sfida difficile, per me: in una sala piena di persone brillanti, devi sapere quel che fai e pensare attentamente a ciò che intendi dire. All'inizio del mio lavoro a Harvard avevo preparato un sacco di materiale, ma in breve tempo avevo capito che dovevo soffermarmi sugli elementi più importanti per una leadership di successo: tra questi l'etica del lavoro, la determinazione, lo spirito di osservazione, il saper prendere decisioni. Questi fattori sono validi per chiunque occupi una posizione dirigenziale, per cui ho potuto utilizzare molta della mia esperienza nel mondo del calcio per aiutare gli studenti a capire l'ambiente nel quale si muovevano.

Parlare e rispondere alle domande mi ha anche fatto

comprendere meglio la mia carriera. Mentre lavoravo, non mi fermavo a guardare indietro; ora invece lo faccio spesso. Ciò che mi torna sempre in mente sono i grandi giocatori che ho allenato; quasi non riesco a credere che siano stati così tanti. Uno degli aspetti più basilari del management è riuscire a identificare le persone che possono aiutarti ad arrivare dove vuoi: riconoscere il talento sembra semplice, ma se così fosse esisterebbero solo squadre vincenti.

Feci il mio primo viaggio a Boston a settembre, quattro mesi dopo aver lasciato la guida del Manchester United; lì incontrai il rettore di Harvard, Drew Faust, e insieme parlammo di un mio ruolo più definito all'interno dell'università. Fui lieto della nomina a membro del Programma di alta formazione manageriale, che mi coinvolgeva in un'ampia serie di attività e che mi avrebbe fatto prendere parte a corsi più in linea con la mia esperienza e le mie conoscenze. Era un'opportunità fantastica, in quel periodo della mia vita.

Il momento migliore di quell'estate passata tra vacanza, giornate in famiglia e un'operazione all'anca, fu una crociera attorno alle Ebridi in compagnia dei miei figli, di mio fratello Martin, di mio cognato John e di alcuni amici.

Prima di partire, chiedemmo allo skipper di aspettare la fine dell'emozionante partita in cui Andy Murray vinse il singolare maschile a Wimbledon; appena ebbe conquistato l'ultimo punto, stappammo lo champagne e partimmo per Oban.

A 71 anni, mi vergognavo un po' quando pensavo che era la prima volta che mettevo piede in quella parte del mondo. Fu uno dei viaggi più belli che abbia mai fatto: visitammo Iona, Skye e Tobermory sull'isola di Mull, la fantastica grotta di Fingal sull'isola di Staffa. Non vedevo l'ora di arrivare a Iona, perché la storia della sua abbazia è legata a quella di Govan; bisogna risalire alla Glasgow degli anni trenta per capire il loro legame. George MacLeod di Fuinary divenne presidente dell'Assemblea generale della Chiesa scozzese, come già lo erano stati suo padre e suo nonno; prima di ricoprire questa posizione di prestigio era stato pastore della Chiesa di Govan e la sua autorevolezza è nota ancora oggi. In quel periodo l'abbazia di Iona era praticamente un rudere e aveva urgente bisogno di un restauro che la riportasse al suo stato originale. George, con la sua energia e la sua capacità di persuasione, riuscì a convincere un gruppo di operai del cantiere navale di Fairfield, a Govan, a terminare i lavori di recupero del monastero. Dunque potete immaginare la mia emozione nel visitare Iona per la prima volta: fu fantastico. Essendo nato e cresciuto a Govan, l'orgoglio che provavo per il lavoro di quegli uomini riuscì davvero a farmi sentire parte di quel luogo.

La mattina stavo seduto sul ponte e contemplavo quel paesaggio incredibile; durante il giorno, mentre navigavamo, incontrando ogni genere di creature selvatiche, mi ripetevo: "Ma perché non l'ho fatto prima?"

Una sera mi fecero uno scherzo: lo skipper mi chiese di raggiungerlo, cosa che mi faceva sempre piacere, dato che aveva un sacco di avventure da raccontare, dopo quarant'anni trascorsi in mare. Questo invito però era una messa in scena, e mentre chiacchieravo con lui i miei "amici" si erano riuniti al piano di sotto per travestirsi da pirati: quando tornai sottocoperta mi trovai di fronte una ciurma con parrucche e bende sugli occhi che urlava e brandiva spade di plastica. Mi venne quasi un infarto.

Il giorno dopo sbarcammo sulla penisola di Knoydart e ci venne detto: "Qui non c'è segnale telefonico, fate sempre sapere a qualcuno dove andate." In effetti, per la maggior parte del viaggio non potemmo utilizzare il cellulare, e questa fu la cura perfetta per il dispendio emotivo che aveva caratterizzato il mio ritiro. Al pub locale ci sedemmo all'esterno, al sole, senza che nessuno ci infastidisse; non sapevano chi fossi, era perfetto.

Il lancio del mio libro si era trasformato in un tour di presentazione con tappe a Manchester, Londra, Glasgow, Aberdeen, Dublino, e anche alla Kirkham Grammar School di Preston. In queste occasioni mi piaceva rispondere alle domande, ripercorrere la mia carriera calcistica, e apprezzavo molto l'entusiasmo del pubblico. All'incontro che tenni al Tesco Extra di Stretford, la gente stette in coda sei ore per avere un autografo. Il giorno prima, stavo andando all'Old Trafford per la partita contro il Real Sociedad quando mi avevano detto che una donna era già lì dalla mattina, determinata a essere la prima. L'avevo chiamata mentre raggiungevo lo stadio, e poi le avevo regalato la prima copia autografata del libro. Ero sbalordito dalla risposta di quelle persone ed ero felice di fermarmi parecchie ore in più e poter così ripagare il loro affetto.

All'inizio dell'anno passammo una settimana alle Barbados, per festeggiare il cinquantesimo compleanno di un amico; fu meraviglioso. Dave Whelan, proprietario del Wigan Athletic, ci ospitò con grande generosità nella sua bellissima casa. La festa nel ristorante Lone Star iniziò a mezzogiorno, e per alcuni durò fino alle 4 del mattino.

Gli Oscar furono un'altra tappa divertente: il venerdì sera andammo al party organizzato dall'ambasciata inglese, dove incontrammo Philomena Lee, una splendida signora la cui ricerca del figlio, durata cinquant'anni, era stata raccontata in un film. In quell'occasione mi fece molto piacere sapere che una decina di impiegati dell'ambasciata erano scozzesi.

Nel corso di un'altra festa, la sera prima della cerimonia, incontrammo Lupita Nyong'o, la giovane attrice di *12 anni schiavo*, insieme a suo fratello, grande tifoso del Manchester United. Ebbi anche il piacere di parlare con Serena Williams. L'incontro migliore fu forse quello con Reese Witherspoon. Il suo antenato scozzese John Witherspoon era stato – dal 1768 – il sesto presidente del College of New Jersey, istituzione che più tardi divenne l'Università di Princeton: un altro contributo scozzese alla storia americana.

Il mio amico Martin O'Connor era riuscito in qualche modo a procurare a me e a Cathy i biglietti per la serata degli Oscar, che fu spettacolare e molto divertente. Un viaggio simile era nella mia lista dei desideri, e non ne fui affatto deluso.

La festa di "Vanity Fair" che iniziò dopo la cerimonia fu la migliore: il *Who's Who* di Hollywood. Venni presentato ad attrici e attori, tra i quali Samuel L. Jackson, che si dimostrò un ottimo interlocutore, molto simpatico. Non era l'ambiente in cui mi muovevo normalmente, ma fu un'esperienza fantastica per degli appassionati di cinema come me e Cathy; tutto il viaggio fu entusiasmante.

La mia vita stava cambiando sotto tutti i punti di vista. L'operazione all'anca aveva ritardato il mio ritorno nel club come dirigente e spettatore; quando finalmente presi il mio posto in tribuna, attirai visibilmente l'attenzione di tutto il pubblico. All'inizio, lo confesso, mi sentii un po' disorientato: ero stato l'allenatore dello United per quasi ventisette anni, e adesso ero nel settore dei dirigenti con i tifosi che mi chiedevano l'autografo. Fu strano, i primi tempi. I tifosi mi guardavano con sottile curiosità, e mi sembrava che cercassero di capire che cosa pensavo; di sicuro non erano abituati a vedermi così in alto sulle tribune, lontano dal campo di battaglia.

A quella prima partita mi accompagnarono quattro nipoti, mia nuora Tania e mio suocero John: non manifestai emozioni, come spesso facevo quand'ero allenatore, specialmente negli ultimi anni. Era quello il comportamento da tenere nel settore dei dirigenti. Nei miei primi anni all'Old Trafford ero molto più emotivo, ma per gran parte della mia carriera sono rimasto impassibile, tranne le volte in cui ho dovuto impormi.

Facevo ancora parte del Manchester United, come dirigente e ambasciatore, ma anche il lato di me più legato al calcio giocato era rimasto attivo grazie al ruolo di ambasciatore degli allenatori dell'UEFA: l'associazione mi aveva offerto di coordinare i seminari di formazione dei tecnici e io avevo accettato con piacere.

La mia prima riunione con gli allenatori si tenne in videoconferenza dall'Old Trafford: era strano, mi sembrava di parlare da un altro pianeta, però alla fine mi assicurarono che era andato tutto bene. Il mio primo workshop

UEFA fu a Budapest, un convegno a cui parteciparono duecento allenatori, e dove tenni una conferenza e risposi alle domande. Cercai di mostrare loro la strada per il successo: per prima cosa bisogna amare il calcio, impegnarsi. È necessario molto sacrificio, ma la nostra ricompensa sono i buoni risultati e, soprattutto, la crescita dei giocatori giovani: è per questo che lo facciamo.

A Torino e a Lisbona presi parte a riunioni tra allenatori in cui si discusse di questioni tattiche, e del modo in cui si gioca oggi. Negli ultimi anni le cose sono cambiate molto, in particolare per quanto riguarda il contropiede: se si analizzano le squadre del passato, in particolare quelle dei paesi latinoamericani, si nota che avanzavano con uno o due giocatori, mentre quelle attuali si riversano in avanti in cinque o sei per volta. Un'altra differenza riguarda la qualità dei campi di gioco, che ora è straordinaria e contribuisce allo spettacolo.

Mi piacciono questi meeting, è importante per me poter condividere le mie conoscenze e la mia esperienza; i giovani tecnici hanno bisogno di consigli e di essere guidati nel mondo in cui sono da poco entrati. Non è un ambiente facile, e diventa sempre più duro: gli allenatori della Premier League cadono come mosche, e quelli nuovi devono trovare un modo per instaurare un dialogo efficace con le proprietà e gli amministratori. Questo è più importante che mai, al giorno d'oggi, perché anche i dirigenti sono cambiati. Non puoi rinunciare alle tue convinzioni o alla tua autorità, ma devi trovare un modo di comunicare.

Nel campionato inglese ci si imbatte in un proprietario americano, russo, mediorientale o malese. Io rappresento un modello che ha attraversato la storia: non c'è un altro allenatore che abbia allenato la stessa squadra per ventisette anni, anche se devo dire che la carriera di Arsène Wenger all'Arsenal è degna di particolare considerazione, e che tutti sono stati contenti che abbia vinto la FA Cup. Io speravo la conquistasse Steve Bruce con l'Hull, perché era stato un mio giocatore, ma certo non si poteva non parteggiare per Arsène, considerata la pressione cui era sottoposto, visto che l'Arsenal non alzava un trofeo da nove anni. Arsène è sempre stato determinato e ostinato nelle sue convinzioni, e non ha mai cambiato idea cedendo alle sollecitazioni esterne. I suoi standard e il suo metodo sono sempre stati coerenti, ed è abile nello scegliere e far crescere giovani talenti. Non ha mai paura di far giocare calciatori inesperti – ed è una scelta coraggiosa, perché non sono ancora del tutto maturi. Chissà che non batta il mio record. Ne dubito, ma ci sta provando sul serio.

Brendan Rodgers, l'allenatore del Liverpool, è un altro personaggio interessante. Prima dell'inizio della stagione 2013-2014 le tre favorite per me erano United, Chelsea e Manchester City, ma il Liverpool si dimostrò in grandissima forma e balzò subito in testa; giocavano un calcio concreto. Neanche i tifosi dello United, acerrimi nemici del Liverpool, potevano mettere in discussione la loro posizione in classifica. A mio modo di vedere erano la miglior squadra dell'anno: Daniel Sturridge faceva davvero la differenza, e Raheem Sterling era stato spostato in un ruolo diverso da quello di ala che ricopriva all'inizio: al centro dell'attacco, dietro la prima punta, ebbe un rendimento sorprendente. Tutti si aspettavano che Luis Suárez segnasse molto, come al solito, e in effetti si confermò sui livelli dell'anno prima; a questo si doveva aggiungere la forza di Sterling e Sturridge. Un altro fattore importante fu la posizione di Steven Gerrard davanti ai quattro difensori, una tattica che nessun tecnico del Liverpool aveva mai adottato; Gerrard si trovò bene e disputò una stagione fantastica.

Tony Pulis mi chiamò per chiedermi se accettare o meno la panchina del Crystal Palace, per quella che sembrava una battaglia per non retrocedere già persa: gli feci notare che il Palace poteva diventare una squadra difficile da battere in casa, dove era aiutata da un tifo indiavolato. A Selhurst Park hanno davvero un'energia pazzesca, e quello poteva essere un fattore positivo per lui. Anche Tony aveva capito, dalla sua esperienza allo Stoke, che entrare in forma verso il termine della stagione poteva portare a sensibili miglioramenti nei cinque mesi finali, anche partendo dal fondo della classifica. Prese in mano un Palace con 7 punti in 12 partite e gli fece finire il campionato con 45, una cosa incredibile. Secondo me Tony, che lasciò la squadra in agosto, poco prima dell'inizio della stagione 2014-2015, fu il miglior allenatore dell'anno; ma il premio venne assegnato a Brendan Rodgers, mentre Tony fu eletto miglior tecnico della Premier League, credo perché aveva guidato il team soltanto nella seconda metà del campionato. Comunque sia, entrambi fecero un lavoro eccellente.

Anche altri tecnici ottennero risultati notevoli: Sean Dyche con il Burnley, ad esempio. Sean mi aveva chiamato qualche volta, per parlare. Non aveva una squadra molto forte. "Be', puoi provare a pregare," gli dissi. Poi, più seriamente: "Racconta sempre a tutti di quanta grinta hanno i giocatori, a un certo punto finiranno per crederci anche loro. La grinta può essere un fattore psicologico, oltre che fisico." Fui davvero felice di vederlo fare bene.

Era interessante stare in disparte e osservare lo svolgersi del campionato: ero sicuro che avrebbe vinto il Chelsea. A febbraio, e fino all'inizio di marzo, ero convinto che ce l'avrebbero fatta; mi ero fatto influenzare dal fattore José Mourinho. Continuava a definire "sfavorita" la sua squadra – o a descriverla come "un puledrino" in gara contro due cavalli – e diventò sempre più divertente con il procedere della stagione; non potevi fare a meno di guardare le sue conferenze stampa. Nemmeno io che lo conoscevo bene riuscivo a capire se parlasse seriamente. È molto abile a confondere i suoi interlocutori.

Quando il City fu eliminato dalla Champions League, pensai che avrebbe preso il largo in campionato. Ma a volte arrivare in finale di Coppa di Lega può fiaccarti nel momento sbagliato. Nessuno pensava che il Liverpool potesse vincere la Premier League per la prima volta dal 1990, fino all'inizio di aprile, quando infilò una serie incredibile di undici vittorie di fila, prima di essere sconfitto in casa dal Chelsea. Conosco Manuel Pellegrini, l'allenatore del City, dai tempi in cui era al Málaga, e come collega fui contento per lui; non c'era dubbio che il City avesse il gruppo di giocatori migliore, anche se il fatto che per due volte aveva vinto il campionato all'ultimo momento lasciava qualche dubbio. Perché era successo? È vero, non aveva potuto contare su Sergio Agüero e Vincent Kompany in diverse occasioni, ma era una grande squadra, ed era sorprendente che non fosse riuscita ad allungare.

Il cambiamento tattico nel gioco del Chelsea fu notevole. Vennero all'Old Trafford il 26 agosto e giocarono senza punte di ruolo. La cosa mi sorprese: probabilmente José non si fidava dei suoi attaccanti, e non sembrava che stesse mettendo in campo la sua "vera" squadra. Sa essere una persona pragmatica, concentrata sull'obiettivo di non perdere. A Liverpool schierò una linea difensiva inedita composta da César Azpilicueta, Tomáš Kalas, Branislav Ivanović e Ashley Cole e riuscì a farli giocare in modo incredibile; dopo dieci minuti pensai: "Oggi vince il Chelsea." Suárez era imbrigliato, non brillante come al solito. Con quella formazione il Chelsea aveva ottenuto un risultato inaspettato.

Qualche volta chiamai Sam Allardyce, che allenava il West Ham; i tifosi di Upton Park lo stavano contestando. Spero che prima di morire qualcuno mi spieghi la "politica" del West Ham: che senso ha? Hanno vinto l'ultimo trofeo nel 1980, la FA Cup. Non ho mai incontrato una formazione del West Ham il cui gioco mi impressionasse; contro di noi facevano sempre il minimo indispensabile, oppure erano fortunatissimi. Nel maggio 1995 ci tolsero le ultime speranze di vincere il titolo, pareggiando 1-1 dopo un assedio da parte nostra; non uscirono mai dalla loro area. Che senso ha giocare così? Ero solidale con Sam: non poteva vincere. I tifosi del West Ham avevano questa fissazione che Big Sam fosse un difensivista che diceva alle sue squadre di calciare via la palla. La verità è che si salvò, potendo contare su giocatori piuttosto mediocri; questo è saper allenare, riuscì a tirar fuori il meglio di loro.

Non intendevo voltare le spalle ai miei vecchi colleghi

solo perché ero occupato a fare altro nella vita; il lavoro alla Harvard Business School, in effetti, mi fece capire come tutto fosse collegato, e gli studenti e gli insegnanti mi aiutarono a rimanere lucido.

Iniziai a Harvard nella primavera del 2014, partecipando a una riunione con sette professori del dipartimento di Leadership e Comportamento organizzativo: volevano conoscere le mie esperienze e i miei valori, e stabilire quale poteva essere il mio contributo. Fu incredibile, mi fecero sentire ben accolto e apprezzato. Il secondo incontro fu con alcuni giovani dirigenti che si erano iscritti a un corso avanzato di Business Management; la professoressa Anita Elberse mi intervistò davanti a 68 persone provenienti da 45 paesi diversi, e tutto andò bene. La mia ultima apparizione, se non si considerano diverse riunioni con personaggi di spicco, avvenne nell'ambito di un nuovo corso, "Business dell'intrattenimento, dei media e dello sport".

La classe aveva studiato in precedenza la mia carriera di allenatore, e per la prima ora ascoltai i partecipanti mentre ne discutevano; poi ci fu una pausa, seguita da 80 minuti in cui, seduto al centro della stanza, risposi alle loro domande. All'inizio dell'incontro, c'era un diagramma sulla lavagna in cui i nomi dei giocatori, dello staff, dei media e del direttore esecutivo erano collegati con il mio, che stava al centro; io avevo analizzato ciascuna di quelle relazioni, descrivendo tutti gli aspetti che caratterizzavano la mia realtà di allenatore del Manchester United. Con il cancellino in mano, avevo eliminato la maggior parte di quei nomi, spiegando come in sostanza non contassero nulla: i giornalisti – una conferenza stampa alla settimana, un'intervista dopo la partita; gli agenti – di norma ti chiamano solo se un giocatore vuole più soldi. Ero andato avanti così, fino ad arrivare al cuore del lavoro: i giocatori, lo staff e il direttore esecutivo. Con loro hai a che fare ogni giorno, con gli altri solo quando te li trovi davanti.

La mia decisione di delegare maggiormente, nel corso degli ultimi anni, oggi la considero una mossa saggia, fatta al momento giusto. Mi permise di godermi di più le ultime dieci stagioni e di dedicarmi a ciò che contava davvero: i risultati sul campo. È questione di comprendere le proprie energie: quando ero più giovane potevo uscire la sera e il giorno dopo svegliarmi alle 6 del mattino per l'allenamento, ma man mano che uno invecchia cose del genere diventano infattibili. Devi gestire in maniera diversa le forze, capire che sei cambiato, fare attenzione a cosa mangi, a quanto dormi. L'energia fisica è una grande risorsa, ma anch'essa a un certo punto inizia a diminuire.

Non dico che mi sentissi vecchio, ma è un dato di fatto che nelle mie ultime dieci stagioni allo United fossi tra i sessanta e i settanta. Ero totalmente concentrato sul club e sul mantenimento di una mentalità vincente; delegare maggiormente mi aiutava in tutto questo. Ero aperto alle nuove idee, perché sapevo che il mondo era cambiato: non c'era più il fango al centro del campo, le scarpe non avevano più la punta rinforzata, i giocatori ora indossavano pantofole. Molte cose erano un passo in avanti, non tutte, ma la maggior parte. Non ho mai permesso alla stampa di condizionarmi, e non ho mai speso troppe energie nel rapporto con i media; oggi alcuni allenatori ne consumano parecchie pensando che devono dare qualcosa ai giornalisti.

La mia filosofia era: il Manchester United non deve avere timore della stampa. Certo, dobbiamo parlarci, ma non ogni minuto, non di ogni cosa, di ogni giocatore; intorno a tanti argomenti è necessario uno schermo protettivo. Bisogna poter avere la possibilità di non parlare di un infortunio: perché uno dovrebbe aiutare i propri avversari? Ero stato capace di controllare bene questi aspetti, conservando le mie forze per le cose che contano. Le attività a scopo commerciale – anche le cene – richiedono un sacco di tempo e di energie, e verso la fine della mia carriera diventai più selettivo nei confronti di questo tipo di impegni.

Per me il lavoro è sempre stata la cosa più importante. Sono stato fortunato non solo per i giocatori che ho avuto, ma anche per lo staff: molte persone hanno lavorato con me per più di vent'anni, sono stati un'inestimabile rete di supporto e meritano la mia eterna gratitudine.

Entrando in una nuova fase della vita, la sensazione di poter offrire qualcosa anche al di fuori del calcio si rivelò corretta; non avrei lasciato che il ritiro mi fiaccasse lo spirito e la curiosità.

27.
LO UNITED IN TRANSIZIONE

Anche le strategie studiate meglio possono avere sviluppi inaspettati. Nessun allenatore ha il mondo intero ai suoi piedi, facciamo tutti parte di un ambiente in cui le circostanze possono cambiare completamente da un momento all'altro. Ciò che conta è mantenere intatto il proprio orgoglio e ricominciare da zero; nuove opportunità ci attendono.

Perdere un incarico importante, quando si allena, non significa non poter avere successo in futuro. Quando David Moyes lasciò il Manchester United, nell'aprile 2014, non avevo dubbi che avrebbe fatto un'ottima carriera; in più, avere lo United nel curriculum è un segno di valore, una prova del proprio talento. Fu triste vedere David lasciare l'incarico dopo meno di un anno, ma innumerevoli tecnici, tra i quali io stesso, hanno ottenuto buoni risultati dopo essere stati esonerati. Uno degli esempi migliori e più recenti è Carlo Ancelotti. Dopo aver lasciato il Chelsea, ha vinto il campionato francese con il PSG e ha chiuso la stagione 2013-2014 al Real Madrid vincendo la Champions League.

Non si può considerare un esonero la fine della propria carriera nel calcio; David Moyes ha ancora molto davanti a sé. Sul suo curriculum è scritto che è stato scelto come allenatore del Manchester United, e non è da tutti. Penso, ad esempio, agli ottimi risultati che raggiunse Ron Atkinson dopo aver perso la panchina dello United: la tua vita professionale non finisce nel momento in cui ti separi da un club, per quanto questo possa essere prestigioso. David avrà una carriera piena di successi.

È importante chiarire che per la scelta del mio successore venne seguita una procedura precisa; mi auguro che non si credi che la famiglia Glazer avrebbe permesso a una singola persona di nominare il nuovo allenatore. Durante le riunioni di New York, seguite alla mia decisione di ritirarmi, avevamo iniziato il processo di selezione del nuovo tecnico esattamente come avrebbe fatto una qualsiasi società importante: avevamo identificato i candidati più adatti, valutato la loro disponibilità e portato a termine tutto l'iter del caso.

Sembra che circoli una versione secondo la quale non venne fatta alcuna valutazione; questo è assolutamente falso, e deriva solo dal fatto che non una singola parola di quello che ci eravamo detti arrivò alla stampa. Tutto era rimasto tra le quattro mura del club. Mantenendo il massimo riserbo, avevamo evitato le pressioni esterne, e quando arrivò la comunicazione ufficiale nessuno se l'aspettava.

Al contrario, la notizia del mio ritiro era trapelata il giorno prima dell'annuncio ufficiale, e mi aveva reso più difficile parlarne con i miei giocatori e con lo staff. Nel caso dell'annuncio di David sentivamo di aver fatto le cose nel modo giusto: con calma, cura, professionalità. Alla fine di questo processo metodico, David Moyes fu nominato nuovo allenatore del Manchester United. Il consiglio aveva lavorato in completa armonia.

Eravamo contenti di averlo con noi, e ai tempi anche la maggior parte dei media era concorde nel definirla un'ottima scelta, in linea con la tradizione e i valori del club. In undici stagioni all'Everton, David aveva lavorato molto e dato prova di grande integrità; è vero, non aveva vinto nulla in quel lungo periodo, e questo veniva sempre usato contro di lui. Ma era un'argomentazione tendenziosa: era a capo di un club che per molti versi non era predisposto ai grandi obiettivi, né sotto l'aspetto finanziario né per quanto riguarda le dimensioni dello stadio. David aveva dovuto superare molti ostacoli e difficoltà per mettere su una buona squadra e ottenere buoni risultati.

Quando parlammo dello staff, all'inizio, David mi disse che avrebbe portato con sé due, forse tre persone. Disse anche che avrebbe diretto di persona gli allenamenti, e questo toglieva di fatto il posto a René Meulensteen. Gli suggerii di tenere Mick Phelan, che poteva essergli di grande aiuto: conosceva il club, poteva consigliarlo ed era leale, un uomo dello United al cento per cento. David decise di non confermarlo, ma non aveva nulla contro di lui; voleva semplicemente tenersi i suoi collaboratori.

Forse David pensava che, per la gestione di un club così grande, fosse meglio costruirsi una rete di supporto in tutti i settori; da parte mia ritenevo che quella rete esistesse già, e che ci fossero già persone di spessore nei posti di rilievo. David non era l'unico che preferiva affidarsi al proprio gruppo di fiducia; è una cosa che si vede spesso, i nuovi allenatori oggi arrivano portando con sé uno staff di sei o sette persone. È il calcio moderno.

Il cambio di collaboratori non ha avuto nulla a che fare

con il suo insuccesso. Trasferirsi dall'Everton al Manchester United era stato un salto enorme, come David stesso aveva ammesso in conferenza stampa; è stato onesto e aperto fin dall'inizio, soltanto non si è reso conto di quanto fosse grande il club. Per ventisette anni, tutti erano stati abituati a vedermi arrivare ogni mattina al campo di allenamento: adattarsi a un nuovo allenatore, con un metodo differente e una nuova filosofia, ha richiesto un cambiamento culturale di dimensioni tali da condizionare lo svolgimento di tutte le operazioni, in ogni settore.

David parlava molto di modificare le cose, e di quanto tempo ci sarebbe voluto per farlo. È naturale per un giovane allenatore voler trasmettere alla squadra la propria filosofia, ma è difficile trovare un equilibrio, in ogni caso, perché il pubblico e la stampa vogliono grandi idee, programmi ambiziosi.

Il calendario non lo favorì: la sua prima partita in casa fu contro il Chelsea, 0-0; il secondo incontro, la domenica successiva, a Liverpool, dove perse 1-0; la quinta giornata di campionato andò nello stadio del Manchester City, e fu sconfitto 4-1.

Ci fu subito una polemica sulla mia presenza alle partite, come se intendessi mettere in ombra il lavoro di David; eppure tutti sapevano che, una volta ritirato, sarei rimasto in qualità di ambasciatore e dirigente, e quando era stato reso pubblico nessuno aveva detto: "Questo potrebbe essere un problema per il nuovo allenatore." Il tecnico sta in panchina, non in tribuna, e non vedo come si possa pensare che io abbia interferito in qualche modo.

In numerose interviste avevo sottolineato che la mia

carriera di allenatore era finita, e non c'era alcun dubbio sulla mia decisione di ritirarmi. Ero pronto ad andare oltre e a fare nuove esperienze.

Per questo non era possibile in alcun modo che i calciatori, durante le interruzioni del gioco, guardassero in su verso il settore dei dirigenti e pensassero: "Mister, che cosa dobbiamo fare?" Dal momento che non ero mai stato il miglior amico dei giornalisti, questi mi tenevano costantemente nel mirino, e lessi addirittura un commento secondo cui lo United si stava allontanando dal vecchio sistema per cui un singolo uomo comandava tutto.

Ho fatto riferimento in precedenza a quanto era stato importante poter delegare, dal momento che la crescita del Manchester United richiedeva una distribuzione delle responsabilità; soprattutto nei miei ultimi dieci anni, la delega era diventata uno strumento essenziale per il successo.

"Vecchio sistema" era una definizione bizzarra della struttura che lasciavo in eredità al club. Avete visto il nostro nuovo campo di allenamento? Nel 2000 ci spostammo dal Cliff a Carrington, un terreno idoneo a ospitare una squadra di vertice; ma i tempi cambiano e bisogna saper cambiare con loro. Lo sviluppo di Carrington, due anni fa, ci ha fornito una base con strutture mediche e con un equipaggiamento scientifico e sportivo che soddisfa tutte le necessità di una squadra di calcio. Il nostro impianto di allenamento è uno dei risultati della mia carriera di cui vado più fiero.

Dal momento della nomina di David, io mi mantenni a rispettosa distanza, come dovrebbe fare ogni ex allenatore; smisi di considerare Carrington come mio territorio. Non avevo l'impulso di tornare al mio vecchio posto di lavoro, né di entrare di nuovo negli spogliatoi, come fanno normalmente i tecnici dopo le partite.

Ma allo stesso tempo… avrei forse dovuto scomparire? Ero un dirigente del club, volevo seguire e sostenere il Manchester United, e David non fu mai infastidito dalla mia presenza alle partite; gli faceva piacere sapermi lì. Che questo lo mettesse in qualche modo sotto pressione era un'idea della stampa e del pubblico: vedevano un problema che non era mai esistito. Un allenatore del Manchester United deve avere le spalle larghe e un carattere forte, deve gestire un milione di cose. Ma nessuno mi aveva mai visto urlare o saltar su dal mio posto in tribuna, mi ero completamente calato nel nuovo ruolo.

Nel mio discorso di addio sul prato dell'Old Trafford, avevo detto ai tifosi che era importante sostenere il nuovo allenatore. Desideravo che facesse bene, cercavo di consigliarlo al meglio tutte le volte che mi interpellava. Dopo la partita contro il Manchester City ci facemmo una bella chiacchierata, solo David e io, in privato, senza che nessuno lo sapesse: le cose stavano andando male, e ogni sconfitta era per lui una mazzata, lo capivo dal suo atteggiamento. A gennaio acquistammo Juan Mata, e questo risollevò un po' tutti, ma potevo vedere la stanza restringersi e lasciare a David sempre meno spazio per respirare. Conobbi quella sensazione nel 1989, anno in cui attraversammo un periodo terribile: ti senti schiacciato.

I risultati logoravano David: il 5 gennaio fummo eliminati dalla FA Cup in casa, contro lo Swansea, e poi perdemmo la semifinale di Coppa di Lega contro il Sunderland.

Avevo sperato che David riuscisse a trovare in quella competizione la vittoria che gli serviva.

Il ritmo del gioco era calato un po', me ne accorgevo, ma ogni allenatore ha il suo stile. I calciatori dello United erano stati abituati a giocare in velocità, e se l'intensità calava per qualche motivo, nell'intervallo mi facevo sentire: "Noi non siamo così," dicevo. Avevamo atleti fantastici che sapevano correre, che erano rapidi, che avevano un buon equilibrio; giocare in velocità non ci aveva mai penalizzato a livello di risultati. Era il nostro gioco: intensità e determinazione nell'ultimo terzo di campo; era un'espressione di me stesso, della mia natura e, combinato con abilità tecniche superiori, era una miscela potente.

Nonostante abbia perseguito questi obiettivi per tutta la mia carriera, non sono mai stato un fanatico di questo stile di gioco, non ho mai pensato di essere l'unico a sapere come si impostava una partita, o che chiunque non badasse a dinamismo e rapidità era un infedele; ci siamo confrontati con mille modelli tattici e li ho rispettati tutti, tranne quando questi imponevano a buone squadre un approccio sbagliato.

Ma i risultati continuavano a minare il lavoro di David. Contro l'Olympiakos, fuori casa, il 25 febbraio, arrivò un'altra batosta: la squadra giocò male e perse 2-0, anche se si sarebbe vendicata nella gara di ritorno con una vittoria per 3-0. Questo risultato ci permise di affrontare il Bayern Monaco, che però ci batté 3-1 in Germania dopo un 1-1 all'Old Trafford.

A Monaco, Patrice Evra fece un gol fantastico, al 57', e improvvisamente stavamo vincendo. Ma il Bayern pareggiò due minuti dopo con Mario Mandžukić, e poi Thomas Müller e Arjen Robben chiusero i conti. Quella fu una mazzata. La squadra bavarese in quel periodo non giocava benissimo: all'Old Trafford avevano fatto molto possesso palla, ma noi avevamo sprecato l'occasione più nitida quando Danny Welbeck, una volta superato il portiere, non era riuscito a segnare.

A marzo la nostra situazione peggiorò ancora, a causa di due sconfitte in casa per 3-0, contro Liverpool e Manchester City. Nel primo tempo contro il Liverpool, mi sembrava che fossimo alla pari in termini di occasioni create, ma dopo 34 minuti gli concedemmo il primo di tre rigori, e questo cambiò il corso della partita. Nel secondo tempo, sul 2-0, il Liverpool mise in mostra la sua forza, e avrebbe potuto dilagare. È pesante subire un risultato del genere, se è il Liverpool a infliggertelo; per i nostri tifosi fu una stagione dura, e anche per me. Sapevo che in squadra avevamo un sacco di buoni calciatori che non stavano giocando secondo le proprie possibilità – e questo sembrava essere un grande peso per David. Sostanzialmente, è stato il crollo dei risultati ad accelerare la sua caduta.

Nessuno poteva mettere in dubbio che la stagione fosse deludente, e questo gli costò il posto. Dopo la sconfitta in casa dell'Everton, il 20 aprile, i Glazer ritennero di dover prendere una decisione.

Qui ho l'opportunità di chiarire qualche questione: i giocatori vennero da me a lamentarsi? Assolutamente no, è un'assurdità totale. Rio Ferdinand mi incontrò per chiedermi un consiglio sulla sua carriera futura, Patrice Evra aveva il contratto in scadenza e non era sicuro di ciò che lo aspettava; gli dissi di concentrarsi sui mondiali e di pensarci soltanto dopo. Nessuno dei due parlò con me della squadra e dei suoi problemi, non avrei avuto alcun interesse a parlare del Manchester United con i giocatori di David. Erano i suoi, non i miei.

Intanto la stampa si chiedeva il perché di questo calo di forma, e fu messa in discussione la rosa: a quanto pare era opinione diffusa che la squadra fosse troppo vecchia. Assurdo anche questo. Era un gruppo che aveva vinto il campionato con undici punti di distacco e che era composto da questi giocatori, tutti di non più di 25 anni: Evans, De Gea, Jones, Smalling, Hernández, Cleverley, Kagawa, Rafael e Welbeck, tutti nel giro delle nazionali. E c'erano anche Lingard, Powell e Januzaj che bussavano alla porta della prima squadra. Ferdinand, Evra, Vidić, Carrick, Giggs e Scholes erano sopra i 30, ma non voglio sentire lamentele sulla loro età: bisogna vedere le cose nel modo giusto, e cioè che, in una squadra, un certo livello di esperienza unito all'energia dei giovani genera una miscela potente. Il Chelsea, ad esempio, ha iniziato questa stagione come una delle favorite per il titolo, e ha in squadra sei giocatori di più di 30 anni.

Non sono più i tempi in cui un calciatore trentaduenne comincia a pensare di appendere le scarpette al chiodo. I progressi della medicina sportiva e il miglioramento dei terreni di gioco sono tra i fattori che permettono di allungare la carriera fino alle soglie dei 40 anni. Le prestazioni di Wes Brown e John O'Shea al Sunderland alla fine della scorsa stagione dimostrano l'importanza dell'esperienza. Il Liverpool ha appena ingaggiato Rickie Lambert, che ha 32 anni: non l'avrebbero fatto se non l'avessero ritenuto in grado di mantenere un certo livello di prestazioni fino a dopo i 35.

La storia secondo la quale sono stato insultato dai tifosi dello United durante una partita in casa è anch'essa del tutto falsa: non ho mai visto né udito contestazioni rivolte a me, non c'è stata alcuna ostilità. Il fatto è stato verificato con chi stava seduto vicino a me: nessuno ha sentito nulla, nessuno ha confermato questa versione dei fatti; non vedo come potrei venire insultato dai tifosi dello United.

Quando David fu esonerato ero ad Aberdeen: i media dissero che c'era stata una riunione d'emergenza in un hotel, la sera stessa dopo la sconfitta contro l'Everton. Mi piacerebbe sapere in quale albergo, perché io non c'ero; e non c'erano nemmeno Bobby Charlton, David Gill e Mike Edelson, anche loro dirigenti. Il lunedì ero sull'aereo che mi avrebbe ricondotto a Manchester, e seduto vicino a me c'era un tizio che leggeva un giornale che titolava: "David Moyes verrà esonerato." In quel momento David mi scrisse un messaggio, ma non sapevo cosa rispondergli perché non ero nemmeno sicuro di cosa stesse succedendo. Ed Woodward aveva da poco riunito i dirigenti per aggiornarci su quel che pensava la società, e per raccogliere le nostre opinioni prima di affrontare la questione con i Glazer.

Una volta arrivato a Manchester, parlai con Ed e capii che era stata presa una decisione; sapevo che Ed intendeva comunicarla di persona a David Moyes il giorno successivo, e che eravamo giunti alla conclusione della sua esperienza all'Old Trafford. Ryan Giggs sarebbe subentrato come traghettatore, mentre il club valutava le opzioni a disposizione: il nome di Louis van Gaal iniziò presto a circolare.

Louis, che accettò l'incarico, è quello che potrei definire un allenatore di allenatori: è zelante, estremamente professionale; il calcio è la sua vita. Ovunque abbia lavorato, ha insegnato qualcosa ai giocatori; è forte, determinato, come ha dimostrato ancora una volta con l'Olanda ai mondiali – un'edizione davvero divertente, che ha confermato quanto ho detto prima sul contropiede di massa delle squadre di oggi. Mi piace Louis e ho sempre avuto un buon rapporto con lui. Se dovessi scegliere una parola per definirlo, sarebbe "formidabile". Per lui è indispensabile esprimere un calcio spettacolare, gli piace vedere i suoi uomini giocare e allenarsi, e gli piace essere coinvolto a tutti i livelli, anche per quel che riguarda la crescita dei giovani. La sua carriera con l'Ajax dimostra che la sua fiducia nei giovani non viene mai meno. È stata una buona scelta.

Quando arrivò il momento delle grandi decisioni, mi fece molto piacere la nomina di Ryan Giggs ad assistente allenatore: Louis aveva fatto un'ottima mossa. Avrebbe potuto insegnare molto a Ryan su questo mestiere, e in cambio Ryan l'avrebbe aiutato a capire i meccanismi interni dello United.

Giggs aveva definitivamente chiuso la sua carriera di giocatore, e se ripenso a tutti i trofei che ha vinto, alle sue 963 presenze con 168 gol, mi rendo conto di che fisico incredibile avesse: come abbia potuto giocare a un livello simile per tutti questi anni va al di là della mia comprensione. In lui ho trovato la perfezione.

Giggs era un punto di riferimento assoluto per i giocatori che gli stavano intorno, come era stato Cantona ai suoi tempi. Dopo le partite, la squadra si radunava ad ascoltare i suoi buoni consigli: lavorerà benissimo con van Gaal.

Il club ha attraversato un periodo difficile, la scorsa stagione, ma il sostegno non gli è mai mancato, i tifosi sono stati fantastici. Mi è dispiaciuto per David Moyes, ma sarebbe stato difficile per chiunque avesse preso il mio posto. Ora siamo ansiosi di migliorare e di vincere sotto la guida di Louis van Gaal.

Ripensando ai miei giorni all'Old Trafford, mi tornano alla mente tutti i grandi giocatori che ho allenato; auguro loro il meglio per tutto ciò che possono incontrare nella vita, dentro e fuori dal calcio. Il Manchester United continuerà a essere un grande club, e continuerà a rendere più forti e più saggi tutti coloro che ne hanno fatto e ne faranno parte. Per me è stato così.

BARCLAYS
BARCLAYS

STATISTICHE

CALCIATORE

1958-60 Queen's Park
Partite: 31
Gol: 15

1960-64 St Johnstone
Partite: 47
Gol: 21

1964-67 Dunfermline Athletic
Partite: 131
Gol: 88

Gioca nella partita Scottish League - Football League 0-3 a Hampden Park, il 15 marzo 1967.

Partecipa al tour estivo della Scottish FA XI, dal 13 maggio al 15 giugno 1967: segna 10 gol in 7 presenze contro Israele, rappresentativa di Hong Kong, Australia (3 partite), Auckland XI, Vancouver All Stars.

1967-69 Rangers
Partite: 66
Gol: 35

Gioca nella partita Scottish League - Irish League 2-0 in Belfast, 6 settembre 1967. Segna un gol.

1969-73 Falkirk
Partite: 122
Gol: 49

1973-74 Ayr United
Partite: 22
Gol: 10

Totale
Partite: 415
Gol: 218
(tra campionato scozzese, Coppa di Scozia, Coppa di Lega scozzese e competizioni europee)

ALLENATORE

GIUGNO-OTTOBRE 1974 East Stirlingshire

OTTOBRE 1974-MAGGIO 1978 St Mirren
Quarti in Division One 1975-76; campioni in Division One 1976-77; ottavi in Premier Division 1977-78.

1978-86 Aberdeen

Stagione 1978-79
SCOTTISH PREMIER DIVISION

	G	V	N	P	RF	RC	Pt
Casa	18	9	4	5	38	16	22
Trasf.	18	4	10	4	21	20	18
Totale	36	13	14	9	59	36	40

Piazzamento finale: quarti
Coppa di Scozia: semifinalisti
Coppa di Lega scozzese: finalisti
Coppa delle Coppe: secondo turno

Stagione 1979-80
SCOTTISH PREMIER DIVISION

	G	V	N	P	RF	RC	Pt
Casa	18	10	4	4	30	18	24
Trasf.	18	9	6	3	38	18	24
Totale	36	19	10	7	68	36	48

Piazzamento finale: campioni
Coppa di Scozia: semifinalisti
Coppa di Lega scozzese: finalisti
Coppa UEFA: primo turno

Stagione 1980-81
SCOTTISH PREMIER DIVISION

	G	V	N	P	RF	RC	Pt
Casa	18	11	4	3	39	16	26
Trasf.	18	8	7	3	22	10	23
Totale	36	19	11	6	61	26	49

Piazzamento finale: secondi
Coppa di Scozia: quarto turno
Coppa di Lega scozzese: quarto turno
Coppa dei Campioni: secondo turno
Drybrough Cup: vincitori

Stagione 1981-82
SCOTTISH PREMIER DIVISION

	G	V	N	P	RF	RC	Pt
Casa	18	12	4	2	36	15	28
Trasf.	18	11	3	4	35	14	25
Totale	36	23	7	6	71	29	53

Piazzamento finale: secondi
Coppa di Scozia: vincitori
Coppa di Lega scozzese: semifinalisti
Coppa UEFA: quarti di finale

Stagione 1982-83
SCOTTISH PREMIER DIVISION

	G	V	N	P	RF	RC	Pt
Casa	18	14	0	4	46	12	28
Trasf.	18	11	5	2	30	12	27
Totale	36	25	5	6	76	24	55

Piazzamento finale: terzi
Coppa di Scozia: vincitori
Coppa di Lega scozzese: quarti di finale
Coppa delle Coppe: vincitori

Stagione 1983-84

SCOTTISH PREMIER DIVISION

	G	V	N	P	RF	RC	Pt
Casa	18	14	3	1	46	12	31
Trasf.	18	11	4	3	32	9	26
Totale	36	25	7	4	78	21	57

Piazzamento finale: campioni
Coppa di Scozia: vincitori
Coppa di Lega scozzese: semifinalisti
Coppa delle Coppe: semifinalisti
Supercoppa europea: vincitori

Stagione 1984-85

SCOTTISH PREMIER DIVISION

	G	V	N	P	RF	RC	Pt
Casa	18	13	4	1	49	13	30
Trasf.	18	14	1	3	40	13	29
Totale	36	27	5	4	89	26	59

Piazzamento finale: campioni
Coppa di Scozia: semifinalisti
Coppa di Lega scozzese: secondo turno
Coppa dei Campioni: primo turno

Stagione 1985-86

SCOTTISH PREMIER DIVISION

	G	V	N	P	RF	RC	Pt
Casa	18	11	4	3	38	15	26
Trasf.	18	5	8	5	24	16	18
Totale	36	16	12	8	62	31	44

Piazzamento finale: quarti
Coppa di Scozia: vincitori
Coppa di Lega scozzese: vincitori
Coppa dei Campioni: quarti di finale

Stagione 1986-87 (agosto-1 novembre 1986)

SCOTTISH PREMIER DIVISION

	G	V	N	P	RF	RC
Casa	7	4	2	1	12	3
Trasf.	8	3	3	2	13	11
Totale	15	7	5	3	25	14

Coppa di Lega scozzese: quarto turno
Coppa delle Coppe: primo turno

TOTALE

	G	V	N	P	RF	RC
Campionato	303	174	76	53	589	243
Coppa di Scozia	42	30	8	4	89	30
Coppa di Lega	63	42	9	12	148	45
Coppe europee	47	23	12	12	78	51
Drybrough Cup	4	3	0	1	10	5
Totale	459	272	105	82	914	374

COMPETIZIONI EUROPEE DELL'ABERDEEN DURANTE LA GESTIONE DI ALEX FERGUSON

Stagione 1978-79 Coppa delle Coppe

Primo turno: Marek Dupnitsa (Bulgaria) (t) 2-3, (c) 3-0, Agg: 5-3
Secondo turno: Fortuna Düsseldorf (Germania Ovest) (t) 0-3, (c) 2-0, Agg: 2-3

Stagione 1979-80 Coppa UEFA

Primo turno: Eintracht Frankfurt (Germania Ovest) (c) 1-1, (t) 0-1, Agg: 1-2

Stagione 1980-81 Coppa dei Campioni

Primo turno: Austria Memphis (Austria) (c) 1-0, (t) 0-0, Agg: 1-0
Secondo turno: Liverpool (c) 0-1, (t) 0-4, Agg: 0-5

Stagione 1981-82 Coppa UEFA

Primo turno: Ipswich Town (t) 1-1, (c) 3-1, Agg: 4-2
Secondo turno: Argeș Pitești (Romania) (c) 3-0, (t) 2-2, Agg: 5-2
Terzo turno: SV Hamburg (Germania Ovest) (c) 3-2, (t) 1-3, Agg: 4-5

Stagione 1982-83 Coppa delle Coppe

Turno preliminare: Sion (Svizzera) (c) 7-0, (t) 4-1, Agg: 11-1
Primo turno: Dinamo Tirana (Albania) (c) 1-0, (t) 0-0, Agg: 1-0
Secondo turno: Lech Poznań (Polonia) (c) 2-0, (t) 1-0, Agg: 3-0
Quarti di finale: Bayern Monaco (Germania Ovest) (t) 0-0, (c) 3-2, Agg: 3-2
Semifinali: Waterschei (Belgio) (c) 5-1, (t) 0-1, Agg: 5-2
Finale (a Göteborg, Svezia): Real Madrid (Spagna) 2-1 (t. s.)

Stagione 1983-84 Supercoppa

SV Hamburg (Germania Ovest) (t) 0-0, (c) 2-0, Agg: 2-0

Coppa delle Coppe

Primo turno: Akranes (Islanda) (t) 2-1, (c) 1-1, Agg: 3-2
Secondo turno: SK Beveren (Belgio) (t) 0-0, (c) 4-1, Agg: 4-1
Quarti di finale: Újpest Dózsa (Ungheria) (t) 0-2, (c) 3-0 (t. s.), Agg: 3-2
Semifinali: Porto (Portogallo) (t) 0-1, (c) 0-1, Agg: 0-2

Stagione 1984-85 Coppa dei Campioni

Primo turno: Dinamo Berlin (East Germania) (c) 2-1, (t) 1-2, Agg: 3-3 (sconfitti 5-4 ai rigori)

Stagione 1985-86 Coppa dei Campioni

Primo turno: Akranes (Islanda) (t) 3-1, (c) 4-1, Agg: 7-2

Secondo turno: Servette (Svizzera) (t) 0-0, (c) 1-0, Agg: 1-0
Quarti di finale: IFK Göteborg (Svezia) (c) 2-2, (t) 0-0, Agg: 2-2 (sconfitti in base alla regola dei gol fuori casa)

Stagione 1986-87 Coppa delle Coppe
Primo turno: Sion (Svizzera) (c) 2-1, (t) 0-3, Agg: 2-4

TITOLI

COPPA DELLE COPPE

Vincitori: 1983

SCOTTISH PREMIER DIVISION

Campioni: 1980, 1984, 1985

COPPA DI SCOZIA

Vincitori: 1982, 1983, 1984, 1986

COPPA DI LEGA SCOZZESE

Vincitori: 1985-86

SUPERCOPPA EUROPEA

Vincitori: 1983

DRYBROUGH CUP

Vincitori: 1980

OTTOBRE 1985-GIUGNO 1986 Scozia

PARTITE INTERNAZIONALI

	G	V	N	P	RF	RC
Casa	3	2	1	0	5	0
Trasf.	7	1	3	3	3	5
Totale	10	3	4	3	8	5

RESULTS

Ottobre 1985: Germania Est (amichevole, casa) 0-0
Novembre 1985: Australia (qualificazioni mondiali, casa) 2-0
Dicembre 1985: Australia (qualificazioni mondiali, trasferta) 0-0
Gennaio 1986: Israele (amichevole, trasferta) 1-0
Marzo 1986: Romania (amichevole, casa) 3-0
Aprile 1986: Inghilterra (Rous Cup, trasferta) 1-2
Aprile 1986: Olanda (amichevole, trasferta) 0-0
Giugno 1986: Danimarca (campionati mondiali, Città del Messico) 0-1
Giugno 1986: Germania Ovest (campionati mondiali, Querétaro) 1-2
Giugno 1986: Uruguay (campionati mondiali, Città del Messico) 0-0

1986-2013 Manchester United

Stagione 1986-87

THE TODAY LEAGUE DIVISION ONE

Statistiche dello United prima dell'arrivo di Alex Ferguson

	G	V	N	P	RF	RC	Pt
Casa	7	3	1	3	12	8	10
Trasf.	6	0	3	3	4	8	3
Totale	13	3	4	6	16	16	13

Coppa di Lega: terzo turno

Statistiche dello United sotto Alex Ferguson

	G	V	N	P	RF	RC	Pt
Casa	14	10	2	2	26	10	32
Trasf.	15	1	8	6	10	19	11
Totale	29	11	10	8	36	29	43
Overall total	42	14	14	14	52	45	56

Piazzamento finale: undicesimi

FA Cup: quarto turno

Stagione 1987-88

BARCLAYS LEAGUE DIVISION ONE

	G	V	N	P	RF	RC	Pt
Casa	20	14	5	1	41	17	47
Trasf.	20	9	7	4	30	21	34
Totale	40	23	12	5	71	38	81

Piazzamento finale: secondi
FA Cup: quinto turno
Coppa di Lega: quinto turno

Stagione 1988-89

BARCLAYS LEAGUE DIVISION ONE

	G	V	N	P	RF	RC	Pt
Casa	19	10	5	4	27	13	35
Trasf.	19	3	7	9	18	22	16
Totale	38	13	12	13	45	35	51

Piazzamento finale: undicesimi
FA Cup: sesto turno
Coppa di Lega: terzo turno

Stagione 1989-90

BARCLAYS LEAGUE DIVISION ONE

	G	V	N	P	RF	RC	Pt
Casa	19	8	6	5	26	14	30
Trasf.	19	5	3	11	20	33	18
Totale	38	13	9	16	46	47	48

Piazzamento finale: tredicesimo
FA Cup: vincitori
Coppa di Lega: terzo turno

Stagione 1990-91

BARCLAYS LEAGUE DIVISION ONE

	G	V	N	P	RF	RC	Pt
Casa	19	11	4	4	34	17	37
Trasf.	19	5	8	6	24	28	23
Totale	38	16	12	10	58	45	59*

*-1 punto di penalizzazione

Piazzamento finale: sesti
FA Cup: quinto turno
Coppa di Lega: finalisti
Coppa delle Coppe: vincitori
FA Charity Shield: vincitori *ex aequo*

Stagione 1991-92

BARCLAYS LEAGUE DIVISION ONE

	G	V	N	P	RF	RC	Pt
Casa	21	12	7	2	34	13	43
Trasf.	21	9	8	4	29	20	35
Totale	42	21	15	6	63	33	78

Piazzamento finale: secondi
FA Cup: quarto turno
Coppa di Lega: vincitori
Coppa delle Coppe: secondo turno
Supercoppa europea: vincitori

Stagione 1992-93
FA PREMIER LEAGUE

	G	V	N	P	RF	RC	Pt
Casa	21	14	5	2	39	14	47
Trasf.	21	10	7	4	28	17	37
Totale	42	24	12	6	67	31	84

Piazzamento finale: campioni
FA Cup: quinto turno
Coppa di Lega: terzo turno
Coppa UEFA: primo turno

1992-93 FA PREMIER LEAGUE

		Casa					Trasf.					
	G	V	N	P	RF	RC	V	N	P	RF	RC	Pt
1. **Manchester United**	42	14	5	2	39	14	10	7	4	28	17	84
2. Aston Villa	42	13	5	3	36	16	8	6	7	21	24	74
3. Norwich City	42	13	6	2	31	19	8	3	10	30	46	72
4. Blackburn Rovers	42	13	4	4	38	18	7	7	7	30	28	71
5. Queens Park Rangers	42	11	5	5	41	32	6	7	8	22	23	63
6. Liverpool	42	13	4	4	41	18	3	7	11	21	37	59
7. Sheffield Wednesday	42	9	8	4	34	26	6	6	9	21	25	59
8. Tottenham Hotspur	42	11	5	5	40	25	5	6	10	20	41	59
9. Manchester City	42	7	8	6	30	25	8	4	9	26	26	57
10. Arsenal	42	8	6	7	25	20	7	5	9	15	18	56
11. Chelsea	42	9	7	5	29	22	5	7	9	22	32	56
12. Wimbledon	42	9	4	8	32	23	5	8	8	24	32	54
13. Everton	42	7	6	8	26	27	8	2	11	27	28	53
14. Sheffield United	42	10	6	5	33	19	4	4	13	21	34	52
15. Coventry City	42	7	4	10	29	28	6	9	6	23	29	52
16. Ipswich Town	42	8	9	4	29	22	4	7	10	21	33	52
17. Leeds United	42	12	8	1	40	17	0	7	14	17	45	51
18. Southampton	42	10	6	5	30	21	3	5	13	24	40	50
19. Oldham Athletic	42	10	6	5	43	30	3	4	14	20	44	49
20. Crystal Palace	42	6	9	6	27	25	5	7	9	21	36	49
21. Middlesbrough	42	8	5	8	33	27	3	6	12	21	48	44
22. Nottingham Forest	42	6	4	11	17	25	4	6	11	24	37	40

Stagione 1993-94
FA CARLING PREMIERSHIP

	G	V	N	P	RF	RC	Pt
Casa	21	14	6	1	39	13	48
Trasf.	21	13	5	3	41	25	44
Totale	42	27	11	4	80	38	92

Piazzamento finale: campioni
FA Cup: vincitori
Coppa di Lega: finalisti
Coppa dei Campioni: secondo turno
FA Charity Shield: vincitori

1993-94 FA CARLING PREMIERSHIP

		Casa					Trasf.					
	G	V	N	P	RF	RC	V	N	P	RF	RC	Pt
1. **Manchester United**	42	14	6	1	39	13	13	5	3	41	25	92
2. Blackburn Rovers	42	14	5	2	31	11	11	4	6	32	25	84
3. Newcastle United	42	14	4	3	51	14	9	4	8	31	27	77
4. Arsenal	42	10	8	3	25	15	8	9	4	28	13	71
5. Leeds United	42	13	6	2	37	18	5	10	6	28	21	70
6. Wimbledon	42	12	5	4	35	21	6	6	9	21	32	65
7. Sheffield Wednesday	42	10	7	4	48	24	6	9	6	28	30	64
8. Liverpool	42	12	4	5	33	23	5	5	11	26	32	60
9. Queens Park Rangers	42	8	7	6	32	29	8	5	8	30	32	60
10. Aston Villa	42	8	5	8	23	18	7	7	7	23	32	57
11. Coventry City	42	9	7	5	23	17	5	7	9	20	28	56
12. Norwich City	42	4	9	8	26	29	8	8	5	39	32	53
13. West Ham United	42	6	7	8	26	31	7	6	8	21	27	52
14. Chelsea	42	11	5	5	31	20	2	7	12	18	33	51
15. Tottenham Hotspur	42	4	8	9	29	33	7	4	10	25	26	45
16. Manchester City	42	6	10	5	24	22	3	8	10	14	27	45
17. Everton	42	8	4	9	26	30	4	4	13	16	33	44
18. Southampton	42	9	2	10	30	31	3	5	13	19	35	43
19. Ipswich Town	42	5	8	8	21	32	4	8	9	14	26	43
20. Sheffield United	42	6	10	5	24	23	2	8	11	18	37	42
21. Oldham Athletic	42	5	8	8	24	33	4	5	12	18	35	40
22. Swindon Town	42	4	7	10	25	45	1	8	12	22	55	30

Stagione 1994-95
FA CARLING PREMIERSHIP

	G	V	N	P	RF	RC	Pt
Casa	21	16	4	1	42	4	52
Trasf.	21	10	6	5	35	24	36
Totale	42	26	10	6	77	28	88

Piazzamento finale: secondi
FA Cup: finalisti
Coppa di Lega: terzo turno
UEFA Champions League: fase a gironi
FA Charity Shield: vincitori

Stagione 1995-96
FA CARLING PREMIERSHIP

	G	V	N	P	RF	RC	Pt
Casa	19	15	4	0	36	9	49
Trasf.	19	10	3	6	37	26	33
Totale	38	25	7	6	73	35	82

Piazzamento finale: campioni
FA Cup: vincitori
Coppa di Lega: secondo turno
Coppa UEFA: primo turno

1995-96 FA CARLING PREMIERSHIP

		Casa					Trasf.					
	G	V	N	P	RF	RC	V	N	P	RF	RC	Pt
1. **Manchester United**	38	15	4	0	36	9	10	3	6	37	26	82
2. Newcastle United	38	17	1	1	38	9	7	5	7	28	28	78
3. Liverpool	38	14	4	1	46	13	6	7	6	24	21	71
4. Aston Villa	38	11	5	3	32	15	7	4	8	20	20	63
5. Arsenal	38	10	7	2	30	16	7	5	7	19	16	63
6. Everton	38	10	5	4	35	19	7	5	7	29	25	61
7. Blackburn Rovers	38	14	2	3	44	19	4	5	10	17	28	61
8. Tottenham Hotspur	38	9	5	5	26	19	7	8	4	24	19	61
9. Nottingham Forest	38	11	6	2	29	17	4	7	8	21	37	58
10. West Ham United	38	9	5	5	25	21	5	4	10	18	31	51
11. Chelsea	38	7	7	5	30	22	5	7	7	16	22	50
12. Middlesbrough	38	8	3	8	27	27	3	7	9	8	23	43
13. Leeds United	38	8	3	8	21	21	4	4	11	19	36	43
14. Wimbledon	38	5	6	8	27	33	5	5	9	28	37	41
15. Sheffield Wednesday	38	7	5	7	30	31	3	5	11	18	30	40
16. Coventry City	38	6	7	6	21	23	2	7	10	21	37	38
17. Southampton	38	7	7	5	21	18	2	4	13	13	34	38
18. Manchester City	38	7	7	5	21	19	2	4	13	12	39	38
19. Queens Park Rangers	38	6	5	8	25	26	3	1	15	13	31	33
20. Bolton Wanderers	38	5	4	10	16	31	3	1	15	23	40	29

Stagione 1996-97
FA CARLING PREMIERSHIP

	G	V	N	P	RF	RC	Pt
Casa	19	12	5	2	38	17	41
Trasf.	19	9	7	3	38	27	34
Totale	38	21	12	5	76	44	75

Piazzamento finale: campioni
FA Cup: quarto turno
Coppa di Lega: quarto turno
UEFA Champions League: semifinalisti
FA Charity Shield: vincitori

1996-97 FA CARLING PREMIERSHIP

		Casa					Trasf.					
	G	V	N	P	RF	RC	V	N	P	RF	RC	Pt
1. **Manchester United**	38	12	5	2	38	17	9	7	3	38	27	75
2. Newcastle United	38	13	3	3	54	20	6	8	5	19	20	68
3. Arsenal	38	10	5	4	36	18	9	6	4	26	14	68
4. Liverpool	38	10	6	3	38	19	9	5	5	24	18	68
5. Aston Villa	38	11	5	3	27	13	6	5	8	20	21	61
6. Chelsea	38	9	8	2	33	22	7	3	9	25	33	59
7. Sheffield Wednesday	38	8	10	1	25	16	6	5	8	25	35	57
8. Wimbledon	38	9	6	4	28	21	6	5	8	21	25	56
9. Leicester City	38	7	5	7	22	26	5	6	8	24	28	47
10. Tottenham Hotspur	38	8	4	7	19	17	5	3	11	25	34	46
11. Leeds United	38	7	7	5	15	13	4	6	9	13	25	46
12. Derby County	38	8	6	5	25	22	3	7	9	20	36	46
13. Blackburn Rovers	38	8	4	7	28	23	1	11	7	14	20	42
14. West Ham United	38	7	6	6	27	25	3	6	10	12	23	42
15. Everton	38	7	4	8	24	22	3	8	8	20	35	42
16. Southampton	38	6	7	6	32	24	4	4	11	18	32	41
17. Coventry City	38	4	8	7	19	23	5	6	8	19	31	41
18. Sunderland	38	7	6	6	20	18	3	4	12	15	35	40
19. Middlesbrough*	38	8	5	6	34	25	2	7	10	17	35	39
20. Nottingham Forest	38	3	9	7	15	27	3	7	9	16	32	34

* -3 punti di penalizzazione

Stagione 1997-98
FA CARLING PREMIERSHIP

	G	V	N	P	RF	RC	Pt
Casa	19	13	4	2	42	9	43
Trasf.	19	10	4	5	31	17	34
Totale	38	23	8	7	73	26	77

Piazzamento finale: secondi
FA Cup: quinto turno
Coppa di Lega: terzo turno
UEFA Champions League: quarti di finale
FA Charity Shield: vincitori

Stagione 1998-99

FA CARLING PREMIERSHIP

	G	V	N	P	RF	RC	Pt
Casa	19	14	4	1	45	18	46
Trasf.	19	8	9	2	35	19	33
Totale	38	22	13	3	80	37	79

Piazzamento finale: campioni
FA Cup: vincitori
Coppa di Lega: quinto turno
UEFA Champions League: vincitori

1998-99 FA CARLING PREMIERSHIP

		Casa					Trasf.					
	G	V	N	P	RF	RC	V	N	P	RF	RC	Pt
1. **Manchester United**	38	14	4	1	45	18	8	9	2	35	19	79
2. Arsenal	38	14	5	0	34	5	8	7	4	25	12	78
3. Chelsea	38	12	6	1	29	13	8	9	2	28	17	75
4. Leeds United	38	12	5	2	32	9	6	8	5	30	25	67
5. West Ham United	38	11	3	5	32	26	5	6	8	14	27	57
6. Aston Villa	38	10	3	6	33	28	5	7	7	18	18	55
7. Liverpool	38	10	5	4	44	24	5	4	10	24	25	54
8. Derby County	38	8	7	4	22	19	5	6	8	18	26	52
9. Middlesbrough	38	7	9	3	25	18	5	6	8	23	36	51
10. Leicester City	38	7	6	6	25	25	5	7	7	15	21	49
11. Tottenham Hotspur	38	7	7	5	28	26	4	7	8	19	24	47
12. Sheffield Wednesday	38	7	5	7	20	15	6	2	11	21	27	46
13. Newcastle United	38	7	6	6	26	25	4	7	8	22	29	46
14. Everton	38	6	8	5	22	12	5	2	12	20	35	43
15. Coventry City	38	8	6	5	26	21	3	3	13	13	30	42
16. Wimbledon	38	7	7	5	22	21	3	5	11	18	42	42
17. Southampton	38	9	4	6	29	26	2	4	13	8	38	41
18. Charlton Athletic	38	4	7	8	20	20	4	5	10	21	36	36
19. Blackburn Rovers	38	6	5	8	21	24	1	9	9	17	28	35
20. Nottingham Forest	38	3	7	9	18	31	4	2	13	17	38	30

Stagione 1999-2000
FA CARLING PREMIERSHIP

	G	V	N	P	RF	RC	Pt
Casa	19	15	4	0	59	16	49
Trasf.	19	13	3	3	38	29	42
Totale	38	28	7	3	97	45	91

Piazzamento finale: campioni
FA Cup: non partecipanti
Coppa di Lega: terzo turno
UEFA Champions League: quarti di finale
Coppa intercontinentale: vincitori
Coppa del mondo per club FIFA: terzi nella fase a gironi

1999-2000 FA CARLING PREMIERSHIP

		Casa					Trasf.					
	G	V	N	P	RF	RC	V	N	P	RF	RC	Pt
1. **Manchester United**	38	15	4	0	59	16	13	3	3	38	29	91
2. Arsenal	38	14	3	2	42	17	8	4	7	31	26	73
3. Leeds United	38	12	2	5	29	18	9	4	6	29	25	69
4. Liverpool	38	11	4	4	28	13	8	6	5	23	17	67
5. Chelsea	38	12	5	2	35	12	6	6	7	18	22	65
6. Aston Villa	38	8	8	3	23	12	7	5	7	23	23	58
7. Sunderland	38	10	6	3	28	17	6	4	9	29	39	58
8. Leicester City	38	10	3	6	31	24	6	4	9	24	31	55
9. West Ham United	38	11	5	3	32	23	4	5	10	20	30	55
10. Tottenham Hotspur	38	10	3	6	40	26	5	5	9	17	23	53
11. Newcastle United	38	10	5	4	42	20	4	5	10	21	34	52
12. Middlesbrough	38	8	5	6	23	26	6	5	8	23	26	52
13. Everton	38	7	9	3	36	21	5	5	9	23	28	50
14. Coventry City	38	12	1	6	38	22	0	7	12	9	32	44
15. Southampton	38	8	4	7	26	22	4	4	11	19	40	44
16. Derby County	38	6	3	10	22	25	3	8	8	22	32	38
17. Bradford City	38	6	8	5	26	29	3	1	15	12	39	36
18. Wimbledon	38	6	7	6	30	28	1	5	13	16	46	33
19. Sheffield Wednesday	38	6	3	10	21	23	2	4	13	17	47	31
20. Watford	38	5	4	10	24	31	1	2	16	11	46	24

Stagione 2000-01

FA CARLING PREMIERSHIP

	G	V	N	P	RF	RC	Pt
Casa	19	15	2	2	49	12	47
Trasf.	19	9	6	4	30	19	33
Totale	38	24	8	6	79	31	80

Piazzamento finale: campioni
FA Cup: quarto turno
Coppa di Lega: quarto turno
UEFA Champions League: quarti di finale

2000-01 FA CARLING PREMIERSHIP

		Casa					Trasf.					
	G	V	N	P	RF	RC	V	N	P	RF	RC	Pt
1. **Manchester United**	38	15	2	2	49	12	9	6	4	30	19	80
2. Arsenal	38	15	3	1	45	13	5	7	7	18	25	70
3. Liverpool	38	13	4	2	40	14	7	5	7	31	25	69
4. Leeds United	38	11	3	5	36	21	9	5	5	28	22	68
5. Ipswich Town	38	11	5	3	31	15	9	1	9	26	27	66
6. Chelsea	38	13	3	3	44	20	4	7	8	24	25	61
7. Sunderland	38	9	7	3	24	16	6	5	8	22	25	57
8. Aston Villa	38	8	8	3	27	20	5	7	7	19	23	54
9. Charlton Athletic	38	11	5	3	31	19	3	5	11	19	38	52
10. Southampton	38	11	2	6	27	22	3	8	8	13	26	52
11. Newcastle United	38	10	4	5	26	17	4	5	10	18	33	51
12. Tottenham Hotspur	38	11	6	2	31	16	2	4	13	16	38	49
13. Leicester City	38	10	4	5	28	23	4	2	13	11	28	48
14. Middlesbrough	38	4	7	8	18	23	5	8	6	26	21	42
15. West Ham United	38	6	6	7	24	20	4	6	9	21	30	42
16. Everton	38	6	8	5	29	27	5	1	13	16	32	42
17. Derby County	38	8	7	4	23	24	2	5	12	14	35	42
18. Manchester City	38	4	3	12	20	31	4	7	8	21	34	34
19. Coventry City	38	4	7	8	14	23	4	3	12	22	40	34
20. Bradford City	38	4	7	8	20	29	1	4	14	10	41	26

Stagione 2001-02
BARCLAYCARD PREMIERSHIP

	G	V	N	P	RF	RC	Pt
Casa	19	11	2	6	40	17	35
Trasf.	19	13	3	3	47	28	42
Totale	38	24	5	9	87	45	77

Piazzamento finale: terzi
FA Cup: quarto turno
Coppa di Lega: terzo turno
UEFA Champions League: semifinalisti

Stagione 2002-03
BARCLAYCARD PREMIERSHIP

	G	V	N	P	RF	RC	Pt
Casa	19	16	2	1	42	12	50
Trasf.	19	9	6	4	32	22	33
Totale	38	25	8	5	74	34	83

Piazzamento finale: campioni
FA Cup: quinto turno
Coppa di Lega: finalisti
UEFA Champions League: quarti di finale

2002-03 BARCLAYCARD PREMIERSHIP

		Casa					Trasf.					
	G	V	N	P	RF	RC	V	N	P	RF	RC	Pt
1. **Manchester United**	38	16	2	1	42	12	9	6	4	32	22	83
2. Arsenal	38	15	2	2	47	20	8	7	4	38	22	78
3. Newcastle United	38	15	2	2	36	17	6	4	9	27	31	69
4. Chelsea	38	12	5	2	41	15	7	5	7	27	23	67
5. Liverpool	38	9	8	2	30	16	9	2	8	31	25	64
6. Blackburn Rovers	38	9	7	3	24	15	7	5	7	28	28	60
7. Everton	38	11	5	3	28	19	6	3	10	20	30	59
8. Southampton	38	9	8	2	25	16	4	5	10	18	30	52
9. Manchester City	38	9	2	8	28	26	6	4	9	19	28	51
10. Tottenham Hotspur	38	9	4	6	30	29	5	4	10	21	33	50
11. Middlesbrough	38	10	7	2	36	21	3	3	13	12	23	49
12. Charlton Athletic	38	8	3	8	26	30	6	4	9	19	26	49
13. Birmingham City	38	8	5	6	25	23	5	4	10	16	26	48
14. Fulham	38	11	3	5	26	18	2	6	11	15	32	48
15. Leeds United	38	7	3	9	25	26	7	2	10	33	31	47
16. Aston Villa	38	11	2	6	25	14	1	7	11	17	33	45
17. Bolton Wanderers	38	7	8	4	27	24	3	6	10	14	27	44
18. West Ham United	38	5	7	7	21	24	5	5	9	21	35	42
19. West Bromwich Albion	38	3	5	11	17	34	3	3	13	12	31	26
20. Sunderland	38	3	2	14	11	31	1	5	13	10	34	19

Stagione 2003-04
BARCLAYCARD PREMIERSHIP

	G	V	N	P	RF	RC	Pt
Casa	19	12	4	3	37	15	40
Trasf.	19	11	2	6	27	20	35
Totale	38	23	6	9	64	35	75

Piazzamento finale: terzi
FA Cup: vincitori
Coppa di Lega: quarto turno
UEFA Champions League: ottavi di finale
FA Community Shield: vincitori

Stagione 2004-05

BARCLAYS PREMIERSHIP

	G	V	N	P	RF	RC	Pt
Casa	19	12	6	1	31	12	42
Trasf.	19	10	5	4	27	14	35
Totale	38	22	11	5	58	26	77

Piazzamento finale: terzi
FA Cup: finalisti
Coppa di Lega: semifinalisti
UEFA Champions League: ottavi di finale

Stagione 2005-06

BARCLAYS PREMIERSHIP

	G	V	N	P	RF	RC	Pt
Casa	19	13	5	1	37	8	44
Trasf.	19	12	3	4	35	26	39
Totale	38	25	8	5	72	34	83

Piazzamento finale: secondi
FA Cup: quinto turno
Coppa di Lega: vincitori
UEFA Champions League: fase a gironi

Stagione 2006-07

BARCLAYS PREMIERSHIP

	G	V	N	P	RF	RC	Pt
Casa	19	15	2	2	46	12	47
Trasf.	19	13	3	3	37	15	42
Totale	38	28	5	5	83	27	89

Piazzamento finale: campioni
FA Cup: finalisti
Coppa di Lega: quarto turno
UEFA Champions League: semifinalisti

2006-07 BARCLAYS PREMIERSHIP

		Casa					Trasf.					
	G	V	N	P	RF	RC	V	N	P	RF	RC	Pt
1. **Manchester United**	38	15	2	2	46	12	13	3	3	37	15	89
2. Chelsea	38	12	7	0	37	11	12	4	3	27	13	83
3. Liverpool	38	14	4	1	39	7	6	4	9	18	20	68
4. Arsenal	38	12	6	1	43	16	7	5	7	20	19	68
5. Tottenham Hotspur	38	12	3	4	34	22	5	6	8	23	32	60
6. Everton	38	11	4	4	33	17	4	9	6	19	19	58
7. Bolton Wanderers	38	9	5	5	26	20	7	3	9	21	32	56
8. Reading	38	11	2	6	29	20	5	5	9	23	27	55
9. Portsmouth	38	11	5	3	28	15	3	7	9	17	27	54
10. Blackburn Rovers	38	9	3	7	31	25	6	4	9	21	29	52
11. Aston Villa	38	7	8	4	20	14	4	9	6	23	27	50
12. Middlesbrough	38	10	3	6	31	24	2	7	10	13	25	46
13. Newcastle United	38	7	7	5	23	20	4	3	12	15	27	43
14. Manchester City	38	5	6	8	10	16	6	3	10	19	28	42
15. West Ham United	38	8	2	9	24	26	4	3	12	11	33	41
16. Fulham	38	7	7	5	18	18	1	8	10	20	42	39
17. Wigan Athletic	38	5	4	10	18	30	5	4	10	19	29	38
18. Sheffield United	38	7	6	6	24	21	3	2	14	8	34	38
19. Charlton Athletic	38	7	5	7	19	20	1	5	13	15	40	34
20. Watford	38	3	9	7	19	25	2	4	13	10	34	28

Stagione 2007-08

BARCLAYS PREMIER LEAGUE

	G	V	N	P	RF	RC	Pt
Casa	19	17	1	1	47	7	52
Trasf.	19	10	5	4	33	15	35
Totale	38	27	6	5	80	22	87

Piazzamento finale: campioni
FA Cup: sesto turno
Coppa di Lega: terzo turno
UEFA Champions League: vincitori
FA Community Shield: vincitori

2007-08 BARCLAYS PREMIER LEAGUE

		Casa					Trasf.					
	G	V	N	P	RF	RC	V	N	P	RF	RC	Pt
1. **Manchester United**	38	17	1	1	47	7	10	5	4	33	15	87
2. Chelsea	38	12	7	0	36	13	13	3	3	29	13	85
3. Arsenal	38	14	5	0	37	11	10	6	3	37	20	83
4. Liverpool	38	12	6	1	43	13	9	7	3	24	15	76
5. Everton	38	11	4	4	34	17	8	4	7	21	16	65
6. Aston Villa	38	10	3	6	34	22	6	9	4	37	29	60
7. Blackburn Rovers	38	8	7	4	26	19	7	6	6	24	29	58
8. Portsmouth	38	7	8	4	24	14	9	1	9	24	26	57
9. Manchester City	38	11	4	4	28	20	4	6	9	17	33	55
10. West Ham United	38	7	7	5	24	24	6	3	10	18	26	49
11. Tottenham Hotspur	38	8	5	6	46	34	3	8	8	20	27	46
12. Newcastle United	38	8	5	6	25	26	3	5	11	20	39	43
13. Middlesbrough	38	7	5	7	27	23	3	7	9	16	30	42
14. Wigan Athletic	38	8	5	6	21	17	2	5	12	13	34	40
15. Sunderland	38	9	3	7	23	21	2	3	14	13	38	39
16. Bolton Wanderers	38	7	5	7	23	18	2	5	12	13	36	37
17. Fulham	38	5	5	9	22	31	3	7	9	16	29	36
18. Reading	38	8	2	9	19	25	2	4	13	22	41	36
19. Birmingham City	38	6	8	5	30	23	2	3	14	16	39	35
20. Derby County	38	1	5	13	12	43	0	3	16	8	46	11

Stagione 2008-09

BARCLAYS PREMIER LEAGUE

	G	V	N	P	RF	RC	Pt
Casa	19	16	2	1	43	13	50
Trasf.	19	12	4	3	25	11	40
Totale	38	28	6	4	68	24	90

Piazzamento finale: campioni
FA Cup: semifinalisti
Coppa di Lega: vincitori
UEFA Champions League: finalisti
Coppa del mondo per club FIFA: vincitori
FA Community Shield: vincitori

2008-09 BARCLAYS PREMIER LEAGUE

		Casa					Trasf.					
	G	V	N	P	RF	RC	V	N	P	RF	RC	Pt
1. **Manchester United**	38	16	2	1	43	13	12	4	3	25	11	90
2. Liverpool	38	12	7	0	41	13	13	4	2	36	14	86
3. Chelsea	38	11	6	2	33	12	14	2	3	35	12	83
4. Arsenal	38	11	5	3	31	16	9	7	3	37	21	72
5. Everton	38	8	6	5	31	20	9	6	4	24	17	63
6. Aston Villa	38	7	9	3	27	21	10	2	7	27	27	62
7. Fulham	38	11	3	5	28	16	3	8	8	11	18	53
8. Tottenham Hotspur	38	10	5	4	21	10	4	4	11	24	35	51
9. West Ham United	38	9	2	8	23	22	5	7	7	19	23	51
10. Manchester City	38	13	0	6	40	18	2	5	12	18	32	50
11. Wigan Athletic	38	8	5	6	17	18	4	4	11	17	27	45
12. Stoke City	38	10	5	4	22	15	2	4	13	16	40	45
13. Bolton Wanderers	38	7	5	7	21	21	4	3	12	20	32	41
14. Portsmouth	38	8	3	8	26	29	2	8	9	12	28	41
15. Blackburn Rovers	38	6	7	6	22	23	4	4	11	18	37	41
16. Sunderland	38	6	3	10	21	25	3	6	10	13	29	36
17. Hull City	38	3	5	11	18	36	5	6	8	21	28	35
18. Newcastle United	38	5	7	7	24	29	2	6	11	16	30	34
19. Middlesbrough	38	5	9	5	17	20	2	2	15	11	37	32
20. West Bromwich Albion	38	7	3	9	26	33	1	5	13	10	34	32

Stagione 2009-10

BARCLAYS PREMIER LEAGUE

	G	V	N	P	RF	RC	Pt
Casa	19	16	1	2	52	12	49
Trasf.	19	11	3	5	34	16	36
Totale	38	27	4	7	86	28	85

Piazzamento finale: secondi
FA Cup: terzo turno
Coppa di Lega: vincitori
UEFA Champions League: quarti di finale

Stagione 2010-11

BARCLAYS PREMIER LEAGUE

	G	V	N	P	RF	RC	Pt
Casa	19	18	1	0	49	12	55
Trasf.	19	5	10	4	29	25	25
Totale	38	23	11	4	78	37	80

Piazzamento finale: campioni
FA Cup: semifinalisti
Coppa di Lega: quinto turno
UEFA Champions League: finalisti
FA Community Shield: vincitori

2010-11 BARCLAYS PREMIER LEAGUE

	Casa						Trasf.					
	G	V	N	P	RF	RC	V	N	P	RF	RC	Pt
1. **Manchester United**	38	18	1	0	49	12	5	10	4	29	25	80
2. Chelsea	38	14	3	2	39	13	7	5	7	30	20	71
3. Manchester City	38	13	4	2	34	12	8	4	7	26	21	71
4. Arsenal	38	11	4	4	33	15	8	7	4	39	28	68
5. Tottenham Hotspur	38	9	9	1	30	19	7	5	7	25	27	62
6. Liverpool	38	12	4	3	37	14	5	3	11	22	30	58
7. Everton	38	9	7	3	31	23	4	8	7	20	22	54
8. Fulham	38	8	7	4	30	23	3	9	7	19	20	49
9. Aston Villa	38	8	7	4	26	19	4	5	10	22	40	48
10. Sunderland	38	7	5	7	25	27	5	6	8	20	29	47
11. West Bromwich Albion	38	8	6	5	30	30	4	5	10	26	41	47
12. Newcastle United	38	6	8	5	41	27	5	5	9	15	30	46
13. Stoke City	38	10	4	5	31	18	3	3	13	15	30	46
14. Bolton Wanderers	38	10	5	4	34	24	2	5	12	18	32	46
15. Blackburn Rovers	38	7	7	5	22	16	4	3	12	24	43	43
16. Wigan Athletic	38	5	8	6	22	34	4	7	8	18	27	42
17. Wolverhampton Wand.	38	8	4	7	30	30	3	3	13	16	36	40
18. Birmingham City	38	6	8	5	19	22	2	7	10	18	36	39
19. Blackpool	38	5	5	9	30	37	5	4	10	25	41	39
20. West Ham United	38	5	5	9	24	31	2	7	10	19	39	33

Stagione 2011-12
BARCLAYS PREMIER LEAGUE

	G	V	N	P	RF	RC	Pt
Casa	19	15	2	2	52	19	47
Trasf.	19	13	3	3	37	14	42
Totale	38	28	5	5	89	33	89

Piazzamento finale: secondi
FA Cup: quarto turno
Coppa di Lega: quinto turno
UEFA Champions League: fase a gironi
UEFA Europa League: ottavi di finale
FA Community Shield: vincitori

Stagione 2012-13

BARCLAYS PREMIER LEAGUE

	G	V	N	P	RF	RC	Pt
Casa	19	16	0	3	45	19	48
Trasf.	19	12	5	2	41	24	41
Totale	38	28	5	5	86	43	89

Piazzamento finale: campioni
FA Cup: sesto turno
Coppa di Lega: quarto turno
UEFA Champions League: ottavi di finale

2012-13 BARCLAYS PREMIER LEAGUE

		Casa					Trasf.					
	G	V	N	P	RF	RC	V	N	P	RF	RC	Pt
1. **Manchester United**	38	16	0	3	45	19	12	5	2	41	24	89
2. Manchester City	38	14	3	2	41	15	9	6	4	25	19	78
3. Chelsea	38	12	5	2	41	16	10	4	5	34	23	75
4. Arsenal	38	11	5	3	47	23	10	5	4	25	14	73
5. Tottenham Hotspur	38	11	5	3	29	18	10	4	5	37	28	72
6. Everton	38	12	6	1	33	17	4	9	6	22	23	63
7. Liverpool	38	9	6	4	33	16	7	7	5	38	27	61
8. West Bromwich Albion	38	9	4	6	32	25	5	3	11	21	32	49
9. Swansea City	38	6	8	5	28	26	5	5	9	19	25	46
10. West Ham United	38	9	6	4	34	22	3	4	12	11	31	46
11. Norwich City	38	8	7	4	25	20	2	7	10	16	38	44
12. Fulham	38	7	3	9	28	30	4	7	8	22	30	43
13. Stoke City	38	7	7	5	21	22	2	8	9	13	23	42
14. Southampton	38	6	7	6	26	24	3	7	9	23	36	41
15. Aston Villa	38	5	5	9	23	28	5	6	8	24	41	41
16. Newcastle United	38	9	1	9	24	31	2	7	10	21	37	41
17. Sunderland	38	5	8	6	20	19	4	4	11	21	35	39
18. Wigan Athletic	38	4	6	9	26	39	5	3	11	21	34	36
19. Reading	38	4	8	7	23	33	2	2	15	20	40	28
20. Queens Park Rangers	38	2	8	9	13	28	2	5	12	17	32	25

TOTALE

Casa	G	V	N	P	RF	RC	Pt
Campionato	517	370	95	52	1098	354	1205
FA Cup	53	38	9	6	105	35	
Coppe europee	109	70	27	12	238	95	
Coppa di Lega	44	36	3	5	95	40	
SC	1	1	0	0	1	0	
Totale	724	515	134	75	1537	524	

Trasferta	G	V	N	P	RF	RC	Pt
Campionato	518	255	143	120	848	576	908
FA Cup	67	42	13	12	125	58	
Coppe europee	114	49	33	32	142	108	
Coppa di Lega	53	26	7	20	83	67	
CMC	5	3	1	1	10	7	
CI	1	1	0	0	1	0	
SC	2	0	0	2	1	3	
C. Shield	16	4	7	5	22	22	
Totale	776	380	204	192	1232	841	
Totale compl.	1500	895	338	267	2769	1365	2113

CMC - Coppa del mondo per club FIFA
CI - Coppa intercontinentale
SC - Supercoppa UEFA
Le partite su campo neutro sono considerate gare in trasferta

COMPETIZIONI INTERNAZIONALI DEL MANCHESTER UNITED DURANTE LA GESTIONE DI ALEX FERGUSON

Stagione 1999-2000 Coppa intercontinental

(Tokyo, Giappone) SE Palmeiras (Brasile) 1-0

FIFA Club World Championship

Fase a gironi (Rio de Janeiro, Brasile): Club Necaxa (Messico) 1-1, CR Vasco da Gama (Brasile) 1-3, South Melbourne (Australia) 2-0 (risultato finale: terzi nel girone)

Stagione 2008-09 FIFA Club World Cup

Semifinali (Yokohama, Giappone): Gamba Osaka (Giappone) 5-3
Finale (Yokohama): LDU Quito (Ecuador) 1-0

COMPETIZIONI EUROPEE DEL MANCHESTER UNITED DURANTE LA GESTIONE DI ALEX FERGUSON

Stagione 1990-91 Coppa delle Coppe

Primo turno: Pécsi Munkás (Ungheria) (c) 2-0, (t) 1-0, Agg: 3-0
Secondo turno: Wrexham (c) 3-0, (t) 2-0, Agg: 5-0
Quarti di finale: Montpellier (Francia) (c) 1-1, (t) 2-0, Agg: 3-1
Semifinali: Legia Varsavia (Polonia) (t) 3-1, (c) 1-1, Agg: 4-2
Finale (Rotterdam, Olanda): Barcellona (Spagna) 2-1

Stagione 1991-92 Supercoppa UEFA

Stella Rossa Belgrado (Jugoslavia) (c) 1-0

Coppa delle Coppe

Primo turno: Athinaikos (Grecia) (t) 0-0, (c) 2-0 (t.s.), Agg: 2-0
Secondo turno: Atlético Madrid (Spagna) (t) 0-3, (c) 1-1, Agg: 1-4

Stagione 1992-93 Coppa UEFA

Primo turno: Torpedo Mosca (Russia) (c) 0-0, (t) 0-0, Agg: 0-0 (sconfitti 4-3 ai rigori)

Stagione 1993-94 UEFA Champions League

Primo turno: Kispest Honvéd (Ungheria) (t) 3-2, (c) 2-1, Agg: 5-3
Secondo turno: Galatasaray (Turchia) (c) 3-3, (t) 0-0, Agg: 3-3 (sconfitti in base alla regola dei gol fuori casa)

Stagione 1994-95 UEFA Champions League

Fase a gironi: IFK Göteborg (Svezia) (c) 4-2, Galatasaray (Turchia) (t) 0-0, Barcellona (Spagna) (c) 2-2, Barcellona (t) 0-4, IFK Göteborg (t) 1-3, Galatasaray (c) 4-0 (risultato finale: terzi nel girone)

Stagione 1995-96 Coppa UEFA

Secondo turno: Rotor Volgograd (Russia) (t) 0-0, (c) 2-2 (sconfitti in base alla regola dei gol fuori casa)

Stagione 1996-97 UEFA Champions League

Fase a gironi: Juventus (Italia) (t) 0-1, Rapid Vienna (Austria) (c) 2-0, Fenerbahçe (Turchia) (t) 2-0, Fenerbahçe (c) 0-1, Juventus (c) 0-1, Rapid Vienna (t) 2-0 (risultato finale: secondi nel girone)
Quarti di finale: Porto (Portogallo) (c) 4-0, (t) 0-0, Agg: 4-0
Semifinali: Borussia Dortmund (Germania) (t) 0-1, (c) 0-1, Agg: 0-2

Stagione 1997-98 UEFA Champions League

Fase a gironi: Košice (Slovacchia) (t) 3-0, Juventus (Italia) (c) 3-2, Feyenoord (Olanda) (c) 2-1, Feyenoord (t) 3-1, Košice (c) 3-0, Juventus (t) 0-1 (risultato finale: secondi nel girone)
Quarti di finale: Monaco (Francia) (t) 0-0, (c) 1-1 (sconfitti in base alla regola dei gol fuori casa)

Stagione 1998-99 UEFA Champions League

Secondo turno preliminare: ŁKS Łód´z (Polonia) (c) 2-0, (t) 0-0, Agg: 2-0
Fase a gironi: Barcellona (Spagna) (c) 3-3, Bayern Monaco (Germania) (t) 2-2, Brøndby (Danimarca) (t) 6-2, Brøndby (c) 5-0, Barcellona (t) 3-3, Bayern Monaco (c) 1-1 (risultato finale: secondi nel girone)
Quarti di finale: Internazionale (Italia) (c) 2-0, (t) 1-1, Agg: 3-1
Semifinali: Juventus (Italia) (c) 1-1, (t) 3-2, Agg: 4-3
Finale (Barcellona, Spagna): Bayern Monaco 2-1

Stagione 1999-2000 Supercoppa UEFA

(Monaco, Francia): Lazio (Italia) 0-1

UEFA Champions League

Prima fase a gironi: Croazia Zagabria (Croazia) (c) 0-0, Sturm Graz (Austria) (t) 3-0, Olimpic Marsiglia (Francia) (c) 2-1, Olimpic Marsiglia (t) 0-1, Croazia Zagabria (t) 2-1, Sturm Graz (c) 2-1 (risultato finale: primi nel girone)
Seconda fase a gironi: Fiorentina (Italia) (t) 0-2, Valencia (Spagna) (c) 3-0, Bordeaux (Francia) (c) 2-0, Bordeaux (t) 2-1, Fiorentina (c) 3-1, Valencia (t) 0-0 (risultato finale: primi nel girone)
Quarti di finale: Real Madrid (Spagna) (t) 0-0, (c) 2-3, Agg: 2-3

Stagione 2000-01 UEFA Champions League

Prima fase a gironi: Anderlecht (Belgio) (c) 5-1, Dynamo Kiev (Ucraina) (t) 0-0, PSV Eindhoven (Olanda) (t) 1-3, PSV Eindhoven (c) 3-1, Anderlecht (t) 1-2, Dynamo Kiev (c) 1-0 (risultato finale: secondi nel girone)
Seconda fase a gironi: Panathinaikos (Grecia) (c) 3-1, Sturm Graz (Austria) (t) 2-0, Valencia (Spagna) (t) 0-0, Valencia (c) 1-1, Panathinaikos (t) 1-1, Sturm Graz (c) 3-0 (risultato finale: secondi nel girone)
Quarti di finale: Bayern Monaco (Germania) (c) 0-1, (t) 1-2, Agg: 1-3

Stagione 2001-02 UEFA Champions League

Prima fase a gironi: Lille (Francia) (c) 1-0, Deportivo La Coruña (Spagna) (t) 1-2, Olympiacos (Grecia) (t) 2-0, Deportivo La Coruña (c) 2-3, Olympiacos (c) 3-0, Lille (t) 1-1 (risultato finale: secondi nel girone)
Seconda fase a gironi: Bayern Monaco (Germania) (t) 1-1, Boavista (Portogallo) (c) 3-0, Nantes (Francia) (t) 1-1, Nantes (c) 5-1, Bayern Monaco (c) 0-0, Boavista (t) 3-0 (risultato finale: primi nel girone)
Quarti di finale: Deportivo La Coruña (t) 2-0, (c) 3-2, Agg: 5-2
Semifinali: Bayer Leverkusen (Germania) (c) 2-2, (t) 1-1, Agg: 3-3 (sconfitti in base alla regola dei gol fuori casa)

Stagione 2002-03 UEFA Champions League

Terzo turno preliminare: Zalaegerszegi TE (Ungheria) (t) 0-1, (c) 5-0, Agg: 5-1
Prima fase a gironi: Maccabi Haifa (Israele) (c) 5-2, Bayer Leverkusen (Germania) (t) 2-1, Olympiacos (Grecia) (c) 4-0, Olympiacos (t) 3-2, Maccabi Haifa (t) 0-3, Bayer Leverkusen (c) 2-0 (risultato finale: primi nel girone)
Seconda fase a gironi: Basilea (Svizzera) (t) 3-1, Deportivo La Coruña (Spagna) (c) 2-0, Juventus (Italia) (c) 2-1, Juventus (t) 3-0, Basilea (c) 1-1, Deportivo La Coruña (t) 0-2 (risultato finale: primi nel girone)
Quarti di finale: Real Madrid (Spagna) (t) 1-3, (c) 4-3, Agg: 5-6

Stagione 2003-04 UEFA Champions League

Fase a gironi: Panathinaikos (Grecia) (c) 5-0, VFB Stoccarda (Germania) (t) 1-2, Rangers (t) 1-0, Rangers (c) 3-0, Panathinaikos (t) 1-0, VFB Stoccarda (c) 2-0 (risultato finale: primi nel girone)
Quarti di finale: Porto (Portogallo) (t) 1-2, (c) 1-1, Agg: 2-3

Stagione 2004-05 UEFA Champions League

Terzo turno preliminare: Dinamo Bucarest (Romania) (t) 2-1, (c) 3-0, Agg: 5-1
Fase a gironi: Lyon (Francia) (t) 2-2, Fenerbahçe (Turchia) (c) 6-2, Sparta Praga (Repubblica Ceca) (t) 0-0, Sparta Praga (c) 4-1, Lyon (c) 2-1, Fenerbahçe (t) 0-3 (risultato finale: secondi nel girone)
Ottavi di finale: AC Milan (Italia) (c) 0-1, (t) 0-1, Agg: 0-2

Stagione 2005-06 UEFA Champions League

Terzo turno preliminare: Debrecen (Ugheria) (c) 3-0, (t) 3-0, Agg: 6-0
Fase a gironi: Villarreal (Spagna) (t) 0-0, Benfica (Portogallo) (c) 2-1, Lille (Francia) (c) 0-0, Lille (t) 0-1, Villarreal (c) 0-0, Benfica (t) 1-2 (risultato finale: quarti nel girone)

Stagione 2006-07 UEFA Champions League

Fase a gironi: Celtic (c) 3-2, Benfica (Portogallo) (t) 1-0, FC Copenhagen (Danimarca) (c) 3-0, FC Copenhagen (t) 0-1, Celtic (t) 0-1, Benfica (c) 3-1 (risultato finale: primi nel girone)
Ottavi di finale: Lille (Francia) (t) 1-0, Lille (c) 1-0, Agg: 2-0

Quarti di finale: Roma (Italia) (t) 1-2, (c) 7-1, Agg: 8-3
Semifinali: AC Milan (Italia) (c) 3-2, (t) 0-3, Agg: 3-5

Stagione 2007-08 UEFA Champions League

Fase a gironi: Sporting Lisbona (Portogallo) (t) 1-0, Roma (Italia) (c) 1-0, Dynamo Kiev (Ucraina) (t) 4-2, Dynamo Kiev (c) 4-0, Sporting Lisbon (c) 2-1, Roma (Italia) (t) 1-1 (risultato finale: primi nel girone)
Ottavi di finale: Lyon (Francia) (t) 1-1, (c) 1-0, Agg: 2-1
Quarti di finale: Roma (Italia) (t) 2-0, (c) 1-0, Agg: 3-0
Semifinali: Barcellona (Spagna) (t) 0-0, (c) 1-0, Agg: 1-0
Finale (Mosca, Russia): Chelsea 1-1 (vittoria 6-5 ai rigori)

Stagione 2008-09 UEFA Champions League

Fase a gironi: Villarreal (Spagna) (c) 0-0, Aalborg BK (Danimarca) (t) 3-0, Celtic (c) 3-0, Celtic (t) 1-1, Villarreal (t) 0-0, Aalborg BK (c) 2-2 (risultato finale: primi nel girone)
Ottavi di finale: Internazionale (Italia) (t) 0-0, (c) 2-0, Agg: 2-0
Quarti di finale: Porto (Portogallo) (c) 2-2, (t) 1-0, Agg: 3-2
Semifinali: Arsenal (c) 1-0, (t) 3-1, Agg: 4-1
Finale (Rome, Italia): Barcellona (Spagna) 0-2

Stagione 2009-10 UEFA Champions League

Fase a gironi: Beşiktaş (Turchia) (t) 1-0, VFL Wolfsburg (Germania) (c) 2-1, CSKA Mosca (Russia) (t) 1-0, CSKA Mosca (c) 3-3, Be¸sikta¸s (c) 0-1, VFL Wolfsburg (t) 3-1 (risultato finale: primi nel girone)
Ottavi di finale: AC Milan (Italia) (t) 3-2, (c) 4-0, Agg: 7-2
Quarti di finale: Bayern Monaco (Germania) (t) 1-2, (c) 3-2, Agg: 4-4 (sconfitti in base alla regola dei gol fuori casa)

Stagione 2010-11 UEFA Champions League

Fase a gironi: Rangers (c) 0-0, Valencia (Spagna) (t) 1-0, Bursaspor (Turchia) (c) 1-0, Bursaspor (t) 3-0, Rangers (t) 1-0, Valencia (c) 1-1 (risultato finale: primi nel girone)
Ottavi di finale: Olimpic Marsiglia (Francia) (t) 0-0, (c) 2-1, Agg: 2-1
Quarti di finale: Chelsea (t) 1-0, (c) 2-1, Agg: 3-1
Semifinali: Schalke 04 (Germania) (t) 2-0, (c) 4-1, Agg: 6-1
Finale (Wembley): Barcellona (Spagna) 1-3

Stagione 2011-12 UEFA Champions League

Fase a gironi: Benfica (Portogallo) (t) 1-1, Basilea (Svizzera) (c) 3-3, Oţelul Galaţi (Romania) (t) 2-0, Oţelul Galaţi (c) 2-0, Benfica (c) 2-2, Basilea (t) 1-2 (risultato finale: terzi nel girone)

UEFA Europa League

Sedicesimi: Ajax (Olanda) (t) 2-0, (c) 1-2, Agg: 3-2
Ottavi di finale: Athletic Bilbao (Spagna) (c) 2-3, (t) 1-2, Agg: 3-5

Stagione 2012-13 UEFA Champions League

Fase a gironi: Galatasaray (Turchia) (c) 1-0, CFR Cluj (Romania) (t) 2-1, Braga (Portogallo) (c) 3-2, Braga (t) 3-1, Galatasaray (t) 0-1, CFR Cluj (c) 0-1 (risultato finale: primi nel girone)
Ottavi di finale: Real Madrid (Spagna) (t) 1-1, (c) 1-2, Agg: 2-3

TITOLI

COPPA DEI CAMPIONI/UEFA CHAMPIONS LEAGUE

Vincitori: 1999, 2008
Finalisti: 2009, 2011

COPPA DELLE COPPE

Vincitori: 1991

FA PREMIER LEAGUE

Campioni: 1993, 1994, 1996, 1997, 1999, 2000, 2001, 2003, 2007, 2008, 2009, 2011, 2013
Secondi: 1995, 1998, 2006, 2010, 2012

FA CUP

Vincitori: 1990, 1994, 1996, 1999, 2004
Finalisti: 1995, 2005, 2007

COPPA DI LEGA

Vincitori: 1992, 2006, 2009, 2010
Finalisti: 1991, 1994, 2003

COPPA INTERCONTINENTALE

Vincitori: 1999

CAMPIONATO MONDIALE PER CLUB FIFA

Vincitori: 2008

SUPERCOPPA EUROPEA

Vincitori: 1991

FA CHARITY/COMMUNITY SHIELD

Vincitori: 1993, 1994, 1996, 1997, 2003, 2007, 2008, 2010, 2011
Vincitori *ex aequo* (con Liverpool): 1990

GIOCATORI DEL MANCHESTER UNITED SOTTO ALEX FERGUSON

Lista dei nomi di tutti i calciatori che hanno giocato partite ufficiali con il Manchester United durante la gestione di Alex Ferguson, fino alla stagione 2012-13

Albiston, Arthur
Amos, Ben
Anderson
Anderson, Viv
Appleton, Michael
Bailey, Gary
Bardsley, Phil
Barnes, Michael
Barnes, Peter
Barthez, Fabien
Beardsmore, Russell
Bébé
Beckham, David
Bellion, David
Berbatov, Dimitar
Berg, Henning
Blackmore, Clayton
Blanc, Laurent
Blomqvist, Jesper
Bosnich, Mark
Brady, Robbie
Brazil, Derek
Brown, Wes
Bruce, Steve
Butt, Nicky
Büttner, Alexander
Campbell, Fraizer
Cantona, Eric
Carrick, Michael
Carroll, Roy
Casper, Chris
Chadwick, Luke
Chester, James
Clegg, Michael
Cleverley, Tom
Cole, Andy
Cole, Larnell
Cooke, Terry
Cruyff, Jordi
Culkin, Nick
Curtis, John
Davenport, Peter
Davies, Simon
Davis, Jimmy
Diouf, Mame Biram
Djemba-Djemba, Eric
Djordjic, Bojan
Donaghy, Mal
Dong, Fangzhuo
Dublin, Dion
Duxbury, Mike
Eagles, Chris
Ebanks-Blake, Sylvan
Eckersley, Adam
Eckersley, Richard
Evans, Jonny
Evra, Patrice
Ferdinand, Rio
Ferguson, Darren
Fletcher, Darren

Forlán, Diego
Fortune, Quinton
Foster, Ben
Fryers, Zeki
Garton, Billy
Gea, David de
Gibson, Colin
Gibson, Darron
Gibson, Terry
Giggs, Ryan
Gill, Tony
Gillespie, Keith
Goram, Andy
Gouw, Raimond van der
Graham, Deiniol
Gray, David
Greening, Jonathan
Hargreaves, Owen
Healy, David
Heinze, Gabriel
Hernández, Javier
Higginbotham, Danny
Hogg, Graeme
Howard, Tim
Hughes, Mark
Ince, Paul
Irwin, Denis
Johnsen, Ronny
Johnson, Eddie
Jones, David
Jones, Phil
Jones, Ritchie
Kagawa, Shinji
Kanchelskis, Andrei
Keane, Michael
Keane, Roy
Keane, Will
King, Joshua
Kléberson
Kuszczak, Tomasz
Laet, Ritchie de
Larsson, Henrik
Lee, Kieran
Leighton, Jim
Lindegaard, Anders
Lynch, Mark
McClair, Brian
McGibbon, Patrick
McGrath, Paul
Macheda, Federico
McKee, Colin
Maiorana, Giuliano
Manucho
Marsh, Phil
Martin, Lee A.
Martin, Lee R.
May, David
Miller, Liam
Milne, Ralph
Moran, Kevin
Morrison, Ravel
Moses, Remi
Mulryne, Philip
Nani
Nardiello, Daniel
Neville, Gary
Neville, Phil
Nevland, Erik
Nistelrooy, Ruud van
Notman, Alex
Obertan, Gabriel
O'Brien, Liam
O'Kane, John
Olsen, Jesper
O'Shea, John
Owen, Michael

INDICE DEI NOMI

INDICE

Finito di stampare nel mese di settembre 2019 presso
Rotolito S.p.A. – Seggiano di Pioltello (MI)

Printed in Italy

Finito di stampare nel mese di settembre 2019 presso
Rotolito S.p.A. – Seggiano di Pioltello (MI)

Printed in Italy